OBRAS *escogidas*
de
AGUSTÍN DE HIPONA

TOMO II

OBRAS *escogidas*
de

AGUSTÍN
DE HIPONA

TOMO II

· CONFESIONES ·

EDITOR:
Alfonso Ropero

editorial clie

EDITORIAL CLIE
Ferrocarril, 8
08232 VILADECAVALLS
(Barcelona) ESPAÑA
E-mail: clie@clie.es
www.clie.es

Editado por: Alfonso Ropero Berzosa

OBRAS ESCOGIDAS DE AGUSTÍN DE HIPONA TOMO 2
ISBN: 978-84-945561-2-8
Depósito Legal: B 16827-2016
Teología cristiana
Historia
Referencia: 225002

Impreso en USA / Printed in USA

ÍNDICE GENERAL

Prólogo
a la Colección
PATRÍSTICA

A la Iglesia del siglo XXI se le plantea un reto complejo y difícil: compaginar la inmutabilidad de su mensaje, sus raíces históricas y su proyección de futuro con las tendencias contemporáneas, las nuevas tecnologías y el relativismo del pensamiento actual. El hombre postmoderno presenta unas carencias morales y espirituales concretas que a la Iglesia corresponde llenar. No es casualidad que, en los inicios del tercer milenio, uno de los mayores *best-sellers* a nivel mundial, escrito por el filósofo neoyorquino Lou Marinoff, tenga un título tan significativo como *Más Platón y menos Prozac;* esto debería decirnos algo...

Si queremos que nuestro mensaje cristiano impacte en el entorno social del siglo XXI, necesitamos construir un puente entre los dos milenios que la turbulenta historia del pensamiento cristiano abarca. Urge recuperar las raíces históricas de nuestra fe y exponerlas en el entorno actual como garantía de un futuro esperanzador.

"La Iglesia cristiana –afirma el teólogo José Grau en su prólogo al libro *Historia, fe y Dios*– siempre ha fomentado y protegido su herencia histórica; porque ha encontrado en ella su más importante aliado, el apoyo científico a la autenticidad de su mensaje". Un solo documento del siglo II que haga referencia a los orígenes del cristianismo tiene más valor que cien mil páginas de apologética escritas en el siglo XXI. Un fragmento del Evangelio de Mateo garabateado sobre un pedacito de papiro da más credibilidad a la Escritura que todos los comentarios publicados a lo largo de los últimos cien años. Nuestra herencia histórica es fundamental a la hora de apoyar la credibilidad de la fe que predicamos y demostrar su impacto positivo en la sociedad.

Sucede, sin embargo –y es muy de lamentar– que en algunos círculos evangélicos parece como si el valioso patrimonio que la Iglesia cristiana tiene en su historia haya quedado en el olvido o incluso sea visto con cierto rechazo. Y con este falso concepto en mente, algunos tienden a prescindir de la herencia histórica común y, dando un «salto acrobático», se obstinan en querer demostrar un vínculo directo entre su grupo, iglesia o denominación y la Iglesia de los apóstoles...

¡Como si la actividad de Dios en este mundo, la obra del Espíritu Santo, se hubiera paralizado tras la muerte del último apóstol, hubiera permanecido inactiva durante casi dos mil años y regresara ahora con su grupo! Al contrario, el Espíritu de Dios, que obró poderosamente en el nacimiento de la Iglesia, ha continuado haciéndolo desde entonces, ininterrumpidamente, a través de grandes hombres de fe que mantuvieron siempre en alto, encendida y activa, la antorcha de la Luz verdadera.

Quienes deliberadamente hacen caso omiso a todo lo acaecido en la comunidad cristiana a lo largo de casi veinte siglos pasan por alto un hecho lógico y de sentido común: que si la Iglesia parte de Jesucristo como personaje histórico, ha de ser forzosamente, en sí misma, un organismo histórico. *Iglesia* e *Historia* van, pues, juntas y son inseparables por su propio carácter.

En definitiva, cualquier grupo religioso que se aferra a la idea de que entronca directamente con la Iglesia apostólica y no forma parte de la historia de la Iglesia, en vez de favorecer la imagen de su iglesia en particular ante la sociedad secular, y la imagen de la verdadera Iglesia en general, lo que hace es perjudicarla, pues toda colectividad que pierde sus raíces está en trance de perder su identidad y de ser considerada como una secta.

Nuestro deber como cristianos es, por tanto, asumir nuestra identidad histórica consciente y responsablemente. Sólo en la medida en que seamos capaces de asumir y establecer nuestra identidad histórica común, seremos capaces de progresar en el camino de una mayor unidad y cooperación entre las distintas iglesias, denominaciones y grupos de creyentes. Es preciso evitar la mutua descalificación de unos para con otros que tanto perjudica a la cohesión del Cuerpo de Cristo y el testimonio del Evangelio ante el mundo. Para ello, necesitamos conocer y valorar lo que fueron, hicieron y escribieron nuestros antepasados en la fe; descubrir la riqueza de nuestras fuentes comunes y beber en ellas, tanto en lo que respecta a doctrina cristiana como en el seguimiento práctico de Cristo.

La colección PATRÍSTICA nace como un intento para suplir esta necesidad. Pone al alcance de los cristianos del siglo XXI, lo mejor de la herencia histórica escrita del pensamiento cristiano desde mediados del siglo I.

La tarea no ha sido sencilla. Una de las dificultades que hemos enfrentado al poner en marcha el proyecto es que la mayor parte de las obras escritas por los grandes autores cristianos son obras extensas y densas, poco digeribles en el entorno actual del hombre postmoderno, corto de tiempo, poco dado a la reflexión filosófica y acostumbrado a la asimilación de conocimientos con un mínimo esfuerzo. Conscientes de esta realidad, hemos dispuesto los textos de manera innovadora para que, además de resultar asequibles, cumplan tres funciones prácticas:

1. Lectura rápida. Dos columnas paralelas al texto completo hacen posible que todos aquellos que no disponen de tiempo suficiente puedan, cuanto menos, conocer al autor, hacerse una idea clara de su línea de pensamiento y leer un resumen de sus mejores frases en pocos minutos.

2. Textos completos. El cuerpo central del libro incluye una versión del texto completo de cada autor, en un lenguaje actualizado, pero con absoluta fidelidad al original. Ello da acceso a la lectura seria y a la investigación profunda.

3. Índice de conceptos teológicos. Un completo índice temático de conceptos teológicos permite consultar con facilidad lo que cada autor opinaba sobre las principales cuestiones de la fe.

Nuestra oración es que el arduo esfuerzo realizado en la recopilación y publicación de estos tesoros de nuestra herencia histórica, teológica y espiritual se transforme, por la acción del Espíritu Santo, en un alimento sólido que contribuya a la madurez del discípulo de Cristo; que esta colección constituya un instrumento útil para la formación teológica, la pastoral y el crecimiento de la Iglesia.

Editorial CLIE

Eliseo Vila
Presidente

Introducción
Conocer a Dios, conocer al hombre

Propósito de las *Confesiones*

Hacía una década, o poco más, que Agustín había experimentado la conversión a la fe cristiana en el huerto de su hospedaje en Milán, debajo de una higuera. Desde entonces su vida sufrió una transformación cuyas repercusiones llegan hasta nosotros. Su aportación a la teología cristiana y al pensamiento occidental se puede rastrear en multitud de autores y disciplinas, en especial, sus aportaciones al descubrimiento de la intimidad.

Agustín no fue el creador del género literario autobiográfico, pero sí uno de sus máximos exponentes. Los griegos apenas si valoraban este género y los romanos escribieron "memorias", pero Agustín creó y fomentó el análisis de la vida interior.

Siguiendo la humildad impuesta por el cristianismo a la vanidad humana, Agustín no busca glorificarse a sí mismo, sino todo lo contrario. Escribe porque no quiere engañar a nadie. Para esa época ya era obispo y bien conocido como predicador y ágil pensador en temas teológicos. Para evitar las alabanzas de sus dones en lugar del dador de los mismos, o sea, Dios, Agustín se propone escribir unas confesiones que resalten la grandeza de Dios y el lector llegue a conocerle en sus debilidades. Pero la obra de Agustín no se agota en sus propósitos, como toda obra maestra, excede a su creador y cubre multitud de aspectos. La confesión le sirve a Agustín para darse a conocer, para conocerse a sí mismo y, por ende, para conocer a Dios, o para conociendo a Dios conocerse a sí mismo y a los demás en él. "Conózcate yo, conocedor mío, como tú me conoces a mí" (1ª Co. 13:12). Tú eres la fuerza de mi alma, entra en ella, moldéala a tu gusto, con el objeto de ocuparla, de poseerla "sin mácula ni arruga" (Ef. 5:27).

He aquí mi esperanza, he aquí por qué hablo; y en esta esperanza me regocijo, cuando me alegro con alegría santa y sana. En cuanto a los demás bienes de esta vida, cuantas

Agustín escribe sus Confesiones para dar a conocer a Dios. Su autobiografía le sirve para conocerse a sí mismo conociendo a Dios y, al conocer a Dios, conocerse a sí mismo y a los demás.

Agustín no fue el creador del género literario autobiográfico, pero sí uno de sus máximos exponentes. Los griegos apenas valoraban este género y los romanos escribieron "memorias", pero Agustín creó y fomentó el análisis de la vida interior.

más lágrimas se les conceden, menos merecen; cuanto menos se les otorgan, más merecen.

Pero tú, Señor, "amas la verdad en lo íntimo" (Sal. 51:6) y el "que obra verdad, viene a la luz" (Jn. 3:21). Quiero, pues, realizar la verdad en mi corazón ante ti por esta confesión mía y ante muchos testigos que lean este escrito" (*Conf.* X, 1).

Recibe los libros que deseaste de mis *Confesiones*, escribe al conde Darío; "mírame en ellas, a fin de que no me alabes más de lo que soy. Créeme a mí en ellas, no a lo que otros digan de mí. Préstame atención en ellas y ve lo que fui en mí mismo y por mí mismo, y si hay algo en mí que te agrade, alaba juntamente conmigo a quien quiso ser alabado en mí; mas no a mí. Porque él es el que nos ha hecho y no nosotros mismos. Nosotros nos habíamos perdido, mas quien nos hizo nos rehizo" (*Epístola* 231, 6).

Ciertamente Agustín escribe para sus contemporáneos –que le leyeron con avidez desde el primer momento–, para que le contemplen y no le alaben más de lo que merece, y que crean de él no lo que dicen los otros, sino lo que él dice, pero el verdadero protagonista de su obra no es su persona sino Dios. Por eso su estilo es de una oración continua, en la que el escritor reconoce su pecados y la gran obra que Dios realizó en su vida convirtiéndolo a la fe. La finalidad principal no es "confesarse" en un sentido sacramental o introspectivo, sino confesar a Dios, es decir, reconocerlo y alabarlo por su bondad infinita: "Recibe, Señor, el sacrificio de mis *Confesiones* que te ofrece mi lengua, que tú mismo has formado y movido para que confiese y bendiga tu santo nombre" (*Conf.* V, 1).

Su amigo y primer biógrafo, Posidio, confirma este dato al decir que Agustín escribió las *Confesiones* "para que nadie de los mortales creyese o pensase de él más de lo que él conocía, que era y afirmaba de sí, usando en ello el estilo propio de la santa humildad, no queriendo engañar a nadie ni buscar su alabanza, sino sólo la de su Señor, por razón de su liberación y de los favores que el Señor le había hecho, y pidiendo oración a sus hermanos por los que aún esperaba recibir" (*Vita Sancti Augustini*, I).

Meditando en su obra pasada, Agustín escribirá en una nueva obra de similares características de sinceridad personal, donde reafirma el plan y propósito de este escrito, sin nada que objetar: "Los trece libros de mis *Confesiones* alaban a Dios justo y bueno, por mis males y mis bienes, y despiertan hacia él al humano entendimiento y corazón. Por lo que a mí se refiere, este efecto me produjeron cuando las escribí y esto mismo me producen ahora cuando las leo. Qué entiendan los demás de ellos, no lo sé. Lo que sé es que han agrado y agradan a muchos hermanos" (*Retractaciones*, VI).

Saliendo al frente de su, al parecer, innecesaria inmodestia de ofrecer sus intimidades a la vista de los demás, se pregunta, en esa serie infinita de preguntas arrebatadoras que jalonan la obra de este genial escritor. Pero ¿qué tengo yo que ver con los hombres? ¿Qué necesidad tengo de que oigan mis confesiones, como si fuesen ellos los que tienen que sanar todas mis dolencias? ¡Raza curiosa de la vida ajena, pero perezosa para corregir la suya! ¿Por qué quieren oír de mí mismo lo que soy, ellos que no quieren oír de ti lo que son? ¿Y cómo saben, al oírme hablar de mí mismo, si digo la verdad, "porque ¿quién de los hombres sabe las cosas del hombre, sino el espíritu del hombre que está en él?" (1ª Co. 2:11). Pero si te oyen a ti hablar de ellos, ay no podrán decir: "El Señor miente". Porque ¿qué otra cosa es oír de ti lo que ellos son, sino conocerse a sí? ¿Y quién hay que se conozca y diga: "Esto es mentira", sin ser un mentiroso? Pero como "el amor todo lo cree" (1ª Co. 13:6), por lo menos entre aquellos que están unidos los unos con los otros por una estrecha unidad, yo también, Señor, me confieso a ti para que la oigan los hombres. Pues aunque no puedo probarles que es verdad lo que digo, al menos me creerán aquellos cuyos oídos están abiertos para mí por el amor" (*Conf.* X, 3). Con lo cual expresa, indirectamente, uno de los principios básicos del conocimiento, el amor llevado al intelecto, la simpatía con el objeto estudiado como condición indispensable para comprenderlo.

Las *Confesiones* tuvieron una continuación ilustre en Jean Jacques Rousseau y, sobre todo, por paridad de experiencias, en Teresa de Jesús, gran admiradora y devota de esta obra de Agustín. "Como comencé a leer las Confesiones me parece que me veía yo allí... Cuando llegué a su conversión y leí cómo oyó aquella voz en el huerto, no me parece sino que el Señor me la dio a mí, según sintió mi corazón. Estuve por gran rato que toda me deshacía en

La finalidad de Agustín en esta obra no es "confesarse" en un sentido sacramental, sino confesar a Dios, alabarle por la transformación operada en su vida y a la vez impedir que nadie tuviera de él un concepto más alto del que debiera tener.

"Este libro de las *Confesiones* –escribe el historiador protestante Harnack– utiliza un lenguaje de lágrimas y oraciones que sólo antes de Agustín habían sabido hablar Pablo y el autor de los Salmos."

lágrimas y entre mí misma, con gran aflicción y fatiga" (*Vida*, IX).

"Es este libro de las Confesiones –escribe el historiador protestante Harnack–, todo él impregnado de lágrimas y oraciones, escrito en un lenguaje que sólo antes de Agustín habían sabido hablar Pablo y el autor de los Salmos, una incomparable pintura del alma a la vez realista y espiritualista, un poema de la verdad, cuya unidad jamás es quebrantada, y cuyo fondo es su propia historia, la historia de un infatigable investigador de la realidad como fue Agustín, Fausto viviente, pero Fausto de un ideal supraterreno que descansa en Dios, y que da a su análisis una tan magistral amplitud, que llega a hacer de su alma el ama de su siglo" (*Augustins Confessionen*, Giessen 1903). El propósito inicial de Agustín quedó sobradamente cumplido en sus lectores en la larga línea del tiempo.

El hijo pródigo

Creo que la obra de Agustín hay que interpretarla a la luz de la poderosa imagen de la parábola del hijo pródigo (Lc. 15). El rico simbolismo y la intuición de las expresiones de la parábola están presentes en toda la obra y pensamiento de Agustín, en especial cuando el Evangelio dice del hijo pródigo, como el primer momento que conduce a la conversión: "Y volviendo en sí" (Lc. 15:17), que Agustín interpreta correctamente como una primera iluminación del encuentro con Dios. La locura del pecado que lleva a la perdición presente y eterna se transforma, por la gracia de la conversión, en lucidez y recuperación de la cordura, resulta en paz con Dios y consigo mismo, en un abrazo de gozo y felicidad.

Nacido en el seno de una familia formalmente cristiana por parte materna, llegado su tiempo, Agustín, al igual que hizo el hijo pródigo, solicitó su parte de herencia vital y en sus días jóvenes de estudiante se dedicó a los placeres de la vida y los excesos propios de una juventud ardiente. Como el hijo pródigo de la parábola se fue a una tierra lejana para derrochar su talento con sus amigos en fiestas y diversiones, con una fuerte inclinación hacia el sexo. "Me convertí para mí mismo en tierra baldía, en una región de penuria" (*Conf*. II, 10).

No obstante, el poso de la educación recibida de parte de su piadosa madre, o mejor, el *peso* de su amor a la verdad y la felicidad le hace infeliz e insatisfecho en aquello a lo que se dedica. A raíz de su conversión descubrirá que era a Dios a quien buscaba en las cosas y, en especial, en su anhelo de felicidad. No podía ser de otra manera, pues "nos hiciste, Señor, para ti, y nuestro corazón está inquieto, hasta que descanse en ti" (*Conf.* I,1). Esta frase sintetiza el descubrimiento esencial de Agustín, expresa-do en las *Confesiones* de múltiples maneras y desde diferentes ángulos. Aquí se encuentra contenida la doctrina de la creación del hombre a imagen y semejanza de Dios, que es el nexo que impide que el hombre se olvide completamente de Dios, por mucho que se aparte por causa del pecado.

Al volver en sí, al ensimismarse, como dirá Ortega y Gasset, y entrar por la gracia en el recinto sagrado de la interioridad, donde Dios se manifiesta como modelo de la imagen que llevamos todos, Agustín descubre de golpe que lo que buscaba no estaba fuera de él, sino dentro de él, más íntimo a sí mismo que él mismo. "No salgas de ti, adéntrate en ti mismo, pues en el interior del hombre vive la verdad". Dios "está allí donde se siente el gusto por la verdad, en lo más íntimo del corazón, pero el corazón se ha apartado de Él. "Acordaos de esto, y tened vergüenza, tornad en vosotros, prevaricadores" (Is. 46:8), entrad en vuestro corazón, y uníos a Aquel que os creó. Permaneced en Él, y seréis permanentes. Descansad en Él, y disfrutaréis de un verdadero descanso" (*Conf.* IV, 12).

"Tarde te amé –dice en el lenguaje expresivo de todo converso–, Dios mío, hermosura tan antigua y tan nueva, tarde te amé. Tú estabas dentro de mi alma, y yo distraído fuera, y allí mismo te buscaba; y perdiendo la hermosura de mi alma, me dejaba llevar de estas hermosas creaturas exteriores que tú has creado. De donde deduzco que tú estabas conmigo, y yo no estaba contigo; y me alejaban y tenían muy apartado de ti aquellas mismas cosas que no tendrían ser, si no estuvieran en ti. Pero tú me llamaste y diste tales voces a mi alma, que cedió a tus voces mi sordera. Brilló tanto tu luz, fue tan grande tu resplandor, que ahuyentó mi ceguera. Hiciste que llegase hasta mí tu fragancia, y tomando aliento respiré con ella, y suspiro y anhelo ya por ti. Me diste a gustar tu dulzura, y ha excitado en mi alma un hambre y sed muy viva. En fin,

La obra de Agustín hay que interpretarla a la luz de la parábola del hijo pródigo. El simbolismo y la intuición de las expresiones de la parábola están presentes en todo el pensamiento de Agustín.

Para Agustín, el amor es el peso (*pondus*) del corazón, que lo hace inclinarse en un sentido o en otro, hacia arriba o hacia abajo, según la ley de la gravitación espiritual enunciada por Agustín mucho antes que la gravitación material descubierta por Newton.

Señor, me tocaste y me encendí en deseos de abrazarte." (*Conf.* X, 27, 38).

"Amor mío, peso mío, mi Dios". Para Agustín, el amor es el peso (*pondus*) del corazón, que lo hace inclinarse en un sentido o en otro, hacia arriba o hacia abajo, según la ley de la gravitación espiritual que refleja la material, enunciada por Agustín muchos años antes de Newton. El objeto tras el que corre, cae o se eleva el hombre es la felicidad, identificada con el bien. Todos están de acuerdo en que quieren ser felices. Pero no están de acuerdo acerca de en qué consiste la felicidad: en los honores, los placeres, las riquezas, el poder, la fama. Agustín enseña que sólo Dios es el objeto apropiado e inmutable de la felicidad humana. Fuera de Dios, como el hijo pródigo, uno está en "tierra extraña", "una provincia apartada" (Lc. 15:13), que al vivir de espaldas vive vive de espaldas a sí mismo, por entretenerse con fantasmas en lugar de ocuparse de la imagen divina que es y cuyo recuerdo de Dios vive la memoria.

Por estos caminos, Agustín descubre el prodigio y la maravilla de la personalidad humana. Descubre a Dios en el hombre y al hombre en Dios, la obra cumbre de la creación, la más digna de ser admiraba y conocida: "¡Y pensar que los hombres se van a admirar las cumbres de las montañas y las olas enormes del mar, el ancho curso de los ríos, las playas sinuosas del océano, las revoluciones de los astros, y que ni siquiera se fijan en ellos mismos!" (*Conf.*, X, 8).

Las *Confesiones* son el primer intento de acercamiento del hombre a sí mismo, por vías de profunda intimidad. Al decir que la verdad no debe buscarse en el exterior, en los sentidos, en la experiencia, empíricamente, sino en nuestra propia intimidad, en nuestra conciencia, y por intuición de nuestro espíritu, Agustín descubrió la certeza de los hechos de la conciencia. Sin duda que Descartes bebió de esta fuente.

Razón, fe y autoridad

En las obras de Platón, traducidas del griego al latín, Agustín descubre por primera vez en su vida la posibilidad de pensar filosóficamente el mundo espiritual. La dialéctica platónica que permite a la inteligencia elevarse de los datos sensibles y cambiantes de la experiencia a las realidades absolutas e inmutables de orden inteligible devuelve a Agustín la confianza en la existencia de la verdad y la posibilidad de conocerla por parte del hombre. El carácter absoluto del Uno neoplatónico, identificado por Agustín con el Dios cristiano, le muestra el absurdo del dualismo maniqueo de los dos principios. El problema del mal, finalmente, le aparece bajo una nueva luz: el mal no es un ser creado por Dios, lo que sería absurdo, ni un ser independiente de Dios, lo que sería más absurdo todavía, sino que el mal es un no-ser, una carencia del ser que algo debería tener en virtud de su naturaleza. No hace falta recurrir a la noción contradictoria de un dios-malo para explicar el origen de lo que no necesita origen. Todo eso lo deriva Agustín del axioma neoplatónico: "el ser es bueno", que coincide con la afirmación del Génesis según la cual Dios vio que todo lo que había creado era bueno, tema al que Agustín, significativamente, dedica los tres últimos capítulos de sus *Confesiones*.

Las Confesiones son el primer intento de acercamiento del hombre a sí mismo, por vías de profunda intimidad. Agustín descubre el prodigio y la maravilla de la personalidad humana: a Dios en el hombre y al hombre en Dios.

Sin embargo, Agustín reconoce que entre tantas cosas buenas que encontró en "los libros de los platónicos", faltaba algo que hizo que no pudiera adherirse a ellos sin reserva, y es que no nombraban a Jesucristo, ni sabían ni querían reconocer que ese Verbo del que hablaban tan bien, se había hecho hombre para salvarnos (*Conf.* VII, 9). Fue la Escritura, "el cielo luminoso desplegado sobre la inteligencia humana", quien le sacó de sus errores y le ofreció la clave de la verdad.

En un principio creyó que la filosofía neoplatónica y el cristianismo eran compatibles, con algunos pequeños retoques y arreglos verbales. De hecho se advierte en él la creencia de la compatibilidad esencial entre filosofía (razón) y religión (fe), como si no hubiera ninguna diferencia entre ellas. Llevado de las falsas promesas de los maniqueos, Agustín había adoptado el lema "Entender para creer" (*Intelligo ut credam*), entendido en el sentido del rechazo de la fe a favor de la sola evidencia. Este método, lejos de llevarlo a la solución de sus dudas, lo había dejado mendigando a las puertas del escepticismo, tras el fracaso de la experiencia maniquea. Gracias a su experiencia de la conversión, y ante la luz que la fe cristiana ha arrojado sobre los mismos problemas que antes le parecían insolu-

Agustín,
tras la
experiencia
de su
conversión,
abandona el
lema de los
maniqueos
que había
adoptado
–"entender
para creer"–
y formula
a la luz
de la fe
cristiana el
método
correcto:
"Creer para
entender".

bles, formula el método correcto: "Creer para entender" (*Credo ut intelligam*).

El hombre no puede salvarse a sí mismo, tampoco a nivel intelectual: ha de comenzar por la fe en la *autoridad* de la Palabra de Dios, para que, sanada su inteligencia de los errores y su corazón del orgullo y la soberbia, pueda luego ejercitar su razón en la búsqueda de la verdad con la guía constante de la verdad revelada. Más aún, la conversión al Dios de Jesucristo libera al hombre de las ataduras del pecado y lo deja libre para encaminarse sin temor al encuentro de la verdad sobre Dios y sobre él mismo: San Agustín sabe por experiencia propia que los mayores obstáculos en el camino hacia la verdad no son de orden teórico, sino práctico, es decir, de orden moral. "No hay conocimiento sin amor. A la verdad se entra por la caridad", de donde si el amor está volcado hacia la vanidad la verdad sufre injusticia.

La fe cristiana que obra por el amor no es un salto en el vacío, un comienzo totalmente irracional, sino que para ser digna del hombre ha de ser razonable, es decir, ha de estar apoyada en motivos sólidos de credibilidad, que Agustín desarrolla largamente en muchas de sus obras posteriores a su conversión: las profecías del Antiguo Testamento que se cumplen en Jesucristo, sus milagros, su doctrina, su incomparable personalidad, su resurrección de entre los muertos, y la maravillosa expansión de la fe cristiana por todo el mundo conocido entonces.

Tenemos así tres ideas centrales en el pensamiento epistemológico de Agustín, *razón*, *fe* y *autoridad*. Lo que ahora interesa es descubrir su relación exacta. La razón, dice, debe preceder a la fe, la fe tiene que preceder a la razón, puesto que la razón tiene que examinar si una cosa es o no digna de ser creída, pero la fe tiene que preceder a la razón, puesto que el contenido de la fe nos es dado por autoridad divina y tenemos primeramente que aceptarlo. Pero, frente al puro *fideísmo*, la mente no debe permanecer pasiva e ignorante. La fe tiene que progresar hasta el saber o la razón, el *credere* hasta el *intelligere*: creer para entender, entender para creer. La fe busca la comprensión y por eso puede afirmar "creo para entender" (*credo ut intelligam*). En este ejercicio infatigable de la razón a la luz de la fe, Agustín ha sido por siglos, hasta Tomás de Aquino en el siglo XIII, el más grande de los pensadores cristianos, y es uno de los más grandes de toda la historia de la Humanidad, al decir de Josef Pieper: "Nadie como él ha pintado la inquietud humana en pos de lo verdadero, dotado como estaba a la vez de una inteligencia muy grande, y de un corazón más grande todavía".

La Biblia, autoridad e interpretación

En Agustín se cumple al píe de la letra que según es el hombre así es su teología. Su experiencia con el maniqueísmo le enseñó a distinguir la autoridad verdadera de la falsa. Los maniqueos, como tantos otros herejes, se burlaban de la credulidad del pueblo que confiaba en la autoridad de las Escrituras, y de la Iglesia por la cual aquella era predicada, alegando que sus doctrinas, tal como eran enseñadas por los católicos, no se podían demostrar racionalmente, todo lo contrario a lo que ellos prometían. Agustín tardó nueve años en descubrir el engaño. Porque bajo el señuelo de conocimiento científico, metían las más absurdas fábulas diciendo que eran verdades indemostrables (*Conf.* VI, 5).

Persuadido de la inspiración divina de las Escrituras, Agustín se agarró a ese principio de origen divino como a una autoridad por encima de las calumnias y las contradicciones de sus objetores, que no hacían más que enfrentarse entre sí mismos. "Por eso, siendo yo débil e incapaz de encontrar la verdad con las solas fuerzas de mi razón, comprendí que debía apoyarme en la autoridad de las Escrituras y que tú no habrías podido darle para todos los pueblos semejante autoridad si no quisieras que por ella te pudiéramos buscar y encontrar" (*Conf.* VI, 5).

En analogía con la creación material, Agustín presenta las Escrituras como un firmamento colocado sobre la inteligencia humana que gobierna las ideas y creencias y las fecunda mediante las *nubes* de los autores inspirados.

A partir de ahí, a Agustín no le queda sino pedir la iluminación para interpretar correctamente la enseñanza de los autores originales y de toda verdad que, implícita en el texto, aunque no siempre consciente para los que la escribieron, el buen intérprete debe elucidar mediante la ayuda del mismo Espíritu que inspiró a los autores sagrados. Es importante enfatizar este punto. Agustín no se

Las tres ideas centrales en el pensamiento epistemológico de Agustín son *razón*, *fe* y *autoridad*. Este ejercicio infatigable de la razón a la luz de la fe ha hecho de Agustín el más grande de los pensadores cristianos y uno de los más grandes de toda la historia de la Humanidad.

En Agustín se cumple al pie de la letra que "según es el hombre, así es su teología". Persuadido de la inspiración divina de las Escrituras, Agustín se agarró a ellas como a una autoridad por encima de las calumnias y contradicciones de sus objetores.

queda con una especie de biblismo de tipo intelectual que hace de la revelación un acontecimiento pasado y concluso que diseccionar mediante la exégesis a modo del anatomista un cadáver. Agustín está convencido que el mismo Espíritu de los escritores inspirados debe estar en los lectores en una misma función inspiradora, que va más allá de la letra. Afecta no a la mente, al intelecto, sino a los ojos interiores, al alma, donde reside la verdad en una constante comunicación con su Creador.

Cuando se dan interpretaciones diferentes de las mismas palabras, Agustín piensa que no es razón para desechar unas en favor de otras, siempre y cuando sean verdaderas, pues Agustín, adelantándose a su tiempo y en sus propias palabras, defiende un principio muy querido a la filosofía moderna: la verdad en perspectiva, el pensamiento integrador que se aprovecha de los aportes de los demás en la consecución de una verdad que siempre está por alcanzar, por ser divina en última instancia y, por tanto, inagotable por el hombre.

"Todos los que leemos –dice–, sin duda nos esforzamos por averiguar y comprender lo que quiso decir el autor que leemos. Y, dando fe a lo que creemos que nos dice como verdad, no nos atrevemos a afirmar que haya dicho nada de lo que entendemos o creemos que es falso. De igual modo, cuando alguien se esfuerza por entender en la Sagrada Escritura, el verdadero pensamiento de su autor, ¿qué mal puede haber en que uno entienda lo que tú, oh luz de todas las inteligencias sinceras, muestras ser verdadero? Y esto aunque no sea el pensamiento real de aquel a quien leemos, y que, sin pensar como él, encontramos un sentido verdadero" (*Conf.* XII, 18). Algunos autores han interpretado esta opinión de Agustín como si defendiera la teoría del múltiple sentido literal de la Escritura, tan propia de Tomás de Aquino. No creo que se trate de eso, sino de una manera de expresar lo que Agustín barruntaba ser la verdad: la visión de la realidad en perspectiva. Cada cual debe trabajar con ahínco, dice, "por dar con *la intención del escritor sagrado*, por cuyo medio nos dispensó el Espíritu Santo la Escritura" (*Doctrina cristiana* III, 27), entendiendo esto, que la intención del escritor, en virtud de su inspiración, no se agota en la letra, sino en aquello que la letra sugiere e indica por dirección divina en el intérprete actual.

Agustín recurre para explicar este fenómeno a una analogía de la naturaleza. "Así como la fuente en un lugar más reducido es más abundante, y surte agua a muchos riachuelos que la esparcen por un más amplio terreno que ninguna de las corrientes que, salidas de ella, bañan toda una serie de regiones; de igual modo, la narración del dispensador de tu palabra, en la que debían ser descubiertas tantas interpretaciones futuras, hace brotar en pocas palabras muy sencillas un oleaje de transparente verdad, del cual cada uno extrae para sí la parte de verdad que puede hallar de verdad y desarrollarla después en largas formulaciones verbales" (*Conf.* XII, 27).

De aquí se deduce que también en el estudio y la interpretación de la Biblia, los verdaderos cristianos se conocen por el amor y el respeto a la opinión de sus hermanos, aunque discrepe de la propia. "Pero todos nosotros, que, lo admito, vemos y decimos la verdad sobre esos textos, amémonos los unos a los otros, y amemos también a nuestro Dios, fuente de Verdad, si tenemos sed, no de quimeras, sino de la Verdad misma. Honremos a tu siervo, dispensador de esta Escritura, lleno de tu espíritu, y creamos que al consignar por escrito tus revelaciones, no ha tenido presente nada más que lo que se desprende de ellas de más excelente, en cuanto a verdades luminosas y frutos provechosos" (*Conf.* XII, 30).

Al amor interpretativo se opone la soberbia del que ama más la novedad narcisista que la verdad divina. La verdad, en cuanto substrato común de todos los que aman a Dios, pues Dios es la Verdad y habita en el interior del justo, conduce a la concordancia cuando lo que se ama es la verdad y no la opinión narcisista. "Nada entienden del pensamiento de Moisés, pues sólo aman su propio pensamiento, no por ser verdadero, sino simplemente porque es suyo. De otro modo amarían el pensamiento ajeno, desde el momento que fuese verdadero, como yo amo lo que dicen, cuando dicen la verdad. No porque sea de ellos, sino porque es verdadero y, por tanto, no ya de ellos, puesto que es verdad. Pero si aman lo que dicen porque es verdadera, entonces me pertenece igual que a ellos, puesto que se convierte en el bien común de cuantos aman la verdad" (*Conf.* XII, 25).

La verdad, continúa Agustín, no pertenece a este o al otro, "no es de éste, ni a aquél, sino que es de todos

Agustín está convencido de que el mismo Espíritu de los escritores inspirados debe estar en los lectores, en una misma función inspiradora que va más allá de la letra. La intención del escritor no se agota en la letra, sino en aquello que la letra sugiere e indica por inspiración divina al lector actual.

**"La verdad
–afirma
Agustín–
no pertenece
a éste o
al otro,
sino que es
de todos
nosotros.
Y cada cual,
según
enfoque su
estudio de la
Escritura,
deducirá
verdades
distintas
pero comple-
mentarias."**

nosotros". Y cada cual, según enfoque su estudio de la Escritura, deducirá verdaderas distintas, pero complementarias. "Mira que necio sea afirmar temerariamente entre tanta multitud de sentencias verdaderas como pueden sacarse de aquellas palabras, cual de ellas intentó concretamente Moisés y ofender con perniciosas disputas a esa caridad, único fin por el cual dijo todas las palabras que nos esforzamos en explicar" (*Conf.* XII, 25).

El intérprete cristiano, consciente de la grandeza del contenido de la Escritura, para desentrañar el cual no es suficiente ni una vida ni una persona, debe saber limitarse a una porción inspirada a él directamente por él mismo Dios, sin dejarse distraer "aunque me salgan al paso muchas cosas allí donde pueden ofrecerse muchas" (*Conf.* XII, 32), que pueden ser tratadas por otros con mayor sabiduría. Así, pues, el amor y la humildad son las características principales que Agustín pide y espera del exegeta cristiano. Sin estos frutos del Espíritu, el aparato crítico y técnico está de más, pues como siglos después dirá el filósofo alemán Hegel, con el dominio de las ciencias bíblicas se puede hacer filología, pero no teología, que es ciencia de Dios desde Dios.

La doctrina de la creación, Biblia y filosofía

¿Qué hacía Dios antes de la creación?, se pregunta Agustín con toda honestidad sin dejarse llevar por respuesta fáciles y desconsideradas (*Conf.* XI, 10-12). En la discusión de este tema, Agustín demuestra una vez más su pasión por la verdad y su esfuerzo por agotar todas las vías de solución posibles.

En ningún otro punto como en el de creación se distancia Agustín, y todo el pensamiento cristiano, de la filosofía griega. El tema de la creación es ajeno por completo a la cosmovisión griega. La realidad de las cosas están ahí en un ciclo sin fin. Los dioses no son creadores en absoluto. Según Aristóteles Dios es como un motor inmóvil que ordena, dirige y mueve el mundo, pero no lo crea. Para Platón la creación es antes que nada la puesta en escena de las ideas con que el Demiurgo contemplaba y ordenaba la materia. Tanto en las *Confesiones* como en su comentario al Génesis, Agustín se opone a cualquier doctrina de la creación que consista en ordenar una materia preexistente. La creación es radicalmente algo nuevo, lo único que se puede decir de ella es que fue creada "de la nada" (*creatio ex nihilo*). Ciertamente estas últimas palabras no aparecen en el Génesis, pero están implícitas en él. Aparecen por vez primera en el libro de los Macabeos, en el contexto del sufrimiento de una madre que ve perder a sus hijos en el suplicio y a los que anima con la última esperanza que es la primera: "Te ruego, hijo, que mires al cielo y a la tierra y, al ver todo lo que hay en ellos, sepas que a partir de la nada los hizo Dios y también el género humano ha llegado así a la existencia. No temas: (2ª Mc. 7:28).

"¿Qué hacía Dios antes de la creación?" –se pregunta Agustín con toda honestidad. En ningún otro punto como en el de la creación se distancia Agustín, y con él todo el pensamiento cristiano, de la filosofía griega.

Crear de la nada significa que Dios no es el alfarero de una arcilla preexistente, ni el artesano que se sirve de materiales en existencia para fabricar sus productos. Sólo Dios es eterno. Tampoco ha creado Dios desde sí mismo, por emanación. No es razonable, dice Agustín, que lo que tiene comienzo se llame eterno. Plotino se había esforzado en interpretar la creación en estos términos. Agustín le sale al paso y le cierra el camino en el pensamiento cristiano. Los griegos, como los indios, meditaban constantemente ante la *caducidad* de las cosas y su *fluidez*. Las cosas nacen y perecen, llegan a ser y dejan de ser, pasan, durante ciclos interminables de tiempo. El cristianismo responde que el mundo, salido de las manos de Dios, depende de él, pero en la esfera de una realidad distinta a la divina. El mundo ha salido de Dios, pero no es Dios, Dios lo ha creado de la nada. Y si alguien dice que de la nada nada sale, baste decir que de la nada se hace todo, "precisamente en cuanto se introduce la infinita potencia *creadora* de Dios" (Julián Marías, *Antropología metafísica*, cp. 4)). La nada, dirá Agustín, está *precedida de la eternidad del Creador*, "a fin de que hubiese algo de la nada, de donde poder hacer algo" (*Conf.* XII, 29).

En Plotino, que quiere tender un puente entre el pensamiento griego y el hebreo, no hay creación, "sino una especie de compromiso entre el pensamiento helénico y la revelación cristiana para pensar la producción del mundo por Dios sin creación, justamente eliminando la creación y la nada mediante la idea de emanación" (J. Marías, "Filosofía y cristianismo", *Cuenta y Razón*, otoño 1981).

Agustín responde, apoyado en la Biblia y en Platón al mismo tiempo, que el tiempo no existía antes de la creación. "El tiempo –afirma– es también criatura de Dios juntamente con el mundo. No hubo, por tanto, tiempo alguno en que Dios no hiciese nada."

El problema persiste respecto a la primera pregunta. Si Dios creó de la nada, ¿qué hacía antes de esa creación de la nada? Es una pregunta similar a la que ciencia moderna se plantea respecto al Big Bang o el "momento de la Creación". ¿Qué había antes de la Gran Explosión si no había nada? Agustín responde, apoyado en la Biblia y en Platón al mismo tiempo, que el tiempo no existía antes de la creación, comenzó a ser con las cosas, es una dimensión del mundo creado, no una realidad independiente por sí misma. La ya milenaria reflexión de Agustín nos introduce así en la discusión científica moderna sobre el tiempo, y hace actual para el cristiano preocupado de relacionar su fe con la ciencia moderna todo lo dicho por Agustín.

El tiempo, dice Agustín, es también criatura de Dios juntamente con el mundo. "No hubo, por tanto, tiempo alguno en que Dios no hiciese nada. Ningún tiempo es coeterno con Dios, porque Dios no cambia nunca y si el tiempo cambiase ya no sería tiempo" (*Conf.* XI, 14). Agustín entiende que no ha dado respuesta a todos los interrogantes que plantea la doctrina de la creación de la nada, que incluye el nacimiento del tiempo, pero admite que su mente no tiene nada mejor que ofrecer, pese a todos sus esfuerzos. ¿Cómo puede un ser limitado por el tiempo elevarse a una realidad que trasciende el tiempo? Agustín confiesa que no conoce la naturaleza del tiempo que experimenta, ¿podrá, entonces, explicar la realidad de una existencia cuyo ser no conoce el tiempo?

¿Qué hacía Dios antes de hacer el cielo y la tierra?, ¿por qué se le ocurrió la idea de hacer algo, si antes no había hecho absolutamente nada? "Que piensen lo que dicen y vean que no puede decirse «nunca» allí donde no hay tiempo. Si, pues, se dice que "nunca" hizo nada, ¿qué otra cosa se dice sino que en ningún tiempo hizo nada? Sepan, pues, que no puede haber tiempo sin criatura. Y dejen de hablar tal insensatez" (*Conf.* XI, 30).[1]

---

[1] Los interesados en este tema a la luz de la ciencia moderna, pueden consultar Gerald L. Schroeder, *El Génesis y el Big Bang* (Ediciones B, Barcelona 1992); Stephen W. Hawking, *Historia del tiempo* (Editorial Crítica, Madrid 1988); James S. Trefil, *El momento de la creación* (Salvat, Barcelona 1994).

El texto bíblico empleado por Agustín es una traducción latina anterior a la *Vulgata* de Jerónimo, conocida por *Vetus Latina*, que en muchas ocasiones cita de memoria, mezclada con sus pensamientos. Para facilitar su identificación hemos utilizado la conocida versión Reina-Valera para los textos más directos y dejado el resto literalmente cuando no lo exige el sentido y propósito de los mismos, con el fin de respetar la belleza y concordancia que Agustín tenía en mente.

ALFONSO ROPERO

"Ningún tiempo es coeterno con Dios, porque Dios no cambia nunca, y si el tiempo cambiase ya no sería tiempo... Sepan, pues, que no puede haber tiempo sin criatura. Y dejen de hablar tal intensatez" (*Conf.* XI, 30).

Nota bibliográfica

Ediciones en castellano de las *Confesiones:*
Trad.: Eugenio Ceballos, O.S.A. (1783), cuya versión de Espasa-Calpe (Madrid 1954, varias ediciones), incluye sólo los primeros diez libros. Deja fuera los tres últimos porque, según Ismael Quiles, su omisión no afecta al conjunto de la obra, pues el relato autobiográfico termina con el libro X. El resto lo dedica a interpretar los primeros versículos de la Biblia.
El mismo criterio sigue
Trad.: Urbina. Ediciones Palabra, Madrid 1974.
Versiones completas son la de:
Trad.: Angel Custodio Vega. BAC, Madrid 1951 (varias ediciones). Edición crítica y anotada. Texto bilingüe.
Trad.: Agustín Esclasans. Editorial Juventud, Barcelona 1969.
Trad.: Lope Cilleruelo. Ed. Cristiandad, Madrid 1987.
Trad.: Pedro Rodríguez Santidrián. Alianza Editorial, Madrid 1990.

I
Infancia
y primeros estudios

1

Dios inspira la alabanza y la búsqueda

"Grande eres, Señor, y digno de suprema alabanza" (Sal. 145:3); "grande eres Señor nuestro, y de mucha potencia; y de tu entendimiento no hay número" (Sal. 147:5). Y el hombre se atreve a alabarte, el hombre que es parte de tu creación y que está vestido de mortalidad y que lleva consigo el testimonio de su pecado, y la prueba de que tú siempre resistes a los soberbios (1ª P. 5:5). No obstante, el hombre te quiere alabar. Y tú lo despiertas para que encuentre deleite en tu alabanza; porque nos creaste para ti y nuestro corazón anda siempre inquieto hasta que no descansa en ti.

Y ahora, Señor, concédeme saber qué es primero: si invocarte o alabarte; o si antes de invocarte es todavía preciso conocerte.

Pues, ¿quién te podría invocar cuando no te conoce? Si no te conoce bien podría invocar a alguien que no eres tú.

¿O será, acaso, que nadie te puede conocer si no te invoca primero? Mas por otra parte: "¿Cómo invocarán a aquel en el cual no han creído? ¿y cómo creerán a aquel de quien no han oído? ¿y cómo oirán sin haber quien les predique?" (Ro. 10:14).

"Alabarán al Señor los que le buscan" (Sal. 22:26); pues si lo buscan lo encontrarán; y si lo encuentran lo alabarán.

Concédeme, pues, Señor, que yo te busque y te invoque; y que te invoque creyendo en ti, pues ya he escuchado tu predicación. Te invoca mi fe. Esa fe que tú me has dado, que inspiraste en mi alma por la humanidad de tu Hijo, por el ministerio de tu predicador.

Y ahora, Señor, concédeme saber qué es primero, si invocarte o alabarte; o si antes de invocarte es todavía preciso conocerte. Pues, ¿quién te podría invocar cuando no te conoce? Concédeme que yo te busque y te invoque, y que te invoque creyendo en ti.

2

Existimos en Dios

¿Cómo es
posible
que haya
en mí algo
capaz de ti?
Acaso
porque sin ti
no existiría
nada de
cuanto existe,
resulta
posible que
lo que existe
te contenga.
¡Y yo existo!

Mas ¿cómo habré de invocar a mi Dios y Señor? Porque si lo invoco será ciertamente para que venga a mí. Pero, ¿qué lugar hay en mí para que a mí venga Dios, ese Dios que hizo el cielo y la tierra? ¡Señor santo! ¿Cómo es posible que haya en mí algo capaz de ti? Porque a ti no pueden contenerte ni el cielo ni la tierra que tú creaste, y yo en ella me encuentro, porque en ella me creaste.[1]

Acaso porque sin ti no existiría nada de cuanto existe, resulta posible que lo que existe te contenga. ¡Y yo existo! Por eso deseo que vengas a mí, pues sin ti yo no existiría.

No he bajado al infierno, sin embargo tú estás también allí, como dice David: "Y si en abismo hiciere mi estrado, he aquí allí tú estás" (Sal. 139:8).

De modo, mi Dios, que yo no existiría en absoluto si tú no estuvieras en mi. O, para decirlo mejor, yo no existiría si no existiera en ti, de quien todo procede, "por el cual y en el cual todo existe" (Ro. 11:16). Así es, Señor, así es. ¿Y cómo, entonces, invocarte, si estoy en ti? ¿Y cómo podrías tú venir si ya estás en mí? ¿Cómo podría yo salirme del cielo y de la tierra para que viniera a mí mi Señor, pues él dijo: "Yo lleno los cielos y la tierra" (Jer. 23:24)?

---

[1] Referencia a 2ª Crónicas 6:18: "Mas ¿es verdad que Dios ha de habitar con el hombre en la tierra? He aquí, los cielos y los cielos de los cielos no pueden contenerte: ¿cuánto menos esta casa que he edificado?"

3

Dios está en todas partes

Entonces, Señor: ¿Te contienen el cielo y la tierra porque tú los llenas; o los llenas pero queda algo de ti que no cabe en ellos? ¿Y en dónde pones lo que, llenados el cielo y la tierra, sobra de ti? ¿O, más bien, tú no necesitas que nada te contenga porque tú lo contienes todo; porque lo que tú llenas lo llenas conteniéndolo?

Porque los vasos que están llenos de ti no te dan tu estabilidad; aunque ellos se rompieran tú no te derramarías. Y cuando te derramas en nosotros no caes ni te desparramas, sino que nos levantas; no te esparces, sino que nos recoges.

Pero tú, que todo lo llenas, ¿lo llenas con la totalidad de ti? Las cosas no te pueden contener todo entero. ¿Diremos que sólo captan una parte de ti y que todas toman esa misma parte? ¿O que una cosa toma una parte de ti y otra, otra; unas una parte mayor y otras una menor? ¿Significa esto que hay en ti partes mayores y menores? Pero ¿no es más cierto que Tú estás en todas las cosas, estás en ellas de una manera total; y la creación entera no te puede abarcar?

¿Te contienen el cielo y la tierra porque tú los llenas? Tú no necesitas, Señor, que nada te contenga porque lo contienes todo. Aunque los vasos que están llenos de ti se rompieran, tú no te derramarías. Y cuando te derramas en nosotros, no caes ni te desparramas, sino que nos levantas; no te esparces, sino que nos recoges.

4

La inexplicable majestad y perfección de Dios

¿Quién eres, pues, tú, Dios mío, y a quién dirijo mis ruegos…? Tú eres sumo y bueno y tu poder no tiene límites… Al mismo tiempo abruptamente oculto y muy presente… Siempre activo pero siempre quieto… Todo lo recoges pero nada te falta. Eres un Dios que busca, pero nada necesita.

¿Quién eres pues tú, Dios mío, y a quién dirijo mis ruegos sino a mi Dios y Señor? ¿Y qué otro Dios fuera del Señor nuestro Dios? (Sal. 18:31).

Tú eres sumo y bueno y tu poder no tiene límites. Infinitamente misericordioso y justo, al mismo tiempo inaccesiblemente oculto y muy presente, de inmensa fuerza y hermosura, estable e incomprensible, inmutable que todo lo mueve.

Nunca nuevo, nunca viejo; todo lo renuevas, pero haces envejecer a los soberbios sin que ellos se den cuenta. Siempre activo, pero siempre quieto; todo lo recoges, pero nada te hace falta. Todo lo creas, lo sustentas y lo llevas a perfección. Eres un Dios que busca, pero nada necesita.

Ardes de amor, pero no te quemas; eres celoso, pero también seguro; cuando de algo te arrepientes, no te duele, te enojas, pero siempre estás tranquilo; cambias lo que haces fuera de ti, pero no cambias consejo. Nunca eres pobre, pero te alegra lo que de nosotros ganas.

No eres avaro, pero buscas ganancias; nos haces darte más de lo que nos mandas para convertirte en deudor nuestro. Pero, ¿quién tiene algo que no sea tuyo? Y nos pagas tus deudas cuando nada nos debes; y nos perdonas lo que te debemos sin perder lo que nos perdonas.

¿Qué diremos pues de ti, Dios mío, vida mía y santa dulzura? Aunque bien poco es en realidad lo que dice quien de ti habla. Pero, ¡ay de aquellos que callan de ti!, pues aun los que hablan mucho de ti se quedan tan cortos como si fueran mudos.

5

Petición de perdón de pecados

¿Quién me dará reposar en ti, que vengas a mi corazón y lo embriagues hasta hacerme olvidar mis males y abrazarme a ti, mi único bien?

¿Qué eres tú para mí? Hazme la misericordia de que pueda decirlo. ¿Y quién soy yo para ti, pues me mandas que te ame; y si ni lo hago te irritas contra mí y me amenazas con grandes miserias? Pero, qué, ¿no es ya muchísima miseria simplemente el no amarte?

Dime pues, Señor, por tu misericordia, quién eres tú para mí. Dile a mi alma: "Yo soy tu salud" (Sal. 35:3). Y dímelo en forma que te oiga; ábreme los oídos del corazón, y dime: "Yo soy tu salud". Y corra yo detrás de esa voz, hasta alcanzarte. No escondas de mí tu rostro, y muera yo para no morir, porque ni no lo veo moriré.

Estrecha morada es mi alma; ensánchamela, para que puedas venir a ella. Está en ruinas: repárala. Sé bien y lo confieso, que tiene cosas que ofenden tus ojos. ¿A quién más que a ti puedo clamar para que me la limpie? "Límpiame, Señor, de mis pecados ocultos y líbrame de las culpas ajenas" (Sal. 19:12, 13). "Creo, y por eso hablo" (Sal. 116:10). Tú, Señor, lo sabes bien. Ya te he confesado mis culpas, Señor, y tú me las perdonaste (Sal. 32:5). No voy a entrar en pleito contigo, que eres la verdad; no quiero engañarme, para que "mi iniquidad no se engañe a sí misma". No entraré, pues, en contienda contigo, pues "si te pones a observar nuestros pecados, ¿quién podrá resistir?" (Sal. 130:3).

¿Y quién soy yo para ti, pues me mandas que te ame? Ensancha Señor esa estrecha morada de mi alma para que puedas venir a ella. Está en ruinas; repárala, pues ¿a quién más que a ti puedo clamar para que me la limpie?

6

Infancia, eternidad y providencia

¿Qué es lo
que pretendo
decir,
Dios y
Señor mío,
sino que
ignoro que
no vine a dar
esta que no
sé si llamar
vida mortal o
muerte vital?
No lo sé.
Me
recibieron
los consuelos
de tu
misericordia
según oí de
los que me
engendraron
en la carne.

Permíteme sin embargo hablar ante tu misericordia a mí, que soy polvo y ceniza. Déjame hablar, pues hablo a tu misericordia, y no a un hombre burlón que pueda mofarse de mí. Quizás tú también te rías de mí, pero tú te volverás hacia mí y pronto me tendrás piedad.

¿Qué es lo que pretendo decir, Dios y Señor mío, sino que ignoro cómo vine a dar a esta que no sé si llamar vida mortal o muerte vital? No lo sé. Me recibieron los consuelos de tu misericordia según lo oí de los que me engendraron en la carne, esta carne en la cual tú me formaste en el tiempo; cosa de la cual no conservo ningún recuerdo.

Me recibieron, digo, las consolaciones de la leche humana. Ni mi madre ni sus nodrizas llenaban sus pechos, eras tú quien por ellas me dabas el alimento de la infancia, según el orden y las riquezas que pusiste en el fondo de las cosas. Don tuyo era también el que yo no deseara más de lo que me dabas; y que las que me nutrían quisieran darme lo que les dabas a ellas. Porque lo que me daban, me lo daban llevadas del afecto natural en que tú las hacías abundar; el bien que me daban lo consideraban su propio bien. Bien que me venía no de ellas, sino por ellas, ya que todo bien procede de ti, mi Dios y toda mi salud.[2]

Todo esto lo entendí más tarde por la voz con que me hablabas, por dentro y por fuera de mí, a través de las cosas buenas que me concedías. Porque en ese entonces yo no sabía otra cosa que mamar, dejarme ir en los deleites y llorar las molestias de mi carne. No sabía otra cosa. Más tarde comencé a reír, primero mientras dormía, y luego estando despierto. Así me lo han contado, y lo creo, pues igual ocurre con otros niños; de lo mío nada recuerdo.

---

[2] Cf. Santiago 1:17: "Toda buena dádiva y todo don perfecto es de lo alto, que desciende del Padre de las luces, en el cual no hay mudanza, ni sombra de variación."

Poco a poco comencé a sentir en dónde estaba, y a querer manifestar mis deseos a quienes me los podían cumplir, pero no me era posible, pues mis deseos los tenía yo dentro, y ellos estaban afuera y no podían penetrar en mí. Entonces agitaba mis miembros y daba voces para significar mis deseos, los poco que podía expresar, y que no resultaban fáciles de comprender. Y cuando no me daban lo que yo quería, o por no haberme entendido o para que no me hiciera daño, me indignaba de que mis mayores no se me sometieran y de que los libres no me sirvieran; y llorando me vengaba de ellos. Más tarde llegué a saber que así son los niños; y mejor me lo enseñaron ellos, que no lo sabían, que no mis mayores, que sí lo sabían. Y así, esta infancia mía, ha tiempo ya que murió, y yo sigo viviendo.

Pero tú, Señor, siempre vives, y no hay en ti nada que muera. Porque tú existes desde antes del comienzo de los tiempos, antes de que se pudiera decir antes, y eres Dios y Señor de todo cuanto creaste. En ti está la razón de todas las cosas inestables; en ti el origen inmutable de todas las cosas mudables, y el porqué de las cosas temporales e irracionales.

Dime, Señor misericordioso, a mí, tu siervo que te lo suplica, si mi infancia sucedió a otra edad más anterior. ¿Sería el tiempo que pasé en el seno de mi madre? Pues de ella se me han dicho muchas cosas, y he visto también mujeres preñadas. ¿Qué fue de mí, Dios y dulzura mía, antes de eso? ¿Fui alguien y estuve en alguna parte? Porque esto no me lo pueden decir ni mi padre ni mi madre, ni la experiencia de otros, ni mi propio recuerdo. Acaso te sonríes de que te pregunte tales cosas, tú que me mandas reconocer lo que sé y alabarte por ello. Te lo confieso pues, Señor del cielo y de la tierra, y te rindo tributo de alabanza por los tiempos de mi infancia, que yo no recuerdo, y porque has concedido a los hombres que puedan deducir de lo que ven y hasta creer muchas cosas de sí mismos por lo que dicen mujeres iletradas. Existía yo, pues, y vivía en ese tiempo, y hacia el fin de mi infancia buscaba el modo de hacer comprender a otros lo que sentía. ¿Y de quién sino de ti podía proceder un viviente así? No puede venirnos de afuera una sola vena por la que corre en nosotros la vida, y nadie puede ser artífice de su

Dime, Señor misericordioso, a mí, tu siervo que te lo suplica, si mi infancia sucedió a otra edad anterior. Antes de nacer, ¿fui alguien y estuve en alguna parte?

Tú eres siempre el mismo: el hoy, el ayer y el mañana. Lo que pasó y está por venir, hoy lo harás, ya lo hiciste. ¿Y qué más da si alguno no lo entiende? Vale más encontrarte sin haber resuelto tu misterio, que resolverlo y no encontrarte.

propio cuerpo. Todo nos viene de ti, Señor, en quien ser y vivir son la misma cosa, pues el supremo existir es supremo vivir.

Sumo eres, y no mudas, ni pasan los días por ti, y sin embargo pasan en ti, porque tú contienes todas las cosas con todos sus cambios. Y porque "tus años no tienen fin" (Sal. 102:28), tú vives en un eterno día, en un eterno hoy. ¡Cuántos días de los nuestros y de nuestros padres han pasado ya por este hoy tuyo, del que recibieron su ser y su modo!; ¿y cuántos habrán de pasar todavía y recibir de él la existencia? "Tú eres siempre el mismo" (Sal. 102:28); y todo lo que está por venir en el más hondo futuro y lo que ya pasó, hasta en la más remota distancia, hoy lo harás, hoy lo hiciste.

¿Y qué más da si alguno no lo entiende? Alégrese cuando pregunta: ¿qué es esto? Porque más le vale encontrarte sin haber resuelto tu misterio, que resolverlo y no encontrarte.

7

La infancia no está libre de pecados

Escucha, Dios mío. ¡Ay del hombre y de sus pecados! Cuando alguno admite esto tú te apiadas de él; porque tú lo hiciste a él, pero no al pecado que está en él.

¿Quién me recordará los pecados de mi infancia? Porque nadie está libre de pecado ante tus ojos, ni siquiera el niño que ha vivido un solo día. ¿Quién, pues, me los recordará? Posiblemente un pequeñuelo en el que veo lo que de mí no recuerdo. Pero, ¿cuáles podían ser mis pecados? Acaso, que buscaba con ansia y con llanto el pecho de mi madre. Porque si ahora buscase con el mismo deseo no ya la leche materna, sino los alimentos que convienen a mi edad, sería ciertamente reprendido, y con justicia. Yo hacía, pues, entonces cosas dignas de represión; pero como no podía entender a quien me reprendiera, no me reprendía nadie, ni lo hubiera consentido la razón. Defectos son estos que desaparecen con el paso del tiempo. Ni he visto a nadie tampoco, cuando está limpiando algo, desechar advertidamente lo que está bueno. Es posible que en aquella temprana edad no estuviera tan mal el que yo pidiese llorando cosas que me dañarían si me las dieran; ni que me indignara contra aquellas personas maduras y prudentes, y contra mis propios padres porque no se doblegaban al imperio de mi voluntad; y esto, hasta el punto de quererlas yo golpear y dañar según mis débiles fuerzas, por no rendirme una obediencia que me habría perjudicado.

Por lo cual puede pensarse que un niño es inocente si se considera la debilidad de sus fuerzas, pero no necesariamente si se mira la condición de su ánimo. Tengo la experiencia de un niño que conocí: no podía aún hablar, pero se ponía pálido y miraba con envidiosos ojos a un hermano de leche. Todos tenemos alguna experiencia de éstas. A veces madres y nodrizas pretenden que esto se puede corregir con no sé que remedios; pero, miradas las cosas en sí, no hay inocencia en excluir de la fuente abundante y generosa a otro niño mucho más necesitado y que no cuenta para sobrevivir sino con ese alimento de vida.

¿Quién me recordará los pecados de mi infancia? Porque nadie está libre de pecado ante tus ojos, ni siquiera el niño que ha vivido un solo día. Puede pensarse que un niño es inocente si se considera la debilidad de sus fuerzas, pero no necesariamente si se mira la condición de su ánimo.

Si "en maldad he sido formado, y en pecado me concibió mi madre", ¿cuándo y dónde, Señor, te lo suplico, cuándo y dónde fui yo inocente? Pasaré, pues, por alto ese tiempo. ¿Qué tengo que ver con él, pues no me queda de él ni la menor huella?

Y con todo esto, cosas tales se les pasan fácilmente a los niños; no porque se piense que son pequeñeces sin importancia, sino más bien porque estiman que son defectos que pasan con el tiempo. Esto no parece fuera de razón, pero lo cierto es que cosas tales no se le permiten a un niño más crecido.

Así pues, tú, Señor, que al darle a un niño la vida, lo provees con el cuerpo que le vemos, dotado de sentidos y de graciosa figura, y con miembros organizados en disposición y con fuerza conveniente, me mandas ahora que te alabe por esto; que te confiese y cante en honor de tu nombre (Sal. 92:1). Porque eres un Dios omnipotente y bueno, y lo serías aún cuando no hubieras hecho otras cosas fuera de éstas, pues cosas tales no las puede hacer nadie sino tú, el único de quien procede el mundo todo; el hermosísimo que da forma a todos los seres y con sus leyes los ordena.

De esta edad, Señor, no me acuerdo de haberla vivido. Creo lo que de ella me dicen y de lo que veo hacer a otros niños deduzco lo que hice en aquella edad. En la región tenebrosa de mis olvidos, se asemeja al tiempo que viví en el seno de mi madre. Y si "en maldad he sido formado, y en pecado me concibió mi madre" (Sal. 51:5), ¿cuándo y dónde, Señor, te lo suplico, cuándo y dónde fui yo inocente? Pasaré, pues, por alto ese tiempo. ¿Qué tengo que ver con él, pues no me queda de él ni la menor huella?

8

Aprendizaje del lenguaje

De la infancia pasé, pues, a la niñez; o por mejor decir, la niñez vino a mí sucediendo a la infancia. Y sin embargo la infancia no desapareció: ¿A dónde se habría ido? Pero yo no era ya un infante incapaz de hablar, sino un niño que hablaba. Esto lo recuerdo bien, así como advertí más tarde el modo en que había aprendido a hablar.

Mis mayores no me enseñaban proponiéndome ordenadamente las cosas, como después aprendí las letras; sino que con la mente que me diste, Señor, y mediante voces y gemidos y con movimientos varios trataba yo de expresar mi voluntad. No podía yo expresar todo lo que quería, ni a todos aquellos a quienes lo quería expresar. Cuando ellos mencionaban alguna cosa y con algún movimiento la señalaban, yo imprimía con fuerza las voces en mi memoria, seguro de que correspondían a lo que ellos con sus movimientos habían señalado.

No podía yo expresar todo lo que quería, ni a todos aquellos a quienes lo quería expresar. Cuando ellos mencionaban alguna cosa y con algún movimiento la señalaban, yo imprimía con fuerza las voces en mi memoria, seguro de que correspondían a lo que ellos con sus movimientos habían señalado.

Relieve de un escolar romano.

De este modo aprendí a comunicarme por signos con los que me rodeaban, y entré a la tormentosa sociedad de la vida humana sometido a la autoridad de mis padres y a las indicaciones de las gentes mayores.

Lo que ellos querían me lo daban a entender sus movimientos. La expresión de su rostro, las mociones de los ojos y de otros miembros del cuerpo, el sonido de la voz al pedir o rechazar o hacer algo son como un lenguaje natural en todos los pueblos, indicativo de los estados de ánimo. Así, las palabras, ocupando su lugar en las frases y frecuentemente repetidas en relación con las cosas me hacían adivinar poco a poco el significado de cada una; y por medio de ellas, una vez acostumbrada mi boca a pronunciarlas, me hacía comprender. De este modo aprendí a comunicarme por signos con los que me rodeaban, y entré a la tormentosa sociedad de la vida humana sometido a la autoridad de mis padres y a las indicaciones de las gentes mayores.

9

Crueldad en la enseñanza de los niños

¡Cuántas miserias y humillaciones pasé, Dios mío, en aquella edad en la que se me proponía como única manera de ser bueno sujetarme a mis preceptores! Se pretendía con ello que yo floreciera en este mundo por la excelencia de las artes del decir con que se consigue la estimación de los hombres y se está al servicio de falsas riquezas. Para esto fui enviado a la escuela a aprender las letras, cuya utilidad, pobre de mí, ignoraba yo entonces; y sin embargo, me golpeaban cuando me veían perezoso. Porque muchos que vivieron antes que nosotros nos prepararon estos duros caminos por los que nos forzaban a caminar, pobres hijos de Adán, con mucho trabajo y dolor.[3]

Entonces conocí a algunas personas que te invocaban. De ellas aprendí a sentir en la medida de mi pequeñez que tú eres alguien muy grande y que nos puedes escuchar y socorrer sin que te percibamos con los sentidos. Siendo pues niño comencé a invocarte como mi auxilio y mi refugio; y en este rogar iba yo rompiendo las ataduras de mi lengua. Pequeño era yo; pero con no pequeño afecto te pedía que no me azotaran en la escuela. A veces, por mi propio bien, no me escuchabas, y las gentes mayores se reían de mí, y aún mis padres mismos, que nada malo querían para mí. En eso consistieron mis mayores sufrimientos de aquellos días.

Entonces conocí a algunas personas que te invocaban. De ellas aprendía a sentir en la medida de mi pequeñez que tú eres alguien muy grande y que nos puedes escuchar y socorrer sin que percibamos con los sentidos. Siendo pues niño, comencé a invocarte como mi auxilio y mi refugio.

---

[3] Los castigos corporales era muy usados y recomendados por los maestros que, partidarios del dicho "la letra con la sangre entra", usaban varas, correas y palmetas hasta el punto de hacer sangrar a los alumnos. Hay suficiente testimonio de la crueldad empleada con los estudiantes entonces, que perduró durante siglos. Todavía en el siglo XVI encontramos a Lutero protestando contra estos procedimientos brutales y, como su antecesor de orden, abogar por un trato más humano y adaptado a la sensibilidad infantil. Serán los pedagogos modernos los encargados de recoger esta herencia agustiniana-luterana, en especial a partir de Comenio y Pestalozzi.

En *De chatechizandis rubidus*, Agustín indica que sólo el *amor* puede guir al maestro a llamar la luz divina interior que hay en sus alumnos, de modo que, en una comunión de obra y de espíritu entre maestro y alumno, contemple el uno el alma del otro: "Los que escuchan deben como hablar dentro de nosotros; y dentro de ellos debemos aprender de

Los juegos con que se divierten los adultos se llaman *negocios*; y lo que para los niños son verdaderos negocios, ellos lo castigan como juegos y nadie compadece a los niños ni a los hombres, ni unos de los otros.

¿Existe acaso, Señor, un alma tan grande y tan unida a ti por el amor, que en la fuerza de esta afectuosa unión contigo haga lo que en ocasiones se hace por pura demencia: despreciar los tormentos del potro, los garfios de hierro y demás instrumentos de martirio? Porque de tormentos tales quiere la gente verse libre, y por todo el mundo te lo suplican llenos de temor. ¿Habrá pues quienes por puro amor a ti los desprecien y tengan en poco a quienes sienten terror ante el tormento a la manera como nuestros padres se reían de lo que nuestros maestros nos hacían sufrir? Pues yo no los temía menos que a la misma tortura, y no dejaba de rogarte que me los evitaras. Y sin embargo, pecaba leyendo y escribiendo y estudiando menos de lo que se me exigía.

No era, Señor, que me faltase memoria ni ingenio, pues nos los diste suficiente para aquella edad; sino que yo adoraba el juego, y esto me lo castigaban quienes jugaban lo mismo que yo. Porque los juegos con que se divierten los adultos se llaman *negocios*; y lo que para los niños son verdaderos negocios, ellos lo castigan como juegos y nadie compadece a los niños ni a los hombres, ni unos de los otros. A menos que algún buen árbitro de las cosas tenga por bueno el que yo recibiera castigos por jugar a la pelota. Verdad es que este juego me impedía aprender con rapidez las letras; pero las letras me permitieron más tarde juegos mucho más funestos. Porque en el fondo no hacía otra cosa aquel mismo que por jugar me pegaba. Cuando en alguna discusión era vencido por alguno de sus colegas profesores, la envidia y la ira lo atormentaban más de lo que a mí me afectaba perder un juego de pelota.

algún modo las cosas que vamos enseñando". El colegial debe, pues, convertirse en la regla de lo que el maestro enseña, en cuanto a los argumentos, el modo, las posibilidades de nivel y de capacidad mental (Cf. Aldo Agazzi, *Historia de la filosofía y de la pedagogía*, vol. I. Alcoy 1980; James Bowen, *Historia de la educación occidental*, vol. I. Herder, Barcelona 1985; Alfonso Capitán Díaz, *Historia del pensamiento pedagógico en Europa*. Ed. Dykinson, Madrid 1984).

10

Amor al juego, descuido de las tareas escolares

Y sin embargo yo pecaba, Señor mi Dios, que eres el creador y ordenador de todas las cosas naturales con la excepción del pecado, del cual no eres creador, sino nada más regulador. Pecaba obrando contra el querer de mis padres y de aquellos maestros. Pero pude más tarde hacer buen uso de aquellas letras que ellos, no sé con qué intención, querían que yo aprendiese.

Si yo desobedecía no era por haber elegido algo mejor, sino simplemente por la atracción del juego. Me gozaba en espléndidas victorias, y me gustaba el cosquilleo ardiente que en los oídos dejan las fábulas. Cada vez más me brillaba una peligrosa curiosidad en los ojos cuando veía los espectáculos circenses y gladiatorios de los adultos. Quienes tales juegos organizan ganan con ello tal dignidad y prestigio, que todos luego la desean para sus hijos. Y sin embargo no llevan a mal el que se los maltrate por el tiempo que pierden viendo esos juegos, ya aquel estudio les permitiría montarlos ellos mismos más tarde. Considera, Señor, con misericordia estas cosas y líbranos a nosotros, los que ya te invocamos. Y libra también a los que no te invocan todavía, para que lleguen a invocarte y los libres.

Cada vez más me brillaba una peligrosa curiosidad en los ojos cuando veía los espectáculos circenses y gladiatorios de los adultos. Quienes tales juegos organizan ganan con ello tal dignidad y prestigio, que todos luego la desean para sus hijos.

11

Aplazamiento del bautismo

Yo ya creía, y mi madre creía también, y todos los de la casa, con la excepción de mi padre, quien a pesar de que no creía tampoco estorbaba los esfuerzos de mi piadosa madre para afirmarme en la fe en Cristo. Porque ella quería que tú, Dios mío, fueses mi padre más que él; y tú la ayudabas a sobreponerse a quien bien servía siendo ella mejor, pues al servirlo a él por tu mandato, a ti te servía.

Cuando aún era muy niño, había oído hablar de la vida eterna que nos tienes prometida por tu Hijo nuestro Señor, cuya humildad descendió hasta nuestra soberbia. Ya desde entonces me signaron con la señal de su cruz y me sazonaba con su sal ya desde el vientre de mi madre, que tan grande esperanza tenía puesta en ti.[4] Y tú sabes que ciertos días me acometieron de repente violentos dolores de vientre con mucha fiebre, y que me pusieron a la muerte. Y viste también, porque ya entonces eras mi guardián, con cuánta fe y ardor pedí el bautismo de tu Cristo, Dios y Señor mío, a mi madre y a nuestra madre común que es vuestra Iglesia. Y la madre de mi carne, consternada en su corazón casto y lleno de fe, quería engendrarme para la vida eterna, y se preocupaba para que yo fuera iniciado en los sacramentos de la salvación y, confiándote a ti, Señor mío, recibiera la remisión de mi pecado. Y así hubiera sido sin la pronta recuperación que tuve. Se difirió, pues, mi purificación, como si necesariamente debiese mancharme de nuevo, al recobrar la vida. Sin duda juzgaban que si, después del baño bautismal, volvía a caer en el fango del pecado, mi responsabilidad sería más fuerte y más peligrosa.

Así, pues, yo ya creía, y mi madre creía también y todos los de la casa, con la excepción de mi padre, quien a pesar de que no creía tampoco estorbaba los esfuerzos de mi piadosa madre para afirmarme en la fe en Cristo. Porque ella quería que tú, Dios mío, fueses mi padre más que él; y tú la ayudabas a sobreponerse a quien bien servía siendo ella mejor, pues al servirlo a él por tu mandato, a ti te servía.

---

[4] A los catecúmenos no les estaba permitido hacer sobre sí la señal de la cruz, ni tampoco tomar por sus manos la sal que se les daba durante el estado de catecúmenos. Tenían que recurrir para ello a los ministros catequizantes. Tampoco se les permitía aprender el Credo o Símbolo de la fe, ni orar la oración del Padre nuestro, solamente se les cantaba uno y otra se les explicaba algunos días antes de recibir el bautismo. Ver Cirilo de Jerusalén, *Sellados por el Espíritu. Catequesis* (CLIE, Terrassa 2001).

Me gustaría saber, Señor, por qué razón se difirió mi bautismo; si fue bueno para mí que se aflojaran las riendas para seguir pecando, o si hubiera sido mejor que no se me aflojaran. ¿Por qué oímos todos los días decir: "Deja a este que haga su voluntad, que todavía no está bautizado", cuando de la salud del cuerpo nunca decimos: "Déjalo que se trastorne más, que aún no está curado"? ¡Cuánto mejor hubiera sido que yo sanara más pronto y que de tal manera obrara yo y obraran conmigo, que quedara en seguro bajo tu protección la salud del alma que de ti me viene! Pero bien sabía mi madre cuántas y cuán grandes oleadas de tentación habrían de seguir a mi infancia. Prefirió exponer a sus embates el simple barro todavía sin moldear, que la imagen definitiva recibida en el bautismo.

¡Cuánto mejor hubiera sido que yo sanara más pronto y que de tal manera obrara yo y obraran conmigo, que quedara en seguro bajo tu protección la salud del alma que de ti me viene!

12

Obligación al estudio

Tú, que tienes contados todos nuestros cabellos, aprovechabas para mi bien el error de quienes me forzaban a estudiar, y el error mío de no querer aprender lo usabas como un castigo que yo, niño de corta edad pero ya gran pecador, ciertamente merecía.

En el período de mi niñez, que era menos de temer que mi adolescencia, no me gustaba estudiar, ni soportaba que me obligaran a ello. Pero me urgían, y eso era bueno para mí; y yo me portaba mal, pues no aprendía nada como no fuera obligado. Y digo que me conducía mal porque nadie obra tan bien cuando sólo forzado hace las cosas, aun cuando lo que hace sea bueno en sí. Tampoco hacían bien los que en tal forma me obligaban; pero de ti, Dios mío, me venía todo bien. Los que me forzaban a estudiar no veían otra finalidad que la de ponerme en condiciones de saciar insaciables apetitos en una miserable abundancia e ignominiosa gloria.

Pero tú, que tienes contados todos nuestros cabellos (Mt. 10:38), aprovechabas para mi bien el error de quienes me forzaban a estudiar y el error mío de no querer aprender lo usabas como un castigo que yo, niño de corta edad pero ya gran pecador, ciertamente merecía. De este modo sacabas tú provecho para mí de gentes que no obraban bien, y a mí me dabas retribución por mi pecado. Es así como tienes ordenadas y dispuestas las cosas: que todo ánimo que no se halla dentro del orden lleve en sí mismo su propio castigo.

13

Entusiasmo por la literatura latina

Nunca he llegado a saber a que obedecía mi aborrecimiento por la lengua griega que me forzaban a aprender, pero en cambio me gustaba mucho la lengua latina. No por cierto la de la primera enseñanza en la que se aprende a leer, escribir y contar, ya que ésta me era tan odiosa como el aprendizaje del griego; pero sí la enseñanza de los llamados "gramáticos". ¿Pero de dónde venía esto, sino del pecado y la vanidad de la vida? Porque yo era "carne y soplo que va y no vuelve" (Sal. 78:39). Ciertamente eran mejores, por más ciertas, esas primeras letras a las que debo el poder leer algo y escribir lo que quiero, que no aquellas otras que me hacían considerar con emoción las andanzas de Eneas con olvido de mis propias malas andanzas; llorar a Dido muerta y su muerte de amor, mientras veía yo pasar sin lágrimas mi propia muerte; una muerte que moría yo lejos de ti, que eres mi Dios y mi vida. No hay nada más lamentable que la condición de un miserable que no tiene compasión de su miseria. ¿Quién tan desdichado como uno que lloraba la muerte de Dido por el amor de Eneas pero no esa otra muerte propia, muerte terrible, que consiste en no amarte a ti?

¡Oh, Dios, luz de mi corazón y pan interior de mi alma, fuerza que fecunda mi ser y seno amoroso de mi pensamiento! Yo no te amaba entonces, y me entregaba lejos de ti a fornicarios amores; pues no otra cosa que fornicación es la amistad del mundo lejos de ti. Pero por todos lados oía yo continuas alabanzas de mi fornicación: "¡Bravo, muy bien", gritaban los que me veían fornicar. También es cierto que decimos: "¡Bravo, magnífico" para avivar el respeto humano de quien se niega a caer en la tentación.

Llorar a Dido muerta y su muerte de amor, mientras veía yo pasar sin lágrimas mi propia muerte; una muerte que moría yo lejos de ti, que eres mi Dios y mi vida. No hay nada más lamentable que la condición de un miserable que no tiene compasión de su miseria.

Pecaba yo pues entonces, siendo niño, cuando prefería las ficciones a las letras útiles que tenía en aborrecimiento, ya que el que uno más uno sean dos y dos más dos sumen cuatro era para mí fastidiosa canción; y mucho mejor quería contemplar los dulces espectáculos de vanidad, como aquel caballo de madera lleno de hombres armados, como el incendio de Troya y la sombra de Creusa.

Pero nada de esto me hacía llorar, sino que lloraba yo por la muerte violenta de Dido, tierra que vuelve a la tierra; y me iba a la zaga de lo peor que hay en tu creación. Y cuando se me impedía seguir con esas lecturas me llenaba de dolor porque no me dejaban leer lo que me dolía. Esta demencia era tenida por más honorable disciplina que las letras con que aprendí a leer y escribir.

Pero clama tú ahora dentro de mi alma, Dios mío, y que tu verdad me diga que "no es así; que no es así", sino que mejor cosa es aquella primera enseñanza; pues ahora estoy más que preparado para olvidar las andanzas de Eneas y otras cosas parecidas, y no lo estoy para olvidarme de leer y escribir.

Es cierto que a las puertas de las escuelas de gramática se cuelgan cortinas; pero no es tanto para significar el prestigio de una ciencia secreta, cuanto para disimular el error. Y que no clamen contra mí esas gentes a quienes ya no temo ahora que confieso delante de ti lo que desea mi alma y consiento en que se me reprenda de mis malos caminos para que pueda yo amar los buenos tuyos. Que nada me reclamen los vendedores y compradores de gramática; pues si les pregunto si fue verdad que Eneas haya estado alguna vez en Cartago, como pretende Virgilio, los más indoctos me dirán que no lo saben, y los más prudentes lo negarán en absoluto.

Pero si les pregunto con qué letras se escribe el nombre de Eneas todos responderán bien, pues conocen lo que según el convenio de los hombres significan esas letras. Más aún: si les pregunto qué causaría mayor daño en esta vida: si olvidarnos de leer y escribir u olvidar todas esas poéticas ficciones ¿quién dudará de la respuesta, si es que no ha perdido la razón?

Pecaba yo pues entonces, siendo niño, cuando prefería las ficciones a las letras útiles que tenía en aborrecimiento, ya que el que uno más uno sean dos y dos más dos sumen cuatro, era para mí fastidiosa canción; y mucho mejor quería contemplar los dulces espectáculos de vanidad, como aquel caballo de madera lleno de hombres armados, como el incendio de Troya y la sombra de Creusa.

14

Aborrecimiento del idioma griego

¿Por qué pues aborrecía yo la literatura griega que tan bellas cosas cantaba? Porque Homero, maestro en urdir preciosas fábulas, es dulce, pero vano; y esta vana dulzura era amarga para mí cuando yo era niño; de seguro también lo es Virgilio para los niños griegos si los obligan al estudio como a mí me obligaban a estudiar Homero: es muy duro estudiar obligados. Y así, la dificultad de batallar con una lengua extraña amargaba como hiel la suavidad de aquellas fabulosas narraciones griegas. La lengua yo no la conocía, y sin embargo se me amenazaba con castigos crueles y espantosos como si bien la conociera.

Tampoco conocía yo en mi infancia la lengua latina; pero con la sola atención la fui conociendo, sin miedo ni fatiga, y hasta con halagos de parte de mis nodrizas, y con afectuosas burlas y juegos alegres que inspiraban mi ignorancia. La aprendí, pues, sin presiones, movido solamente por la urgencia que yo mismo sentía de hacerme comprender. Iba poco a poco aprendiendo las palabras, no de quien me las enseñara, sino de quienes hablaban delante de mí; y yo por mi parte ardía por hacerles conocer mis pensamientos. Por donde se ve que, para aprender, mayor eficacia tiene la natural curiosidad que no una coacción armada de amenazas. Pero tú, Señor, tienes establecida una ley: la de que semejantes coacciones pongan un freno beneficioso al libre flujo de la espontaneidad. Desde la férula de los maestros hasta las pruebas terribles del martirio, es tu ley que todo se vea mezclado de saludables amarguras, con las que nos llamas hacia ti en expiación de las mortales alegrías que de ti nos alejan.

Para aprender mayor eficacia, tiene la natural curiosidad que no una coacción armada de amenazas. Pero tú, Señor, tienes establecida una ley: la de que semejantes coacciones pongan un freno beneficioso al libre flujo de la espontaneidad.

15

Oración para ser útil

Seas tú siempre para mí una dulzura más fuerte que todas las mundanas seducciones que antes me arrastraban. Haz que te ame con hondura y apriete tu mano con todas las fuerzas de mi corazón, y así me vea libre hasta el fin de todas las tentaciones.

Escucha, Señor, mi súplica para que mi alma no se quiebre bajo tu disciplina, ni desmaye en confesar las misericordias con las que me sacaste de mis pésimos caminos. Seas tú siempre para mí una dulzura más fuerte que todas las mundanas seducciones que antes me arrastraban. Haz que te ame con hondura y apriete tu mano con todas las fuerzas de mi corazón, y así me vea libre hasta el fin de todas las tentaciones.

Tú eres, "Señor, mi Rey y Dios" (Sal. 6:9), que todo lo bueno y útil que aprendí siendo niño te sirva, y todo cuanto hablo, escribo, leo o cuento. Porque cuando aprendía yo vanidades, tú me dabas disciplina y me perdonabas el pecaminoso placer que en ellas tenía. Es cierto que en ellas aprendí muchas coas que me han sido de utilidad; pero eran cosas que también pueden aprenderse sin vanidad alguna. Este camino es el mejor, y ojalá todos los niños caminaran por esta senda segura.

16

Rechazo del método pedagógico de sus contemporáneos

¡Maldito seas, torrente de las costumbres humanas, pues nadie te puede resistir! ¿Cuándo te secarás? ¿Hasta cuándo seguirás arrastrando a los hijos de Eva hacia mares inmensos y tormentosos en los que apenas pueden navegar los que suben al leño de la cruz? ¿No he leído yo acaso en ti que Júpiter truena en el cielo pero es adúltero sobre la tierra? Ambas cosas son incompatibles, pero se la compuso de tal modo que un adúltero auténtico pudo tomarlo por modelo, para hacer lo mismo, animado por aquel trueno imaginario.

Entre aquellos maestros que vestían la pénula,[5] ¿existe uno solo que pueda, sin escandalizarse, oír a un hombre hecho con el mismo polvo que ellos, gritar: "Esas eran las ficciones de Homero, que atribuía a los dioses las debilidades humanas; yo hubiese preferido que imputase a los hombres las grandezas divinas"? Aunque mayor verdad habría de decir que Homero atribuía cualidades divinas a hombres viciosos; con lo cual los vicios quedaban cohonestados, y quien los tuviera podía pensar que imitaba no a hombres depravados, sino a celestes deidades.

Y sin embargo, ¡oh torrente infernal! En tus ondas se revuelven los hijos de los hombres en pos de la ganancia; y en mucho se tiene el que las leyendas homéricas se representen en el foro, bajo el amparo de leyes que les conceden crecidos estipendios. Y haces, oh torrente, sonar tus piedras, diciendo: "Aquí se aprende el arte de la palabra, aquí se adquiere la elocuencia tan necesaria para explicar las cosas y persuadir los ánimos".

En efecto: no conoceríamos palabras tales como lluvia de oro, regazo, engaño y templos del cielo si no fuera porque Terencio las usa cuando nos presenta a un joven

"Esas eran las ficciones de Homero, que atribuía a los dioses las debilidades humanas; yo hubiese preferido que imputase a los hombres las grandezas divinas." Aunque mayor verdad habría de decir que Homero atribuía cualidades divinas a hombres viciosos.

---

[5] La *pénula* era un manto de viaje que con el tiempo llegó a identificar a los gramáticos y maestros inferiores, como el *palio* a los filósofos y la *toga* a los abogados.

No tengo objeciones contra las palabras mismas, que son como vasos escogidos y preciosos; pero sí las tengo contra el vino de error que en ellos nos daban a beber maestros ebrios.

disoluto que quiere cometer un estupro siguiendo el ejemplo de Júpiter. Porque vio en una pared una pintura sobre el tema de cómo cierta vez Júpiter embarazó a la doncella Dánae penetrando en su seno bajo la forma de una lluvia de oro. Y hay que ver cómo se excita la concupiscencia de ese joven con semejante ejemplo, que le viene de un dios. ¿Y qué dios? Se pregunta. Pues, nada menos que aquel que hace retemblar con sus truenos los templos del cielo. Y se dice: "¿No voy yo, simple hombre, a hacer lo que veo en un dios? ¡Sí! Lo he hecho, y con toda mi voluntad".

Y no es que con estas selectas palabras se expresen mejor semejantes torpezas; sino más bien, que bajo el amparo de esas palabras las torpezas se cometen con más atrevimiento. No tengo objeciones contra las palabras mismas, que son como vasos escogidos y preciosos; pero sí las tengo contra el vino de error que en ellos nos daban a beber maestros ebrios, que todavía nos amenazaban si nos negábamos a beber, sin que tuviéramos un juez a quien apelar. Y sin embargo, Dios mío, en quien reposa ya segura mi memoria, yo aprendía tales vanidades con gusto; y, mísero de mí, encontraba en ellas placer. Por eso decían de mí que era un niño que mucho prometía para el futuro.

17

La necesidad de aprender las obras de Dios desde la infancia

Permíteme, Señor, decir algo sobre el ingenio que me diste y de las fantasías con que lo desperdiciaba. Me proponían algo que mucho me inquietaba el alma. Querían que por amor a la alabanza y miedo a ser enfrentado y golpeado repitiera las palabras de Juno, iracunda y dolida de que no podía alejar de Italia al rey de los troyanos (Virgilio, *Eneida* 1, 37-49). Pues nunca había oído yo que Juno hubiese dicho tales cosas. Pero nos forzaban a seguir como vagabundos los vestigios de aquellas ficciones poéticas y a decir en prosa suelta lo que los poetas decían en verso. Y el que lo hacía mejor entre nosotros, era más alabado, el que según la dignidad del personaje que fingía con mayor vehemencia y propiedad de lenguaje expresaba el dolor o la cólera de su personaje.

¿De qué me servía todo aquello, Dios mío y vida mía? ¿Y por qué era yo, cuando recitaba, más alabado que otros coetáneos míos y compañeros de estudios? ¿No era todo ello viento y humo? ¿No había otros temas en que se pudieran ejercitar mi lengua y mi ingenio? Los había. Tus alabanzas, Señor, tus alabanzas como están en la Santa Escritura, habrían sostenido el débil sarmiento de mi corazón; y no habría yo quedado como presa innoble de los pájaros de rapiña. Pues hay más de un modo de ofrecer sacrificio a los ángeles caídos.

¿De qué me servía todo aquello, Dios mío y vida mía? ¿No era todo ello viento y humo? ¿No había otros temas en que se pudieran ejercitar mi lengua y mi ingenio? Los había. Tus alabanzas, Señor, tus alabanzas como están en la Santa Escritura.

18

Observancia de las leyes gramaticales y desprecio de las morales

¡Con cuánto cuidado observan los hijos de los hombres las reglas que sobre el sonido de letras y sílabas recibieron de sus maestros, al paso que descuidan las leyes que tú les pones para su eterna salvación!

No es pues maravilla si llevado por tanta vanidad me descarriaba yo lejos de ti, mi Dios. Para mi norma y gobierno se me proponían hombres que eran reprendidos por decir con algún barbarismo o solecismo algún hecho suyo no malo, pero eran alabados y glorificados cuando ponían en palabras adecuadas y con buena ornamentación sus peores concupiscencias.

Tú, Señor, ves todo esto y te callas, pues eres "Dios misericordioso y clemente, lento para la ira, y grande en misericordia y verdad" (Sal. 86:15). Pero no vas a seguir por siempre callado. Ahora mismo has sacado del terrible abismo a un alma que te busca y tiene sed de deleitarse en ti; un alma que te dice: "Buscad mi rostro. Tu rostro buscaré, oh Señor" (Sal. 27:8). Porque yo anduve lejos de tu rostro, llevado por una tenebrosa pasión.

Nadie se aleja de ti o retorna a ti con pasos corporales por los caminos del mundo. ¿Acaso aquel hijo menor tuyo que huyó de ti, para disipar en una región lejana cuanto le habías dado, tuvo en el momento de partir necesidad de caballos, o carros o naves? ¿Necesitó acaso alas para volar, o presurosas rodillas? Tú fuiste para él un dulce padre cuando le diste lo que te pidió para poder marcharse; pero mucho más dulce todavía cuando a su regreso lo recibiste pobre y maltrecho. El que vive en un afecto deshonesto vive en las tinieblas lejos de tu rostro.

Mira pues, Señor, con paciencia lo que tienes ante los ojos. ¡Con cuánto cuidado observan los hijos de los hombres las reglas que sobre el sonido de letras y sílabas recibieron de sus maestros, al paso que descuidan las leyes que tú les pones para su eterna salvación! Así sucede que quien es conocedor de las leyes de la gramática no soportará que alguien diga "ombre" por "hombre", suprimiendo la aspiración de la primera sílaba; pero en cambio tendrá por cosa ligera, de nada, si siendo hombre él mismo, odia a los demás hombres contra tu mandamiento. Como si le fuera posible a alguien causarle a otro un daño mayor que el que se causa a sí mismo con el odio que le tiene; como si pudiera causarle a otro una devastación mayor que la que a sí mismo se causa siendo su enemigo.

No hay cultura literaria que nos sea más íntima que la conciencia misma, en la cual llevamos escrito que no se debe hacer a otro lo que nosotros mismos no queremos para nosotros (Mt. 7:12). ¡Qué distinto eres Tú, oh Dios inmenso y único, que habitas en el silencio de las alturas, y con inmutables decretos impones cegueras para castigar ilícitos deseos!

Cuando alguien busca la fama de la elocuencia atacando con odio a un enemigo en presencia de un juez y de un auditorio, pone sumo cuidado para no desprestigiarse con un error de lenguaje. No dirá, por ejemplo, "entre *las* hombres". Pero en cambio, no le causa ningún escrúpulo si intenta arrancar a otro hombre de la sociedad de sus semejantes, en la violencia de su odio.

Cuando alguien busca la fama de la elocuencia atacando con odio a un enemigo en presencia de un juez y de un auditorio, pone sumo cuidado para no desprestigiarse con un error de lenguaje. No le causa ningún escrúpulo si intenta arrancar a otro hombre de la sociedad de sus semejantes, en la violencia de su odio.

19

Infancia desaprovechada

¿Qué clase de inocencia infantil era esta? No lo era. Porque esta misma pasión, que en la edad escolar tiene por objeto nueces, pelotas y pajaritos, en las edades posteriores, para prefectos y reyes, es ambición de oro, de tierras y de esclavos. Con el paso del tiempo se pasa de lo chico a lo grande.

He aquí la escuela moral, en cuyo umbral yacía yo infeliz mientras fui niño. Y tal era la lucha en esa palestra, que lo que yo más temía era cometer un barbarismo, y no disimulaba mis celos cuando dejaba escapar uno y mis compañeros no cometían ninguno. Ahora admito y confieso en tu presencia aquellas pequeñeces por las cuales recibía yo alabanza de parte de personas para mí tan importantes que agradarles me parecía la suma del buen vivir. No caía yo en la cuenta del abismo de bajezas que me arrastraba ante tus ojos.

¿Podían ellos ver entonces algo más detestable que yo? Pues los ofendía engañando con incontables mentiras a mi pedagogo, a mis maestros y a mis padres; y todo por la pasión de jugar y por el deseo de contemplar espectáculos vanos para luego divertirme en imitarlos.

Cometí muchos hurtos de la mesa y la despensa de mis padres, en parte movido por la gula, y en parte también para tener algo que dar a otros muchachos que me vendían su juego; cambio en el cual ellos y yo encontrábamos gusto. Pero también en esos juegos me vencía con frecuencia la vanidad de sobresalir, y me las arreglaba para conseguir victorias fraudulentas. Y no había cosa que mayor fastidio me diera que el sorprenderlos en alguna de aquellas trampas que yo mismo les hacía a ellos. Y cuando en alguna me pillaban prefería pelear a ceder.

¿Qué clase de inocencia infantil era esta? No lo era, Señor, no lo era, permíteme que te lo diga. Porque esta misma pasión, que en la edad escolar tiene por objeto nueces, pelotas y pajaritos, en las edades posteriores, para prefectos y reyes, es ambición de oro, de tierras y de esclavos. Con el paso del tiempo se pasa de lo chico a lo grande, así como de la férula de los maestros se pasa más tarde a suplicios mayores. Fue, pues, la humildad lo que tú, Rey y Señor nuestro, aprobaste en la pequeñez de los niños cuando dijiste que de los que son como ellos es el Reino de los Cielos (Mt. 19:14).

20

El gusto infantil por la verdad

Y sin embargo, Señor excelentísimo y sumo bien, creador de cuanto existe, gracias te daría si hubieses dispuesto que yo no pasara de la niñez. Porque yo existía y vivía; veía y sentía y cuidaba de mi conservación, vestigio secreto de aquella unidad por la cual era.

Un sentido muy interior me movía a cuidar la integridad de mis sentidos, y aun en las cosas más pequeñas me deleitaba en la verdad de mis pensamientos. No quería que me engañasen. Mi memoria era excelente, mi habla ya estaba formada. Me gozaba en la amistad, huía del dolor, del desprecio y de la ignorancia. ¿Qué hay en un ser así que no sea admirable y digno de alabanza? Pues todo esto me venía de mi Dios, yo no me dí a mí mismo semejantes dones. Cosas buenas eran, y todas ellas eran mi *yo*.

Bueno es, entonces, el que me hizo; él es mi bien, y en su presencia me lleno de exultación por todos esos bienes que había en mi ser de niño. Pero pecaba yo, por cuanto buscaba la verdad, la deleitación y la sublimidad no en él, sino en mí mismo y en las demás criaturas; y por esto me precipitaba en el dolor, la confusión y el error.

Pero gracias, dulzura mía, mi honor y mi confianza, mi Dios, por tus dones; y te ruego que me los conserves. Así me guardarás a mí; y todo cuanto me diste se verá en mí aumentado y llevado a perfección. Y yo estaré contigo, que me diste la existencia.

Bueno es, entonces, el que me hizo; él es mi bien. Pero pecaba yo, por cuanto buscaba la verdad, la deleitación y la sublimidad no en él, sino en mí mismo y en las demás criaturas; y por esto me precipitaba en el dolor, la confusión y el error.

II
ADOLESCENCIA Y AMISTADES

21

Pecados de la adolescencia

Quiero ahora recordar las fealdades de mi vida pasada, las corrupciones carnales de mi alma; no porque en ellas me complazca, sino porque te amo a ti, mi Dios. Lo hago por amor de tu Amor, recordando en la amargura de una revivida memoria mis perversos caminos y malas andanzas. Para que me seas dulce tú, dulzura no falaz, dulzura cierta y feliz; para que me recojas de la dispersión en la que anduve como despedazado mientras lejos de ti vivía en la vanidad.

Durante algún tiempo de mi adolescencia ardía en el deseo de saciar los más bajos apetitos y me hice como una selva de sombríos amores. Se marchitó mi hermosura y aparecí ante tus ojos como un ser podrido y sólo atento a complacerse a sí mismo y agradar a los demás.

Quiero ahora recordar las fealdades de mi vida pasada, no porque en ellas me complazca, sino porque te amo a ti, mi Dios. Lo hago por amor de tu Amor, recordando en la amargura de una revivida memoria mis perversos caminos y malas andanzas.

22

Amores juveniles

¡Ojalá hubiera tenido yo entonces quien pusiera medida a mi agitación, quien me hubiera enseñado a usar con provecho la belleza fugitiva de las cosas nuevas marcándoles una meta!

¿Qué me gustaba entonces sino amar y ser amado? Pero no me contentaba con relaciones de alma a alma, sin separarme del camino luminoso de la verdadera amistad. De mí se exhalaban nubes de fangosa concupiscencia carnal en el hervidero de mi pubertad, y de tal manera obnubilaban y ofuscaban mi corazón que no era yo capaz de distinguir entre la serenidad del amor y el fuego de la sensualidad. Ambos ardían en confusa efervescencia y arrastraban mi debilidad por los derrumbaderos de la concupiscencia en un torbellino de pecados. Tu ira se abatía sobre mí, pero yo lo ignoraba; me había vuelto sordo a tu voz y como encadenado, por la estridencia de mi carne mortal. Esta era la pena con que castigabas la soberbia de mi alma. Cada vez me iba más lejos de ti, y tú lo permitías; era yo empujado de aquí para allá, me derramaba y desperdiciaba en la ebullición de las pasiones y tú guardabas silencio. ¡Oh, mis pasos tardíos! Tú callabas entonces, y yo me alejaba de ti más y más, desparramado en dolores estériles, pero soberbio en mi envilecimiento y sin sosiego en mi cansancio.

¡Ojalá hubiera tenido yo entonces quien pusiera medida a mi agitación, quien me hubiera enseñado a usar con provecho la belleza fugitiva de las cosas nuevas marcándoles una meta! Si tal hubiera sido, el hervoroso ímpetu de mi juventud se habría ido moderando rumbo al matrimonio y, a falta de poder conseguir la plena serenidad, me habría contentado con procrear hijos como lo mandas tú, que eres poderoso para sacar renuevos de nuestra carne mortal, y sabes tratarnos con mano suave para templar la dureza de las espinas excluidas de tu paraíso. Porque tu providencia está siempre cerca, aun cuando nosotros andemos lejos.

No tuve quien me ayudara a poner atención al sonido de tus nubes[6] cuando dice: "Estos tendrán la tribulación

---

[6] Agustín, fiel a su interpretación alegórica de la Biblia o Palabra de Dios como *firmamento* extendido sobre la inteligencia humana, llama *nubes* a las Sagradas Escrituras, pues que de lo alto proceden.

de la carne, pero yo os dejo" (1ª Co. 7:28). Y también: "Bueno es para el hombre no tocar a la mujer" (5. 32); y luego: "El que no tiene mujer se preocupa de las cosas de Dios y de cómo agradarle; pero el que está unido en matrimonio se preocupa de las cosas del mundo y de cómo agradar a su mujer" (5:33). Si hubiera yo escuchado con más atención estas voces habría yo templado mi carne, "eunuco por amor del Reino de los cielos" (Mt. 19:12) y con más felicidad habría esperado tu abrazo.

Mas yo, miserable, te abandoné por dejarme llevar de mis impetuosos ardores; me excedí en todo más allá de lo que tú me permitías y no me escapé de tus castigos, y ¿quién lo logró de todos los mortales? Tú estabas siempre a mi lado, ensañándote misericordiosamente conmigo y amargabas mis ilegítimas alegrías para que así aprendiera a buscar goces que no te ofendieran. ¿Y dónde podía yo conseguir esto sino en ti, Señor, que finges poner dolor en tus preceptos, nos hieres para sanarnos y nos matas para que no muramos lejos de ti?

¿Por dónde andaba yo, lejos de las delicias de tu casa, en ese año decimosexto de mi edad carnal, cuando le concedí el cetro a la lujuria y con todas mis fuerzas me entregué a ella en una licencia que era indecorosa ante los hombres y prohibida por tu ley? Los míos para nada pensaron en frenar mi caída con el remedio del matrimonio. Lo que les importaba era solamente que yo aprendiera lo mejor posible el arte de hablar y de convencer con la palabra.

Los míos para nada pensaron en frenar mi caída con el remedio del matrimonio. Lo que les importaba era solamente que yo aprendiera lo mejor posible el arte de hablar y de convencer con la palabra.

23

Viaje a Cartago
para continuar los estudios

Este mismo padre que tanto por mí se preocupaba, no pensaba para nada en cómo podía yo crecer para ti, ni hasta dónde podía yo mantenerme casto; le bastaba con que aprendiera a disertar, aunque desertara de ti y de tus cuidados.

Aquel año se vieron interrumpidos mis estudios. Me llamaron de la vecina ciudad de Madaura a donde había ido yo para estudiar la literatura y la elocuencia, con el propósito de enviarme a la más distante ciudad de Cartago. Mi padre, ciudadano de escasos recursos en Tagaste, con más ánimo que dinero, preparaba los gastos de mi viaje.

Pero, ¿a quién le cuento yo todas estas cosas? No a ti, ciertamente, Señor; sino en presencia tuya a todos mis hermanos del mundo; a aquellos, por lo menos, en cuyas manos puedan caer estas letras mías. ¿Y con qué objeto? Pues, para que yo y quienes esto leyeren meditemos en la posibilidad y la necesidad de clamar a ti desde los más hondos abismos. Porque nada puede haber que más vecino sea de tu oído que un corazón que te confiesa y una vida de fe. A mi padre no había quien no lo alabara por ir más allá de sus recursos para dar a su hijo cuanto había menester para ese viaje en busca de buenos estudios, cuando ciudadanos opulentos no hacían por sus hijos nada semejante. Pero este mismo padre que tanto por mí se preocupaba, no pensaba para nada en cómo podía yo crecer para ti, ni hasta dónde podía yo mantenerme casto; le bastaba con que aprendiera a disertar, aunque desertara de ti y de tus cuidados, Dios mío, tú que eres uno, verdadero y bueno y dueño de este campo tuyo que es mi corazón.

En ese año decimosexto de mi vida, forzado por las necesidades familiares a abandonar la escuela, viví con mis padres, y se formó en mi cabeza un matorral de concupiscencias que nadie podía arrancar. Sucedió pues que aquel hombre que fue mi padre me vio un día en los baños, ya púber y en inquieta adolescencia. Muy orondo fue a contárselo a mi madre, feliz como si ya tuviera nietos de mi; embriagado con un vino invisible, el de su propia voluntad perversa e inclinada a lo más bajo; la embriaguez presuntuosa de un mundo olvidado de su Creador y todo vuelto hacia las criaturas.

Pero tú ya habías empezado a echar en el pecho de mi madre los cimientos del templo santo en que ibas a habitar. Mi padre era todavía catecúmeno, y de poco tiempo; entonces, al oírlo ella se estremeció de piadoso temor; aunque yo no me contaba aún entre los fieles, ella temió que me fuera por los desviados caminos por donde van los que no te dan la cara, sino que te vuelven la espalda.

¡Ay de mí! ¿Me atreveré a decir que tú permanecías callado mientras yo más y más me alejaba de ti? ¿Podré decir que no me hablabas? Pero, ¿de quién sino tuyas eran aquellas palabras que con voz de mi madre, fiel sierva tuya, me cantabas al oído? Ninguna de ellas, sin embargo, me llegó al corazón para ponerlas en práctica. Ella no quería que yo cometiera fornicación y recuerdo cómo me amonestó en secreto con gran vehemencia, insistiendo sobre todo en que no debía yo tocar la mujer ajena. Pero sus consejos me parecían debilidades de mujer que no podía yo tomar en cuenta sin avergonzarme.

Mas sus consejos no eran suyos, sino tuyos y yo no lo sabía. Pensaba yo que tú callabas, cuando por su voz me hablabas; y al despreciarla a ella, sierva tuya, te despreciaba a ti, siendo yo también tu siervo. Pero yo nada sabía. Iba desbocado, con una ceguera tal, que no podía soportar que me superaran en malas acciones aquellos compañeros que se jactaban de sus fechorías tanto más cuanto peores eran. Con ello pecaba yo no sólo con la lujuria de los actos, sino también con la lujuria de las alabanzas.

¿Hay algo que sea realmente digno de vituperación fuera del vicio? Pero yo, para evitar el vituperio me fingía más vicioso y, cuando no tenía un pecado real con el cual pudiera competir con aquellos perdidos inventaba uno que no había hecho, no queriendo parecer menos abyecto que ellos ni ser tenido por tonto cuando era más casto. Con tales compañeros corría yo las calles y plazas de "Babilonia" y me revolcaba en su cieno como en perfumes y ungüentos preciosos; y un enemigo invisible me hacía presión para tenerme bien fijo en el barro; yo era seducible y él me seducía.

Ni siquiera mi madre, aquella mujer que había huido ya de Babilonia[7] pero andaba aún con lentos pasos por sus

Mi madre no quería que yo cometiera fornicación y recuerdo cómo me amonestó en secreto con gran vehemencia, insistiendo sobre todo en que no debía yo tocar la mujer ajena. Pero sus consejos me parecían debilidades de mujer que no podía yo tomar en cuenta sin avergonzarme.

---

[7] Cf. Jeremías 51:6: "Huid de en medio de Babilonia, y librad cada uno su alma, porque no perezcáis a causa de su maldad." Por Babilonia

Temía que los lazos de una mujer dieran fin a mis esperanzas. No ciertamente la esperanza de la vida futura, que mi madre ya poseía, pero sí las buenas esperanzas de aprendizaje de las letras que tanto ella como mi padre deseaban vivamente.

arrabales tomó precauciones para hacerme conseguir aquella pureza que ella misma me aconsejaba. Lo que de mí había oído decir a su marido lo sentía peligroso y pestilente; yo necesitaba del freno de la vida conyugal si no era posible cortarme en lo vivo la concupiscencia. Y, sin embargo, ella no cuidó de esto: temía que los lazos de una mujer dieran fin a mis esperanzas. No ciertamente la esperanza de la vida futura, que mi madre ya poseía, pero sí las buenas esperanzas de aprendizaje de las letras que tanto ella como mi padre deseaban vivamente; él, porque pensaba poco en ti y formaba a mi propósito castillos en el aire; y ella, porque no veía en las letras un estorbo, sino más bien una ayuda para llegar a ti. Todo esto lo conjeturo recordando lo mejor que puedo cómo eran mis padres. Por este motivo y sin un necesario temperamento de severidad, me soltaban las riendas y yo me divertía, andaba distraído y me desintegraba en una variedad de afectos y en una ardiente ofuscación que me ocultaba, Señor, las serenidades de tu verdad. "Y de mi pecho salía la iniquidad" (Sal. 73:7).

---

entiende Agustín el mundo opuesto a Dios: "Lo que decimos es que debe huirse de en medio de Babilonia, cuyo precepto profético debe entenderse espiritualmente, de forma que nos apartemos de la ciudad de este siglo, siguiendo la fe que obra por amor" (*La ciudad de Dios*, XVIII, 18, 1).

24

Robo por diversión

El hurto lo condena tu ley, Señor; una ley que está escrita en los corazones humanos de tal modo que ni la misma maldad puede destruir. Pues, ¿qué ladrón hay que soporte a otro ladrón? Ni siquiera un ladrón rico soporta al que roba movido por la indigencia. Pues bien, yo quise robar y robé; no por necesidad o por penuria, sino por mero fastidio de lo bueno y por sobra de maldad. Porque robé cosas que tenía ya en abundancia y otras que no eran mejores que las que poseía. Y ni siquiera disfrutaba de las cosas robadas; lo que me interesaba era el hurto en sí, el pecado.

Había en la vecindad de nuestra viña un peral cargado de frutas que no eran apetecibles ni por su forma ni por su color. Fuimos, pues, rapaces perversos, a sacudir el peral a eso de la medianoche, pues hasta esa hora habíamos alargado, según nuestra mala costumbre, los juegos. Nos llevamos varias cargas grandes no para comer las peras nosotros, aunque algunas probamos, sino para echárselas a los puercos. Lo que nos hacía disfrutar era hacer aquello que nos estaba prohibido.

Este es, pues, Dios mío, mi corazón; ese corazón al que tuviste misericordia cuando se hallaba en lo profundo del abismo. Que él te diga que era lo que andaba yo buscando cuando era gratuitamente malo; pues para mi malicia no había otro motivo que la malicia misma. Detestable era, pero la amé; amé la perdición, amé mi propia caída, no el objeto que era su causa, sino mi propia caída. Alma llena de torpezas, desprendida de tu firme apoyo para su ruina, sin otra finalidad en la ignominia que la ignominia misma.

Para mi malicia no había otro motivo que la malicia misma. Detestable era, pero la amé; amé la perdición, amé mi propia caída, no el objeto que era su causa, sino mi propia caída. Alma llena de torpezas, desprendida de tu firme apoyo para su ruina.

25

No hay pecado gratuito y sin motivo

La vida que aquí vivimos tiene su encanto en cierto modo particular de armonía y de conveniencia con todas estas bellezas inferiores. Por todas estas cosas y otras semejantes se peca, cuando por una inclinación inmoderada a ellas –no obstante que sean bienes ínfimos–, son abandonados otros bienes mejores, que son realmente supremos: tú mismo.

Todos los cuerpos que son hermosos, como el oro, la plata y todos lo demás, tienen, en efecto, su aspecto grato. En el sentido del tacto la proporción de las partes es fundamental, como los demás sentidos encuentran en las cosas corporales la modalidad que les responde. Belleza hay también en el honor temporal, en el poder de vencer y dominar, de donde proceden luego los deseos de la venganza.

Y sin embargo, Señor, para conseguir estas cosas no es indispensable separarse de ti ni violar tus leyes. La vida que aquí vivimos tiene su encanto en cierto modo particular de armonía y de conveniencia con todas estas bellezas inferiores. Así como también es dulce para los hombres la amistad, que con sabroso nudo hace de muchas almas una sola.

Por todas estas cosas y otras semejantes se peca, cuando por una inclinación inmoderada a ellas –no obstante que sean bienes ínfimos–, son abandonados otros bienes mejores, que son realmente supremos: tú mismo, Señor, tu verdad y tu ley.

Es indudable que también estas cosas inferiores tienen su deleite; pero no es tan grande como mi Dios, creador de todas las cosas, en quien se "alegra el justo y confía en él; y se gloriarán todos los rectos de corazón" (Sal. 64:10).

Esta es la razón por que cuando se busca la causa de un crimen generalmente no se queda uno satisfecho hasta haber averiguado qué deseo de los bienes que hemos dicho ínfimos o qué temor de perderlos pudo mover al criminal a cometer el delito. No se puede negar que son hermosos y apetecibles, pero comparados con los bienes superiores y beatíficos son viles y despreciables. Supongamos, por ejemplo, que uno comete un homicidio. ¿Por qué lo hizo? Porque quería quedarse con la mujer o el campo de otro, o porque tal apropiación criminal lo ayudaría a vivir, o porque temía que el ocioso lo desposeyera de algo, o porque había recibido de él algún agravio que encendió en su pecho el ardor de la venganza.

De Catilina, hombre en exceso malo y cruel, se ha dicho que era malo gratuitamente, que hacía horrores sólo porque no se le entumecieran por la falta de ejercicio ni la mano ni el ánimo.

No deja de ser una explicación. Pero esto no lo es todo. Lo cierto es que de haberse apoderado del gobierno de la ciudad mediante tal acumulación de crímenes tendría honores, poder y riquezas; se libraba, además, de temor de las leyes inducido por la conciencia de sus delitos y del mal pasar debido a la pobreza de su familia. Ni el mismo Catilina amaba sus crímenes por ellos mismos, sino por otra cosa que mediante ellos pretendía conseguir.

Ni el mismo Catilina, hombre en exceso malo y cruel, del que se ha dicho era malo gratuitamente, amaba sus crímenes por ellos mismos, sino por otra cosa que mediante ellos pretendía conseguir.

26

El pecado incita
por la apariencia de bien

Los
poderosos
de la tierra
gustan de
hacerse temer
por el rigor;
pero,
¿quién
sino tú,
Dios único,
merece ser
temido?
Los amantes
se complacen
en las
delicias de
las caricias;
pero,
¿qué hay más
deleitable
que tu amor?
La curiosidad
gusta
interesarse
por la ciencia,
cuando tú
eres el único
que todo lo
sabe.

¿Qué fue pues, miserable de mí, lo que en ti amé, hurto mío, delito mío nocturno, en aquel decimosexto año de mi vida? No eras hermoso, pues eras un hurto. Pero, ¿eres acaso algo real, para que yo ahora hable contigo?

Hermosas eran aquellas frutas que robamos, pues eran criaturas tuyas, ¡oh, tú, creador de todas ellas, sumo bien y verdadero bien! Hermosas eran, pero no fueron ellas lo que deseó mi alma miserable, ya que yo las tenía mejores. Si las corté fue sólo para robarlas y, prueba de ello es que apenas cortadas, las arrojé; mi banquete consistió meramente en mi fechoría, pues me gozaba en la maldad. Porque si algo de aquellas peras entró en mi boca, su condimento no fue otro que el sabor del delito.

Ahora me pregunto, Dios mío, por qué motivo pude deleitarme en aquel hurto. Las peras en sí no eran muy atractivas. No había en ellas el brillo de la equidad y de la prudencia; pero ni siquiera algo que pudiera ser pasto de la memoria, de los sentidos, de la vida vegetativa. No eran hermosas como lo son las estrellas en el esplendor de sus giros; ni como lo son la tierra y el mar, llenos como están de seres vivientes que vienen a reemplazar a los que van feneciendo y, ni siquiera tenían la hermosura aparente y oscura con que nos engañan los vicios.

La soberbia se da aires de elevación del alma, pero sólo tú, Dios mío, estás elevado por encima de todos los seres. Y la ambición, ¿qué busca? Los honores y la gloria, cuando sólo tú eres glorioso y merecedor de eternas alabanzas. Los poderosos de la tierra gustan de hacerse temer por el rigor; pero, ¿quién sino tú, Dios único, merece ser temido? ¿Quién, qué, cuándo y dónde pudo jamás substraerse a tu potestad?

Los amantes se complacen en las delicias de las caricias; pero, ¿qué hay más deleitable que tu amor?, ¿qué puede ser más amado que tu verdad, incomparable en su hermosura y esplendor?

La curiosidad gusta interesarse por la ciencia, cuando tú eres el único que todo lo sabe.

La ignorancia misma y la estupidez se cubren con el manto de la simplicidad y de la inocencia porque nada hay más simple ni más inocente que tú, cuyas obras son siempre enemigas del mal.

La pereza pretende buscar el reposo; pero, ¿qué reposo hay que se pueda encontrar fuera de ti?

La lujuria quiere pasar por abundancia y saciedad; pero eres tú la indeficiente abundancia de suavidades incorruptibles.

La prodigalidad pretende hacerse pasar por desprendimiento; mas tú eres el generoso dador de todos los bienes.

La avaricia ambiciona poseer muchas cosas, pero tú todo lo tienes.

La envidia pleitea por la superioridad; pero, ¿qué hay que sea superior a ti?

La ira busca vengarse; pero, ¿qué venganza puede ser tan justa como las tuyas?

El temor es enemigo de lo nuevo y lo repentino que sobreviene con peligro de perder las cosas que se aman y se quieren conservar; pero, ¿qué cosa hay más insólita y repentina que tú; o quién podrá nunca separar de ti lo que tú amas? ¿Y dónde hay fuera de ti seguridad verdadera?

La tristeza se consume en el dolor por las cosas perdidas en que se gozaba la codicia y no quería que le fueran quitadas; pero a ti nada se te puede quitar.

Entonces, fornica el alma cuando se aparta de ti y busca allá afuera lo que no puede encontrar con pureza y sin mezcla, sino cuando vuelve a ti. Y perversamente imitan tu soberanía los que de ti se apartan y se rebelan contra ti; pero aún en eso proclaman que tú eres el creador e la naturaleza toda y que no hay realmente manera de cortar los lazos que nos ligan a ti.

¿Qué fue pues lo que yo amé en aquel hurto en que de manera viciosa y perversa quise imitar a mi Señor? ¿Soñé que con el uso de una falaz libertad me colocaba imaginariamente por encima de una ley que en realidad me domina, haciendo impunemente, en una parodia ridícula de tu omnipotencia lo que no me era permitido? Aquí tienes pues a ese siervo que huyó de su Señor en pos de una sombra. ¡Cuánta podredumbre, qué monstruosidad de vida y qué profundidades de muerte! ¿Cómo pudo complacerse su albedrío en lo que no le era lícito por el solo motivo de que no lo era?

Fornica el alma cuando se aparta de ti y busca allá afuera lo que no puede encontrar con pureza y sin mezcla, sino cuando vuelve a ti. Y perversamente imitan tu soberanía los que de ti se apartan y se rebelan.

27

Gratitud por el perdón

Fue obra de tu gracia y de tu misericordia el que hayas derretido como hielo la masa de mis pecados, y a tu gracia también soy deudor de no haber cometido muchos otros; pues ¿de qué obra mala no habría sido capaz uno que pecaba por gusto?

¿Con qué pagarle a mi Señor el que mi memoria recuerde todo esto sin que mi alma sienta temor? Te pagaré con paga de amor y de agradecimiento. Confesaré tu Nombre, pues tantas obras malas y abominables me has perdonado.[8]

Fue obra de tu gracia y de tu misericordia el que hayas derretido como hielo la masa de mis pecados, y a tu gracia también soy deudor de no haber cometido muchos otros; pues ¿de qué obra mala no habría sido capaz uno que pecaba por gusto? Pero todo me lo has perdonado: lo malo que hice con voluntad y lo malo que pude hacer y, por tu providencia, no hice.

¿Quién podría, conociendo su nativa debilidad atribuir su castidad y su inocencia a sus propias fuerzas? Ese te amaría menos, como si le fuera menos necesaria esa misericordia tuya con que condenas los pecados de quienes se convierten a ti.

Ahora bien, si hay alguno que llamado por ti escuchó tu voz y pudo evitar los delitos que ahora recuerdo y confieso y que él puede leer aquí, no se burle de mí, que estando enfermo fui curado por el mismo médico a quien él le debe el no haberse enfermado; o por mejor decir, haberse enfermado menos que yo. Ese debe amarte tanto como yo, o más todavía; viendo que quien me libró a mí de tan graves enfermedades, le ha librado a él de padecerlas.

---

[8] Cf. Salmos 116:12: "¿Qué pagaré al Señor por todos sus beneficios para conmigo? Tomaré la copa de la salud, e invocaré el nombre del Señor".

28

La satisfacción
de pecar en compañía

"¿Qué fruto tuve yo de aquellas cosas de las cuales ahora me avergüenzo?" (Ro. 6:21), sobre todo de aquel hurto en el cual no amé más que el hurto por sí mismo y nada más. ¿Y qué era? Nada, y esta misma nada no hacía más que volver mi caso más lamentable. Y sin embargo, yo solo no lo habría cometido; esta era, lo recuerdo muy bien, mi decisión íntima. No, yo solo seguramente no lo habría cometido. Por tanto amé también la camaradería de cuantos me ayudaron a cometerlo. De ser así yo amaba otra cosa distinta al mismo robo, aunque no amaba otra cosa, porque tanto la complicidad como el robo no son nada.

¿Qué había en ello en realidad? ¿Quién sabría decírmelo, sino aquel que ilumina mi corazón y disipa las tinieblas de él? ¿A qué conclusiones quiero llegar con este discutir y considerar? Si entonces me hubiesen atraído los frutos que robaba, y si hubiese deseado regalarme con ellos, habría podido cometer yo solo esa mala acción, para obtener la satisfacción sin tener necesidad de encender más el ardor de mi codicia con una pandilla de almas cómplices. Pero no eran las peras mi deleite, sino la propia falta, acuciada por la compañía de los que pecaban conmigo.

No eran las peras mi deleite, sino la propia falta, acuciada por la compañía de los que pecaban conmigo.

29

La vergüenza de la desvergüenza

¡Oh amistad enemiga y engañosa, seducción inexplicable del alma! ¡Avidez de dañar por burla y por juego, cuando no hay en ello ganancia alguna ni deseo personal de venganza! Pero basta que alguien diga: "Vamos a hacer esto, hagámoslo ya", para que uno se avergüence de no ser desvergonzado.

¿Cómo poder penetrar este estado de espíritu? Era un afecto demasiado torpe que, miserable de mí, no me dejaba; pero ¿en qué consistía exactamente? Por algo dice la Escritura: "Los errores, ¿quién los entenderá?" (Sal. 19:12).

Risa nos daba; como un cosquilleo del corazón, de que así pudiéramos engañar a quienes no nos juzgaban capaces de cosas semejantes, ni querían que las hiciéramos. ¿Pero, por qué razón me gustaba hacer esas fechorías junto con otros? ¿Acaso porque no es fácil reír cuando no se tiene compañeros? Y sin embargo, en ciertas ocasiones la risa vence al hombre más solitario: cuando algo se le presenta, al sentido o a la imaginación como muy cómico. Lo cierto es que tales cosas no las había yo hecho de estar completamente solo. Este es, Señor, el vivo recuerdo de mi memoria en tu presencia: de haber andado solo no habría cometido tal hurto, ya que no me interesaba la cosa robada sino el hurto mismo y no habría de cierto hallado gusto en ello sin una compañía.

¡Oh amistad enemiga y engañosa, seducción inexplicable del alma! ¡Avidez de dañar por burla y por juego, cuando no hay en ello ganancia alguna ni deseo personal de venganza! Pero basta que alguien diga: "Vamos a hacer esto, hagámoslo ya", para que uno se avergüence de no ser desvergonzado.

30

Dios, saciedad insaciable para los hombres honestos

¿Quién podrá desatar este nudo tan tortuoso e intrincado? Feo es y no quiero verlo, ni siquiera poner en él los ojos. Pero te quiero a ti, que eres justicia e inocencia, hermosa y decorosa luz, saciedad insaciable para los hombres honestos.

En ti hay descanso y vida imperturbable. El que entra en ti entra en el gozo de su Señor (Mt. 25:21), nada temerá y se hallará muy bien en el sumo bien. Yo me alejé de ti y anduve errante, Dios mío, muy alejado del camino de tu estabilidad, allá en mi adolescencia. Me convertí para mí mismo en tierra baldía, en una región de penuria.

Yo me alejé de ti y anduve errante, Dios mío, muy alejado del camino de tu estabilidad, allá en mi adolescencia. Me convertí para mí mismo en tierra baldía, en una región de penuria.

III
Nueve años
en el maniqueísmo

31

El deseo de amar y ser amado

Vine a Cartago y por todas partes crepitaba en torno mío como una caldera hirviente de amores impuros. Aún no amaba yo, pero amaba el amar. Sediento de amor hasta lo más íntimo de mí mismo, me lamentaba por no estarlo demasiado todavía. Ardía en deseos de amar y buscaba un objeto para mi amor. Quería ser amado, pero odiaba la seguridad de un camino sin trampas ni peligros. Tenía hambre intensa de un alimento interior que no era otro sino tú, mi Dios; pero con esa hambre no me sentía hambriento, pues me faltaba el deseo de los bienes incorruptibles. Y no porque los tuviera; simplemente, cuanto más miserable era, más hastiado me sentía. Por eso mi alma, enferma y ulcerosa, se proyectaba miserablemente hacia afuera, ávida del halago de las cosas sensibles. Pues no serían ciertamente amadas si no tuvieran alma.

Cuanto más miserable era, más hastiado me sentía. Por eso mi alma, enferma y ulcerosa, se proyectaba miserablemente hacia afuera, ávida del halago de las cosas sensibles.

Dulce me era, pues, amar y ser amado; especialmente cuando podía disfrutar del cuerpo amado. Así manchaba yo con la inmundicia de la concupiscencia la clara fuente de la amistad y nublaba su candor con las tinieblas de la

Teatro romano de Mérida (Badajoz, España).

Mi amor fue correspondido y llegué hasta el enlace secreto y sabroso y con alegría me dejaba atar por vínculos dolorosos: fui azotado con los hierros candentes de los celos y las sospechas, los temores, las iras y las contiendas.

carnalidad. Y con ser odioso y deshonesto, trataba en mi vanidad de aparecer educado y elegante. Me despeñé en un tipo de amor en que deseaba ser cautivo. ¡Dios mío, misericordia mía! ¡Con cuántas hieles me amargaste, en tu bondad, aquellas malas suavidades! Porque mi amor fue correspondido y llegué hasta el enlace secreto y sabroso y con alegría me dejaba atar por vínculos dolorosos: fui azotado con los hierros candentes de los celos y las sospechas, los temores, las iras y las contiendas.

32

Afición por el teatro

Me apasionaban entonces los espectáculos teatrales, tan llenos de las miserias que yo tenía y de los fuegos que me quemaban. ¿Por qué será el hombre tan amigo de ir al teatro para sufrir allí de lutos y tragedias que por ningún motivo querría tener en su propia vida? Lo cierto es que le encantan los espectáculos que lo hacen sufrir y se goza en este sufrimiento. Pero, ¿no es esto una insania miserable? Porque la verdad es que tanto más se conmueven las gentes cuanto menor sanidad hay en sus sentimientos y, que tiene por miseria lo que ellos mismos padecen, mientras llaman misericordia su compasión cuando eso mismo lo padecen otros. Pero, ¿qué misericordia real puede haber en fingidos dolores de escenario? Pues el que asiste no es invitado a prestar remedio a los males, sino solamente a dolerse con ellos y, mayor es el homenaje que rinde a los actores del drama cuanto mayormente sufre. Y si tales calamidades, o realmente sucedidas antaño o meramente fingidas ahora no lo hacen sufrir lo suficiente, sale del teatro fastidiado y criticando; al paso que si sufre mucho se mantiene atento y goza llorando.

¿Cómo es posible amar así el dolor y las lágrimas? Porque el hombre naturalmente tiende a ser feliz. ¿Será acaso, que si a nadie le gusta ser él mismo miserable, a todos nos agrada ser compasivos con la miseria? Puede ser; sin el dolor y la miseria es imposible la misericordia y, entonces, por razón de ésta se llegan a amar la miseria y el dolor. ¿Qué otra causa podría haber?

Una simpatía semejante procede, a no dudarlo, del manantial de la amistad. Pero, ¿a dónde se dirige esa corriente, a dónde fluye? ¿Por qué va a dar ese torrente de pez hirviendo con los terribles calores de todas las pasiones de la tierra? ¿Por qué de su propio albedrío se convierte en él la amistad, desviada y rebajada de su serenidad celeste? Y sin embargo, cierto es que no podemos repudiar la misericordia: es necesario que amemos alguna vez el sufrimiento.

Pero guárdate bien, alma mía, de la inmundicia, guárdate de ella, bajo la tutela de tu Dios, del Dios de

> ¿Por qué será el hombre tan amigo de ir al teatro para sufrir allí de lutos y tragedias que por ningún motivo querría tener en su propia vida? Lo cierto es que le encantan los espectáculos que lo hacen sufrir y se goza en este sufrimiento.

Hay pues dolores que se pueden admitir, porque son útiles; pero el dolor en sí no es digno de amor. Esto es lo que pasa contigo, mi Dios y Señor, que amas las almas de tus hijos con amor más alto y más puro que el nuestro.

nuestros padres, alabado y exaltado por todos los siglos. No es que me falte ahora la misericordia; pero en aquellos días gozaba yo con ver en el teatro a los amantes que criminalmente se amaban, aun cuando todo aquello fuera imaginario y escénico. Cuando el uno al otro se perdían me ponía triste la compasión; pero me deleitaba tanto en lo uno como en lo otro. Muy mayor misericordia siento ahora por el que vive contento con el vicio, que no por el que sufre grandes penas por la pérdida de un pernicioso placer y una mentida felicidad. Este tipo de misericordia es de cierto mucho más verdadero, precisamente porque en ella no hay deleite en el dolor. Si es laudable oficio de caridad compadecer al que sufre, un hombre de veras misericordioso preferiría con mucho que no hubiera nada que compadecer. Absurdo sería hablar de una "benevolencia malévola", pero este absurdo sería necesario para que un hombre pudiera al mismo tiempo ser en verdad misericordioso y desear que haya miserables para poderlos compadecer.

Hay pues dolores que se pueden admitir, porque son útiles; pero el dolor en sí no es digno de amor. Esto es lo que pasa contigo, mi Dios y Señor, que amas las almas de tus hijos con amor más alto y más puro que el nuestro; la tuya es una misericordia incorruptible y, cuando nos compadeces, nuestro dolor no te lastima. "Y para estas cosas ¿quién es suficiente?" (2ª Co. 2:16).

Pero yo amaba entonces el dolor de mala manera y me buscaba lo que pudiera hacerme padecer. Representando un padecimiento ajeno, fingido y teatral, tanto más me gustaba el actor cuanto más lágrimas me hacía derramar. ¿Qué maravilla, entonces, si como oveja infeliz e impaciente de tu custodia, me veía cubierto de fealdad y de roña? De ahí me venía esa afición al sufrimiento. Pero no a sufrimientos profundos, que para nada los quería; sino sufrimientos fingidos y de oído que solo superficialmente me tocaban. Y como a los que se rascan con las uñas, me venía luego ardiente hinchazón, purulencia y horrible sangre podrida. Tal era mi vida, Dios mío, ¿se puede llamar vida a esto?

33

Comportamiento provocador
de los estudiantes

Pero tu fiel misericordia velaba por mí y me rodeaba. ¡En cuántas iniquidades me corrompí, llevado por una sacrílega curiosidad, hasta tocar el fondo de la infidelidad en engañoso obsequio a los demonios, a quienes ofrecía como sacrificio mis malas obras! Y en todo eso tú me flagelabas. Un día llegó mi atrevimiento hasta el punto de alimentar dentro de tu misma casa, durante la celebración de tus sagrados misterios, pensamientos impuros, maquinando cómo llevarlos a efecto y conseguir sus frutos de muerte. Pero tú me azotaste con pesados sufrimientos que, con ser muy pesados, no eran tan grandes como la gravedad de mi culpa, oh Dios de inmensa misericordia. ¡Tú, mi Dios, que eres mi refugio y me defiendes de esos terribles enemigos míos entre los cuales anduve vagando con la cabeza insolentemente engallada, cada vez más lejos de ti, en mis caminos y no en los tuyos, tras del señuelo de una libertad mentida y fugitiva!

Aquellos estudios míos, estimados como muy honorables, me encaminaban a las actividades del foro y sus litigios, en los cuales resulta más excelente y alabado el que es más fraudulento. Tan ciegos son los hombres, que hasta se enorgullecen de su propia ceguera. Yo era ya mayor en la escuela de Retórica. Era soberbio y petulante y tenía la cabeza llena de humo, pero era más moderado que otros, como tú bien lo sabes; porque me mantenía alejado de los abusos que cometían los "provocadores" (*eversores*), cuyo nombre mismo, siniestro y diabólico era tenido como signo de honor. Entre ellos andaba yo con la imprudente vergüenza de no ser como ellos. Entre ellos andaba y me complacía en su amistad, aun cuando su comportamiento me era aborrecible, ya que persistentemente atormentaban la timidez de los recién llegados a la escuela con burlas gratuitas y pesadas en que ellos hallaban su propia alegría. Nada tan semejante a esto como las acciones de los demonios y, por eso, nada tan apropiado como llamarlos "eversores", provocadores o reventadores. Burlados y pervertidos primero ellos mismos por el engaño y la falsa seducción de los espíritus invisibles, pasaban luego a burlarse y a engañar a los demás.

Aquellos estudios míos, estimados como muy honorables, me encaminaban a las actividades del foro y sus litigios, en los cuales resulta más excelente y alabado el que es más fraudulento. Tan ciegos son los hombres, que hasta se enorgullecen de su propia ceguera.

34

La filosofía que lleva a amar la Sabiduría

En este libro titulado *Hortensio* encontré una exhortación a la filosofía. El libro cambió mis sentimientos y enderezó a ti mis pensamientos y mudó del todo mis deseos y mis anhelos. De repente todas mis vanas esperanzas se envilecieron ante mis ojos y empecé a encenderme en un increíble ardor del corazón por una sabiduría inmortal.

Era pues en medio de tales compañías cómo estudiaba yo la elocuencia en los libros con la finalidad condenable de conseguir los goces de la vanidad humana. Y así sucedió que siguiendo el curso normal de los estudios conocí un libro de un cierto Cicerón cuya lengua admiran todos, aunque no así su fondo o intención. En este libro titulado *Hortensio* encontré una exhortación a la filosofía.[9] El libro cambió mis sentimientos y enderezó a ti mis pensamientos y mudó del todo mis deseos y mis anhelos. De repente todas mis vanas esperanzas se envilecieron ante mis ojos y empecé a encenderme en un increíble ardor del corazón por una sabiduría inmortal.

Con esto comencé a levantarme para volver a ti. Con su lectura no buscaba ya lo que a mis diecinueve años y muerto ya mi padre hacía dos, compraba yo con el dinero de mi madre; es decir, no me interesaba ya pulir mi lenguaje y mejorar mi elocuencia; sino que encontraba el libro sumamente persuasivo en lo que decía.

¡Cómo ardía, Dios mío, en deseos de volar hacia ti lejos de todo lo terrenal! No sabía yo lo que estabas haciendo conmigo tú, porque contigo "está la sabiduría y la fortaleza" (Job 12:13).

"Filosofía" llaman los griegos al amor de la sabiduría y, en ese amor me hacían arder aquellas letras. Cierto es que no faltan quienes engañan con la filosofía, cubriendo y coloreando sus errores con ese nombre tan digno, tan suave y tan honesto. Pero todos estos seductores, los de ese tiempo y los que antes habían sido, eran en ese libro censurados y mostrados por lo que en verdad son y se manifiesta en él, además, aquella saludable admonición que tú nos haces por medio de tu siervo bueno y pío:

---

[9] Este libro de Cicerón está hoy desaparecido. Parece que en él se hacía un examen crítico de todas las escuelas filosóficas, señalando los errores e inconvenientes de cada una para llegar a la conclusión de un eclecticismo filosófico, propio de las filosofías en tiempo de crisis.

"Mirad de que nadie os engañe con la filosofía y una vana seducción según las tradiciones y elementos de este mundo y no según Cristo, en quien habita corporalmente la plenitud de la divinidad" (Col. 2:8, 9).

Bien sabes tú, luz de mi corazón, que en esos tiempos no conocía yo aún esas palabras apostólicas, pero me atraía la exhortación del *Hortensio* a no seguir esta secta o la otra, sino la sabiduría misma, cualquiera que ella fuese. Esta sabiduría tenía yo que amar, buscar y conseguir y el libro me exhortaba a abrazarme a ella con todas mis fuerzas. Yo estaba enardecido. Lo único que me faltaba en medio de tanta fragancia era el nombre de Cristo, que en él no aparecía. Pues tu misericordia hizo que el nombre de tu Hijo, mi Salvador, lo bebiera yo con la leche materna y lo tuviera siempre en muy alto lugar; razón por la cual una literatura que lo ignora, por verídica y pulida que pudiera ser, no lograba apoderarse de mí.

Esta sabiduría tenía yo que amar, buscar y conseguir y el libro me exhortaba a abrazarme a ella con todas mis fuerzas. Yo estaba enardecido. Lo único que me faltaba en medio de tanta fragancia era el nombre de Cristo, que en él no aparecía.

35

La Biblia:
un tesoro en vaso de barro

Yo no estaba preparado para entrar en la Biblia, ni dispuesto a doblar la cerviz para ajustarme a sus pasos. En ese mi primer contacto con la Escritura no era posible que sintiera y pensara como pienso y siento ahora; me pareció indigna en su lenguaje, comparada con la dignidad de la prosa de Cicerón.

Por todo esto me decidí a leer las Sagradas Escrituras, tratando de ver qué clase de libro era. Y me encontré con algo desconocido para los soberbios y no comprensible a los niños: era una verdad que caminaba al principio con modestos pasos, pero que avanzaba levantándose siempre más, alcanzando alturas sublimes, toda ella velada de misterios.

Yo no estaba preparado para entrar en ella, ni dispuesto a doblar la cerviz para ajustarme a sus pasos. En ese mi primer contacto con la Escritura no era posible que sintiera y pensara como pienso y siento ahora; como era inevitable, me pareció indigna en su lenguaje, comparada con la dignidad de la prosa de Cicerón. Mi vanidosa suficiencia no aceptaba aquella simplicidad en la expresión; con el resultado de que mi agudeza no podía penetrar en sus interioridades. Era aquella una verdad que debía crecer con el crecer de los niños, pero yo era demasiado soberbio para sentirme niño. Hinchado de vanidad me sentía muy grande.

36

Seducido por los maniqueos

Entonces fui a dar entre hombres de una soberbia delirante,[10] muy carnales y excesivamente locuaces en cuya boca se mezclaban en diabólico amasijo las sílabas de tu nombre, de tu Hijo Jesucristo y del Espíritu Santo, nuestro Paráclito consolador. Estos nombres no se apartaban de su boca, pero no eran sino sonido puro, modulación de la lengua, pues su corazón estaba vacío de verdad.

"¡Verdad, verdad!", gritaban siempre y a mí me lo dijeron muchas veces, pero no había en ellos verdad ninguna. Decían cosas aberrantes no tan sólo de ti que eres la verdad,[11] sino también de los elementos de este mundo que tú creaste. Debí dejar de lado a filósofos que no todo lo equivocaban y lo hice por amor a ti, Padre mío, sumo bien, hermosura ante quien palidece toda hermosura. ¡Oh verdad, verdad purísima! ¡Con cuánta violencia suspiraban por ti mis entrañas cuando ellos me hablaban de ti con sola la voz, en muchos y voluminosos libros! Eran bocados en los que se ofrecían a mi hambre y mi sed de ti el sol y la luna,[12] obras tuyas ciertamente hermosas, pero que no son tú y, ni siquiera las primeras entre tus obras, ya que creaste primero los seres espirituales y sólo enseguida los corporales. Hermosos como éstos pueden ser, no son los que primero pusiste en el ser.

Pero tampoco de esas nobles criaturas primeras eran mi hambre y mi sed, sino solamente de ti, que eres la verdad; verdad en la que "no hay mudanza ni sombra de variación" (Stg. 1:17). Pero seguían ofreciéndome como

> En la boca de los maniqueos se mezclaban en diabólico amasijo las sílabas de tu nombre, de tu Hijo Jesucristo y del Espíritu Santo, nuestro Paráclito consolador. Estos nombres no se apartaban de su boca, pero no eran sino sonido puro, modulación de la lengua, pues su corazón estaba vacío de verdad.

---

[10] La secta de los maniqueos, fundada por el persa Urbicus, que luego se llamó Manes. "Manes", en griego, significa "delirante, furioso".

[11] Los maniqueos decían que existe un principio eterno bueno y otro principio eterno malo; que de la lucha entre ambos nació una mezcla de bien y de mal, que es Dios y de la cual se formó el mundo; y decían que en todas las cosas está presente y mezclada la naturaleza de Dios.

[12] Según los maniqueos, el sol y la luna eran partes principales de la sustancia divina, en los que, a modo de naves, eran transportadas las partículas de luz, redimidas de la materia por los *elegidos* o las *virtudes celestes*, al reino de la Luz, donde eran reintegradas a la sustancia de Dios. En el sol residía la virtud del Hijo, y en la luna, su sabiduría.

Dios, tú no eres el alma que da vida a los cuerpos y por eso es mejor y más cierta que los cuerpos, la vida; eres la vida de las almas, vida de toda vida. Tú vives vida de mi alma, porque eres la vida misma sin mutación.

alimento fantasmas espléndidos. Mejor era el sol, verdad de nuestros ojos, que no aquellos espejismos, verdaderos sólo para el alma que se deja engañar por los sentidos. Yo aceptaba todo eso porque pensaba que eras tú; pero no comía tales platillos con avidez, pues no me sabían a nada; el sabor no era el tuyo, no te sentía yo como realmente eres. Tú no estabas en aquellos vanos fragmentos que no me alimentaban sino que me agotaban. Como los alimentos que se comen en sueños, que se parecen mucho a los que el hombre come despierto, pero que no alimentan al que dormido sueña. Pero esos sueños en nada se parecían a lo que ahora sé que eres tú; eran fantasmas corpóreos, mucho menos ciertos que los cuerpos reales que vemos en los cielos y en la tierra. Así como los animales terrestres y las aves, que son más ciertos en sí que en nuestra imaginación. Pero aún estas imaginaciones infinitas, que a partir de ellas fantaseamos nosotros y que no tienen realidad alguna. Y éste era el tipo de fantasías en que yo entonces me perdía.

Pero tú, amor mío, en quien soy débil para ser fuerte, no eres ninguno de esos cuerpos que vemos en la tierra y en el cielo; ni tampoco los que no vemos allí porque tú las creaste; pero en situaciones eximias de tu creación. ¡Qué lejos estabas, pues, de aquellos fantasmas míos, fantasmas corpóreos, que nunca han existido!

Dios, vida del alma

Más ciertas que ellos son las imágenes de cuerpos que en realidad existen y más reales que éstas son los cuerpos mismos, pero nada de eso eres tú. Tampoco eres el alma que da vida a los cuerpos y por eso es mejor y más cierta que los cuerpos, la vida. Tú, en cambio, eres la vida de las almas, vida de toda vida. Tú vives vida de mi alma, porque eres la vida misma sin mutación.

¿Dónde estabas entonces, Señor, tan lejos de mí? Pues yo vagaba lejos de ti y de nada me servían las bellotas con que yo alimentaba a los cerdos (Lc. 15:16). ¡Cuánto mejores eran las fábulas de los gramáticos y los poetas, que todos esos engaños! Porque los versos y los poemas, como aquella Medea que volaba en carro tirado por dragones (Ovidio, *Metamorfosis* 7, 219-236), son de cierto más útiles que aquellos cinco elementos de diversa manera coloreados para luchar con los cinco antros de las tinieblas, que ninguna existencia tienen y dan la muerte a quien en ellos cree.[13] Porque los versos y los poemas alguna relación tienen con lo real y, si yo cantaba a Medea volante, no afirmaba lo que cantaba y cuando otros lo cantaban yo no lo creía. En cambio, sí que creí en aquellas aberraciones.

¡Ay, ay de mí, por qué escalones fui bajando hasta lo profundo del abismo, lleno de fatiga y devorado por la falta de verdad! Te lo confieso ahora a ti, que me tuviste misericordia cuando aún no te confesaba. Yo te buscaba; pero no con la inteligencia racional que nos hace superiores a las bestias, sino según los sentimientos de la carne, porque tú estabas dentro de mí, más interior que lo más íntimo mío y más elevado que lo más alto de mí.

Entonces tropecé con aquella mujer audaz y falta de seso, enigma de Salomón, que sentada a su puerta decía: "Las aguas hurtadas son dulces, y el pan comido en oculto es suave" (Pr. 9:17). Esta mujer me pudo seducir porque me encontró fuera de mí mismo, habitando en el ámbito de mis ojos carnales, pues me la pasaba rumiando lo que con los ojos había devorado.

Yo te buscaba; pero no con la inteligencia racional que nos hace superiores a las bestias, sino según los sentimientos de la carne, porque tú estabas dentro de mí, más interior que lo más íntimo mío y más elevado que lo más alto de mí.

---

[13] Los maniqueos decían que la creación consta de cinco elementos buenos, derivados del eterno principio bueno y otros cinco malos, derivados del malo. Los malos eran el humo, las tinieblas, el fuego, el agua y el viento; y en la lucha entre ellos resultó una mezcla de bien y de mal, que es la naturaleza misma de Dios. Decían que los animales bípedos, incluso el hombre, fueron engendrados en el humo; en el fuego los cuadrúpedos, en el agua los peces y en el aire los volátiles. Todo esto lo atribuían a la sustancia del mal y, a Dios, la bondad de los buenos elementos.

37

La espiritualidad de Dios

Totalmente ignoraba yo que Dios es un ser espiritual; que no tiene masa ni dimensiones ni miembros. La masa de un cuerpo es menor en cualquiera de sus partes que en su totalidad y, así, un ser cuanto que no es espiritual como Dios, no puede estar totalmente en todas partes. Ignoraba también qué es lo que hay en nosotros por lo cual tenemos alguna semejanza con Dios.

Desconocía yo entonces la existencia de una realidad absoluta y, estimulado por una especie de aguijón, me fui a situar entre aquellos impostores que me preguntaban en qué consiste el mal, si Dios tiene forma corporal, cabellos y uñas, si pueden tenerse por justos los hombres que tienen muchas mujeres y matan a otros hombres y sacrifican animales. Dada mi ignorancia, estas cuestiones me perturbaban; pues no sabía yo entonces que el mal no es sino una privación de bien y se degrada hasta lo que no tiene ser ninguno. ¿Y cómo podía yo entender esto si mis ojos no veían sino los cuerpos y mi mente estaba llena de fantasmas?

Totalmente ignoraba yo que Dios es un ser espiritual; que no tiene masa ni dimensiones ni miembros. La masa de un cuerpo es menor en cualquiera de sus partes que en su totalidad y aun cuando se pensara en una masa infinita, ninguna de sus partes situadas en el espacio igualaría su infinidad y, así, un ser cuanto que no es espiritual como Dios, no puede estar totalmente en todas partes. Ignoraba también qué es lo que hay en nosotros por lo cual tenemos alguna semejanza con Dios, pues fuimos creados, como dice la Escritura, a su imagen y semejanza (Gn. 1:27).

La justicia interior

Tampoco sabía en que consiste la verdadera justicia interior, que no juzga según las ideas corrientes sino según la ley de Dios todopoderoso, a la cual deben acomodarse las costumbres de los pueblos y el andar de los días conforme a los pueblos y a los tiempos; justicia vigente en todo tiempo y lugar, no una aquí y otra allá, una en un tiempo y diferente en otro. Justicia según la cual fueron justos Abraham e Isaac, Moisés y David y tantos otros que fueron alabados por Dios mismo; aunque ahora no los tienen por justos esos imperitos que con cerrado criterio juzgan de las costumbres del género humano con la medida de sus propias costumbres y de su limitada y precaria experiencia. Los tales son como un hombre que no sabiendo nada de armaduras ni qué pieza es la que conviene para cada parte del cuerpo, pretendiera ponerse la greba en la cabeza y calzarse con el yelmo y luego se quejara de que la armadura no le encaja.

O como si alguien se ofendiera de que en un día festivo se le prohíba vender por la tarde lo que podía vender por la mañana o le molestara que el que sirve las copas no pueda tocar con la mano lo que otro criado puede tocar; o mal le pareciera que se prohíba hacer en el comedor lo que puede hacer en el establo. Como si no vieran todos los días que en la misma casa y en el mismo tiempo no toda cosa es conveniente para cualquier miembro de la familia; que algo permitido a cierta hora no lo es ya en la hora siguiente y lo que se puede permitir o mandar en un lugar de la casa no se puede ni mandar ni permitir en otro. Tales son los que se indignan de que en pasados tiempos hayan sido permitidas a los justos cosas que ahora son ilícitas y de que Dios haya mandado a éstos y a aquellos, diferentes cosas en razón de los tiempos, siendo así que unos y otros fueron servidores de la misma justicia.

¿Se dirá acaso que la justicia es algo que cambia? No. Pero sí los tiempos sobre los que ella preside, que no por nada se llaman "tiempos". Los hombres, cuya vida sobre la tierra es tan breve, no pueden comprender bien las causas que entraban en juego en siglos pasados y en la vida de pueblos diferentes; no están en condiciones, entonces, de comparar lo que no conocieron con lo que sí conocen. En una misma casa y en un mismo tiempo, fácilmente pueden ver que no todo conviene a todos; que hay cosas congruentes o no, según los momentos, los lugares y las personas. Pero este discernimiento no lo tienen para las cosas del pasado. Se ofenden con ellas, mientras todo lo propio lo aprueban. Esto no lo sabía yo entonces, ni lo tomaba en consideración. Las cosas las tenía delante de los ojos, pero no las podía ver. Y sin embargo entendía yo bien que al componer un canto no me era lícito poner cualquier pie en cualquier lugar, sino que conforme al metro que usara, así debía ser la colocación de los pies, éste aquí y éste allá. La prosodia que regía mis composiciones era siempre la misma; no una

Los hombres, cuya vida sobre la tierra es tan breve, no pueden comprender bien las causas que entraban en juego en siglos pasados y en la vida de pueblos diferentes; no están en condiciones, entonces, de comparar lo que no conocieron con lo que sí conocen.

Y en mi ceguera reprendía y rebatía lo que escribieron a aquellos piadosos patriarcas que no solamente se acomodaron a lo que en su tiempo les mandaba o inspiraba Dios, sino que bajo divina revelación preanunciaron lo que iba a venir.

en una parte del verso y otra en otra, sino un sistema que todo lo regulaba.

Y con esto, no pensaba yo en que tu justicia, a la cual han servido los hombres justos y santos, tenía que ser algo todavía más excelente y sublime, en que todo se encierra: las cosas que Dios mandó para que nunca variaran y otras que distribuía por los tiempos, no todo junto, sino según lo apropiado a cada uno. Y en mi ceguera reprendía y rebatía lo que escribieron a aquellos piadosos patriarcas que no solamente se acomodaron a lo que en su tiempo les mandaba o inspiraba Dios, sino que bajo divina revelación preanunciaron lo que iba a venir.

38

Tres clases de pecados

¿Hay acaso un tiempo o un lugar en que sea o haya sido injusto amar a Dios con todo el corazón, con todas las fuerzas y con toda el alma y al prójimo como a uno mismo? (Mt. 22:37, 39). De manera semejante, las torpezas que van contra natura, como las de los sodomitas, han de ser siempre aborrecidas y castigadas. Y aun cuando todos los pueblos se comportaran como ellos, la universalidad del delito no los justificaría; serían todos ellos reos de la misma culpa ante el juicio de Dios, que no creó a los hombres para que de tal modo se comportaran. Se arruina y se destruye la sociedad, el trato que con Dios debemos tener cuando por la perversidad de la concupiscencia se mancilla esa naturaleza cuyo autor es él mismo.[14]

Pero cuando se trata de costumbres humanas los pecados han de evitarse conforme a la diversidad de esas costumbres; de manera que ningún ciudadano o extranjero viole según el propio capricho lo que la ciudad ha pactado con otros pueblos o que está en vigor con la firmeza de la ley o de la costumbre. Siempre es algo indecoroso la no adecuación de una parte con el todo a que pertenece.

Pero cuando Dios manda algo que no va con la costumbre o con los pactos establecidos hay que hacerlo, aunque nunca antes se haya hecho; hay que instituirlo aunque la institución sea del todo nueva. Pues si un rey puede en su ciudad mandar algo no antes mandado por los anteriores reyes ni por él mismo, la obediencia al nuevo mandamiento no va contra la estructura de la ciudad; es algo universalmente admitido que los ciudadanos han de obedecer a sus reyes. ¡Con cuánta mayor razón se debe a Dios, rey de todas las criaturas, una obediencia firme y sin vacilaciones! Pues así como en las sociedades humanas la potestad mayor se impone ante las potestades menores, así también toda humana potestad debe subordinarse al mandar de Dios.

Cuando Dios manda algo que no va con la costumbre o con los pactos establecidos hay que hacerlo, aunque nunca antes se haya hecho; hay que instituirlo aunque la institución sea del todo nueva.

---

[14] Agustín divide los pecados en tres clases:
a) contra la naturaleza, b) contra las hombres y c) contra los preceptos (*Contra Fausto* XXII, 47).

Tú castigas lo que los hombres se hacen entre ellos de malo; porque cuando pecan contra ti se perjudican ellos mismos. La iniquidad se traiciona a sí misma, cuando corrompe y pervierte la naturaleza que tú creaste y ordenaste.

Lo mismo cabe decir de los delitos que de los pecados contra la naturaleza. Los delitos que se cometen por el deseo de hacer mal a otro, sea por afrentas o por injuria, o por ambas a la vez; por deseo de vengarse de algún enemigo o con la intención de adquirir algo que no se tiene, como lo hace el ladrón con el viandante; o por evitar algún mal de parte de alguien que inspira temor; o por envidia como la que tiene el mísero para con el que está en mejor situación y en algo ha prosperado; o como la que tiene éste cuando teme que otro le iguale, o se duele porque ya le igualó; o también por el mero placer del mal ajeno, como lo tienen los que van a ver a los gladiadores; o por simple mal ánimo, como el de los que hacen burlas y sarcasmos al prójimo.

Estos son los principios capitales de la iniquidad. Nacen del ansia de poder, mirar y sentir, de una o ambas cosas a la vez, o de todas juntas. Y así, oh Dios altísimo y dulcísimo, se vive mal, en contrariedad con los tres y los siete mandamientos de tu decálogo, *el salterio de diez cuerdas* (Sal. 144:9).[15]

A Dios nada daña sino el daño del propio pecador

Pero, ¿qué malicia puede haber en ti, incorruptible como eres? ¿o qué crimen te puede dañar, siendo como eres inaccesible al mal? Con todo, tú castigas lo que los hombres se hacen entre ellos de malo; porque cuando pecan contra ti se perjudican ellos mismos. La iniquidad se traiciona a sí misma, cuando corrompe y pervierte la naturaleza que tú creaste y ordenaste, o usando sin moderación de las cosas permitidas, o ardiendo en deseos de lo no permitido en un uso "contra naturaleza" (Ro. 1:26), o se hacen los hombres reos de rebeldía contra ti en su ánimo y en sus palabras, dando coces contra el aguijón (Hch. 9:5); o, finalmente, cuando en su audacia rompen los lazos y traspasan los límites de la sociedad humana y se gozan en partidos y facciones de acuerdo con sus gustos o resentimientos.

---

[15] "Oh Dios, a ti cantaré canción nueva: Con salterio, con *decacordio* cantaré a ti."

Todo esto sucede cuando los hombres te abandonan a ti, que eres la fuente de la vida,[16] el verdadero creador y gobernador del universo; cuando la soberbia personal pone el corazón en un parte de tu creación en lugar del todo.

Por eso, sólo por el camino de la humilde piedad regresamos a ti y tú nos purificas de nuestros malos hábitos y te muestras propicio para los que te confiesan sus pecados, escuchas los gemidos de los que están cautivos y nos sueltas de las cadenas que nosotros mismos nos forjamos, con tal que no levantemos contra ti los cuernos de una falsa libertad, con la avaricia de tener más o el temor de perderlo todo, amando así más lo nuestro que a ti, supremo bien de todos.

Te muestras propicio para los que te confiesan sus pecados, escuchas los gemidos de los que están cautivos y nos sueltas de las cadenas que nosotros mismos nos forjamos, con tal que no levantemos contra ti los cuernos de una falsa libertad.

---

[16] Cf. Jeremías 2:13: "Porque dos males ha hecho mi pueblo: dejáronme a mí, fuente de agua viva, por cavar para sí cisternas, cisternas rotas que no detienen aguas."

39

Juicio de Dios
y juicio de los hombres

Hay cosas que el sentir general de los hombres tiene por reprensibles, pero que tú no reprendes; así como hay otras que los hombres alaban pero tú condenas. No siempre coinciden la apariencia exterior de los hechos con el ánimo y la intención no conocida de quien los hace.

Entre tantas torpezas y crímenes como hay y entre tanta abundancia de maldad se da también el caso de los pecados en que caen los que van ya avanzando en el camino espiritual. Tales pecados son de reprobar desde el punto de vista de la perfección, pero hay también en ellos algo estimable, como es estimable el trigo verde, en el cual hay esperanzas ciertas de futuros panes.

Pero hay acciones que parecen crimen o pecado y no lo son, porque ni te ofenden a ti ni rompen el consorcio de la sociedad humana, pues de alguna manera se concilian con lo que es congruente en un tiempo dado. Como cuando se procuran determinados bienes que son útiles para las necesidades de la vida en un momento dado, pero queda incierto si hubo o no hubo en eso una reprensible codicia de poseer; o como cuando la autoridad competente castiga con severidad algo con la idea de corregir los abusos, pero queda incierto si no se mezcló en eso algún secreto deseo de dañar. Hay, pues, cosas que el sentir general de los hombres tiene por reprensibles, pero que tú no reprendes; así como hay otras que los hombres alaban pero tú condenas. No siempre coinciden la apariencia exterior de los hechos con el ánimo y la intención no conocida de quien los hace.

Pero cuanto tú mandas alguna cosa nueva y no pensada, aunque no hayas vedado la misma en otro tiempo, y no descubras entonces la causa de tu mandato, y sea contra las leyes y costumbres de alguna gente, ¿quién duda que se debe hacer lo que mandas? Pues no puede ser justa una sociedad que no te obedece. Pero, bienaventurados son los que saben que tú lo mandas. Porque todo lo que tus siervos hacen, lo hacen, o porque el tiempo presente así lo requiere, o para significar lo porvenir.

40

Divagaciones maniqueas acerca de la sustancia divina

Pero como yo ignoraba estas cosas hacía burla de aquellos siervos tuyos y profetas;[17] con lo cual sólo conseguía que tú te burlaras de mí.

Poco a poco fui derivando a tonterías tales como la de creer que un higo sufre cuando lo cortan y que la higuera llora lágrimas de leche. Y que si un santo lo comía cortado por manos ajenas y no por las suyas, lo mezclaba con sus propias entrañas y exhalaba luego de ella ángeles y hasta partículas de la sustancia divina, pues según ellos en aquella fruta había habido partículas del verdadero y sumo Dios, que habrían permanecido ligadas de no ser por los dientes del santo y elegido y por su estómago.[18]

En mi miseria llegué hasta creer que mayor misericordia hay que tener para con los frutos de la tierra que para con los hombres mismos para cuyo bien fueron creados los frutos. Si alguno tenía hambre pero no era maniqueo, era crimen digno de la pena capital el darle un bocado.

En mi miseria llegué a creer que mayor misericordia hay que tener para con los frutos de la tierra que para con los hombres mismos para cuyo bien fueron creados los frutos. Si alguno tenía hambre pero no era maniqueo, era crimen digno de la pena capital el darle un bocado.

---

[17] La vida de los patriarcas y profetas era donde más se centraba la crítica maniquea, llegando a presentar sus costumbres como dictadas por el espíritu del mal al que se equiparaba el Dios del Antiguo Testamento. En su libro Contra Fausto, Agustín refuta con toda extensión estos errores.

[18] Los maniqueos se dividían en dos clases: en elegidos o santos y en oyentes. Los primeros eran los que habían avanzado en la doctrina hasta poder enseñar a otros o se manifestaban firmes en el error. Los demás se llamaban simplemente oyentes. Sostenían que los príncipes de las tinieblas lograron hacer cautivas numerosas partículas de luz que mezclaron y aprisionaron en la materia corporal. Las partículas así cautivas se liberaban de muchos modos, uno y el más principal era la ingestión de alimentos por parte de los elegidos, cuyos estómagos tenían la propiedad de separar la vil materia liberar las partículas de luz comiendo y digiriendo los alimentos.

41

Oración de Mónica
por la conversión de su hijo

Mónica, mi madre, lloraba por mi muerte espiritual con la fe que tú le habías dado y tú escuchaste su clamor. La oíste cuando ella con sus lágrimas regaba la tierra ante tus ojos; ella oraba por mí en todas partes y tú oíste su plegaria.

Pero tú, Señor, "hiciste sentir tu mano desde lo alto" (Sal. 144:7) y libraste mi alma de aquella negra humareda porque mi madre, tu sierva fiel, lloró por mí más de lo que suelen todas las madres llorar los funerales corpóreos de sus hijos.

Ella lloraba por mi muerte espiritual con la fe que tú le habías dado y tú escuchaste su clamor. La oíste cuando ella con sus lágrimas regaba la tierra ante tus ojos; ella oraba por mí en todas partes y tú oíste su plegaria. Pues, ¿de dónde sino de ti le vino aquel sueño consolador en que me vio vivir con ella, comer con ella a la misma mesa, cosa que ella no había querido por el horror que le causaban mis blasfemos errores? Se vio de pie en una regla de madera y que a ella sumida en la tristeza, se llegaba un joven alegre y espléndido que le sonreía. No por saberlo sino para enseñarla, le preguntó el joven por la causa de su tristeza y ella respondió que lloraba por mi perdición. Le mandó entonces que se tranquilizara, que pusiera atención y que viera cómo en donde ella estaba, también estaba yo. Miró ella entonces y, junto a sí, me vio de pie en la misma regla. ¿De dónde esto, Señor, sino porque tu oído estaba en su corazón?

¡Oh, Señor omnipotente y bueno, que cuidas de cada uno de tus hijos como si fuera el único y que de todos cuidas como si fueran uno solo! ¿Cómo fue posible que al contarme ella su visión tratara yo de convencerla de que no debía desesperar de llegar a ser un día lo que yo era y que ella al instante y sin ninguna vacilación me contestara: "¡No! Pues lo que se me dijo no es que yo habría de estar donde estás tú, sino que tú estarías en donde estoy yo"?

Con frecuencia he hablado, Señor, de estos recuerdos. Ahora te confieso que más que el sueño mismo con que tú consolabas a una mujer piadosa hundida en el dolor me conmovió el hecho de que ella no se turbara por mi interpretación falsa y caprichosa. Vio de inmediato lo que tenía que ver y que yo no había visto antes de que ella lo dijera. Cuando ella se debatía en la tristeza tú le preanunciaste una grande alegría que no iba a tener sino mucho más tarde.

Pues durante nueve largos años seguí revolcándome en aquel "cieno profundo" (Sal. 69:2) de tenebrosa falsedad del que varias veces quise surgir sin conseguirlo. Mientras tanto, ella, viuda casta, sobria y piadosa como a ti te agrada, vivía ya en una alegre esperanza en medio del llanto y los gemidos con que a toda hora te rogaba por mí. Sus plegarias llegaban "a tu presencia" (Sal. 88:2), pero tú me dejabas todavía volverme y revolverme en la oscuridad.

Mi madre, viuda casta, sobria y piadosa como a ti te agrada, vivía ya en una alegre esperanza en medio del llanto y los gemidos con que a toda hora te rogaba por mí. Sus plegarias llegaban "a tu presencia", pero tú me dejabas todavía volverme y revolverme en la oscuridad.

42

Orar y dejar hacer a Dios

Y como ella no quería aceptar sino que con insistencia y abundantes lágrimas le rogaba que me recibiera y hablara conmigo, el obispo, un tanto fastidia-do, le dijo: "Déjame ya y que Dios te asista. No es posible que se pierda el hijo de tantas lágrimas". Estas palabras me las recordó muchas veces, como venidas del cielo.

Puedo recordar otra respuesta que por ese tiempo le concediste a mi madre. Reconozco que hay muchas cosas que escapan de mi memoria, y otras que paso por alto, pues quiero llegar en seguida a otras que me urge confesarte. Recuerdo, pues, que diste otra respuesta por el ministerio de un sacerdote tuyo, de un obispo criado en tu Iglesia y ejercitado en tus libros. Le rogó, pues, mi madre que se dignara de recibirme y hablara conmigo para refutar mis errores, desprenderme de ellos y enseñarme la verdad, ya que él solía hacer esto con personas que le parecían bien dispuestas. Pero él no quiso. Dijo que yo era todavía demasiado indócil, hinchado como estaba por el entusiasmo de mi reciente adhesión a la secta. Ella misma le había contado cómo yo, con cuestiones y discusiones, había descarriado ya a no pocas gentes de escasa instrucción. Le aconsejó: "Déjalo en paz, solamente ruega a Dios por él. El mismo con sus lecturas acabará por descubrir su error y la mucha malicia que hay en él".

Entonces le contó cómo él mismo, siendo niño, había sido entregado por su engañada madre a los maniqueos, había leído todos sus libros y aun escrito alguno él mismo y, cómo, sin que nadie disputase con él ni lo convenciese, había por sí mismo encontrado el error de la secta y la había abandonado. Y como ella no quería aceptar sino que con insistencia y abundantes lágrimas le rogaba que me recibiera y hablara conmigo, el obispo, un tanto fastidiado, le dijo: "Déjame ya y que Dios te asista. No es posible que se pierda el hijo de tantas lágrimas". Estas palabras me las recordó muchas veces, como venidas del cielo.

IV
PERDIDO
EN TIERRA EXTRAÑA

43

Engañador y engañado

Durante aquellos nueve años, desde los diecinueve hasta los veintiocho, viví engañado y engañando a otros, entregado a mis pasiones y deseos. Tan pronto era engañado como engañador, ya públicamente, enseñando las artes llamadas liberales, ya ocultamente bajo el pretexto y falso nombre de religión, siendo allí soberbio, aquí supersticioso y en todas partes vano.

Por un lado, seguía continuamente la quimera de la gloria popular, queriendo llevarme siempre los aplausos del teatro y ser preferido a todos los demás competidores en los certámenes de poesía, y llevarme las despreciables coronas con que eran premiados los que salían vencedores en las contiendas de ingenio; y finalmente, sobresalir en las locuras de los espectáculos y en la pasiones de los apetitos; y, por otra parte, deseando purificarme de todas estas manchas, llevaba alimentos a los que se llamaban elegidos y santos entre los maniqueos, para que en la fábrica de su vientre fabricasen para mí ángeles y dioses que me librasen de todos mis pecados. Estos delirios seguía y practicaba entonces en compañía de mis amigos, engañados por mí, que estaba tan engañado como ellos.

Que se burlen de mí esos hombres soberbios y arrogantes que no han sido humillados y aplastados por ti para su salvación, Señor Dios mío. Yo, por mi parte, tengo que confesar la confesión de mis vergüenzas para tu gloria y alabanza. Permíteme, te lo ruego, recorrer de nuevo mi memoria y ver con exactitud los pasados rodeos y extravíos de mis errores pasados, y que de todos ellos haga un sacrificio con que mi alma quede llena de júbilo y alegría. "Yo sacrificaré en su tabernáculo sacrificios de júbilo" (Sal. 27:6).

Pero si tú no me guías y vas conmigo, ¿qué seré para mí quedando solo, sino un guía ciego que me conduce al precipicio. ¿Y qué soy yo en mis mejores momentos, sino un niño amamantado con tu leche (1ª Co. 3:1, 2), y que se sacia de ti, alimento incorruptible? ¿Y qué es el hombre, sea el que fuere, si al fin no es más que un hombre? Que se burlen de nosotros, pues, los fuertes y los poderosos; pero nosotros, débiles y pobres, confesamos tu santo nombre (Sal. 74:21).

Por un lado, seguía continuamente la quimera de la gloria popular, queriendo llevarme siempre los aplausos del teatro y ser preferido a los demás competidores en los certámenes de poesía, y llevarme las despreciables coronas con que eran premiados los que salían vencedores en las contiendas de ingenio; y, por otra parte, deseando purificarme de todas estas manchas, llevaba alimentos a los que se llamaban elegidos y santos.

44

Maestro de retórica y elocuencia

Un hombre se propuso inmolar animales en sacrificio, pretendiendo que con tal ofrenda me ganaría los sufragios de los demonios. Pero no fue inspirándome en la pureza que tú amas, oh Dios de mi corazón, como yo repudié ese crimen. Yo no sabía amarte, pues solamente podía concebir esplendores corporales.

Durante aquellos años, yo enseñaba la retórica, y vendía el arte de triunfar con la elocuencia que sabe vencer y dominar los corazones, siendo yo mismo vencido por mis pasiones. Yo prefería, sin embargo, tú lo sabes, Señor, tener buenos alumnos, lo que llaman alumnos de verdad; y sin ningún engaño les enseñaba el arte de engañar, no para llegar a perder una cabeza inocente, sino para salvar a veces una cabeza culpable. Y tú, Dios mío, me viste desde lejos vacilar sobre un suelo resbaladizo; distinguiste, entre una espesa humareda, las chispas de esa buena fe de que daba yo muestra en las lecciones que servía a aquellos amadores de la vanidad, a esos "buscadores de la mentira" (Sal. 4:2), yo, que en todo era su igual.

Por estos mismos años, yo vivía con una mujer que no estaba unida a mí por el matrimonio que se conoce legítimo, pero que la imprudencia de un ardor juvenil me hizo encontrar. Pero era la única mujer que había conocido, y le conservaba la fidelidad del lecho; pero no dejaba de medir con mi propia experiencia todo el intervalo que separa el prudente compromiso conyugal, contraído con el objeto de transmitir la vida, uno de esos pactos de amor sensual del que también nacen los hijos, pero contra los deseos de sus padres, aunque una vez nacidos nos obligan a amarlos.

Recuerdo también que, habiendo querido disputar en un concurso un premio de poesía dramática, no sé qué arúspice me hizo preguntar cuánto le daría si me hiciese conseguir la victoria; pero, lleno de horror y de repulsión por estas prácticas vergonzosas, le contesté que, aunque se tratase de una corona de oro imperecedero, no toleraría que mi victoria costase la vida ni a una mosca. Pues aquel hombre se proponía inmolar animales en sacrificio, pretendiendo que con esta ofrenda me ganaría los sufragios de los demonios. Pero no fue inspirándome en la pureza que tú amas, oh Dios de mi corazón, como yo repudié ese crimen. Yo no sabía amarte, pues solamente podía concebir esplendores corporales. Y el alma que suspira tras de esas quimeras, ¿no fornica lejos de ti? (Sal. 73:27). ¿No confía en la mentira y "se apacienta del viento"? (Os. 12:1). Por consiguiente, no hubiese querido que por mí se sacrificase nada a los demonios, aunque mi superstición les sacrificaba cada día.

Porque ¿no equivale a apacentarse de los vientos hartar a esos espíritus que se burlan de nosotros con nuestros errores?

El alma que suspira tras esas quimeras, ¿no fornica lejos de ti? ¿No confía en la mentira y "se apacienta del viento"? Por tanto, no hubiese querido que por mí se sacrificase nada a los demonios, aunque mi superstición les sacrificaba cada día.

45

Astrología y horóscopos

Los astrólogos nos dicen que la causa del pecado está predeterminada en los cielos y no podemos escapar a ella, y que esto o lo otro es obra de Venus, Saturno o Marte. Todo esto lo dicen para librar de toda responsabilidad al hombre, que no es más que carne, sangre, soberbia y putrefacción, y lanzarla sobre el creador y ordenador del cielo y de los astros.

Pero no renunciaba a consultar con esos charlatanes que llaman matemáticos o astrólogos, porque me parecía que no hacían sacrificio alguno, ni dirigían plegarias a ninguna clase de espíritu relacionado con sus adivinaciones, cosas que, por otra parte, desecha y condena la piedad cristiana y verdadera.[19]

Señor: bueno es alabarte (Sal. 92:1) y decir: "ten misericordia de mí; sana mi alma, porque contra ti he pecado (Sal. 41:4); y en vez de abusar de vuestra indulgencia para concederse uno mismo licencia para pecar, hay que acordarse de la palabra del Maestro: "Ya estás curado, no vuelvas a pecar, no sea que te ocurra algo peor" (Jn. 5:14). Palabras cuya eficacia salvadora pretenden anular los astrólogos, cuando nos dicen que la causa del pecado está predeterminada en los cielos y no podemos escapar a ella, y que esto o lo otro es obra de Venus, Saturno o Marte. Todo esto lo dicen para librar de toda responsabilidad al hombre, que no es más que carne, sangre, soberbia y putrefacción, y lanzarla sobre el creador y ordenador del cielo y de los astros. ¿Y quién es él sino tú, nuestro Dios, dulzura y fuente de justicia, que "daréis a cada cual según sus obras" y que "no despreciarás a un corazón contrito y humillado"? (Ro. 2:6; Sal. 51:17).

Había, en aquella época, un hombre de gran juicio, muy hábil en las cosas de la medicina, y que se había labrado una buena reputación. Como procónsul que era, y no como médico, había colocado la corona reservada al vencedor del certamen poético sobre mi pobre cabeza enferma. Pero esta enfermedad sólo tú la podías curar, que "resistes a los soberbios y das tu gracia a los humildes" (1ª P. 5:5). ¿Has dejado de asistirme, por ventura, aunque sólo sea en la persona de este anciano? ¿Has renunciado jamás a curar mi alma?

---

[19] Valentiniano condenó con la pena capital la astrología, muy popular en todas las clases sociales y lugares del imperio. África se convirtió en la patria de los adivinos.

Había, pues, contraído amistad con él, y prestaba a sus conversaciones una atención continua y sin desfallecimientos; sin ninguna artificiosidad de forma, la vivacidad de su pensamiento las hacía agradables y llenas de enseñanzas. Cuando se enteró, por mis conversaciones, de que yo leía asiduamente los libros de astrología y horóscopos, me aconsejó, con una paternal benevolencia, que los abandonase allí mismo, y que no malgastase en tales tonterías sin beneficio la pena y el trabajo que reclaman las cosas útiles. También él, me dijo, se había dedicado a la astrología, y hasta en su juventud se había propuesto hacer de ella un oficio para vivir. Había comprendido a Hipócrates, y era bastante capaz de comprender aquellos libros. Si los había abandonado para consagrarse a la medicina, lo había hecho por la única razón de que había descubierto su entera falsedad, y que un hombre de su seriedad no había querido ganarse la vida engañando al prójimo.

"Pero tú –añadió–, para crearte una situación social, tienes tu clase de retórica; no te dediques a esas mentiras más que por mera curiosidad, no por necesidad de vivir. Por tanto, puedes prestar fe a esto que te digo, puesto que a fuerza de trabajo he profundizado hasta tal punto este arte que creí poder convertirlo, para mí, en un medio de vida."

"Pero entonces –le objeté yo–, ¿a qué es debido que muchas predicciones llegan a confirmarse finalmente?"

Me contestó, como pudo, que debía ser atribuido al azar, que se halla disperso por la naturaleza. Si, al consultar una página cualquiera, de un poeta cualquiera, que canta un sujeto muy diferente con preocupaciones muy diversas, resulta que un verso resalta con maravilloso acuerdo con la cuestión en litigio, "¿Podrá sorprendernos –preguntó– que en virtud de algún instinto que le viene de arriba, un alma humana, sin saber qué es lo que ocurre en ella, por pura casualidad, y no por método concertado, haga oír alguna palabra que corresponda a los hechos y gestos del que pregunta?"

Esta fue la advertencia que él me dio o, más bien, que oí de sus labios, pues seguramente debió salir de ti, Dios mío. Por su medio grabaste en mi alma dudas que había de recordar más tarde cuando llegué a discutir estas materias por mí mismo.

Cuando un amigo se enteró, por mis conversaciones, de que yo leía asiduamente los libros de astrología y horóscopos, me aconsejó, con una paternal benevolencia, que los abandonase allí mismo, y que no malgastase en tales tonterías sin beneficio la pena y el trabajo que reclaman las cosas útiles.

Si los astrólogos consultados decían a veces la verdad, era efecto de la mera casualidad, o de la suerte, y no de una observación metódica de los astros.

Por entonces, ni él, ni mi muy querido Nebridio, joven transparente, de costumbres irreprochables, que se burlaba de todas esas artes de la adivinación, consiguieron que me decidiese a renunciar a tales cosas. Lo que más influía en mi espíritu era la autoridad de los autores que han escrito sobre ello; no había encontrado todavía ninguna prueba decisiva, como deseaba encontrar una, que me demostrase, sin contestación posible, que si los astrólogos consultados decían a veces la verdad, era efecto de la mera casualidad, o de la suerte, y no de una observación metódica de los astros.

46

El dolor por la muerte de un amigo

Durante aquellos años en que por primera vez empecé como profesor en mi ciudad natal, había encontrado un amigo al que quería mucho, por la comunidad de nuestros estudios y ser de la misma edad. En la flor de la juventud y desde niño, habíamos crecido juntos, y habíamos ido juntos a la escuela y jugado juntos también. No era todavía para mí el amigo que llegó a ser más tarde; ni más tarde nuestra amistad llegó a ser la verdadera amistad; únicamente hay verdadera amistad cuando uno estrecha los lazos entre gentes que son fieles "el amor de Dios derramado en nuestros corazones por el Espíritu Santo que nos es dado" (Ro. 5:5)

Y, sin embargo, aquella amistad nos era dulce en extremo, vuelta más ardiente por la coincidencia de nuestros gustos. Yo lo había arrancado de la verdadera fe, en la cual su adolescencia no creía realmente, ni a fondo, para lanzarlo a las perniciosas supersticiones que hacían que mi madre llorase por mí. Ya su pensamiento caminaba por el error, al lado del mío, y mi corazón no podía prescindir de él. Y he aquí que, persiguiendo de cerca a los que huían ante ti, "Señor de las venganzas" (Sal. 94:1), que también eres la fuente de las misericordias, tú que nos atraes hacia ti por extraños caminos, he aquí que tú lo arrancaste de esta vida, cuando esta amistad, más dulce para mí que todas las dulzuras de mi vida, había apenas durado un año.

¿Existe algún hombre que pueda contar tus alabanzas, aunque sólo sea más que lo que ha experimentado por sí solo? ¿Cómo entender, Dios mío, lo que hiciste entonces? ¿Cómo puedo yo penetrar en el abismo de tus juicios? Devorado por la fiebre, mi amigo yacía sin conocimiento, bañado por mortal sudor. Como su caso parecía desesperado, fue bautizado sin que él se diese cuenta. Yo no me lo tomé en serio, persuadido de que lo que quedaría marcado en su alma serían las ideas que yo le había inculcado, más que la operación realizada sobre su cuerpo insensible. Pero ocurrió todo lo contrario. Se produjo una mejoría; y pareció fuera de peligro.

Aquella amistad nos era dulce en extremo, vuelta más ardiente por la coincidencia de nuestros gustos. Yo lo había arrancado de la verdadera fe, en la cual su adolescencia no creía realmente, ni a fondo, para lanzarlo a las perniciosas supersticiones que hacían que mi madre llorase por mí.

La pena que me causó su pérdida cubrió de tinieblas mi corazón. Todas las cosas que yo contemplaba no eran más que muerte. Mi patria me era un suplicio, y la casa paterna una desolación. Cuanto yo había compartido con él, sin él se me convertía en un cruel sufrimiento.

Tan pronto como pude hablarle, cosa que ocurrió muy pronto, y también tan pronto como él pudo hablarme, pues yo no me alejaba de él, tanta necesidad sentíamos el uno del otro, intenté bromear con él pensando que se reiría conmigo de un bautismo recibido sin ninguna colaboración del pensamiento ni del sentimiento. Ya sabía que lo había recibido. Pero he aquí que su rostro adquirió una expresión de gran horror, como si se encontrase ante un enemigo, y con una extraña y súbita lucidez, me notificó que si quería seguir siendo amigo mío debía cesar de hablarle de aquel modo. Estupefacto y turbado, contuve mi emoción para darle tiempo de recobrar sus fuerzas; una vez restablecida su salud, se encontraría de nuevo en estado de poder hablar conmigo tal como yo quería. Pero fue arrebatado a mis proyectos insensatos para quedar reservado, al lado vuestro, para mi futuro consuelo; durante una ausencia mía se produjo una recaída febril, y algunos días más tarde expiraba.

La pena que me causó su pérdida cubrió de tinieblas mi corazón. Todas las cosas que yo contemplaba no eran más que muerte. Mi patria me era un suplicio, y la casa paterna una desolación. Cuanto yo había compartido con él, sin él se me convertía en un cruel sufrimiento. Mis ojos lo pedían por doquier, y él me era negado. Todo me era odioso, porque todo estaba vacío de él, y que ya nada podía decirme: "Va a venir, ya está aquí", como durante su vida, cuando estaba ausente. Yo me había convertido en un gran enigma para mí mismo; preguntaba a mi alma por qué estaba triste y me turbaba de aquel modo, y no sabía contestarme nada. Y si yo le decía: "Espera en Dios", ella no me obedecía, y tenía razón, porque era mejor y más real, aquel querido ausente, que el fantasma en que se le ordenaba esperar. Sólo las lágrimas me hacían bien, y ellas habían ocupado el sitio de mi amigo en las delicias de mi corazón.

47

El consuelo del llanto

Ahora, Señor, todo esto ya se encuentra muy lejos; el tiempo ha curado mi herida. ¿Puedo yo aproximar a tus labios el oído de mi corazón, y llegar a oír de ti, que eres la verdad, por qué las lágrimas son tan dulces para los desgraciados? ¿Por qué, estando tú presente en todas partes, has arrojado lejos de ti nuestras miserias? ¿Permaneces en ti mismo, mientras nosotros somos zarandeados al azar por las pruebas de la vida? Y, sin embargo, si no pudiésemos elevar nuestras lágrimas hasta vuestros oídos, nada quedaría ya de nuestra esperanza.

Gemir, llorar, suspirar, quejarse, ¿cómo es posible que de estas melancolías de la vida recojamos un fruto que posee su dulzura propia? ¿Quizás es dulce porque esperamos hacernos oír de ti? Quizá sea así para nuestras plegarias, en el fondo de las cuales hay una aspiración de llegar hasta ti. ¿Pero ocurría lo mismo con el dolor de un ser perdido, con esta aflicción que entonces me agobiaba? No esperaba ya verle revivir; no era eso lo que pedían mis lágrimas; yo me contentaba con gemir y llorar, pues era desgraciado, y había perdido mi alegría. ¿Diremos que las lágrimas son cosa amarga por sí mismas, pero que encontramos en ellas una dulzura a causa de la repugnancia que nos inspiran los objetos de nuestros antiguos goces y que luego aborrecimos?

Gemir, llorar, suspirar, quejarse, ¿cómo es posible que de estas melancolías de la vida recojamos un fruto que posee su dulzura propia? ¿Quizás es dulce porque esperamos hacernos oír de ti?

48

Morir por amor de amistad

Me sorprendía ver vivir a los otros mortales, puesto que estaba muerto aquel al cual yo había amado, como si nunca hubiera de morir; y me sorprendía más aún, muerto él, ver que yo vivía, yo que era otro sí mismo.

Pero ¿por qué hablar de todo esto? No es ya tiempo de formular preguntas, sino de hacer confesiones. Yo era infortunado; toda alma es infortunada cuando se encuentra encadenada por el amor de las cosas mortales, y experimenta un desgarramiento cuando las pierde. Entonces siente la miseria que ya la trabaja antes de que las pierda. Tal era mi estado de espíritu en aquella época; yo lloraba muy amargamente, y me reposaba en la melancolía. Sí; yo era desgraciado hasta tal punto; y, sin embargo, esta misma vida de dolores me era más amada que mi amigo. Yo hubiese querido cambiarla, pero no perder más que él; y no sé si hubiese consentido, hasta por él, en imitar la anécdota de Orestes y Pílades tal como la cuentan, si no es pura ficción, ellos que deseaban morir juntos, el uno por el otro, porque encontrarse separados les parecía peor que la misma muerte. Pero yo no sé qué sentimiento muy diferente de éste subía dentro de mí; a una pesada repugnancia de vivir se asociaba, en mi corazón, el miedo de morir. Yo creo que, cuanto más le amaba, tanto más odiaba y temía a la muerte, que me lo había arrebatado, como una enemiga espantosa, dispuesta a tragarse de pronto a todos los hombres, puesto que acababa de tragárselo a él. Así era yo entonces; sí, me acuerdo muy bien de ello.

He aquí mi corazón, Dios mío; mira dentro de él. Mírame, esperanza mía, pues sé bien que tú eres quien me limpia de la impureza de tales aflicciones, el que atrae mis miradas hacia ti, "porque sacarás mis pies de la red" (Sal. 25:15).

Me sorprendía ver vivir a los otros mortales, puesto que estaba muerto aquel al cual yo había amado, como si nunca hubiera de morir; y me sorprendía más aún, muerto él, ver que yo vivía, yo que era otro sí mismo. ¡Qué bien lo expresó el poeta cuando dijo que su amigo "era la mitad de su alma"! (Horacio, *Odas*, 1, 3,8). Sí; yo sentí que su alma y la mía sólo habían sido una alma en dos cuerpos; por eso la vida me horrorizaba, y no quería vivir, reducido a la mitad de mí mismo. Y quizá no temía morir por miedo a que él muriese por completo, aquél a quien había amado tanto.

49

El agobio del dolor
y huida a Cartago

¡Oh demencia que no sabes amar a los hombres humanamente! ¡Qué insensato era yo, pues las cosas humanas las padecía sin moderación! Así me acongojaba, lloraba, andaba turbado, y era incapaz de reposo ni consejo. Yo tenía el alma desgarrada y ensangrentada, que no quería ser ya llevada por mí, y yo no sabía adónde depositarla. No encontraba la calma ni en el encanto plácido de los bosques, ni en los juegos, ni en los cantos, ni en los paisajes de suaves perfumes, ni en los banquetes suntuosos, ni en los deleites de la carne, de la habitación, del lecho, ni siquiera en los libros y los versos. Hasta la misma luz me causaba horror y todo lo que no era lo que él había sido, me parecía insoportable, fastidioso, excepto los gemidos y las lágrimas; sólo allí encontraba un poco de consuelo. Cuando arrancaba mi alma de allí, sentía el peso agobiador de una pesada carga de miseria.

Bien sabía yo, Señor, que mi alma debía ser elevada a ti, para que la curaras; pero no quería hacerlo, ni tenía fuerzas para ello. Cuando pensaba en ti, tú no representabas nada consistente ni real para mí. Te imaginaba como un fantasma, y mi propio error era mi Dios. Cuando intentaba depositar allí mi alma, para darle algún reposo, se deslizaba hacia el vacío y volvía a caer sobre mí. Y me consideraba a mí mismo un lugar de infelicidad, con el cual no podía ni acostumbrarme ni alejarme de él. ¿Podía acaso mi corazón huir de mi corazón? ¿Hacia dónde huir de mí mismo? ¿Dónde escapar a mi propia persecución? No obstante, huí de mi patria. De este modo mis ojos le buscarían menos, allí donde no estaban acostumbrados a verle. Desde Tagaste me fui a Cartago.

Cuando pensaba en ti, tú no representabas nada consistente ni real para mí. Te imaginaba como un fantasma, y mi propio error era mi Dios. Cuando intentaba depositar allí mi alma, para darle algún reposo, se deslizaba hacia el vacío y volvía a caer sobre mí.

50

El consuelo de los amigos

Lo que me reconfortaba y me revivificaba, sobre todo, eran los consuelos de otros amigos, con los cuales amaba lo que amaba, en vez de amarte a ti.

Las horas no permanecen ociosas, y no pasan sin efecto por encima de nuestros sentimientos. Ejercen sobre nuestra alma una acción sorprendente. Los días se sucedían unos a otros y en su ir y venir dejaban en mí nuevas esperanzas, nuevos recuerdos. Poco a poco me devolvían a mis antiguos placeres que hacían ceder mi dolor. No le sustituían otros nuevos dolores, sino causas y principios de otros dolores nuevos. Porque, ¿de dónde provino aquel dolor que había penetrado tan fácilmente hasta lo más íntimo de mí mismo, sino porque había dispersado mi alma sobre la arena, al amar un ser que se me podía morir, como si no debiese morirse nunca? Lo que me reconfortaba y me revivificaba, sobre todo, eran los consuelos de otros amigos, con los cuales amaba lo que amaba, en vez de amarte a ti. Era esto una enorme fábula y una la larga mentira cuyos roces mentirosos echaban a perder nuestra alma, agitada por el deseo de oírlo todo, de comprenderlo todo.[20]

Uno de mis amigos podía morirse, pero aquella ficción no moría para mí. Pero había en ellos otros encantos que me cautivaban más el corazón, por ejemplo hablar, reír juntos, eran los pasatiempos de una consideración mutua, la lectura en común de bellos libros, las bromas entre camaradas y las atenciones recíprocas; de cuando en cuando, un desacuerdo sin acritud, como también de vez en cuando los tiene uno consigo mismo, y estas muy raras discusiones servían para sazonar una unanimidad casi constante; enseñarnos mutuamente alguna cosa o aprenderla unos de otros; la impaciencia y el echar a faltar a los ausentes, la acogida gozosa dada a los que llegaban; todos esos signos, y otros de la misma clase, que brotan del corazón de aquellos que se aman, y que se manifiestan por la expresión, la lengua, los ojos, por mil demostraciones deliciosas. He aquí gracias a qué incentivos se opera la fusión de las almas que, de varias, acaban formando una sola.

---

[20] Cf. 2ª Timoteo 4:3: "Porque vendrá tiempo cuando ni sufrirán la sana doctrina; antes, teniendo comezón de oir, se amontonarán maestros conforme a sus concupiscencias."

51

Nadie pierde al Señor,
sino quien lo abandona

Todo eso se ama en los amigos, y llega a amarse hasta tal punto que nuestra conciencia se siente culpable cuando no se ama a quien nos ama, y cuando no se devuelve amor por amor, sin pedir nada al ser amado, más que las demostraciones de su afecto. De ello proviene aquel llanto que causa la muerte de un amigo, aquellas tinieblas de dolores, aquella dulzura que se cambia en amargura; y de aquí la muerte de los que viven por la vida que han perdido los que mueren.

Feliz quien te ama, Señor, que ama a su amigo en ti y a su enemigo por tu amor. Solamente está libre de perder algún ser querido aquel a quien son queridos todos en Aquel que no se puede perder. ¿Y quién es Aquél, sino nuestro Dios, que ha creado el cielo y la tierra, y que los llena porque al llenarlos los creó? Ninguno te pierde Señor, sino quien te abandona, ¿adónde va, adónde huye, sino de tu amor a tu ira? Porque ¿dónde no hallará tu ley para su castigo?, pues "tu justicia es justicia eterna, y tu ley la verdad" (Sal. 119:142).

Feliz quien te ama, Señor, que ama a su amigo en ti y a su enemigo por tu amor. Solamente está libre de perder algún ser querido aquel a quien son queridos todos en Aquel que no se puede perder.

52

La naturaleza transitoria y pasajera de las cosas

No todo llega
con la vejez,
pero todo
llega con la
muerte.
Así, pues,
cuando nacen
y se
esfuerzan
hacia el ser,
cuanto más
rápidamente
crecen para
ser,
más
rápidamente
se precipitan
hacia el
no ser.

"Oh Dios de los ejércitos, haznos tornar; y haz resplandecer tu rostro, y seremos salvos" (Sal. 80:7). Porque a cualquier parte que se vuelva el corazón del hombre, hallará dolor a menos que se vuelva a ti, aunque se fije en todas las más bellas cosas que están fuera de ti y de él. Aun estas bellas cosas mismas no existirían si no procediesen de ti. Nacen y mueren: al nacer empiezan a ser, y una vez alcanzada esta perfección, envejecen y mueren. No todo llega con la vejez, pero todo llega con la muerte. Así, pues, cuando nacen y se esfuerzan hacia el ser, cuanto más rápidamente crecen para ser, más rápidamente se precipitan hacia el no ser. Esta es su condición; así lo has establecido, porque son partes de cosas que no coexisten nunca simultáneamente, y que, por las vicisitudes de su desaparición y de su aparición, componen el todo del cual son partes. De igual modo llega hasta el fin nuestra conversación, gracias a una continuidad de palabras articuladas. No llegaría a formularse por completo si cada palabra, una vez ha cumplido su oficio sonoro, no se desvaneciese para ceder el sitio a otra palabra.

¡Qué mi alma te alabe por estas bellezas, oh Dios mío, creador del universo, pero que no se deje coger con el apego de un amor completamente sensual, porque estas cosas van caminando sin parar hacia el no ser, y desgarran el alma con deseos pestilentes de existir siempre, y descansar en las mismas cosas que ama. No hay lugar de reposo en ellas, porque no duran, huyen, y ¿quién puede alcanzarlas con los sentidos corporales, ni de retenerlas aun cuando está más presentes?

Los sentidos del cuerpo son lentos y perezosos, precisamente por ser sentidos corpóreos. Esa es su condición y naturaleza. Sirven para el fin que fueron hechos, pero no pueden detener las cosas transitorias que van corriendo desde su principio establecido hasta su fin prefijado.[21] Porque en tu eterna Palabra por la que fueron creadas, están oyendo que se les ordena diciendo: "Desde aquí comenzaréis, y llegaréis hasta allí".

---

[21] Agustín se hace eco de la doctrina de Heráclito, para quien todo está en movimiento incesante, a modo de las aguas de un río.

53

Sólo Dios es inmutable

No seas vana, alma mía, no permitas que el oído de tu corazón se ensordezca con el tumulto de tu vanidad. Escucha, tú también al propio Verbo que ilumina tu paso y te grita que regreses; que vuelvas a él, donde está tu centro, lugar del reposo, donde el amor no sufre abandono, si él no lo abandona. Considera como unas cosas se van para que otras ocupen su lugar y se integre este mundo inferior en todas sus partes. "¿Pero me voy también?", pregunta el Verbo de Dios. Fija en él tu morada; alma mía, y confíale cuando posees, pues de él te viene, cansada como estás de tantos engaños.

Confía a la Verdad cuanto posees de la verdad, y nada perderás, antes al contrario, reflorecerá lo que está seco y marchito; todas tus enfermedades se curarán; tus elementos perecederos serán restaurados, renovados, y estrechamente unidos a ti, de forma que cuando mueras no te arrastrarán contigo a la tumba, sino que permanecerán contigo de un modo permanente, al lado del Dios eternamente estable y permanente.

¿Por qué, fuera del camino recto, sigues a tu propia carne? Da media vuelta, y que sea tu carne la que te siga. Cuanto sientes por su mediación no es más que elemento parcial; al todo al cual estas partes se unen, tú no lo conoces, y sin embargo son ellas las que te hechizan. Pero si el sentido de tu carne fuese capaz de comprenderlo todo, y si por tu castigo no hubiese sido estrictamente limitado a una sola parte del todo, desearías que pasase cuanto existe en el presente, para poder gustar mejor el conjunto. Las palabras que articulamos, tú las oyes con este mismo sentido de la carne y, naturalmente, no quieres que las sílabas permanezcan presentes, sino que huyan muy pronto para dejar el sitio libre a otras, de modo que oigas el conjunto. Lo mismo ocurre siempre con las partes que son compuestas de partes que no existen todas a un tiempo, en las cuales más agradaría el todo, si fuera posible sentirle o percibirle de una vez, que cada parte de por sí. Pero mucho mejor que todo esto es Aquel que lo ha creado todo, y que es nuestro Dios, y que no pasa, pues no hay nada que pueda ocupar su lugar.

Confía a la Verdad cuanto posees de la verdad, y nada perderás, antes al contrario, reflorecerá lo que está seco y marchito; todas tus enfermedades se curarán; tus elementos perecederos serán restaurados, renovados, y estrechamente unidos a ti, de forma que cuando mueras no te arrastrarán contigo a la tumba, sino que permanecerán contigo de un modo permanente, al lado del Dios eternamente estable y permanente.

54

No es malo
amar a las criaturas en Dios

El bien que amáis viene de él, pero sólo es bueno y dulce en la medida que nos lleva a él. Se volverá amargo si volvemos las espaldas a Dios, porque injustamente se aman dejando a Dios cuanto proviene de él.

Si los cuerpos te agradan, oh alma mía, alaba a Dios en ellos, haz remontar tu amor hasta Aquel que es su creador, no sea que en las cosas que te agradan a ti le desagrades tú a él. Si las almas te gustan, ámalas en Dios, pues también ellas son mudables y sólo encuentran estabilidad y firmeza en él. En caso contrario, correrían hacia su pérdida y perecerían. Ámalas, pues, en él, y lleva contigo hacia él cuantas puedas, y diles: "Amemos a este Señor que ha hecho todas las cosas, y no está lejos de ellas.[22] No las hizo para abandonarlas luego, antes bien el mismo ser que les dio, les conserva estando ellas en él. Está allí donde se siente el gusto por la verdad, en lo más íntimo del corazón, pero el corazón se ha apartado de Él. "Acordaos de esto, y tened vergüenza, tornad en vosotros, prevaricadores" (Is. 46:8), entrad en vuestro corazón, y uníos a aquel que os creó. Permaneced en él, y seréis permanentes. Descansad en él, y disfrutaréis de un verdadero descanso.

¿Hacia dónde vais por esos lugares abruptos? ¿Adónde vais? El bien que amáis viene de él, pero sólo es bueno y dulce en la medida que nos lleva a él. Se volverá amargo si volvemos las espaldas a Dios, porque injustamente se aman dejando a Dios cuanto proviene de él. ¿Por qué caminar ahora y siempre por caminos difíciles y penosos? El descanso no se encuentra donde lo buscáis. Seguir buscando lo que buscáis, pero sabed que no se encuentra donde lo buscáis. Buscáis la vida feliz en la región de muerte, y no está allí. Porque ¿cómo es posible que haya vida feliz donde ni siquiera hay vida?

Nuestra vida verdadera bajó acá y tomó nuestra muerte, y la ha matado con la abundancia de su propia vida. Con voz de trueno nos ha gritado que volvamos

---

[22] Cf. Hechos 17:27, 28: "Para que buscasen a Dios, si en alguna manera, palpando, le hallen; *aunque cierto no está lejos de cada uno de nosotros*: Porque en él vivimos, y nos movemos, y somos."

desde aquí hacia él, a ese santuario misterioso desde el cual ha venido hasta nosotros en primer lugar al seno virginal de María en el cual se unió a la humana naturaleza, nuestra carne mortal, para no ser siempre mortal; "y él, como un novio que sale de su tálamo, alégrase cual gigante para correr el camino" (Sal. 19:5). No se retardó ni detuvo en su carrera, antes la corrió toda, clamando con sus palabras, sus actos, su muerte, su vida, su descenso a los infiernos, su ascensión, sí, gritándonos que volvamos a él. Se apartó de nuestra vista para que volvamos sobre nosotros, entremos en nuestro corazón y le hallemos. Ha partido; y, sin embargo, aquí está. No ha querido permanecer mucho tiempo con nosotros, pero no nos ha abandonado. Se ha retirado allí de donde no había partido nunca, pues "en el mundo estaba, y el mundo fue hecho por él" (Jn. 1:10); y "vino al mundo para salvar a los pecadores" (1ª Ti. 1:15). A él se confía mi alma, y la sana, "porque contra ti he pecado" (Sal. 41:4).

Vuestra vida abajo del cielo, ¿no queréis subir y vivir? Bajad para subir, y subid tanto que lleguéis a Dios, pues habéis caído subiendo contra él.

"Hijos de los hombres, ¿hasta cuándo volveréis mi honra en infamia, amaréis la vanidad, y buscaréis la mentira?" (Sal. 4:2). Vuestra vida abajo del cielo, ¿no queréis subir y vivir? Pero ¿adónde subís, cuando soberbios os levantáis para "poner en el cielo su boca, y su lengua pasea la tierra"? (Sal. 73:9). Bajad para subir, y subid tanto que lleguéis a Dios, pues habéis caído subiendo contra él.

Diles estas cosas, alma mía, para que lloren en "el valle de lágrimas" (Sal. 84:6), y elévalos así hacia Dios, díselas movida de su divino Espíritu, ardiendo tú en el fuego de su amor y caridad.

55

¿Dónde nace el amor?

Decía a mis amigos: ¿Amamos algo más que lo bello? ¿Qué es, pues, lo bello? ¿Qué es la belleza? ¿Qué nos atrae y nos ata a las cosas que amamos?

Todo eso, entonces yo lo ignoraba; amaba las bellezas de orden inferior y avanzaba hacia el abismo. Decía a mis amigos: "¿Amamos algo más que lo bello? ¿Qué es, pues, lo bello? ¿Qué es la belleza? ¿Qué nos atrae y nos ata a las cosas que amamos? Si no hubiese en ellas una hermosura y una gracia, ellas no ejercerían ese atractivo sobre nosotros".

Y observaba, veía que, en los cuerpos, hay, de una parte, lo bello que resulta de la armonía del conjunto, y por otra parte lo apto que resulta del acuerdo exacto con otra cosa, de igual modo que una parte del cuerpo está en armonía con el todo con el cual se une, un calzado con el pie con el cual se adapta, y así sucesivamente. Esta fuente de reflexiones brotaba de mi espíritu, del fondo de mí mismo, y escribí una obra, *Lo bello y lo apto*, que comprendía dos o tres libros, me parece recordar; tú lo sabes, Señor; yo ya no me acuerdo de un modo exacto. Ya no los poseo; se me perdieron no sé cómo.

56

La preferencia humana
por los famosos

¿Qué me movió, Señor, Dios mío, a dedicar estos libros a Hierio, retórico de la ciudad de Roma? No lo conocía personalmente, pero me había sentido atraído por él gracias a su brillante reputación de saber, y por algunas palabras que me habían dicho de él y que me habían gustado. Pero mi gusto hacia él provenía, sobre todo, de la complacencia que encontraba por doquier, y de los elogios que le prodigaba el público, que se maravillaba de que un sirio, formado primero en la elocuencia griega, hubiese conseguido llegar a aquella admirable pureza de dicción, hasta en latín, y que poseyese tan ricos conocimientos en las cuestiones que se relacionan con la filosofía.

Así se elogia a un hombre, y se le ama, aunque esté ausente. ¿Esta atracción pasa de la boca que elogia al corazón del que escucha? De ningún modo; pero el entusiasmo del uno se enciende en el entusiasmo del otro. Nos enamoramos de quien es elogiado, pero sólo si se entiende que es alabado de verdad, es decir, cuando se alaba con amor.

Así, pues, yo amaba a los hombres según fuese el juicio de los hombres, pero no según el tuyo, Dios mío, en quien nadie es engañado. Sin embargo, ¿por qué no se le admira como se admira a un conductor de carros reputado, a un cazador de bestias en gran favor cerca del público, pero con un tono muy diferente, con gravedad, y como yo mismo lo hubiese deseado para mí? Pero yo no hubiese querido ser alabado ni amado como lo son los comediantes, aunque yo mismo los elogiaba y admiraba; hubiese preferido ser ignorado y desconocido, que ser famoso y celebrado de aquel modo, y antes eligiera ser aborrecido de todos que ser amado como ellos.

¿Cómo se pueden mezclar en una misma alma, estos impulsos (*pesos*) que inclinan y llevan a tan varios y diferentes amores? ¿Y cómo se pueden equilibrar en la balanza del alma? ¿Cómo puede ser que ame en otro tal aptitud que yo no rechazaría si no la detestase? ¿No somos hom-

> Yo amaba a los hombres según fuese el juicio de los hombres, pero no según el tuyo, Dios mío, en quien nadie es engañado.

**Mira,
Señor,
en lo que
viene a caer
un alma
vacilante que
no está firme
en el sólido
fundamento
de la verdad.
Según soplan
los vientos de
las lenguas
que omiten
su opinión,
así se deja
traer y llevar,
vira y vuelve,
la luz se
oscurece por
ella,
y no
distingue ya
la verdad.**

bres, el uno y el otro? Uno puede amar un buen caballo sin desear ser él mismo caballo, si eso fuese posible. Pero no puede decirse lo mismo del comediante que participa de la misma naturaleza que nosotros. ¿Amo, pues, en un hombre, lo que detestaría ser en mí mismo, por hombre que yo sea? ¡Gran misterio es el hombre! Señor, contados tenéis sus cabellos, y ninguno de ellos se pierde a tu conocimiento (Mt. 10:30); pero es más fácil contar sus cabellos que las pasiones y los movimientos de su corazón.[23]

Este retórico pertenecía a aquella categoría de hombres que yo amaba hasta el punto de desear parecerme a ellos. Mi orgullo me perdía, y yo flotaba a todos los vientos; pero tú, muy misteriosamente, me guiabas. ¿Cómo sé, cómo puedo confesaros con certeza que le había amado más a causa del amor de quienes le elogiaban, que por las cosas mismas que en él elogiaban? Si, en vez de elogiarle, las mismas personas le hubiesen criticado, contado de él las mismas cosas, pero con espíritu de reproche y de desprecio, yo no me hubiera inflamado ni entusiasmado a causa de él; sin embargo, las cosas no hubiesen ocurrido de otro modo, y tampoco hubiese sido diferente el hombre; sólo hubiesen cambiado las simpatías de los que contaban de él esas cosas.

Mira, Señor, en lo que viene a caer un alma vacilante que no está firme en el sólido fundamento de la verdad. Según soplan los vientos de las lenguas que omiten su opinión, así se deja traer y llevar, vira y vuelve, la luz se oscurece por ella, y no distingue ya la verdad. Y, sin embargo, observa que la verdad se encuentra ante ti.

Constituía para mí una pesada carga dar a conocer a aquel personaje mi estilo y mis trabajos. Si los aprobase, mi entusiasmo redoblaría; en caso contrario, yo estaba herido en el corazón, en este corazón vano y frustrado de la solidez que tú le das. Sin embargo, *Lo bello y lo apto*, este tratado que yo le había dedicado, ocupaba mi pensamiento, mis meditaciones, lo contemplaba satisfecho y lo admiraba a solas, sin nadie que lo alabara.

---

[23] Cf. Jeremías 17:9: "Engañoso es el corazón más que todas las cosas, y perverso; ¿quién lo conocerá?"

57

El espíritu humano no es el bien supremo e inconmutable

Pero aún no sabía ver la profunda raíz de esas grandes ideas en tu arte, oh Dios todopoderoso, autor que "realizas sólo maravillas" (Sal. 72:18). Mi espíritu recorría las formas corporales. Yo definía lo bello como "lo que gusta por sí mismo", y lo apto, "lo que gusta por su adaptación a otra cosa", y justificaba esta distinción por medio de ejemplos sacados del mundo de los cuerpos. Después pasaba a la naturaleza del espíritu, pero sin advertirlo en su verdad, a causa de los prejuicios que yo alimentaba sobre las cosas espirituales. El brillo de lo verdadero se imponía a mis miradas; pero yo apartaba mi alma, palpitante, de las cosas incorporales hacia las líneas, los colores, las grandezas macizas, y no pudiendo ver nada igual en mi espíritu, pensaba que no podía ver mi propio espíritu.

Como en la virtud yo amaba la paz, y en el vicio odiaba la discordia del alma, pensaba reconocer en la primera la *unidad* y en la otra la *división*; y en esta *unidad* me parecía residir el alma razonable, la esencia de la verdad y del soberano bien mientras que, en aquella fragmentación de la vida irracional, yo notaba, por un lamentable error, no sé qué sustancia, qué esencia del soberano mal, la cual no solamente era sustancia, sino también vida verdaderamente, sin proceder, sin embargo, de ti, Dios mío, de quien proviene todo (1ª Co. 8:6).

Yo llamaba a la unidad "mónada", en tanto que elemento espiritual sin sexo; a la división, "díada",[24] por ser ira que lleva a los crímenes y la sensualidad en el libertinaje; y no sabía lo que me decía; es que entonces yo ignoraba, por no haberlo aprendido, que el mal no es una substancia, y que nuestro espíritu no es el bien supremo e inmutable.

De igual modo como se cometen los crímenes cuando la emoción moral, fuente del impulso, es mala y se

El brillo de lo verdadero se imponía a mis miradas; pero yo apartaba mi alma, palpitante, de las cosas incorporales hacia las líneas, los colores, las grandezas macizas, y no pudiendo ver nada igual en mi espíritu, pensaba que no podía ver mi propio espíritu.

---

[24] Ambos términos, *mónada* y *díada*, están tomados de los pitagóricos, que ejercieron una gran influencia en Agustín.

"¿Por qué se equivoca el alma, si la ha creado Dios?" Pero yo no quería que me contestasen: "Si es lo que tú dices, ¿por qué se equivoca Dios?" Y prefería sostener que tu inmutable substancia se equivocaba por necesidad, antes que reconocer que mi substancia cambiante se había desviado por libre voluntad, y experimentaba el error como un castigo.

abandona a su indisciplina y a su furor; de igual modo que nos abandonamos al libertinaje cuando el alma no impone ya ningún freno a la inclinación en que se alimentan las voluptuosidades carnales, los errores las opiniones falsas manchan la vida, si el alma razonable es mala de por sí. La mía lo era entonces. Yo no sabía qué otra luz debía iluminarla para que participase en la verdad, no siendo ella misma esencia de verdad. "Tú pues alumbrarás mi lámpara: el Señor mi Dios alumbrará mis tinieblas" (Sal. 18:28). "De su plenitud hemos recibido todos" (Jn. 1:16). Porque tú eres "la luz verdadera que ilumina a todo hombre que viene al mundo" (Jn. 1:19), porque en ti "no hay mudanza, ni sombra de variación" (Stg. 1:17).

Yo me esforzaba en elevarme hacia ti, y tú me rechazabas, para que conociese el gusto de la muerte, pues tú resistes a los soberbios (1ª P. 5:5).

Pero, ¿qué más soberbia que afirmar, en mi sorprendente demencia, que yo era por esencia lo que tú eres? Sujeto al cambio, y sabiéndolo manifiestamente, puesto que, si deseaba ser bueno, era, bien entendido, para convertirme de menos bueno en mejor, prefería te tuviesen a ti por mudable, que el que a mí me juzgasen de otra naturaleza distinta de la tuya.

He aquí por qué me rechazabas y aplastabas mi cerviz jactanciosa. Yo imaginaba formas corporales; siendo carne, yo acusaba a la carne; era como soplo de viento (Sal. 78:39) incapaz de volver a ti, extraviándome más y más hacia las cosas que ni tienen ser en ti, ni en mí, ni en cuerpo alguno. Estas imaginaciones, no eran tu verdad la que las creaba en mí, sino mi vanidad, que las formaba según los mismos cuerpos, y lo decía a los pequeños, vuestros fieles, mis conciudadanos, lejos de los cuales yo estaba entonces desterrado sin darme cuenta, yo les decía, con mi chismorreo inepto: "¿Por qué se equivoca el alma, si la ha creado Dios?" Pero yo no quería que me contestasen: "Si es lo que tú dices, ¿por qué se equivoca Dios?" Y prefería sostener que tu inmutable substancia se equivocaba por necesidad, antes que reconocer que mi sustancia cambiante se había desviado por libre voluntad, y experimentaba el error como un castigo.

Yo tenía unos veintiséis o veintisiete años, cuando escribí esta obra. Mi espíritu acariciaba entonces estas ficciones materiales, como murmullo zumbaba en los oídos de mi corazón. Yo las tendía, sin embargo, oh dulce Verdad, hacia tu melodía interior, cuando meditaba sobre, lo *bello* y lo *apto*. Quería permanecer de pie ante ti, asirte, sentirme penetrado de alegría al oír "la voz del esposo" (Jn. 3:29); y no podía, porque las voces de mi error me arrastraban hacia el exterior, y el peso de mi orgullo me precipitaba al abismo. Es que tú no dabas a mi oído "gozo y alegría"; ni "se regocijaban mis huesos", porque todavía no se habían humillado hasta el polvo (Sal. 51:8).

Las voces de mi error me arrastraban hacia el exterior, y el peso de mi orgullo me precipitaba al abismo.

58

El saber sólo es beneficioso
orientado a Dios

¿De qué me servía haber sabido, alrededor de los veinte años de edad, después de haber tenido entre manos aquel libro de Aristóteles que se llama de las *Diez categorías*, y haberlo comprendido todo a simple lectura? ¿De qué me servía todo eso? No sacaba más que perjuicios de ello.

¿De qué me servía haber sabido, alrededor de los veinte años de edad, después de haber tenido entre manos aquel libro de Aristóteles que se llama de las *Diez categorías*, y haberlo comprendido todo a simple lectura? Ante esta palabra, "categorías", cuando ellos la citaban, las mejillas del retórico de Cartago, mi maestro, y las de otros que pasaban por doctos, se hinchaban con un énfasis ruidoso. Y ellos habían despertado en mí una especie de espera extasiado, de algo extraordinario y divino. Hablé de ello con algunos, que decían haber comprendido aquella obra, a pesar de haberles ayudado excelentes maestros, que no tan sólo se la explicaban oralmente, sino que también se ayudaban con gran número de figuras trazadas en el polvo; y nada nuevo pudieron darme a conocer que yo no hubiese descubierto ya en mi lectura solitaria.

Me parecía que esta obra hablaba de un modo bastante claro de las sustancias, del hombre, por ejemplo, y de lo que se encuentra en las sustancias, por ejemplo: la forma exterior del hombre, su estatura, el número de pies que mide, su parentesco, de quién es hermano, dónde se halla establecido, cuándo nació, si está de pie, sentado, calzado o armado, activo o pasivo, y todas esas particularidades innumerables que se encuentran en aquellos nueve "géneros" de los que acabo de indicar, a título de ejemplos, algunas muestras, o en el género mismo de sustancia.

¿De qué me servía todo eso? No sacaba más que perjuicios de ello; pues estimando que aquellas diez "categorías" comprendían en absoluto cuanto es, yo me esforzaba para comprenderte, también a ti, oh Dios mío, que eres admirablemente simple e inmutable, como si dependieses de tu grandeza y de tu belleza. Las veía en ti como en un cuerpo, cuando tú eres, tú mismo, tu grandeza y tu belleza. Un cuerpo, por el contrario, no es grande, ni bello, por el simple hecho de ser un cuerpo; seguiría siéndolo, aunque fuese menos grande y menos bello. Todo cuanto pensaba de ti era quimera y falsedad. Era ficción de mi miseria, y no sólida concepción de tu felicidad. Tú habías ordenado, y tu orden se cumplía en mí, que la tierra produjese para mí "cardos y abrojos", y que a fuerza de trabajar, y sólo con esta condición, ganase mi pan (Gn. 3:18, 19).

¿De qué me servía, también, haber leído y comprendido, por mí solo, cuanto había podido leer de los libros sobre las artes llamadas liberales, esclavo perverso de mis pasiones malditas? Me complacía en estas lecturas, sin discernir de dónde venía cuanto había allí de verdadero y de cierto. Estaba de espaldas a la luz, con el rostro vuelto hacia los objetos iluminados, y mis ojos que los veían luminosos no recibían ningún rayo de su luz.

Cuanto comprendí, sin gran esfuerzo ni maestro, del arte de hablar y de discutir, de la geometría, de la música y de los números, tú lo sabes, Señor, mi Dios, pues esta pronta y penetrante vivacidad de la inteligencia era un don que tú me habías hecho; pero no sacaba de ello nada que me sirviese para ofrecerte un sacrificio, y por consiguiente no redundaba en beneficio mío, sino en pérdida. He exigido ardientemente la mejor parte de mi herencia, y en vez de "guardar mis fuerzas en ti" (Sal. 59:9), he ido a una "tierra extranjera" (Lc. 15:13) para derrocharla lejos de ti, en los caprichos de las pasiones, esas rameras. ¿De qué me servía aquel bien, puesto que hacía mal uso de él? Pues yo no me daba cuenta de las dificultades que aquellas artes y ciencias ofrecían a los espíritus más vivos y más estudiosos, salvo cuando buscaba el modo de darles las soluciones; y el más inteligente de todos ellos era el menos lento en seguirme en mis explicaciones.

Pero, ¿qué beneficio sacaba de todo ello, puesto que yo te consideraba, Señor, mi Dios, oh Verdad, como un cuerpo luminoso e inmenso, y yo como un fragmento de este cuerpo? ¡Extraña perversidad! ¡He aquí donde me encontraba yo entonces! Y no me avergüenzo, Señor, mi Dios, al confesaros las misericordias que has obrado en mí, y de alabaros por ellas, yo que no me ruborizaba entonces, al profesar públicamente mis blasfemias y al ladrar contra ti.

¿Y de qué me servía este espíritu tan ágil, a través de las ciencias? ¿De qué me servía, sin la asistencia de ningún maestro humano, haber puesto en claro tantas obras inextricables, puesto que en aquello que se refería a la doctrina

Esta pronta y penetrante vivacidad de la inteligencia era un don que tú me habías hecho; pero no sacaba de ello nada que me sirviese para ofrecerte un sacrificio, y por consiguiente no redundaba en beneficio mío, sino en pérdida.

Eres tú quien nos lleva; nos llevarás, pequeños como somos, y hasta que seamos "ancianos y con canas", pues nuestra fuerza sólo es fuerza contigo; reducidos a nosotros mismos, ella no es más que debilidad. Todo nuestro bien vive en ti.

de mi salvación yo me adhería a feos, vergonzosos, sacrílegos errores? Y para tus hijos, ¿era, pues, un perjuicio tan grande la lentitud de su espíritu, si, permaneciendo siempre cerca de ti, esperaban en seguridad, en el nido de vuestra Iglesia, que les saliesen las plumas, y el pleno desarrollo de las alas de la caridad, gracias al alimento de una sana fe?

Oh Señor, nuestro Dios, esperamos "al abrigo de tus alas" (Sal. 17:8); protégenos, llévanos. Eres tú quien nos lleva; nos llevarás, pequeños como somos, y hasta que seamos "ancianos y con canas" (Is. 46:4), pues nuestra fuerza sólo es fuerza contigo; reducidos a nosotros mismos, ella no es más que debilidad. Todo nuestro bien vive en ti, y debido a habernos separado de ti hemos perdido el camino recto. Volvemos definitivamente a ti, Señor, para no ser hundidos. Nuestro bien vive indefectiblemente en ti, pues tú eres nuestro bien. No debemos temer no encontrar al regreso el abrigo del cual nos ha alejado nuestra caída; pues no se hunde, durante nuestra ausencia, esta morada nuestra que es tu eternidad.

V
Desengañado de los maniqueos, atraído por Ambrosio

Ambrosio de Milán (icono griego).

59

Alabar a Dios para amarle

Recibe, Señor, el sacrificio de estas confesiones por medio de esta lengua que me diste y que mueves para que alabe tu nombre, sana todos mis huesos y digan: "¿Quién hay, Señor, que sea semejante a ti?" (Sal. 35:10).

El que se confiesa a ti no te hace saber lo que pasa en él, sino que te lo reconoce. El corazón más cerrado es patente a tu mirada y tu mano no pierde poder por la dureza de los hombres, ya que tú la vences cuando quieres, o con la venganza o con la misericordia: "No hay quien pueda esconderse a tu calor" (Sal. 19:6).

Alábete mi alma, para que pueda llegar a amarte; que confiese todas tus misericordia y por ellas te alabe. No cesa en tu loor ni calla tus alabanzas la creación entera; ni se calla el espíritu que habla por la boca de quienes se convierten a ti; ni los animales, ni las cosas inanimadas que hablan por la boca de quienes las conocen y contemplan, para que nuestra alma se levante de su abatimiento hacia ti apoyándose en las cosas creadas y pasando por ellas hasta llegar a su admirable creador, en quien alcanza su renovación y una verdadera fortaleza.

Alábete mi alma, para que pueda llegar a amarte; que confiese todas tus misericordia y por ellas te alabe. No cesa en tu loor ni calla tus alabanzas la creación entera; ni se calla el espíritu que habla por la boca de quienes se convierten a ti.

60

El pecador no puede huir
de la presencia de Dios

Es que no saben que en todas partes estás y que ningún lugar te circunscribe y que estás presente también en aquellos que huyen de ti. ¿Por dónde andaba yo cuando te buscaba? Tú estabas delante de mí, pero yo me había retirado de mí mismo y no me podía encontrar. ¡Cuánto menos a ti!

¡Qué se vayan y huyan de ti los hombres inquietos y perversos! Pero tú los ves y los distingues muy bien entre las sombras. Y tu creación sigue siendo hermosa, aunque los tenga a ellos, que son odiosos. ¿Qué daño te han podido causar, o en qué han menoscabado tu imperio, que desde el cielo hasta lo más ínfimo es íntegro y justo? ¿A dónde fueron a dar cuando huían de tu rostro, o en dónde no has hallado a los fugitivos? Huyeron de ti para no verte, pero tú sí los veías; en su ceguera toparon contigo, pues tú no abandonas jamás cosas que hayas creado. Siendo injustos chocaron contigo y justo fue que de ello sufrieran. Quisieron sustraerse a tu benignidad y fueron a chocar con tu rectitud y cayeron abrumados bajo el peso de tu rigor. Es que no saben que en todas partes estás y que ningún lugar te circunscribe y que estás presente también en aquellos que huyen de ti.

Conviértanse pues a ti; que te busquen, pues tú, el creador, no abandonas jamás a tus criaturas como ellas te abandonan a ti. Entiendan que tú estás en ellos; que estás en lo hondo de los corazones de los que te confiesan y se arrojan en ti de cabeza; de los que lloran en tu seno tras de sus pasos difíciles. Tú enjugas con blandura sus lágrimas, para que lloren aún más y en su llanto se gocen. Porque tú, Señor, no eres un hombre de carne y sangre; eres el creador que los hiciste y que los restauras y consuelas.

¿Por dónde andaba yo cuando te buscaba? Tú estabas delante de mí, pero yo me había retirado de mí mismo y no me podía encontrar. ¡Cuánto menos a ti!

61

Los filósofos no alcanzaron a conocer la verdad del Verbo

Voy a recordar ahora delante de mi Dios aquel año veintinueve de mi vida. Había ya venido a Cartago un cierto obispo[25] de los maniqueos llamado Fausto, que era una verdadera trampa del diablo y a muchos enredaba con el atractivo de su suave elocuencia. Yo, ciertamente, la alababa pero no la confundía con aquella verdad de las cosas de la cual estaba yo tan ávido. Lo que me interesaba no era el hermoso plato de las palabras, sino lo que pudiera haber de sustanciosa ciencia en la doctrina que el dicho Fausto proponía. Mucho lo había levantado la fama ante mis ojos, como a varón experto en toda clase de honestas disciplinas y especialmente perito en las artes liberales.

Y como había yo leído mucho de varios filósofos y lo tenía todo bien claro en la memoria, comparaba algunas de sus afirmaciones con las prolijas fábulas de los maniqueos y mucho más que éstas me parecían dignos de aprobación los principios de aquellos filósofos que fueron capaces de averiguar la naturaleza del mundo, aun cuando al Señor mismo del mundo no lo hayan llegado a conocer. Porque tú, Señor, eres grande, pones los ojos en las cosas humildes y a las grandes las miras desde lejos (Sab. 13:9). "Porque el alto Señor atiende al humilde; mas al altivo mira de lejos" (Sal. 138:6), por más que en su curiosidad y pericia sean capaces de contar las estrellas y conocer y medir los caminos de los astros por las regiones siderales.

En estas cosas tienen los sabios puesta su mente según el ingenio que tú les diste y, de hecho, muchas cosas desconocidas han descubierto. Han llegado a predecir con

Había ya venido a Cartago un cierto obispo de los maniqueos llamado Fausto, que era una verdadera trampa del diablo y a muchos enredaba con el atractivo de su suave elocuencia. Lo que me interesaba no era el hermoso plato de las palabras, sino lo que pudiera haber de sustanciosa ciencia en la doctrina que el dicho Fausto proponía.

---

[25] La estructura eclesial maniquea estaba compuesta por una jerarquía de maestros, obispos, presbíteros, diáconos y demás ministros. Los maestros eran doce, con un jefe superior; éstos elegían y consagraban a los obispos, que debían ser setenta y dos, conforme a aquellos discípulos del Señor, aparte de los doce apóstoles.

Prevén los oscurecimientos del sol pero no ven la oscuridad en que ellos mismos están, ya que no buscan con espíritu de piedad de dónde les viene el ingenio que ponen en sus investigaciones.

antelación los eclipses del sol y de la luna; en qué día y a qué hora y en qué grado iban a acontecer y no se engañaron en sus cálculos, pues todo sucedió como lo habían predicho. Escribieron luego sobre las leyes descubiertas y eso se lee hasta el día de hoy y sirve de base para anunciar en qué año, en qué mes, en qué día y a qué hora del día y en qué grado va a faltar la luz del sol o de la luna y tales predicciones resultan acertadas.

Todo esto llena de asombro y estupor a los que tales cosas ignoran; pero quienes las saben, llenos de complacencia y engreimiento, como impía soberbia se retiran de tu luz; prevén los oscurecimientos del sol pero no ven la oscuridad en que ellos mismos están, ya que no buscan con espíritu de piedad de dónde les viene el ingenio que ponen en sus investigaciones. Y cuando les viene el pensamiento de que tú los creaste no se entregan a ti para que guardes y conserves lo que creaste. Mundanos como llegaron a hacerse, no se inmolan ante ti, no sacrifican como a volátiles sus pensamientos altaneros, ni refieren a ti la curiosidad con que pretenden moverse entre los misterios del mundo como los peces se mueven en los escondidos fondos del mar; ni matan sus lujurias como se matan los animales del campo para que tú, que eres un fuego devorador, consumas sus muertos desvelos para recrearlos en la inmortalidad.

Pero no llegaron a conocer el camino. El camino, que es tu Verbo, por quien hiciste lo que ellos cuentan y a los que lo cuentan y el sentido con que perciben lo que cuentan y la inteligencia con que sacan la cuenta; y tu sabiduría no tiene número (Sal. 147:5). Tu mismo Hijo unigénito se hizo para nosotros sabiduría y justicia y santificación (1ª Co 1:30), fue contado entre nosotros y pagó tributo al César (Mt. 22:21). No conocieron el camino para descender desde sí mismos hacia él para poder ascender hasta él. Ignorando, pues, este camino se creen altos y luminosos como los astros, cuando en realidad se han precipitado a tierra y se ha oscurecido su corazón (Ro. 1:21).

Es cierto que muchas cosas verdaderas dicen de la creación, pero no buscan con espíritu de piedad al artífice del universo y por eso no lo encuentran, habiéndolo conocido no lo honran como a Dios, ni le dan gracias, sino que se desvanecen en sus propios pensamientos y se tienen por sabios (Ro. 1:21, 22), atribuyéndose lo que no es suyo sino tuyo. Por esto mismo te atribuyen a ti, con perversa ceguera, lo que es propio de ellos, suponiendo mentira en ti, que eres la Verdad. Cambian la gloria del Dios incorruptible según la semejanza de la imagen del hombre corruptible y a la imagen de volátiles, de cuadrúpedos y de serpientes (Ro. 1:23). Convierten, pues, tu verdad en mentira y dan culto y servicio a la criatura antes que al Creador (Ro. 1:25).

De estos filósofos retenía yo muchas cosas verdaderas que habían ellos sacado de la observación del mundo y se me alcanzaba la razón de ellas por el cálculo y la ordenación de los tiempos y las visibles atestaciones de los astros. Comparaba yo eso con los dichos de Manes, el cual escribió sobre esos fenómenos muchas cosas delirantes; pero en sus escritos no aparecía en modo alguno la razón de los equinoccios, los solsticios y los eclipses del sol y de la luna según lo tenía yo aprendido en los libros de la ciencia del siglo. Manes me mandaba creer; pero la creencia que me mandaba no convenía con mis cálculos ni con lo que veían mis ojos: se trataba de cosas del todo diferentes.

Manes me mandaba creer; pero la creencia que me mandaba no convenía con mis cálculos ni con lo que veían mis ojos: se trataba de cosas del todo diferentes.

62

El conocimiento de Dios
es verdadera felicidad

Infeliz del hombre que sabiendo todo esto no te sabe a ti y dichoso del que a ti te conoce aunque tales cosas ignore. Pero el que las sepa y a ti te conozca no es más feliz por saberlas, sino solamente por ti. El conocimiento de ti sólo es lo que le hace dichoso y feliz.

¿Acaso, Señor, el que sabe estas cosas te agrada con sólo saberlas? Infeliz del hombre que sabiendo todo esto no te sabe a ti y dichoso del que a ti te conoce aunque tales cosas ignore. Pero el que las sepa y a ti te conozca no es más feliz por saberlas, sino solamente por ti. El conocimiento de ti sólo es lo que le hace dichoso y feliz, si conociéndote te honra como a Dios y te da gracias y no se envanece con sus propios pensamientos (Ro. 1:21).[26]

El que posee un árbol y te da las gracias por sus frutos sin saber cuán alto es y cuánto se extienden sus ramas está en mejor condición que otro hombre que mide la altura del árbol y cuenta sus ramas, pero ni lo posee ni conoce ni ama a su creador y, de manera igual, un hombre fiel cuyas son todas las riquezas del mundo y que "sin tener nada todo lo posee" (2ª Co. 6:10), con sólo apegarse a ti, a quien sirven todas las criaturas; aunque no conozca los giros de la osa mayor, en mejor condición se encuentra que el que mide el cielo y cuenta los astros y pesa los elementos, pero no se esmera por ti, que todo lo hiciste en número, peso y medida (Sab. 11:20).

---

[26] Véase de Agustín, *La verdadera religión*, LII (CLIE, Terrassa 2001).

63

La falsa sabiduría de Fausto
y el error de Manes

Alguno pidió a no sé qué maniqueo que escribiera también de estas cosas que pueden ser ignoradas sin perjuicio de la piedad. Porque tú dijiste que en la piedad está la sabiduría (Job 28:28) y ésta podía ignorarla Manes, aun cuando tuviera la ciencia de las cosas. Pero no la tenía y con toda imprudencia se atrevía a enseñar y, en consecuencia, no podía alcanzarla. Porque es vanidad hacer profesión de estas cosas mundanales aunque sean en realidad conocidas; pero es piedad el confesarte a ti. Así, pues, aquel hombre descaminado por su locuacidad, habló de muchas cosas en forma tal que los que en verdad las sabían lo pusieron en evidencia y así quedó probada su incapacidad para entender cosas aún más difíciles. Pero él no quería ser estimado en poco; entonces, pretendió convencerlos de que en él residía personalmente y con su plena autoridad, el Espíritu Santo que consuela y enriquece a los tuyos.[27]

Fue, pues, demostrado que había dicho cosas falsas sobre el cielo y las estrellas y sobre los movimientos del sol y de la luna. Y aun cuando estas cosas no pertenecen a la doctrina religiosa, quedó puesto en claro su audacia sacrílega cuando con soberbia y demente vanidad se atrevió a poner afirmaciones no sólo ignorantes sino también falseadas bajo el patrocinio de una divina persona. **Cuando oigo decir de algún cristiano hermano mío que no sabe estas cosas y dice una cosa por otra, oigo con paciencia esas opiniones; no veo en qué pueda perjudicarle su ignorancia sobre las cosas del mundo si no piensa de ti cosas indignas.** Pero mucho le daña el pensar que tales cosas pertenecen a la esencia de la piedad y si se atreve a afirmar con pertinencia lo que no sabe.

---

[27] Los corifeos de nuevos movimientos religiosos siempre han pretendido ser o estar especialmente iluminados por el Espíritu Santo, prometido por Jesús a todos los creyentes.

Me quedaba siempre la incertidumbre de que pudiera ser o no ser así, pero todavía me sentía inclinado a aceptar la autoridad de Manes, pues me parecía acreditada por la santidad de su vida.

Pero aun esta flaqueza la soporta maternalmente la caridad en los que están recién nacidos a la fe mientras no llega el tiempo de que surja en ellos "el hombre nuevo, el varón perfecto que no es llevado de aquí para allá por cualquier viento de doctrina" (Ef. 4:13, 14). Aquel hombre, Manes, se atrevió a presentarse como doctor, consejero, guía y director y, a sus discípulos los persuadía de que no eran seguidores de un hombre cualquiera, sino de tu mismo Santo Espíritu; ¿cómo no juzgar semejante audacia como detestable demencia y de no condenarla con firme reprobación y con horror apenas quedaba demostrado que había dicho cosas erróneas?

Con todo, no había yo sacado completamente en claro que no pudieran componerse con sus enseñanzas los fenómenos celestes del alargamiento y acortamiento de los días y las noches y los eclipses del sol y de la luna según yo los conocía por otros libros; me quedaba siempre la incertidumbre de que pudiera ser o no ser así, pero todavía me sentía inclinado a aceptar su autoridad, pues me parecía acreditada por la santidad de su vida.

64

Las decepcionantes respuestas de Fausto

Durante esos nueve años en que con inmenso deseo de verdad pero con ánimo vagabundo escuché a los maniqueos, estuve esperando la llegada del dicho Fausto. Porque los otros maniqueos con que dada la ocasión me encontraba y no eran capaces de responder a mis objeciones, me prometían siempre que cuando él llegara, con su sola conversación les daría la contestación a mis objeciones y aun a otras más serias que yo pudiera tener.

Cuando Fausto por fin llegó, me encontré con un hombre muy agradable y de fácil palabra; pero decía lo que todos los demás, sólo que con mayor elegancia. Mas no era lo que mi sed pedía a aquel mero, aunque magnífico escanciador de copas preciosas. De las cosas que decía estaban ya hartos mis oídos y no me parecían mejores porque él las dijera mejor, ni verdaderas por dichas con elocuencia; ni sabía su alma porque fuera su rostro muy expresivo y muy elegante su discurso. Los que tanto me lo habían recomendado no tenían buen criterio: les parecía sabio y prudente sólo porque tenía el arte del buen decir. Pude apreciar también otro tipo de hombres, que tienen la verdad por sospechosa y se resisten a ella cuando se les presenta con lenguaje muy elaborado y rotundo.

Pero tú ya me habías enseñado –creo que eras tú, pues nadie fuera de ti enseña la verdad dondequiera que brille y de donde proceda–, me habías enseñado, digo, que nada se ha de tener por verdadero simplemente porque se dice con elocuencia, ni falso porque se diga con sencillez y torpeza en el hablar. Pero tampoco se ha de tener por verdadero algo que se dice sin pulimento, ni falso lo que se ofrece con esplendor en la dicción. La sabiduría y la necedad se parecen a los alimentos, que son buenos unos y malos otros, pero se pueden unos y otros servir lo mismo en vasija de lujo que en vasos rústicos y corrientes. La sabiduría y la necedad pueden ofrecerse lo mismo con palabras cultas y escogidas que con expresiones corrientes y vulgares.

La sabiduría y la necedad se parecen a los alimentos, que son buenos unos y malos otros, pero se pueden unos y otros servir lo mismo en vasija de lujo que en vasos rústicos y corrientes. La sabiduría y la necedad pueden ofrecerse lo mismo con palabras cultas y escogidas que con expresiones corrientes y vulgares.

Al fin, cuando en compañía de algunos amigos pude llamar la atención de Fausto, me di cuenta entonces de que tenía enfrente a un hombre ignorante de las disciplinas liberales con la sola excepción de la gramática.

Mi larga y ansiada espera de la llegada de Fausto fue ampliamente recompensada por la vivacidad y animación con que disputaba, así como por el buen ánimo que demostraba. Me encantaba su facilidad de palabra con que daba color a sus ideas, de manera que no era el único en alabarle, sino que lo hacía mucho más que los demás. Pero me sentía molesto que en la rueda de quienes lo escuchaban no se me permitiera intervenir para proponerle mis dificultades conversando con él en diálogo amistoso.

Al fin, cuando en compañía de algunos amigos pude llamar su atención en tiempo que no parecía importuno, le expuse algunos puntos que me preocupaban. Me di cuenta entonces de que tenía enfrente a un hombre ignorante de las disciplinas liberales con la sola excepción de la gramática, de la cual tenía, por otra parte, un conocimiento muy ordinario. Había leído solamente unas pocas oraciones de Marco Tulio (Cicerón) y poquísimos libros de Séneca, algunos libros poéticos y los de su propia secta, cuando sucedía que estuvieran escritos en buen latín. Le ayudaba también el cotidiano ejercicio de hablar, que le daba una fluida elocuencia tanto más seductora cuanto que sabía muy bien gobernar su talento con una gracia natural.

Es así como lo recuerdo. ¿Lo he recordado bien, Señor y Dios mío, árbitro de mi conciencia? Delante de ti pongo mi corazón y mi memoria. Tú me dirigías entonces con secretos movimientos de tu providencia y, poco a poco, ibas poniendo ante mis ojos mis funestos errores, para que los viera y los aborreciera.

65

Distanciamiento de los maniqueos

Cuando aquel hombre a quien había yo tenido por excelente conocedor de las artes liberales se me apareció en toda su impericia comencé a desesperar de que pudiera él aclarar mis problemas y resolver mis dudas. Porque ignorante como era, bien podía conocer la verdad y la piedad si no fuera maniqueo. Porque los libros están repletos de interminables fábulas sobre el cielo y las estrellas, sobre el sol y la luna y no creía yo ya que él me pudiera explicar las cosas como era mi deseo, comparando sus explicaciones con los datos numéricos que había yo leído en otras partes y no sabía si concordaban o no con lo que en los libros maniqueos se decía, ni si daban buena razón de su doctrina.

Así que cuando le hube propuesto mis problemas para su consideración y discusión, se comportó con mucha modestia y no se atrevió a arrimar el hombro a tan pesada carga. Bien sabía él que ignoraba tales cosas y no tuvo reparo en reconocerlo. No era de la clase de otros hombres locuaces que yo había padecido, que pretendían enseñarme, pero no decían nada. Fausto era un hombre de corazón; si no lo tenía enderezado hacia ti tampoco lo tenía clavado en sí mismo. No era del todo inconsciente de su impericia y no quiso exponerse temerariamente a disputar y meterse en una situación de la que no pudiera salir ni tampoco retirarse honorablemente y en eso me gustó sobremanera. Porque más hermosa que cuanto yo deseaba conocer es la temperancia de un hombre de ánimo sincero y yo lo encontraba tal en todas las cuestiones más sutiles y difíciles.

El vivo interés que yo había puesto en la doctrina maniquea se vino abajo con esta experiencia, y desesperando por completo del resto de sus doctores, cuando, para las cuestiones que me agitaban, me había parecido insuficiente el más prestigioso de todos ellos, comencé a frecuentarlo en otro terreno. El tenía grande avidez por conocer las letras que yo enseñaba a los adolescentes como maestro retórico de Cartago: comencé, pues, a leer con él

Fausto era un hombre de corazón; si no lo tenía enderezado hacia ti tampoco lo tenía clavado en sí mismo. No era del todo inconsciente de su impericia y no quiso exponerse temerariamente a disputar y meterse en una situación de la que no pudiera salir ni tampoco retirarse honorablemente y en eso me gustó sobremanera. El vivo interés que yo había puesto en la doctrina maniquea se vino abajo.

Así, aquel Fausto, que había sido perdición para muchos, aflojaba sin quererlo ni saberlo el lazo en que estaba yo amarrado.

lo que él deseaba por haber oído de ello o lo que yo mismo estimaba adaptado a su ingenio. Por lo demás mi intento por aprovechar en aquella secta quedó completamente cortado, no porque yo me separara de ellos del todo, sino porque no encontrando por el momento nada mejor que aquello en que ciegamente había dado de cabeza, había resuelto contentarme con ello mientras no apareciera ante mis ojos algo mejor.

Y así, aquel Fausto, que había sido perdición para muchos, aflojaba sin quererlo ni saberlo el lazo en que estaba yo amarrado. Porque tu mano, Señor, en lo oculto de tu providencia no me dejaba y las lágrimas del corazón que mi madre vertía por mí de día y de noche eran un sacrificio ante ti por mi salvación. Y tú obraste en mí de maravillosas maneras. Sí, Dios mío, tú lo hiciste; tú, que diriges los pasos de los hombres y ordenas sus caminos (Sl. 37:23). ¿Ni qué pretensión de salvación puede haber si no viene de tu mano, que recrea lo que creaste?

66

Traslado a Roma

Te las arreglaste para que fuera yo persuadido de ir a Roma para enseñar allí lo mismo que enseñaba en Cartago y no pasaré por alto el recordar el modo como me persuadí. pues en ello se ven muy de manifiesto tus misteriosos procedimientos y tu siempre presente misericordia. No fui a Roma en busca de mayores ganancias ni en pos del prestigio de que mis amigos me hablaban, aunque ciertamente no estaba ajeno a tales consideraciones; pero la razón principal, casi la única fue que yo sabía que en Roma los estudiantes eran más sosegados y se contenían en los límites de una sana disciplina; no entraban a cada rato y con impudente arrogancia a las clases de otros profesores que no eran suyos, sino sólo con el permiso del maestro.

En Cartago, muy al contrario, los estudiantes eran de una desagradable e intemperante indisciplina. Irrumpían y con una especie de furia perturbaban el orden que los profesores tenían establecido para sus propios alumnos. Con increíble estupidez cometían desmanes que la ley debería castigar si no los condonara la costumbre, con lo cual quedaban en la condición miserable de poder hacer cuanto les venía en gana, abusos que tu ley no permite ni permitirá jamás. Y los cometían con una falsa sensación de impunidad, ya que en el mero hecho de cometerlos llevan ya su castigo, por cuanto deben padecer males mayores que los que cometieron.

Así sucedió que aquella mala costumbre que yo ni aprobé ni hice mía cuando era estudiante, tenía que padecerla de otros siendo profesor. Por eso me pareció conveniente emigrar hacia un lugar en que tales cosas no sucedieran, según me lo decían quienes estaban de ello informados. Y tú, que eres mi esperanza y mi porción en la tierra de los vivientes (Sal. 142:5), me ponías para cambiar de lugar en bien de mi alma estímulos que me apartaran de Cartago y me ponías el señuelo de Roma valiéndote de hombres amadores de la vida muerta que hacían algo insano y prometían allá algo vano y, para corregir mis pasos, te valías ocultamente de la perversidad de ellos y de la mía. Porque los que perturbaban mi quietud estu-

No fui a Roma en busca de mayores ganancias ni en pos del prestigio de que mis amigos me hablaban, aunque ciertamente no estaba ajeno a tales consideraciones; pero la razón principal, casi la única fue que yo sabía que en Roma los estudiantes eran más sosegados y se contenían en los límites de una sana disciplina.

Mi madre se quedaba orando y llorando y sólo te pedía que me impidieras el viaje. Pero tú, con oculto consejo y escuchando lo sustancial de su petición, no le concediste lo que entonces te pedía, para concederle lo que siempre te pedía.

diosa con insana rabia eran ciegos y, los que me sugerían otra cosa, tenían el sentido de la tierra. Y yo, que detestaba la miseria muy real de aquellos, apetecía la falsa felicidad que éstos me prometían.

Cuál era la causa que me movía a huir de Cartago para ir a Roma, tú la sabías, pero no me la hacías saber a mí ni tampoco a mi madre y ella padeció atrozmente por causa de mi partida y me siguió hasta el mar. Y yo la engañé cuando fuertemente asida a mí quería retenerme o bien acompañarme. Fingí que no quería abandonar a un amigo que iba de viaje, mientras el viento se hacía favorable para la navegación. Le mentí, pues, a aquella madre tan extraordinaria y me escabullí.

Pero tú me perdonaste también esa mentira y, tan lleno de sordideces abominables como estaba yo, me libraste de las aguas del mar para que pudiese llegar al agua de tu gracia y absuelto ya y limpio, pudieran secarse los torrentes de lágrimas con que mi madre regaba la tierra por mí en tu presencia. Ella se negaba a regresar sin mí y a duras penas pude persuadirla de que pasara aquella noche en el templo de San Cipriano que estaba cerca de nuestra nave. Pero esa misma noche me marché a escondidas mientras ella se quedaba orando y llorando y sólo te pedía que me impidieras el viaje. Pero tú, con oculto consejo y escuchando lo sustancial de su petición, no le concediste lo que entonces te pedía, para concederle lo que siempre te pedía.

Sopló pues el viento e hinchó nuestra velas y pronto perdimos de vista la ribera en la cual ella a la siguiente mañana creyó enloquecer de dolor y llenaba tus oídos con gemidos y reclamaciones. Tú desdeñabas esos extremos; me dejabas arrebatar por el torbellino de mis apetitos con el fin de acabar con ellos y domabas también el deseo natural de ella con un justo flagelo, pues ella, como todas las madres (y con mayor intensidad que muchas) necesitaba de mi presencia, ignorante como estaba de las inmensas alegrías que tú le ibas a dar mediante mi ausencia. Nada de esto sabía y por eso lloraba y se quejaba; se manifestaba en ella la herencia de Eva, que es buscar entre gemidos a quien gimiendo había dado a luz. Sin embargo, después de haberse quejado de mi engaño y de mi crueldad, volvió a su vida acostumbrada y a rogarte por mí. Y yo continué mi viaje hasta Roma.

67

Al borde de la muerte y la condenación eterna

Tan pronto como llegué a Roma me recibió con su azote una enfermedad corporal, que estuvo a punto de mandarme al sepulcro, cargado con todos los pecados que había cometido contra ti, contra mí mismo y contra los demás; pecados muchos y muy graves, que hacían aún más pesada la cadena del pecado original con "que en Adán morimos todos" (1ª Co. 15:22). Porque nada de Cristo me habías dado todavía, ni había él reconciliado con la sangre de su cruz las enemistades que contigo había contraído yo por mis pecados; pues, ¿cómo podía destruirlas aquel fantasma crucificado en que yo entonces creía?

Tan falsa como me parecía su muerte corporal era real y verdadera la muerte de mi alma y tan real como fue su muerte corporal así era de mentida la vida de mi alma, pues no creía en aquélla.[28] Y como la fiebre se hacía más y más grave, me deslizaba yo rumbo a la muerte. ¿Y a dónde me hubiera ido, de morir entonces, sino a los fuegos y tormentos que mis pecados merecían según el orden que tú tienes establecido? Mi madre ausente ignoraba todo esto, pero me asistía con la presencia de su plegaria y tú, que en todas partes estás, la oías en donde ella estaba y en donde estaba yo tenías misericordia de mí. Por esta misericordia recuperé la salud del cuerpo, aunque mi corazón sacrílego seguía enfermo. Porque viéndome en tan grave peligro no tenía el menor deseo de tu bautismo; mucho mejor era yo cuando de niño le solicitaba a mi madre que se me bautizara: así lo recuerdo y así te lo he confesado.

Yo había aventajado mucho en la deshonra y en mi demencia me burlaba de tu medicina y tú, sin embargo, no permitiste que muriera yo entonces, que habría muerto

Recuperé la salud del cuerpo, aunque mi corazón sacrílego seguía enfermo. Porque viéndome en tan grave peligro no tenía el menor deseo de tu bautismo; mucho mejor era yo cuando de niño le solicitaba a mi madre que se me bautizara: así lo recuerdo y así te lo he confesado.

---

[28] Los maniqueos negaban la *encarnación* real del Verbo, porque siendo la carne obra del principio malo, según su teología, no podía unirse a ella sin mancharse. En su lugar defendían una encarnación *aparente*, igual que los gnósticos.

Palabras tuyas que ella guardaba fielmente en su corazón y que te presentaba en su oración como documentos firmados de tu propia mano. Tanta así es, Señor, tu misericordia, que te dignas de ligarte con tus promesas y te conviertes en deudor de la criatura a quien le perdonas todas sus deudas.

dos veces, en el cuerpo y en el alma. Esto habría causado en el corazón de mi madre una herida incurable. Lo digo porque no he ponderado cual conviene el afecto sin medida que por mí sentía y con el cual engendraba en el espíritu al hijo que había alumbrado según la carne. No comprendo cómo hubiera podido sobrevivir si la noticia de mi muerte la hubiera herido entonces en pleno corazón. ¿Qué habría sido entonces de aquellas plegarias tan grandes y tan ardientes, que no conocían descanso alguno? ¿En dónde estarían, pues no había para ellas otro lugar fuera de ti?

Pero, ¿cómo podías tú, el Dios de las misericordias, despreciar el corazón contrito y humillado de una viuda sobria y casta que hacía abundantes limosnas y servía obsequiosamente a tus siervos; que no se quedaba un sólo día sin asistir al santo sacrificio y que diariamente, por la mañana y por la tarde visitaba tu casa y no para perder el tiempo en locuacidades de mujeres, sino para escuchar tu palabra y que tú escucharas sus súplicas?

¿Cómo podía ser que tú desoyeras y rechazaras las lágrimas de la que no te pedía oro ni plata ni bien alguno caduco ni mudable, sino la salud espiritual de su hijo, que era suyo porque tú se lo habías dado? No, mi Señor. Bien al contrario, le estabas siempre presente y la escuchabas; ibas haciendo según su orden lo que habías predestinado que ibas a hacer. Lejos de mí la idea de que la hubieras engañado en aquellas visiones y en aquellas respuestas que le diste y que ya conmemoré y otras que no he recordado. Palabras tuyas que ella guardaba fielmente en su corazón y que te presentaba en su oración como documentos firmados de tu propia mano. Tanta así es, Señor, tu misericordia (Sal. 118:1), que te dignas de ligarte con tus promesas y te conviertes en deudor de la criatura a quien le perdonas todas sus deudas.

68

Duda y escepticismo

De aquella enfermedad me hiciste volver a la vida y salvaste al hijo de tu sierva para que pudiera más tarde recibir otra salud mucho mejor y más cierta. Y en Roma me juntaba yo todavía con aquellos santos falsos y engañadores y no sólo con los simples oyentes de cuyo número formaba parte el dueño de la casa en que estuve enfermo, sino que también oía y servía a los elegidos.

Todavía pensaba yo que no somos nosotros los que pecamos, sino que peca en nosotros no sé qué naturaleza distinta y mi soberbia sentía complacencia en no sentirse culpable ni confesarse tal cuando algo malo había yo hecho, y así tuvieras que sanarme, "porque contra ti he pecado" (Sal. 41:4). Prefería excusarme y acusar a no sé que cosa extraña que había en mí y que no era yo. Pero la verdad es que todo aquello era yo, y mi impiedad me había llevado a dividirme contra mí mismo. Mi pecado era el más incurable, pues no me creía pecador.

En mi odiosa iniquidad, prefería vencerte para mi perdición. Porque todavía no habías tú puesto una guarda a mi boca ni puerta de comedimiento a mis labios para impedirme la palabra maliciosa y que mi corazón se excusara de los pecados junto con hombres obradores de la iniquidad (Sal. 141:3, 4); por eso seguía yo tratando con aquellos electos de los maniqueos sin esperanza ya de aventajar en la secta, pues había determinado quedarme provisionalmente en ella mientras no diera con cosa mejor y su doctrina la retenía aún, pero cada vez con mayor tibieza y negligencia.

Me asaltó entonces la idea de que mucho más prudentes habían sido aquellos filósofos que llamaban "académicos", que tienen por necesario dudar de todo y sostienen que nada puede el hombre conocer con certeza. Esta era la idea corriente sobre ellos y yo lo pensé así, pues no conocía entonces su verdadera posición.

Tampoco descuidé el reprender en mi huésped la desmedida confianza que veía yo en él sobre las fábulas de que están llenos los libros maniqueos; pero con todo, me ligaba a ellos una familiaridad que no tenía los ímpetus

Pensaba yo que no somos nosotros los que pecamos, sino que peca en nosotros no sé qué naturaleza distinta y mi soberbia sentía complacencia en no sentirse culpable ni confesarse tal cuando algo malo había yo hecho, y así tuvieras que sanarme. Mi pecado era el más incurable, pues no me creía pecador.

Muy torpe cosa me parecía el creer que tú hubieras tomado una forma corporal ajustada a los límites de nuestros miembros. Cuando quería pensar en Dios, no podía pensarlo sino como una sustancia corpórea, ya que era para mí imposible concebir la realidad de otra manera y en esto sólo estaba la causa inevitable de mi error.

del principio; mas la familiaridad con ellos (de los cuales hay muchos ocultos en Roma) me hacía perezoso para indagar más allá. Y menos que en ninguna parte, Dios y Señor mío, creador de todas las cosas, me imaginaba yo encontrar la verdad en tu Iglesia, de la cual me habían ellos apartado.

Imposibilidad de concebir la Encarnación

Muy torpe cosa me parecía el creer que tú hubieras tomado una forma corporal ajustada a los límites de nuestros miembros. Cuando quería pensar en Dios, no podía pensarlo sino como una sustancia corpórea, ya que era para mí imposible concebir la realidad de otra manera y en esto sólo estaba la causa inevitable de mi error.

De aquí que creyera yo con los maniqueos que tal es la sustancia del mal, que tenía o bien una masa negra, espesa y deforme que ellos llaman "tierra", o bien una masa tenue y sutil como la del aire, una especie de espíritu maligno que según ellos rastrea sobre esa tierra. Y como la piedad más elemental me prohibía pensar que Dios hubiera creado ninguna cosa mala, ponía yo frente a frente dos moles o masas, infinitas las dos, pero amplia la buena y más angosta la mala y de este pestilencial principio se seguían los otros sacrilegios.

Así, cuando a veces me sentía movido a considerar con seriedad la fe católica me sentía por ella repelido, porque no la conocía yo como realmente es. ¡Oh Dios, cuyas misericordias confieso de corazón! Más piedad veía yo en creerte infinito en todas tus partes que no limitado y terminado por las dimensiones del cuerpo humano; aunque por el mero hecho de poner frente a ti una sustancia mala me veía obligado a pensarte finito, contenido y terminado en una forma humana.

Y mejor me parecía pensar que tú no habías creado ningún mal, por cuanto mi ignorancia concebía el mal como algo sustantivo y aún corpóreo; no podía mi mente concebirlo sino a manera de un cuerpo sutil que se difundiera por todos los lugares del espacio. Mejor me parecía esto que no pensar que procediera de ti lo que yo creía que era la naturaleza del mal.

Aun de nuestro salvador, Hijo tuyo unigénito, pensaba yo que emanaba de tu masa lucidísima y venía a nosotros para salvarnos y no creía de él que una naturaleza tan lúcida no podía nacer de la Virgen María, sino mezclándose con la carne, y no podía imaginarme semejante mezcla sin una contaminación. Me resistía a creer en un Cristo nacido, por no poder creer en un Cristo manchado por la carne.

Tus amigos fieles se reirán de mí con amor y suavidad si llegan a leer estas confesiones. Pero así era yo.

Me resistía a creer en un Cristo nacido, por no poder creer en un Cristo manchado por la carne.

69

La pretendida adulteración
del texto bíblico

Nos decían a nosotros en secreto que los textos del Nuevo Testamento habían sido adulterados por no sé quién que estaba empeñado en introducir en la fe cristiana la ley de los judíos.

Por otra parte, me parecía que los puntos de la Escritura impugnados por los maniqueos no tenían defensa posible; pero en ocasiones me venía el pensamiento de conferir sobre ellos con algún varón muy docto, para conocer su sentir. Ya desde que enseñaba en Cartago me habían hecho impresión los sermones y discursos de un cierto Helvidio que hablaba y disertaba contra los maniqueos; pues decía sobre las Escrituras cosas que parecían irresistibles y contra las cuales me parecían débiles las respuestas de los maniqueos.

Tales respuestas, además, no las daban fácilmente en público; más bien nos decían a nosotros en secreto que los textos del Nuevo Testamento habían sido adulterados por no sé quién que estaba empeñado en introducir en la fe cristiana la ley de los judíos. Pero nunca mostraban para probarlo ningún texto incorrupto de las Escrituras.

Por lo que a mí se refiere, siendo como era incapaz de concebir otras cosas que seres materiales, me sofocaban y oprimían con su pesada mole aquellas dos masas infinitas tras de las cuales anhelaba yo; pero no podía respirar el aire puro y suave de tu verdad.

70

Malos estudiantes

Con mucha diligencia comencé en Roma lo que me había llevado a ella; la enseñanza del arte de la retórica. Primero reuní en mi casa a algunos que habían tenido ya noticia de mí y por los cuales me conocieron luego otros. Y comencé a padecer en Roma vejaciones que no había conocido en África. Porque ciertamente no se usaban allí las gamberradas que en África había yo conocido, pero en cambio se me anunció desde el principio que los estudiantes romanos se confabulaban para pasar de golpe de la clase de un maestro otro, abandonando al primero sin pagarle. Eran infieles a la palabra dada, les importaba mucho el dinero y menospreciaban la justicia. Yo los odiaba de todo corazón, aunque mi odio no era perfecto. Lo digo porque más me afectaba lo que yo podía padecer de su parte que no la injusticia que cometían con otros maestros.

Ciertamente son innobles estos tales, que fornicando lejos de ti aman esas burlas pasajeras y un lodoso lucro que cuando se lo toca mancha la mano y se abrazan a un mundo pasajero mientras te menosprecian a ti, que eres permanente y que perdonas al alma humana meretriz cuando se vuelve hacia ti. Y aún ahora detesto a esos tales perversos y descarriados, aunque los amo en el deseo de que se corrijan y que prefieran la ciencia que aprenden al dinero con que la pagan y que más que a ella te estimen a ti, ¡oh Dios!, que eres verdad y superabundancia de bien cierto y de castísima paz. Pero entonces no quería yo que fueran malos por consideración de mi propio interés y para nada pensaba que fueran buenos para gloria de tu Nombre.

Aún ahora detesto a esos tales perversos y descarriados, aunque los amo en el deseo de que se corrijan y que prefieran la ciencia que aprenden al dinero con que la pagan y que más que a ella te estimen a ti, ¡oh Dios!, que eres verdad y superabundancia de bien.

71

Catedrático de retórica en Milán

Yo empecé a querer y a aceptar a Ambrosio. Al principio no como a un doctor de la verdad, pues yo desesperaba de encontrarla en tu Iglesia, sino simplemente como a un hombre que era amable conmigo.

Fue entonces cuando Símaco,[29] prefecto de Roma, recibió de Milán una solicitud para que enviara allá un maestro de retórica, a quien se le ofrecía a costa del erario público todo cuanto necesitara para su traslado. Yo, valiéndome de aquellos amigos míos ebrios de la vanidad maniquea y de los cuales ansiaba yo separarme sin que ni yo ni ellos lo supiéramos, me propuse al prefecto para pronunciar en su presencia una pieza oratoria, para ver si le gustaba y era yo

Interior de la catedral de Milán

[29] Símaco (340-402) fue un célebre orador, al que los escritores y poetas de la época le dedicaron grandes elogios. Ocupó varios e importantes cargos políticos.

el designado. Lo fui y se me envió a Milán, en donde me recibió tu obispo Ambrosio, renombrado en todo el orbe por sus óptimas cualidades. Era un piadoso siervo tuyo que administraba vigorosamente con su elocuencia la grosura de tu trigo, la alegría de tu óleo y la sobria ebriedad de tu vino. Sin que yo lo supiera me guiabas hacia él para que por su medio llegara yo, sabiéndolo ya, hasta ti. Me acogió paternalmente ese hombre de Dios y con un espíritu plenamente episcopal se alegró de mi viaje.

Y yo empecé a quererlo y a aceptarlo. Al principio no como a un doctor de la verdad, pues yo desesperaba de encontrarla en tu Iglesia, sino simplemente como a un hombre que era amable conmigo. Con mucha atención lo escuchaba en sus discursos al pueblo; no con la buena intención con que hubiera debido, sino para observar su elocuencia y ver si correspondía a su fama, si era mayor o menor de lo que de él se decía. Yo lo escuchaba suspenso, pero sin la menor curiosidad ni interés por el contenido de lo que predicaba. Me deleitaba la suavidad de su palabra, que era la de un hombre mucho más docto que Fausto, aunque no tan ameno ni seductor en el modo de decir. Pero en cuanto al contenido de lo que el uno y el otro decían no había comparación posible. Fausto erraba con todas las falacias del maniqueísmo, mientras que Ambrosio hablaba de la salvación de manera muy saludable. La salvación está siempre lejos de los pecadores (Sal. 119:155) como lo era yo entonces y, sin embargo, se acercaba a mí insensiblemente sin que yo lo supiera.

Ambrosio hablaba de la salvación de manera muy saludable. La salvación está siempre lejos de los pecadores como lo era yo entonces y, sin embargo, se acercaba a mí insensiblemente sin que yo lo supiera.

72

Ambrosio
y la interpretación alegórica del
Antiguo Testamento

Tras de haber oído las explicaciones de Ambrosio una vez y otra, y muchas más, me encontraba con que él resolvía satisfactoriamente algunos pasajes oscuros y enigmáticos del Antiguo Testamento, entendidos por mí hasta entonces de una manera estrictamente literal que había matado mi espíritu.

Aun cuando no me preocupaba de aprender lo que decía, sino únicamente de oír cómo lo decía, era esta vanidad la todavía quedaba en mí, desesperado ya de que hubiese para el hombre algún camino que le llevara a ti. Y sin embargo, llegaban a mi alma envueltas en las bellas palabras que apreciaba las grandes verdades que despreciaba y no podía yo disociarlas. Y mientras abría mi corazón para apreciar lo que decía elocuentemente, entraba en él al mismo tiempo lo que decía de verdadero, aunque poco a poco, gradualmente.

De entrada empezó a parecerme defendible aquellas cosas de la fe católica que antes pensaba que no podían defenderse. Ahora veía que se podían afirmar sin temeridad alguna frente a las objeciones maniqueas, máxime cuando tras de haber oído las explicaciones de Ambrosio una vez y otra, y muchas más, me encontraba con que él resolvía satisfactoriamente algunos pasajes oscuros y enigmáticos del Antiguo Testamento, entendidos por mí hasta entonces de una manera estrictamente literal que había matado mi espíritu.[30]

Y así, con la exposición de muchos lugares de esos libros comenzaba yo a condenar la desesperación con que creía irresistibles a los que detestaban la Escritura y se burlaban de los profetas.

Y sin embargo, no por el hecho de que la fe católica tenía doctores y defensores que refutaban con abundancia y buena lógica las objeciones que le eran contrarias, me sentía yo obligado a tomar el camino de los católicos,

---

[30] Ambrosio, en línea con los grandes escritores cristianos, cuyo precedente se encuentra en el Nuevo Testamento, recurría al método alegórico para interpretar el Antiguo Testamento, en especial la vida de los patriarcas. Sin negar la letra, la alegoría llevaba a descubrir en ella enseñanzas no evidentes en una primera lectura. Para Agustín este método fue todo un acontecimiento liberador (cf. Alfonso Ropero, *Introducción a la filosofía*, cap. II. CLIE, Terrassa 1999).

pues pensaba que también las posturas contrarias tenían sus defensores y que había un equilibrio de fuerzas; la fe católica no me parecía vencida, pero tampoco todavía vencedora.

Me apliqué entonces con todas mis fuerzas a investigar si había algunos documentos ciertos en los cuales pudiera yo encontrar un argumento decisivo contra la falsedad de los maniqueos. La verdad es que si yo entonces hubiera podido concebir una sustancia espiritual inmediatamente se habrían desvanecido aquellos fantasmas y artilugios. Pero no podía.

No obstante, considerando con una atención cada vez mayor lo que del mundo y su naturaleza conocemos por los sentidos y comparando las diferentes sentencias llegué a la conclusión de que eran mucho más probables las explicaciones de los filósofos que las de los maniqueos. Y entonces, dudando de todo como, según se dice, es el modo de los académicos y fluctuando entre nubes de incertidumbre decidí abandonar a los maniqueos. Pensé que durante el tiempo de mi duda no debería continuar en aquella secta, a la que anteponía ya las teorías de los filósofos. Sin embargo no quería yo confiar a estos filósofos la salud de mi alma, en cuyos libros no aparecía el nombre saludable de Cristo.

En consecuencia determiné quedarme como catecúmeno en la Iglesia católica, la que mis padres me habían recomendado, mientras no brillara a mis ojos alguna luz que guiara mis pasos.[31]

La fe católica no me parecía vencida, pero tampoco todavía vencedora. Pensé que durante el tiempo de mi duda no debería continuar en aquella secta, a la que anteponía ya las teorías de los filósofos. Determiné quedarme como catecúmeno en la Iglesia católica, la que mis padres me habían recomendado, mientras no brillara a mis ojos alguna luz que guiara mis pasos.

---

[31] Cf. Agustín, *La utilidad de creer*, VIII, 20: "Varias lecciones del obispo de Milán ya me habían hecho tanta impresión, que casi estaba deseando, con cierta esperanza, estudiar algunos de los pasajes de ese Antiguo Testamento, hacia los cuales teníamos aversión por lo que contra ellos nos habían dicho. Me había decidido ya a continuar como catecúmeno en la Iglesia en que fui inscrito por mis padres hasta tanto que diera con lo que andaba buscando, o me convenciera de que no había nada que buscar" (CLIE, Terrassa 2001). Cree Angel Custodio Vega, que éstas últimas palabras parecen un lamento de abandono, inadvertido o intencionado, en que le tenía el obispo de Milán, a quien más de una vez quiso confiarle las inquietudes y dudas de su corazón, sin lograrlo, y de lo que se lamenta todavía en los *Soliloquios* II, 14, 26. Véase más adelante V, 3.

VI
En Milán,
REPLANTEAMIENTO DE LA VIDA

73

Desesperado
de poder alcanzar la verdad

"¡Señor eres mi esperanza: seguridad mía desde mi juventud!" (Sal. 71:5). ¿Dónde estabas entonces para mí, o dónde te habías retirado? ¿No eras tú mi creador, el que me había distinguido de los cuadrúpedos y los volátiles? Más sabio que ellos me hiciste y sin embargo, andaba yo resbalando en las tinieblas; te buscaba fuera de mí y no te podía encontrar. Había yo caído, ¡oh Dios de mi corazón! En lo hondo del abismo y con total desconfianza desesperaba de llegar a la verdad.

Por estas fechas había llegado mi madre, que fortalecida por su piedad me seguía por tierra y por mar y que en todos los peligros estaba segura de ti y tanto, que durante los azares de la navegación confortaba ella a los marineros mismos, que están habituados a animar en sus momentos de zozobra a los navegantes desconocedores del mar. Les prometía con seguridad que llegarían a buen puerto, pues tú así se lo habías revelado en una visión.

Me encontró cuando me hallaba yo en sumo peligro por mi desesperación de alcanzar la verdad. Cuando le dije que no era ya maniqueo pero tampoco todavía cristiano católico, no se dio en extremo al júbilo como si mi noticia la hubiera tomado de sorpresa. Segura estaba de que de la miseria en que yacía yo como muerto, habías tú de resucitarme por sus lágrimas y, como la viuda de Naím, me presentaba a ti en el féretro de sus pensamientos, para que tú le dijeras al hijo de la viuda: "Joven, a ti te digo, levántate" (Lc. 7:14) y él reviviera y comenzara a hablar y tú se lo devolvieras a su madre.

Así pues, su corazón no se estremeció con inmoderada alegría cuando vio que ya se había cumplido en parte lo que ella a diario te pedía con lágrimas, viéndome, si no ganado todavía para la verdad, sí alejado de la falsedad. Y esperaba con firmeza que tú, que se lo habías prometido todo, hicieras lo que aún faltaba. Con mucho sosiego y con el corazón lleno de confianza me respondió que no dudaba que antes de morir me había de ver católico fiel.

Por estas fechas había llegado mi madre. Cuando le dije que no era ya maniqueo pero tampoco todavía cristiano católico, no se dio en extremo al júbilo como si mi noticia la hubiera tomado de sorpresa. Vio que ya se había cumplido en parte lo que ella a diario te pedía con lágrimas, viéndome, si no ganado todavía para la verdad, sí alejado de la falsedad.

Mi madre te pedía con ardientes oraciones y lágrimas que te apresuraras a socorrerme iluminando mis tinieblas, y con mayor afán corría a tu Iglesia, bebiendo el agua que salta hasta la vida eterna.

Esto fue lo que me dijo a mí; pero a ti te pedía con ardientes oraciones y lágrimas que te apresuraras a socorrerme iluminando mis tinieblas y con mayor afán corría a tu Iglesia y se suspendía de los labios de Ambrosio, bebiendo el agua que salta hasta la vida eterna (Jn. 4:14). Porque ella lo amaba como a un ángel de Dios, pues supo que debido a él había yo llegado a aquel estado de indecisa fluctuación por la cual presumía ella que habría yo de pasar de la enfermedad a la salud, después de atravesar ese peligro agudo que los médicos llaman crítico.

74

La costumbre de las ofrendas
a los mártires difuntos

Sucedió en una ocasión que mi madre, según la costumbre africana, llevó a las tumbas de los mártires tortas de harina con miel, panes y vino puro.[32] El portero se negó a recibírselos diciendo que el obispo lo tenía prohibido y ella, con humilde obediencia, se plegó a su voluntad y no dejé de admirarme de la facilidad con que renunció a una costumbre que le era querida, en vez de criticar costumbres diferentes.

Y es que la violencia no dominaba su espíritu ni el amor al vino le inspiraba odio a la verdad, como sucede con tantos hombres y mujeres que sentían náuseas ante al cántico de la sobriedad, como los beodos ante el vino aguado. Cuando llevaba su cesta con sus manjares rituales para su degustación y distribución, no ponía para sí misma sino un vasito con vino tan diluido como lo pedía su temperante paladar. Y si eran muchas las sepulturas que hubiera que honrar, llevaba y ponía en todas ellas el mismo vasito con el vino no sólo más aguado, sino ya muy tibio para participar con pequeños sorbitos en la comunión con los presentes; pues lo que con ello buscaba no era la satisfacción del gusto, sino la piedad con los demás.

Así, cuando se enteró de que esto era cosa prohibida por aquel preclaro predicador y piadoso prelado que no lo permitía ni siquiera a las personas moderadas y sobrias para no dar ocasión de desmandarse a los que no lo eran y porque, además, dicha costumbre era muy semejante a la costumbre supersticiosa de los paganos en sus ritos funerarios, ella se sometió con absoluta buena voluntad y, en lugar de la cesta llena de frutos de la tierra, aprendió

---

[32] En África era costumbre entonces llevar a los sepulcros de los mártires cristianos, comestibles para un ágape en el cual se mostraba la caridad, especialmente para con los pobres. Esta costumbre venía desde los tiempos apostólicos, pero debido a ciertos abusos la suprimió en Milán Ambrosio y luego fue igualmente suprimida en otras partes, hasta que finalmente desapareció del todo.

Mi madre, según la costumbre africana, llevó a las tumbas de los mártires tortas de harina con miel, panes y vino puro. El portero se negó a recibírselos diciendo que el obispo lo tenía prohibido y ella, con humilde obediencia, se plegó a su voluntad y no dejé de admirarme de la facilidad con que renunció a una costumbre que le era querida, en vez de criticar costumbres diferentes.

Ambrosio a su vez la amaba a ella por su religiosa conducta, por su fervor en las buenas obras y su asiduidad a la Iglesia; hasta el punto de que cuando me encontraba prorrumpía en alabanzas suyas y me felicitaba por la dicha de tener una madre semejante.

a llevar a las tumbas de los mártires un pecho lleno de afectos más purificados para dar lo que pudiera a los menesterosos y celebrar allí la comunión del Cuerpo del Señor, cuya pasión habían imitado los mártires que con el martirio fueron inmolados y coronados.

Sin embargo, me parece probable que no sin interiores dificultades hubiera cedido mi madre a la supresión de una práctica a la que estaba acostumbrada, de haber la prohibición procedido de otro que Ambrosio, al cual amaba mucho, especialmente por lo que él significaba para mi salvación. Y Ambrosio a su vez la amaba a ella por su religiosa conducta, por su fervor en las buenas obras y su asiduidad a la Iglesia; hasta el punto de que cuando me encontraba prorrumpía en alabanzas suyas y me felicitaba por la dicha de tener una madre semejante. Es que no sabía él qué casta de hijo tenía mi madre: un escéptico que dudaba de todo y no creía posible encontrar el "camino de vida" (Pr. 6:23).

75

Atracción por Ambrosio

Yo ni siquiera gemía orando para que me ayudaras, sino que tenía puesta mi alma entera en la investigación de las cosas mundanas y el ejercicio de la disertación. Al mismo Ambrosio lo tenía yo por el hombre feliz según el mundo, pues tantos honores recibía de gentes poderosas y sólo me parecía trabajoso su celibato. Por otra parte, no tenía yo experiencia ni siquiera sospechas de las esperanzas que él tuviera, ni de las tentaciones que tenía que vencer derivadas de su propia excelencia; no tenía la menor idea de cuáles fueran sus luchas ni sus consuelos en las adversidades, ni sabía de qué se alimentaba en secreto su corazón, ni qué divinos sabores encontraba en rumiar tu pan.[33] Pero él tampoco sabía nada de mis duras tempestades interiores ni de la gravedad del peligro en que me hallaba. Ni podía yo preguntarle las cosas que querría, pues me apartaba de él la multitud de quienes acudían a verlo con toda clase de asuntos y a quienes él atendía con gran servicialidad. Y el poco tiempo en que no estaba con las gentes lo empleaba en reparar su cuerpo con el sustento necesario o en alimentar su mente con la lectura.

Cuando leía, sus ojos recorrían las páginas y su corazón entendía su mensaje, pero su voz y su lengua quedaban quietas. A menudo me hacía yo presente donde él leía, pues el acceso a él no estaba vedado ni era costumbre avisarle de la llegada de los visitantes.

Yo permanecía largo rato sentado y en silencio: pues, ¿quién se atrevería a interrumpir la lectura de un hombre tan ocupado para echarle encima un peso más? Y después me retiraba, pensando que para él era precioso ese tiempo dedicado al cultivo de su espíritu lejos del barullo de los negocios ajenos y que no le gustaría ser distraído de su lectura a otras cosas. Y acaso también para evitar el apuro de tener que explicar a algún oyente atento y suspenso, si leía en alta voz, algún punto especialmente oscuro,

No tenía la menor idea de cuáles fueran las luchas de Ambrosio ni sus consuelos en las adversidades, ni sabía de qué se alimentaba en secreto su corazón, ni qué divinos sabores encontraba en rumiar tu pan. Pero él tampoco sabía nada de mis duras tempestades interiores ni de la gravedad del peligro en que me hallaba.

---

[33] Es decir, la Sagrada Escritura, alimento del alma creyente.

Tú eres al mismo tiempo inaccesible y próximo, secretísimo y presentísimo; no tienes partes ni mayores ni menores, pues en todas partes estás de manera total; ningún lugar te contiene y, ciertamente, no la forma corporal del hombre, no obstante que hayas hecho al hombre a tu imagen y semejanza y que ocupa un lugar desde la cabeza a los pies.

teniendo así que discutir sobre cuestiones difíciles; con eso restaría tiempo al examen de las cuestiones que quería estudiar. Otra razón tenía además para leer en silencio: que fácilmente se le apagaba la voz. Mas cualquiera que haya sido su razón para leer en silencio, buena tenía que ser en un hombre como él.

Lo cierto es que yo no tenía manera de preguntarle lo que necesitaba saber a aquel santo oráculo tuyo sino cuando me podía brevemente atender y para exponerle con la debida amplitud mis ardores y dificultades necesitaba buen tiempo y nunca lo tenía.[34] Cada domingo lo escuchaba yo cuando exponía tan magistralmente ante el pueblo la Palabra de verdad y cada vez crecía en mí la persuasión de que era posible soltar el nudo de todas aquellas calumniosas dificultades que los maniqueos levantaban contra los sagrados libros.

Pero cuando llegué a comprobar que en el pensamiento de los hijos que tú engendraste en el seno de la Iglesia católica, tú "creaste al hombre a tu imagen y semejanza" (Gn. 1:27), pero tú mismo no quedabas contenido y terminado en la forma humana corporal. Yo, en cambio, ni siquiera sospechaba ligera y oscuramente cómo era una sustancia espiritual. Me avergoncé, pues, pero lleno de alegría, de haber estado ladrando tantos años no contra la fe católica, sino contra meras ficciones de mi pensamiento carnal. Tan impío había yo sido, que en vez de buscar lo que tenía que aprender, lo había temerariamente negado. Porque tú eres al mismo tiempo inaccesible y próximo, secretísimo y presentísimo; no tienes partes ni mayores ni menores, pues en todas partes estás de manera total; ningún lugar te contiene y, ciertamente, no la forma corporal del hombre, no obstante que hayas hecho al hombre a tu imagen y semejanza y que ocupa un lugar desde la cabeza a los pies.

---

[34] Se puede decir con certeza que Ambrosio no se tomó mucho interés por Agustín, su hijo espiritual, al contrario de éste, que sentía por él verdadera admiración y respeto. "Me duele mucho el no poderle manifestar cómo deseo mi amor hacia él y a la verdad, para que tuviese compasión de nosotros y de la sed que nos devora" (*Soliloquios* II, 14).

76

La letra mata,
el espíritu vivifica

No sabiendo, pues, cómo podía subsistir esa imagen tuya, con gusto y temor habría yo pulsado la puerta de Ambrosio para preguntarle por sus motivos de creer lo que creía, sin ofenderlo con arrogante reproche por haber creído. Y el ansia por saber qué podía yo retener como cierto, me corroía las entrañas con fuerza tanto mayor cuanto más avergonzado me sentía de haber andado por tanto tiempo engañado por ilusorias promesas de certidumbre y por haber pregonado con error y petulancia pueril tantas cosas inciertas como si fueran ciertas. Que eran falsas lo comprobé más tarde, pero entonces era ya seguro, cuando menos, que se trataba de cosas inciertas que yo había tenido por ciertas en aquel tiempo en que con ciega arrogancia acusaba a la Iglesia católica; pues si bien es cierto que la Iglesia no se me aparecía aún como maestra de verdad, cuando menos nada enseñaba de cuanto a mí me parecía gravemente reprensible.

Por esta razón me llenaba de confusión y volvía contra mí y me alegraba sobremanera de que tu Iglesia única, Señor, el Cuerpo de tu Hijo único, en la cual se me infundió desde niño la reverencia al nombre de Cristo, nada supiera de aquellas vanalidades ni admitiera en su doctrina la idea de que tú, el creador de todas las cosas, estuvieras circunscrito en un lugar del espacio, por sumo y amplio que fuera, ni terminado en los límites de la figura humana.

Me alegraba también de que los viejos escritos de la ley y los profetas no se me dieran a leer con mis antiguos ojos, que tantos absurdos veían en ellos cuando yo criticaba a tus santos por errores que ellos nunca profesaron. Y grande era mi contento cuando oía frecuentemente a Ambrosio decir con énfasis y reiteración en sus sermones al pueblo que "la letra mata y el espíritu vivifica" (2ª Co. 3:6). Así, descorriendo espiritualmente el velo del misterio, explicaba algunos pasajes de la Escritura que entendidos en forma literal estricta suenan a error, y al explicar de esta manera nada decía que pudiera molestarme, aun cuando dijese cosas cuya verdad no me constaba

Descorriendo espiritualmente el velo del misterio, explicaba algunos pasajes de la Escritura que entendidos en forma literal estricta suenan a error, y al explicar de esta manera nada decía que pudiera molestarme, aun cuando dijese cosas cuya verdad no me constaba todavía.

Yo no podía sanar sino creyendo; pues la vista de mi entendimiento, agudizada y purificada por la fe, podía de algún modo enderezarse hacia tu verdad. Esa verdad que siempre permanece y nunca viene a menos.

todavía. Y así, por miedo de precipitarme en algún error, suspendía yo mi asentimiento, sin darme cuenta de que tal suspensión me estaba matando.

Quería yo tener de las cosas invisibles una certidumbre absoluta, como la de que siete más tres suman diez. Mi escepticismo no llegaba a la insania de tener por dudosas las proposiciones matemáticas, pero este mismo tipo de certeza era el que yo pedía para todo lo demás; lo mismo para los objetos materiales ausentes y por ello invisibles, como para los seres espirituales, que yo era incapaz de representarme sin una forma corpórea.

Yo no podía sanar sino creyendo; pues la vista de mi entendimiento, agudizada y purificada por la fe, podía de algún modo enderezarse hacia tu verdad. Esa verdad que siempre permanece y nunca viene a menos. Pero en ocasiones acontece que alguien, escamado por la experiencia de algún mal, queda temeroso y se resiste a entregarse al bien.

Esta era entonces la situación de mi alma, que sólo creyendo podía ser curada, pero, por el miedo de exponerse a creer en algo errado, recusaba la curación y hacía resistencia a tu mano con la que tú preparaste la medicina de la fe y la derramaste sobre todas las enfermedades del mundo y pusiste en ella tan increíble eficacia.

77

La autoridad de las Escrituras

Desde ese tiempo comencé a sentir preferencia por la doctrina católica también por otro motivo: porque en ella, sin falacia de ningún género, se me mandaba creer con modestia en cosas que no se pueden demostrar, o porque se resisten a toda demostración, o porque la demostración existe pero no está al alcance de todos. Los maniqueos, en cambio, se burlaban de la credulidad de la gente con temerarias promesas de conocimiento científico y enseguida pedían que creyéramos en las más absurdas fábulas diciendo que eran verdades indemostrables. Entonces tú, tratándome con mano suavísima y llena de misericordia, fuiste modelando poco a poco mi corazón. Me hiciste pensar en el enorme número de cosas que yo creía sin haberlas visto ni haber estado presente cuando sucedieron.

Los maniqueos se burlaban de la credulidad de la gente con temerarias promesas de conocimiento científico y enseguida pedían que creyéramos en las más absurdas fábulas diciendo que eran verdades indemostrables.

¡Cuántas cosas admitía yo por pura fe en la palabra de otros sobre cosas que pasaron en la historia de los pueblos, o lo que se me decía, sobre lugares y ciudades y, cuántas creía por la palabra de los médicos, o de mis amigos, o de otros hombres! Si no creyéramos así, la vida se nos haría imposible. Y ¿cómo, si no por fe en lo que me decían podría yo tener la firmísima convicción de ser hijo de mis padres?

Me persuadiste de que no eran de reprender los que se apoyan en la autoridad de esos libros que tú has dado a tantos pueblos, sino más bien los que en ellos no creen y, de que no debía yo hacer caso de ellos si por ventura me dijeren: "¿De dónde sabes tú que esos libros fueron comunicados a los hombres por el verdadero y veracísimo Espíritu de Dios?" Porque en ese divino origen y en esa autoridad me pareció que debía yo creer, antes que nada, porque el ardor polémico de las calumniosas objeciones movidas por tantos filósofos como había yo leído y que se contradecían unos a otros no pudo jamás arrancar de mí la convicción de que tú existes, aunque yo no entienda cómo y de que en tus manos está el gobierno de las cosas humanas. A veces lo creía con fuerza y otras con debilidad; pero siempre creía que existes y que diriges la marcha de

Siendo yo débil e incapaz de encontrar la verdad con las solas fuerzas de mi razón, comprendí que debía apoyarme en la autoridad de las Escrituras y que tú no habrías podido darle para todos los pueblos semejante autoridad si no quisieras que por ella te pudiéramos buscar y encontrar.

las cosas del mundo, aunque no sabía qué es lo que se debe pensar de tu sustancia o de los caminos que llevan a ti o apartan de ti.

Por eso, siendo yo débil e incapaz de encontrar la verdad con las solas fuerzas de mi razón, comprendí que debía apoyarme en la autoridad de las Escrituras y que tú no habrías podido darle para todos los pueblos semejante autoridad si no quisieras que por ella te pudiéramos buscar y encontrar.

En los últimos días había yo oído explicaciones muy plausibles sobre aquellas necias objeciones que antes me habían perturbado y me encontraba dispuesto a poner la oscuridad de ciertos pasos de la Escritura a la cuenta de la elevación de los misterios y, por eso mismo, tanto más venerable y digna de fe me parecía la Escritura, cuanto que por una parte, quedaba accesible a todos y por otra reservaba la intelección de sus secretos a una interpretación más profunda. A todos está abierta con la simplicidad de sus palabras y la humildad de su estilo, con la cual ejercita, sin embargo, el entendimiento de los que no son superficiales de corazón; a todos acoge en su amplio regazo, pero a pocos encamina a ti por angostas rendijas. Pocos, que serían muchos menos si ella no tuviera ese alto ápice de autoridad ni atrajera a las multitudes al seno de su santa humildad.

Tú estabas a mi lado cuando pensaba yo todo esto; yo suspiraba y tú me oías; yo andaba fluctuando y tú me gobernabas, sin abandonarme cuando iba yo por el ancho camino de este siglo.

78

Ambición y alegría

Ardía en ansias de fama, dinero y matrimonio, pero tú te burlabas de mí. Con todas esas concupiscencias pasaba yo por amargas dificultades y tú me eras tanto más propicio cuanto que menos permitías que me fuera dulce lo que no eras tú. Ve mi corazón, Dios mío, que has querido que yo recordara todo esto para confesártelo. Adhiérase a ti mi alma, pues me sacaste de tan pegajoso y tenaz engrudo de muerte.

¡Cuán mísera era entonces mi alma! Y tú hacías todavía más punzante el dolor de mi herida para que dejándolo todo me convirtiera a ti, ser soberano sin el cual nada existiría, y para que, convertido, quedara sano. Era yo bien miserable. ¡Y con qué violencia hiciste que sintiera mi miseria aquel día en que me preparaba yo a recitar un panegírico del emperador en el cual muchas mentiras iba a decir para ganarme el favor de quienes sabían que mentía! Con este anhelo pulsaba mi corazón, encendido en la fiebre de pestilenciales pensamientos, cuando al pasar por una callejuela de Milán vi a un mendigo, borracho ya según creo, que lleno de jovialidad decía chistes. Al verlo se me escapó un gemido. Empecé a hablar con los amigos que me acompañaban sobre los pesados sinsabores que nos venían de nuestras locuras; pues con todos aquellos esfuerzos y cuidados como el que en ese momento me oprimía (pues estimulado por mis deseos iba cargando el fardo de mi infelicidad, que se aumentaba hasta la exageración) no buscábamos otra cosa que conseguir aquella descuidada alegría y que aquel mendigo había llegado ya a donde nosotros acaso no lograríamos nunca. Esa especie de felicidad temporal que él había logrado con unas pocas monedas habidas de limosna andaba yo buscando por largos rodeos y fragosos caminos.

Aunque, una alegría verdadera no la tenía, por cierto, aquel mendigo; pero yo, con todas mis ambiciones estaba aún más lejos que él de la verdadera alegría. El estaba alegre cuando yo andaba ansioso; él se sentía seguro mientras yo temblaba. Y si alguien me hubiera preguntado entonces qué prefería yo: si estar alegre o

¡Cuán mísera era entonces mi alma! Y tú hacías todavía más punzante el dolor de mi herida para que dejándolo todo me convirtiera a ti, ser soberano sin el cual nada existiría, y para que, convertido, quedara sano.

No podía yo tenerme en más que un mendigo por el solo hecho de ser más docto, sino que me gozaba en agradar a los demás y lo que realmente me importaba no era enseñarles algo, sino tan sólo agradarles.

estar triste, le habría respondido que estar alegre. Pero si de nuevo me interrogara sobre si querría yo ser como aquel mendigo o más bien ser lo que yo era y como era, le habría yo de cierto contestado que prefería ser yo mismo y como era, no obstante lo abrumado que me tenían mis muchos temores. Y en tal respuesta no habría habido verdad, sino sólo perversidad. No podía yo tenerme en más que él por el solo hecho de ser más docto, sino que me gozaba en agradar a los demás y lo que realmente me importaba no era enseñarles algo, sino tan sólo agradarles. Por eso me rompías tú los huesos con el duro báculo de tu disciplina.

¡Lejos, pues, de mí los que me dicen que es muy importante saber las causas de nuestra alegría! El mendigo aquel se alegraba por su borrachera, pero tú querías gozar de la gloria. Pero, ¿de qué gloria, Señor? Pues, de la que te negamos cuando buscamos la gloria fuera de ti. Porque así como la alegría de aquel beodo no era verdadera alegría, así tampoco era gloria verdadera la que andaba yo buscando con tan grande perturbación de mi espíritu. Aquel iba a digerir su vino aquella misma noche; yo en cambio iba a dormirme con mi ebriedad y a despertar con ella, para seguir así con ella durmiendo y despertando. Y esto, Señor, ¡por cuánto tiempo!

Con todo, es importante conocer cuál es la causa de nuestra alegría. Yo sé cuán grande es la diferencia que media entre la esperanza fiel y toda aquella vanidad. Pero esta distancia la había entre aquel beodo y yo. Más feliz que yo era él, no solamente porque podía expandirse en risas mientras a mí me desgarraba toda clase de cuidados, sino también porque él, con buena elección, había comprado su buen vino, mientras que yo buscaba una gloria vanidosa por medio de mentiras.

Muchas cosas dije entonces a mis caros amigos en esta línea de pensamiento y con frecuencia me preguntaba a mí mismo cómo me iba, sólo para tener que admitir que me iba mal; con esto me dolía y este dolor aumentaba mis males. Hasta el punto de que si algo próspero me venía al encuentro sentía fastidio de tenderle la mano, pues antes de yo tocarlo, se había desvanecido.

79

La locura de los juegos del circo

De todas estas miserias nos lamentábamos juntos los que vivíamos unidos por el lazo de la amistad; pero con mayor familiaridad que con otros hablaba yo con Alipio y con Nebridio. Alipio había nacido en la misma ciudad que yo, era un poco mayor que yo y sus padres eran principales en el municipio. Él había estudiado conmigo en nuestra ciudad natal y más tarde en Cartago. Él me quería mucho porque le parecía yo bueno y docto y yo lo amaba a él por su buen natural y por una virtud que lo hacía señalarse no obstante su juventud. Pero el vórtice de las costumbres cartaginesas, en las cuales tanta importancia se daba a toda suerte de frivolidades, lo había absorbido con una insana afición por los juegos circenses. Mientras él se revolvía en aquella miseria tenía yo establecida ya mi escuela pública de retórica, a la cual no asistía él a causa de ciertas diferencias que habían surgido entre su padre y yo. Bien comprobado tenía yo el pernicioso delirio que tenía él por los juegos del circo y yo sentía angustia de pensar que tan bellas esperanzas pudieran frustrarse en él, si acaso no estaban ya del todo frustradas. Pero no tenía manera de amonestarlo o de ejercer sobre él alguna presión para sacarlo de aquello, ni por el afecto de la amistad ni por el prestigio de mi magisterio.

Creía yo que él pensaba de mí lo mismo que su padre, pero en realidad no era así y por eso, pasando por encima de la voluntad de su padre, comenzó a saludarme y a visitar mi clase; escuchaba un poco y luego se marchaba. Ya para entonces se me había olvidado mi propósito de hablar con él para exhortarlo a no desperdiciar su buen ingenio con aquel ciego y turbulento amor por los espectáculos. Pero tú, Señor, que presides el destino de todo cuanto creaste, no te habías olvidado de quien iba a ser más tarde entre tus hijos pastor y ministro de tus sagrados misterios.[35] Y para que su corrección no pudiera atribuirse a nadie sino a ti, quisiste valerte de mí para conseguirla,

Bien comprobado tenía yo el pernicioso delirio que tenía Alipio por los juegos del circo y yo sentía angustia de pensar que tan bellas esperanzas pudieran frustrarse en él, si acaso no estaban ya del todo frustradas.

---

[35] Alipio fue consagrado obispo de Tagaste, según Baronio, el año 394.

Bien sabes tú, Señor, que al hacerlo, para nada pensaba en la corrección de Alipio ni en librarlo de aquella peste; pero él se lo apropió todo inmediatamente, creyendo que por nadie lo decía yo sino por él y lo que otro habría tomado como razón para irritarse conmigo lo tomó, joven honesto como era, como motivo de enojarse consigo mismo y de amarme más a mí.

pero no sabiéndolo yo. Sucedió pues cierto día estando yo sentado en el lugar de costumbre y rodeado de mis discípulos llegó él, saludó y se sentó poniendo toda su atención en lo que se estaba tratando. Y dio la casualidad de que tuviera yo entre las manos un texto para cuya explicación en forma clara y amena me pareció oportuno establecer un símil con los juegos circenses y me valí de expresiones mordaces y sarcásticas sobre los que padecen la locura del circo. Bien sabes tú, Señor, que al hacerlo, para nada pensaba en la corrección de Alipio ni en librarlo de aquella peste; pero él se lo apropió todo inmediatamente, creyendo que por nadie lo decía yo sino por él y lo que otro habría tomado como razón para irritarse conmigo lo tomó, joven honesto como era, como motivo de enojarse consigo mismo y de amarme más a mí. Bien lo habías tú dicho mucho antes y consignado en tus Escrituras: "Reprende al sabio y te amará" (Pr. 9:8).

Yo, sin embargo, no lo había reprendido. Pero tú te vales de todos, sabiéndolo ellos o no, según el orden justísimo que tienes establecido. De mi corazón y de mi lengua sacaste carbones ardiendo para cauterizar y sanar esa mente que estaba enferma, pero también llena de juventud y de esperanzas. Que nadie se atreva a cantar tus loores si no considera tus misericordias como lo hago yo ahora, confesándotelo todo desde lo hondo de mis entrañas.

Así pues, al oír mis palabras se arrancó Alipio con fuerza de aquella fosa profunda en la cual con tanta complacencia se había ido hundiendo cegado por un miserable placer; con temperante energía sacudió de su ánimo las sordideces del circo y nunca se le vio más por allí. Después venció la resistencia de su padre y obtuvo su consentimiento para alistarse entre mis discípulos y con ello se vio envuelto en la misma superstición que yo, pues le gustaba la ostentación de austeridad que hacían los maniqueos, que tenía por sincera. Pero no había tal. Era un error que seducía almas preciosas pero inexpertas de la virtud y fáciles de engañar por apariencias superficiales de una virtud simulada y mentirosa.

80

Alipio
y las peleas entre gladiadores

Alipio, siguiendo el camino de los honores de la tierra que tanto le habían recomendado sus padres, me precedió en el viaje a Roma, a donde fue para aprender el Derecho. Allí recayó de la manera más increíble en el extraordinario frenesí de los juegos gladiatorios. Pues, como manifestara su aversión y detestación por aquellos espectáculos, algunos entre sus amigos y condiscípulos a quienes encontró cuando ellos regresaban de una comilona, con amistosa violencia vencieron su vehemente repugnancia y lo llevaron al anfiteatro en días en que se celebraban aquellos juegos crueles y funestos. Alipio les decía: "Aunque llevéis mi cuerpo y lo pongáis allí no podréis llevar también mi alma, ni lograr que mis ojos vean semejantes espectáculos. Estaré allí, si me lleváis, pero ausente y así triunfaré de

Alipio les decía: "Aunque llevéis mi cuerpo y lo pongáis allí no podréis llevar también mi alma, ni lograr que mis ojos vean semejantes espectáculos".

Fotograma de la película *Gladiator*, de Ridley Scott.

Aconteció que, al ver aquella sangre, bebió con ella la crueldad y no apartó la vista, sino que más clavó los ojos; estaba bebiendo furias y no caía en la cuenta; se gozaba con la ferocidad de la lucha y se iba poco a poco embriagando de sangriento placer.

ellos y también de vosotros". Mayor empeño pusieron ellos en llevarlo, acaso con la curiosidad de saber si iba a ser capaz de cumplir su palabra.

Alipio les mandó entonces a sus ojos que se cerraran y a su espíritu que no consintiera en tamaña perversidad; pero por desgracia no se tapó también los oídos; porque en el momento de la caída de un luchador fue tal el bramido de todo el anfiteatro que Alipio, vencido por la curiosidad y creyendo que podía vencer y despreciar lo que viera, abrió los ojos y con esto recibió en el alma una herida más grave que la que en su cuerpo había recibido el luchador cuya caída desatara aquel clamor que a Alipio le entró por los oídos y lo forzó a abrir los ojos para ver lo que lo iba a deprimir y dañar. Su ánimo tenía más audacia que fortaleza y era tanto más débil cuanto más había presumido de sus propias fuerzas en vez de contar sobre las tuyas. Y así aconteció que, al ver aquella sangre, bebió con ella la crueldad y no apartó la vista, sino que más clavó los ojos; estaba bebiendo furias y no caía en la cuenta; se gozaba con la ferocidad de la lucha y se iba poco a poco embriagando de sangriento placer.

Ya no era el que el mismo de antes de llegar al circo, sino uno de tantos en aquella turba y auténtico compañero de los que lo habían llevado allí. ¿Para qué decir más? Alipio vio, gritó, se enardeció y de todo ello sacó una locura por volver al circo no sólo con los que a él lo habían llevado, sino también sin ellos y llevando él mismo a otros. Y de esto, sin embargo, con mano fortísima y misericordiosa lo liberaste tú y le enseñaste a no confiar en sus propias fuerzas sino solamente en las tuyas. Pero esto fue mucho después.[36]

---

[36] Los cristianos tenían prohibida la asistencia a estos espectáculos. Teodorico fue quien los prohibió, influyendo en ello la muerte del monje Almaquio, más conocido por Telémaco, que se interpuso entre dos gladiadores para que no se mataran, muriendo en su lugar.

81

La dificultad
de juzgar correctamente

El recuerdo de esta experiencia le quedó en la memoria como medicina para lo porvenir. Cuando ya asistía él a mis clases en Cartago sucedió que en cierta ocasión, a mediodía, ensayaba él en el foro lo que luego tenía que recitar, al modo como suelen hacerlo los estudiantes. Entonces permitiste tú que fuera aprehendido por los guardianes del foro como ladrón. y pienso que tu motivo para permitirlo fue el de que un hombre que tan grande iba a ser en tiempos posteriores comenzara a aprender que un juez no siempre puede en un litigio juzgar con facilidad, y que un hombre no ha de ser condenado por otro con temeraria credulidad.

Es el caso que cierto día se paseaba él solo delante de los tribunales con su punzón y sus tablillas cuando un jovenzuelo de entre los estudiantes, que era un verdadero ladrón, entró sin ser visto por Alipio hasta los canceles de plomo que dominan la calle de los banqueros; llevaba escondida un hacha y con ella comenzó a cortar el plomo. Al oír el ruido de los golpes, los banqueros que estaban debajo comenzaron a agitarse y mandaron a los guardias con la orden de aprehender al que encontrasen. El ladronzuelo al oír las voces huyó rápidamente dejando olvidado su instrumento para que no lo pillaran con él en la mano.

Pero Alipio, que no lo había visto entrar pero sí salir y escapar rápidamente y, queriendo averiguar de qué se trataba, entró al lugar y encontrando el hacha la tomó en la mano y la estaba examinando. En esto llegan los guardias y lo encuentran a él solo con el hacha en la mano. Lo detienen pues, y se lo llevan pasando por en medio de la gente que había en el foro y que se había aglomerado, para entregarlo a los jueces como ladrón cogido en flagrante delito. Pero hasta aquí llegó y de aquí no pasó la lección que querías darle y saliste a la defensa de una inocencia cuyo único testigo eras tú. Porque mientras se lo llevaban a la cárcel o al suplicio, les vino al encuentro un arquitecto que tenía a su cargo la alta vigilancia sobre los edificios

Permitiste tú que fuera aprehendido por los guardianes del foro como ladrón, y pienso que tu motivo para permitirlo fue el de que un hombre que tan grande iba a ser en tiempos posteriores comenzara a aprender que un juez no siempre puede en un litigio juzgar con facilidad, y que un hombre no ha de ser condenado por otro con temeraria credulidad.

Fueron confundidas las turbas que ya creían haber triunfado sobre un futuro dispensador de tus miembros, como llegaría a ser Alipio, que había más tarde de examinar muchas causas en tu Iglesia. De este caso salió el futuro juez instruido y con una preciosa experiencia.

públicos. Se alegraron ellos del encuentro, pues él solía sospechar que fueran ellos mismos los que se robaban lo que desaparecía del foro: ahora, pensaban, iba a saber por sí mismo quién era el ladrón.

Pero el arquitecto conocía a Alipio por haberlo encontrado varias veces en la casa de cierto senador que él visitaba con frecuencia. Lo reconoció al instante, le tendió la mano y lo sacó de entre la multitud. Se puso a investigar la razón del incidente y, cuando Alipio le hubo dicho lo acontecido, mandó a todos los que estaban gritando y amenazando con furia que lo acompañaran a la casa del muchacho que había cometido el delito. A la puerta de la casa estaba un chiquillo muy pequeño, que ningún daño podía temer de su amo si lo decía todo y él había estado con el delincuente en el foro.

Alipio lo reconoció luego y se lo indicó al arquitecto y éste, mostrándole el hacha, le preguntó al chiquillo de quién era. "Es nuestra", le contestó éste y sometido a interrogatorio, contó todo el resto. De esta manera se transfirió la causa de aquella familia y fueron confundidas las turbas que ya creían haber triunfado sobre un futuro dispensador de tus miembros, que había más tarde de examinar muchas causas en tu Iglesia. De este caso salió el futuro juez instruido y con una preciosa experiencia.

82

La amistad de Alipio,
la llegada de Nebridio

Lo había yo pues encontrado en Roma y se adhirió a mí con fortísimo vínculo y se fue conmigo a Milán, pues no quería abandonarme y, además, para ejercer un poco el Derecho que había aprendido más por deseo de sus padres que por su propio deseo.[37] Después de esto había llegado a ejercer el cargo de consiliario con una integridad que a todos admiraba y les servía de ejemplo, pues manifestaba suma extrañeza por los magistrados que estimaban más el dinero que la inocencia. También fue sometido a prueba su carácter, no sólo con los atractivos de la sensualidad, sino también por la presión del terror.

Alipio asesoraba entonces en Roma al administrador de los bienes imperiales. Y sucedió que había allí un senador muy poderoso que tenía sometidos a muchos o por hacerles beneficios o por la intimidación. Este señor, confiando en su fuerza política, pretendió una vez salirse con algo que estaba prohibido por la ley y Alipio le resistió. Se le hicieron promesas, pero las desechó con una sonrisa; le hicieron amenazas, pero él las despreció con gran admiración de todos, pues nadie estaba acostumbrado a ver semejante energía para enfrentarse a un hombre que se había hecho célebre por la fuerza que hacía a la gente y los grandes recursos con que contaba para favorecer o perjudicar; les parecía increíble que alguien ni quisiera ser amigo ni temiera ser enemigo de un hombre tan poderoso. El juez mismo de quien Alipio era consejero no quería plegarse a las demandas del senador, pero tampoco quería oponerse abiertamente; así que se descargó en Alipio, diciendo que no lo dejaba obrar. Lo cual, además, era cierto, pues de haber cedido el juez, Alipio habría dimitido.

Una sola tentación tuvo que combatir y fue la que le vino de su afición a las letras; pues de haber cedido a las

Le hicieron amenazas, pero Alipio las despreció con gran admiración de todos, pues nadie estaba acostumbrado a ver semejante energía para enfrentarse a un hombre que se había hecho célebre por la fuerza que hacía a la gente y los grandes recursos con que contaba para favorecer o perjudicar.

---

[37] Alipio era de familia rica, pariente de Romaniano, mecenas de Agustín, y no necesitaba ponerse a trabajar en el foro o la cátedra para poder vivir.

"¿Cuánto durará todo esto?" Así decíamos con mucha frecuencia Alipio, Nebridio y yo; pero por mucho que lo dijéramos no nos resolvíamos a dejar nuestro modo de vida, pues no alcanzábamos a ver una luz cierta que dejándolo todo pudiéramos seguir.

demandas del senador, con la paga que éste le ofrecía, se habría podido procurar ciertos códices que deseaba poseer. Pero consultó a la justicia y rechazó la idea; pensaba que al final le era más útil la justicia que le cerraba el paso que no la influencia de un poderoso que todo se lo permitía.

Poca cosa era eso; pero el que es fiel en lo poco, lo será también en lo mucho (Lc. 16:10); y nunca será vana la palabra de verdad que nos vino de ti cuando dijiste: "Si no habéis sido fieles con la riqueza injusta, ¿quién os encomendará la riqueza verdadera? Y si no habéis sido fieles con lo ajeno, ¿quién os dará lo que es vuestro?" (Lc. 16:11, 12). Tal era entonces Alipio, unido a mí por estrechísima amistad. Ambos estábamos en la perplejidad y ambos nos preguntábamos qué género de vida teníamos que llevar.

Nebridio, por su parte, había dejado su ciudad natal, cercana a Cartago y a Cartago misma que con frecuencia solía visitar; había dejado también su casa y renunciado a la herencia de un magnífico campo de su padre. Su madre no quiso seguirlo cuando él se vino a Milán, no por otra razón, sino porque quería vivir conmigo en el mismo fervoroso empeño por alcanzar la verdad y la sabiduría. Nebridio participaba en nuestras vacilaciones y ardoroso como era y escrutador acérrimo de las cuestiones más difíciles suspiraba a una con nosotros por la consecución de una vida feliz. Eramos tres indigentes con la boca llena de hambre, que mutuamente se comunicaban su pobreza y sus anhelos, en la esperanza de que tú les dieras el "alimento en el tiempo oportuno" (Sal. 145:15). Y en medio de la amargura que por misericordia tuya se producía de nuestra mundana manera de vivir, cuando considerábamos el fin que con todo ello nos proponíamos se abatían sobre nosotros las tinieblas. Nos volvíamos gimiendo hacia otra parte y decíamos: "¿Cuánto durará todo esto?" Así decíamos con mucha frecuencia; pero por mucho que lo dijéramos no nos resolvíamos a dejar nuestro modo de vida, pues no alcanzábamos a ver una luz cierta que dejándolo todo pudiéramos seguir.

83

Repaso de la vida
y deseo de cambio

Me admiraba yo considerando el largo tiempo transcurrido desde que yo, a los diecinueve años, con tanto ardor había comenzado el estudio de la sabiduría con el propósito firme, si la encontraba, de abandonar las falaces esperanzas y la mentida locura de los falsos placeres. Y ya andaba en los treinta años ahora y no salía del lodazal.

Desde mis diecinueve años estaba yo entregado al goce de los bienes del momento presente, que se me escurrían entre las manos dejándome distraído y disperso. Y yo me decía: "Mañana la tendré, mañana se me aparecerá y me abrazaré a ella, mañana llegará Fausto y me lo explicará todo". ¡Oh, varones ilustres de la Academia que decís que ninguna certidumbre podemos alcanzar para dirigir la vida! Pero no. Debemos, bien al contrario, buscar con mayor diligencia y sin desesperar. Ya no me parecen absurdas en los libros eclesiásticos las cosas que antes me lo parecían y que pueden ser entendidas con toda honradez de otra manera. Asentaré entonces mis pies en el paso en que de niño me pusieron mis padres, en espera de que la verdad se me haga ver claramente.

Pero, ¿dónde y cuándo buscar la verdad? Ambrosio no tiene tiempo y yo no tengo facilidades para leer. ¿En dónde podría yo conseguir los códices, en dónde comprarlos o a quién pedirlos prestados? Y será, además, preciso determinar un tiempo y señalar horas fijas para dedicarlas a la salud de mi alma.

Todo esto me decía, pues se había levantado en mi alma una grande esperanza desde el momento en que comprobé que la fe católica no afirma los errores de que vanamente la acusábamos. Sus doctores reprueban resueltamente la idea de que Dios tenga figura corporal de hombre y que en ella se termine. ¿Cómo dudar entonces de que inquiriendo más las demás puertas también se me tenían que abrir? Y me decía para mí mismo: "Las horas de la mañana me las ocupan los estudiantes y no me quedan para el estudio de la verdad sino las horas de la tarde.

Me admiraba yo considerando el largo tiempo transcurrido desde que yo, a los diecinueve años, con tanto ardor había comenzado el estudio de la sabiduría con el propósito firme, si la encontraba, de abandonar las falaces esperanzas y la mentida locura de los falsos placeres. Y ya andaba en los treinta años ahora y no salía del lodazal.

Tengo que dejar todas estas vanidades para consagrarme al estudio de la verdad. Esta vida es miserable, la muerte es algo incierto; si se me viene encima de repente, ¿cómo saldré de todo esto y en dónde aprenderé lo que no aprendí en esta vida? ¿No tendría yo que pagar por semejante negligencia?

Pero, por otra parte, sólo por la tarde puedo saludar a mis amigos y visitar a las personas importantes cuya ayuda necesito y sólo por las tardes puedo preparar los trabajos que me compran mis alumnos. Además, sólo por las tardes puedo reparar mis fuerzas descansando de la tensión de mis preocupaciones".

Así me hablaba a mí mismo. Pero decidí que no. Me dije: "Que todo se pierda, si se ha de perder; pero tengo que dejar todas estas vanidades para consagrarme al estudio de la verdad. Esta vida es miserable, la muerte es algo incierto; si se me viene encima de repente, ¿cómo saldré de todo esto y en dónde aprenderé lo que no aprendí en esta vida? ¿No tendría yo que pagar por semejante negligencia? ¿Y qué, si la muerte da fin a todos nuestros cuidados amputándonos el sentimiento? Todo esto lo tengo que averiguar. Pero no es posible semejante anulación, pues las cosas, tantas y tan grandes que Dios ha hecho por nosotros no las hiciera si con la muerte del cuerpo viniera también la aniquilación del alma; ni es cosa vana y sin sentido la grande autoridad del cristianismo por todo el orbe. ¿De dónde me viene, pues, esta vacilación para dejar de lado las esperanzas del mundo y consagrarme a la búsqueda de Dios y de la vida feliz?"

"Pero, aguarda: todas estas cosas mundanas son agradables y tienen su encanto; no sería prudente cortarlas con precipitación, ya que existe el peligro de tener que volver vergonzosamente a ellas. No me sería difícil conseguir algún puesto honorable y más cosas que pudiera desear; tengo muchos amigos influyentes que podrían fácilmente conseguirme una presidencia. Podría yo también casarme con una mujer que tuviera algún patrimonio, para que no me fuera gravosa con sus gastos y con esto tendría satisfechos todos mis deseos. Hay, además, muchos varones grandes y dignos de imitación, que no obstante vivir casados han podido consagrarse a la sabiduría."

Mientras todas estas razones revolvía yo en mi mente con muchos cambios de viento que empujaban mi corazón de aquí para allá, dejaba pasar el tiempo y difería mi conversión. Dejaba siempre para mañana el vivir en ti y esta dilación no me impedía morir en mí mismo un poco cada día. Deseando la vida feliz, tenía miedo de hallarla en su propia sede y huía de ella mientras la buscaba. Pensaba que sin los abrazos de una mujer sería yo bien miserable, pues para nada pensaba, por no haberla experimentado, en la medicina de tu misericordia para sanar la enfermedad de la concupiscencia. Tenía la idea de que la continencia es posible naturalmente para quien tiene fuerza de carácter y yo no tenía la menor conciencia de poseerla. En mi necedad, ignoraba yo que tú habías dicho: "Nadie puede ser continente si tú no se lo concedes" (Sb. 8:21). Y la continencia me la habrías ciertamente concedido de pulsar yo con gemidos interiores la puerta de tus oídos, arrojando en ti, con sólida fe, todos mis cuidados.

Pensaba que sin los abrazos de una mujer sería yo bien miserable, pues para nada pensaba, por no haberla experimentado, en la medicina de tu misericordia para sanar la enfermedad de la concupiscencia.

84

Discusión sobre
el celibato y el matrimonio

Alipio me
disuadía de
tomar mujer.
Pero yo le
resistía,
alegando el
ejemplo de
hombres
casados que
habían
merecido
favores de
Dios, se
comportaban
con fidelidad
y amaban a
sus amigos.
Muy lejos
andaba yo
de tal
grandeza
de ánimo.
Esclavizado
por el deleite
de la carne
y sus
mortíferas
suavidades
arrastraba
mis cadenas
con mucho
miedo de
romperlas.

Alipio me disuadía de tomar mujer. Pensaba que la vida del matrimonio no era compatible con una tranquila seguridad en el amor de la sabiduría, que era el ideal que nos habíamos propuesto. Es de notar que entonces era Alipio de una castidad admirable. Había ciertamente tenido en su adolescencia conocimiento de lo que es el trato carnal, pero no se había quedado ahí, sino que más bien se había dolido de ello; lo había menospreciado y había vivido desde entonces en estricta continencia. Pero yo le resistía, alegando el ejemplo de hombres casados que habían merecido favores de Dios, se comportaban con fidelidad y amaban a sus amigos. Muy lejos andaba yo de tal grandeza de ánimo. Esclavizado por el deleite de la carne y sus mortíferas suavidades arrastraba mis cadenas con mucho miedo de romperlas y, así como una herida muy maltratada rehúsa la mano que la cura, así yo rechazaba las palabras del buen consejero que quería soltar mis cadenas.

Pero además, la serpiente infernal le hablaba a Alipio por mi boca le presentaba y sembraba en su camino lazos agradables en los que pudieran enredarse sus pies honestos y libres. Porque él se asombraba de que yo, a quien en tanta estima tenía, estuviera tan preso en el engrudo de los torpes placeres y, que cuantas veces tocábamos el tema, le dijera que no me era posible vivir en el celibato. Le asombraba el que yo me defendiera de su extrañeza afirmando que no había comparación posible entre su experiencia y las mías. La suya, decía yo, había sido furtiva, no continuada y, por eso no la recordaba ya bien y podía condenarla con tanta facilidad; la mía, en cambio, era una recia costumbre del deleite y si se legalizaba con el honesto nombre de matrimonio, debía serle comprensible que no desdeñara yo ese género de vida.

Entonces comenzó él mismo a desear el matrimonio no vencido por la lujuria, sino por mera curiosidad. Decía tener vivo deseo de saber qué podía ser aquello sin lo cual mi vida, para él tan estimable, para mí no era vida, sino condena.

Libre como era, sentía una especie de estupor ante las ataduras de mi esclavitud y por esta admiración iba entrando en él el deseo de conocer por sí mismo una experiencia que de haberla él tenido habría acaso dado con él en la misma servidumbre en que yo estaba; pues quería también él hacer un pacto con la muerte y el que ama el peligro en él perecerá (Is. 28:15; Si. 3:27). Ni él ni yo le concedíamos real importancia a lo que hace la dignidad del matrimonio, que es la compostura de la vida y la procreación de los hijos. A mí, en mi esclavitud, me atormentaba con violencia la costumbre de saciar una concupiscencia insaciable; a él lo arrastraba hacia el mal aquella su admiración por mí. Y así fuimos, hasta que tú, ¡oh, Señor Altísimo!, tuviste misericordia de nuestra miseria y de admirable manera viniste a socorrernos.

Ni él ni yo le concedíamos real importancia a lo que hace la dignidad del matrimonio, que es la compostura de la vida y la procreación de los hijos. A mí, en mi esclavitud, me atormentaba con violencia la costumbre de saciar una concupiscencia insaciable.

85

Matrimonio de conveniencias

Seguía mi madre en su insistencia matrimonial y hasta llegó a pedir para mí a una niña dos años menor de lo necesario para casarse; era ella muy agradable y esperábamos que creciera hasta llegar a la edad núbil, para casarme con ella.

Muy vivas instancias se me hacían para que tomase esposa. La pedía yo y me la prometían. De esto se ocupaba sobre todo mi madre, que veía en mi matrimonio una preparación para el bautismo saludable. Sentía con gozo que estaba yo cada día mejor dispuesto para él y esperaba que llegado yo a la fe se cumplirían sus votos y las promesas que tú le habías hecho.

Un día, por mis ruegos y por su propio vivo deseo te pidió con clamores del corazón que le indicaras algo en sueños sobre mi futuro matrimonio, pero tú no quisiste. Algunas visiones tenía, vanas y fantásticas como las que suele engendrar por su propio ímpetu el espíritu y me contaba estos sueños, pero no con la confianza con que solía cuando tú le mostrabas las cosas. Y yo no le hacía caso. Me decía ella que podía discernir, por no sé qué misterioso sabor imposible de explicar, la diferencia entre sus revelaciones y sus propios sueños.

De todas maneras, seguía ella en su insistencia matrimonial y hasta llegó a pedir para mí a una niña dos años menor de lo necesario para casarse; era ella muy agradable y esperábamos que creciera hasta llegar a la edad núbil, para casarme con ella.

86

Anhelos de una vida tranquila

Habíamos discutido con frecuencia en un grupo de amigos sobre lo molesta y detestable que era aquella vida turbulenta y revolvíamos en el ánimo el proyecto de alejarnos de la multitud para llevar en la soledad una vida tranquila y fecunda. Habíamos pensado contribuir con lo que cada uno tuviera para formar con lo de todos un patrimonio común, de modo que por nuestra sincera amistad no hubiera entre nosotros tuyo y mío, sino que todo fuera de todos y de cada uno. Hasta diez personas podíamos asociarnos en esta compañía y entre nosotros los había que eran bien ricos; especialmente Romaniano, paisano mío y amigo desde la infancia, que por asunto de sus negocios había venido a la corte. El era el más entusiasta y su insistencia tenía grande autoridad precisamente porque su fortuna superaba la de los otros.

También teníamos planeado que dos de entre nosotros se turnaran cada año, como lo hacen los magistrados, en el cuidado de lo necesario al bien común, para que los otros pudieran estar quietos y descuidados. Pero en un momento dado nos tuvimos que preguntar si tal proyecto nos lo iban a permitir las mujeres; pues algunos ya tenían la suya y yo esperaba tener la mía. Entonces todo el proyecto se nos deshizo entre las manos, se vino por tierra y fue desechado. Y con esto volvimos al gemido y al suspiro. Volvieron nuestros pasos a transitar los trillados caminos del mundo. En nuestros corazones iban y venían los pensamientos, al paso que tu consejo permanece eternamente (Pr. 19:21). En tu consejo te reías de lo nuestro y preparabas lo tuyo, pues nos ibas a dar el alimento en el tiempo oportuno, abriendo tu mano para llenar nuestra almas de bendición (Sal. 145:15, 16).

Habíamos discutido con frecuencia en un grupo de amigos sobre lo molesta y detestable que era aquella vida turbulenta y revolvíamos en el ánimo el proyecto de alejarnos de la multitud para llevar en la soledad una vida tranquila y fecunda.

87

Separación de su amante

Cuando se retiró de mi lado aquella mujer con la cual acostumbraba a dormir y a la cual estaba yo profundamente apegado, mi corazón quedó hecho trizas y herido por una daga que no dejaba de fluir sangre. Ella regresó a África, no sin antes hacerte el voto de no conocer a ningún otro hombre, y dejándome un hijo natural que de mí había concebido.

Mientras tanto, mis pecados se multiplicaban. Cuando se retiró de mi lado aquella mujer con la cual acostumbraba a dormir y a la cual estaba yo profundamente apegado, mi corazón quedó hecho trizas y herido por una daga que no dejaba de fluir sangre.

Ella regresó a Africa, no sin antes hacerte el voto de no conocer a ningún otro hombre, y dejándome un hijo natural que de mí había concebido.

Y yo, infeliz, no siendo capaz de imitar a esta mujer e impaciente de la dilación, pues tenía que esperar dos años para poderme casar con la esposa prometida y, no siendo amante del matrimonio mismo, sino sólo esclavo de la sensualidad, me procuré otra mujer. No como esposa ciertamente, sino para fomentar y prolongar la enfermedad de mi alma, sirviéndome de sostén en mi mala costumbre mientras llegaba al estado del matrimonio.

Pero con esta mujer no se curaba la herida causada por la separación de la primera; sino que después de una fiebre y un dolor agudo comenzaba a infectarse, doliendo más desesperadamente cuando más se iba enfriando.

88

Temor a la muerte y al juicio

A ti la alabanza y la gloria, ¡oh Dios, fuente inagotable de misericordia! Yo me hacía cada vez más miserable y tú te me hacías más cercano. Tu mano estaba pronta a sacarme del cieno y lavarme, pero yo no lo sabía. Lo único que me impedía hundirme todavía más en la ciénaga de los placeres carnales era el temor a la muerte y a tu juicio después de ella, que nunca, no obstante la volubilidad de mis opiniones, llegué a perder.

Y conversaba con Alipio y Nebridio, mis amigos, sobre los confines del bien y del mal y en mi ánimo le hubiera dado la palma a Epicuro[38] si no creyera lo que él nunca quiso admitir, que muerto el cuerpo, el alma sigue viviendo para recibir la sanción de sus acciones.

Y me decía a mí mismo: "Si fuéramos inmortales y viviéramos en una continua fiesta de placeres carnales sin temor de perderlos, ¿no seríamos, acaso, felices? ¿Qué otra cosa podríamos buscar?"

Ignoraba yo que pensar de este modo era mi mayor miseria. Ciego y hundido, no podía concebir la luz de la honestidad y la belleza que no se ven con el ojo carnal sino solamente con la mirada interior. Ni consideraba, mísero de mí, de qué fuente manaba el contento con que conversaba con mis amigos aun sobre cosas sórdidas; ni que me era imposible vivir feliz sin amigos, ni siquiera en el sentido de abundancia carnal que la felicidad tenía entonces para mí. Pues a estos amigos los amaba yo sin sombra de interés y sentía que de este modo me amaban también ellos a mí.

¡Oh, tortuosos caminos! ¡Desdichada el alma temeraria que se imaginó que alejándose de ti puede conseguir algo mejor! Se vuelve y revuelve de un lado para otro, hacia la espalda y boca abajo y todo le es duro,

Lo único que me impedía hundirme todavía más en la ciénaga de los placeres carnales era el temor a la muerte y a tu juicio después de ella, que nunca, no obstante la volubilidad de mis opiniones, llegué a perder.

---

[38] Epicuro (341-207 a.C.) que enseñaba que la felicidad estaba en la ausencia del dolor (*indolencia*) y apaciguamiento de todos los deseos, causa de nuestros sufrimientos, que guarda cierta similitud con la enseñanza de Buda.

pues la única paz eres tú. Y tú estás ahí, para librarnos de nuestros desvaríos y hacernos volver a tu camino; nos consuelas y nos dices: ¡Corred, yo os llevaré y os conduciré hasta el final!

VII
ENTRE EL PLATONISMO Y LA ESCRITURA

Platón y Aristóteles
vistos por Rafael en La escuela de Atenas.

89

Perplejidad
sobre la corporalidad divina
y su extensión

Ya era muerta mi mala y perversa adolescencia y entraba en la juventud,[39] siendo tanto más vanidoso cuanto más crecía en edad. No podía concebir que existiera sustancia alguna que no fuese corpórea y semejante a lo que se suele percibir con la vista.

Es cierto, mi Señor, que no imaginaba que tuvieses figura humana, porque desde el día en que comencé a oír hablar de filosofía, siempre había huido de semejante pensamiento y mucho me alegré al enterarme de que igualmente la rechazaba la fe espiritual de nuestra santa madre la Iglesia católica; pero de todos modos, no se me ocurría cómo poder pensarte de otra manera. Te seguía pensando como a hombre; aunque un hombre tal, que al mismo tiempo fuera el solo, soberano y verdadero Dios. Creía también y con todas mis fuerzas que Dios es incorruptible, inviolable e inmutable; porque sin saber cómo ni por dónde, bien claro veía y por cierto tenía que lo corruptible es inferior a lo incorruptible; que lo inviolable es superior a lo que puede ser violado y lo inmutable, superior a lo que se puede mudar. Mi corazón clamaba con violencia contra todos mis fantasmas.

Habría querido con un solo golpe de la mano ahuyentar de mi alma toda aquella turba volátil de imágenes inmundas; pero apenas ahuyentada volvía a la carga, aumentada todavía y me obnubilaba la vista y así, aun cuando no te atribuía una figura humana, me sentía forzado a pensarte corpóreo, presente en los lugares, difundido en el mundo, por todo lo infinito, dentro y fuera del mundo. Sólo así podría yo concebir lo incorruptible, lo inviolable, lo inmutable que tan por encima ponía de todo lo que se corrompe, es violado o se muda. Y todo cuanto imaginara yo privado de esta situación en el espacio me parecía ser nada. Como si un cuerpo se retirara de un lugar y éste

No podía concebir que existiera sustancia alguna que no fuese corpórea y semejante a lo que se suele percibir con la vista. Te seguía pensando como a hombre; aunque un hombre tal, que al mismo tiempo fuera el solo, soberano y verdadero Dios.

---

[39] Se computaba entonces a partir del año 31 de edad.

Así pensaba yo que tú, vida mía, eras algo muy grande que por infinitos espacios penetraba la mole toda del mundo y se extendía mucho más allá en todas direcciones, de manera que estabas presente en la tierra, presente en el cielo, presente en todo y todo se terminaba en ti y tú mismo no tenías término.

quedara vacío de todo lo que es térreo, aéreo, húmedo o celeste, la nada absoluta; algo tan absurdo como una nada que ocupara un lugar.

Así, pues, con el corazón apesadumbrado y confuso para mí mismo, pensaba que no podía ser algo real lo que no se extendiera en algún espacio o se difundiera o se conglomerara o se hinchara en él; lo que no fuera capaz de contener alguna cosa o ser contenido en otra cosa. Mi mente iba siguiendo las imágenes de las formas que veían mis ojos y no comprendía que la actividad interior con la cual formaba yo esas imágenes no era como ellas, cosa vana, ni podría formarlas si no fuera ella misma algo real. Así pensaba yo que tú, vida mía, eras algo muy grande que por infinitos espacios penetraba la mole toda del mundo y se extendía mucho más allá, en todas direcciones, de manera que estabas presente en la tierra, presente en el cielo, presente en todo y todo se terminaba en ti y tú mismo no tenías término.

De la misma manera como el aire que hay sobre la tierra no es obstáculo para la luz del sol, pues ésta lo atraviesa y lo penetra sin rasgarlo ni despedazarlo, sino llenándolo todo, así pensaba yo que era penetrable la masa del cielo, del aire, del mar y aun de la tierra sólida; penetrable en todas sus partes, máximas y mínimas, para recibir tu presencia y que es tu presencia la que con oculta inspiración gobierna por fuera y dirige por dentro a todo cuanto creaste. Falsa era esta idea, pero no podía entonces tener otra. Según ella, la parte mayor de la tierra cogía una parte mayor de ti y la parte menor, una más pequeña.

Y de tal manera estarían las cosas llenas de ti, que más presencia tuya hubiera en el voluminoso cuerpo del elefante que en el diminuto de los pajarillos, teniendo así tu presencia que ocupar más o menos lugar. Con el resultado de que tú dividirías tu presencia en fragmentos; unos grandes para los cuerpos grandes y otros pequeños para los cuerpos pequeños. Pero esto no es así. Es que todavía tú no habías iluminado mis tinieblas.

90

Primera verdad:
la sustancia divina es incorruptible

Contra aquellos engañados engañadores, aquellos mudos locuaces –mudos porque en su boca no sonaba tu Palabra– me era suficiente aquel argumento que Nebridio solía formular contra ellos desde mucho antes, cuando vivíamos aún en Cartago y que tan gande impresión había causado en todos nosotros.

Pues, ¿qué podía hacerte no sé qué gente salida de las tinieblas, que según los maniqueos era contraria a ti, si tú no quisieras pelear con ella?

Porque si se dijera que en algo te podía hacer daño, tú serías violable y corruptible y si se dijera que ningún daño te podría hacer, no tendrías tú entonces el menor motivo para luchar con ella y por cierto, con un tipo de lucha en que una parte de ti o miembro tuyo, o prole nacida de tu misma sustancia se mezclara con las potencias adversas y con naturalezas no creadas por ti, que las corromperían mudándolas en algo inferior; con lo cual se trocaba la felicidad en miseria y quedaba una necesidad de auxilio y purificación. Y decían que nuestra alma no es sino esa parte de ti, manchada y miserable y que tu Verbo tenía que venir a socorrerla: el libre a la esclava, el puro a la manchada, el íntegro a la corrompida; pero siendo él mismo corruptible, pues era de la misma sustancia que ella.

Entonces: si de tu sustancia sea ella lo que fuere, se dice que es incorruptible, con esto sólo aparecen falsas y execrables las afirmaciones de los maniqueos y si se dice que es corruptible, al punto se ve claro que esto es falso y abominable. Este argumento de Nebridio era por sí solo suficiente para vomitar de los oprimidos corazones aquella falsa doctrina; pues no tenían sus doctores una salida que no fuera sacrilegio del corazón y de la lengua, cuando tales cosas decían de ti.

Los engañadores decían que nuestra alma no es sino esa parte de ti, manchada y miserable y que tu Verbo tenía que venir a socorrerla: el libre a la esclava, el puro a la manchada, el íntegro a la corrompida; pero siendo él mismo corruptible, pues era de la misma sustancia que ella.

91

El libre albedrío
y origen de la mala voluntad

Me volvía con insistencia el pensamiento: "¿quién me hizo? ¿No fue mi Dios, que no sólo es bueno, sino que es el bien? ¿De dónde pues me viene este querer el mal y no querer el bien, de manera que tenga que ser castigado? Si todo yo procedo de un Dios de dulzura, ¿quién fue el que puso y plantó en mí semillas de amargura?"

Pero yo creía con toda firmeza que tú, Señor y creador de nuestras almas, de nuestros cuerpos y de todo cuanto existe, que estabas libre de contaminación, cambio y alteración de cualquier clase; pero, fuese lo que fuese, no creía tener que investigar la naturaleza del mal en forma que me viera forzado a tener como mudable al Dios inmutable; para no convertirme yo mismo en el mal que buscaba.

Mi búsqueda se basaba en la absoluta seguridad de que era falso lo que decían aquellos de los que con toda su fuerza huía mi ánimo, pues los veía llenos de malicia mientras investigaban la naturaleza del mal; pues creían que tu sustancia era más capaz de padecer el mal que no ellos de cometerlo. Ponía, pues, todo mi empeño en comprender lo que oía decir a algunos, que en el libre albedrío de la voluntad humana está la causa de que hagamos el mal y que cuando lo padecemos es por la rectitud de tus juicios. Sin embargo, no conseguía ver esto con entera claridad.

Con este esfuerzo por sacar mi alma de la fosa, me hundía en ella y mientras más batallaba, más me hundía. Me levantaba ya un poco hacia tu luz el hecho de que tenía clara conciencia de poseer una voluntad, lo mismo que la tenía de estar vivo. Entonces, cuando yo quería algo o no lo quería, seguro estaba yo de que no había en mí otra cosa que esta voluntad y con esto advertía ya claramente que la causa del mal estaba en mí. Y, cuando arrastrado por la pasión, hacía algo contra mi propia voluntad, tenía la clara impresión de que más que hacerlo lo padecía y que en ello había más que una culpa, una pena y siendo tú justo, convenía que esa pena no fuera injusta.

Pero me volvía con insistencia el pensamiento: "¿quién me hizo? ¿No fue mi Dios, que no sólo es bueno, sino que es el bien? ¿De dónde pues me viene este querer el mal y no querer el bien, de manera que tenga que ser castigado? Si todo yo procedo de un Dios de dulzura,

¿quién fue el que puso y plantó en mí semillas de amargura? Si fue el diablo quien lo hizo, ¿quién hizo al diablo? Y si él, de ángel bueno se convirtió en demonio por obra de su mala voluntad, ¿de dónde le vino a él esa voluntad mala que lo convirtió en demonio cuando todo él, como ángel, salió bueno de la mano de Dios?"

Todos estos pensamientos agitaban mi alma, me deprimían y me angustiaba. Pero nunca llegué a hundirme en aquel infierno de error en el que el hombre no te confiesa y prefiere pensar que tú padeces el mal, antes que admitir que es el hombre quien lo comete.

Nunca llegué a hundirme en aquel infierno de error en el que el hombre no te confiesa y prefiere pensar que tú padeces el mal, antes que admitir que es el hombre quien lo comete.

92

Dios es lo mejor
que puede ser pensado

Nadie ha podido concebir ni concebirá jamás cosa mejor que tú, que eres el sumo y perfectísimo bien.

Me esforzaba por descubrir las demás verdades con el mismo empeño con que había descubierto ya que es mejor lo incorruptible que lo corruptible; por lo cual pensaba que tú, fueras lo que fueras, tenías que ser incorruptible. Nadie ha podido concebir ni concebirá jamás cosa mejor que tú, que eres el sumo y perfectísimo bien. Y como es del todo cierto y segurísimo que lo incorruptible es preferible a lo corruptible, es evidente que tú eras incorruptible. De lo contrario, yo podría pensar en algo mejor que mi Dios[40].

Y como es del todo cierto y segurísimo que lo incorruptible es preferible a lo corruptible, es evidente que tú eras incorruptible. De lo contrario, yo podría pensar en algo mejor que mi Dios.

Por eso, una vez que vi que lo incorruptible ha de ser preferido a lo corruptible, debí buscarte a la luz de esta verdad y comenzar por ella mi búsqueda del origen del mal, esto es, de la corrupción, por la que tu sustancia no puede, en modo alguno, ser violada. No hay nada, absolutamente nada, ni por voluntad, ni por necesidad, ni por azar por lo que la corrupción pueda dañar a nuestro Dios. Porque él es Dios y lo que para sí mismo quiere, bueno es, siendo él mismo bien, mientras que la corrupción no es ningún bien.

Tampoco puedes ser obligado a hacer algo contra tu voluntad, porque tu voluntad, Señor, no es mayor que tu poder. Para que fuese mayor sería necesario que tú fueras mayor que tú, ya que la voluntad y el poder de Dios son Dios mismo. ¿Y qué puede tomarte de improviso a ti, que todo lo sabes; a ti, que conociendo las cosas las pusiste en el ser?

Y después de todo, ¿para qué tantas palabras para demostrar la incorruptibilidad de la sustancia de Dios, si es del todo evidente que si fuera corruptible no sería Dios?

_____

[40] Esta línea de razonamiento guarda estrecho paralelo con la seguida por Anselmo, primero, y Spinoza, después (Cf. Alfonso Ropero, _Introducción a la filosofía_, caps. IV, VI).

93

El origen del mal

Buscaba yo de encontrar el origen del mal, pero no buscaba bien y no veía lo que de malo había en mi búsqueda. En mi mente me representaba la creación entera y cuanto en ella podemos ver: la tierra, el mar, el aire, los astros, los árboles y los animales; me representaba también lo que no se ve, como el espacio sin fin, los ángeles y todo lo que tienen de espiritual; pero me los representaba como si fueran cuerpos a los cuales señalaba un lugar mi imaginación.

Con eso me forjaba una masa enorme, que era tu creación, distinta con diferentes géneros de cuerpos; unos, que realmente lo eran y otros, los espíritus, que yo me imaginaba como cuerpos. Muy grande me imaginé tu creación; no como en realidad es, que eso no lo podía yo saber, sino como me placía que fuera. Grande, sí, pero por todas partes limitada. Y a ti, Señor, te imaginaba como un ser que rodeaba y penetraba toda tu creación, aunque infinito en todas las direcciones. Como un mar que estuviera en todas partes y no hubiera sino un solo mar infinito y en él se contuviera una grande esponja, grande pero limitada y que esa esponja estuviera toda llena, en todas sus partes, del agua del inmenso mar.

Así me imaginaba yo tu creación; finita, pero llena de ti y tú, infinito. Y me decía: así es Dios y todo esto es lo que Dios creó. Bueno es Dios y con mucho, con muchísimo, más excelente que todo eso. Y siendo Él bueno, creó buenas todas las cosas y, ved aquí cómo las circunda, las contiene y las llena.

Pero, ¿en dónde está pues el mal, de dónde procede y por qué caminos nos llega? ¿Cuál es su raíz y cuáles las semillas que lo engendran? ¿O será acaso que el mal en sí no existe? Pero, ¿cómo, entonces, podemos temer y precavernos de algo que no existe? Puede ser que nuestro temor mismo sea vano; pero entonces el temor es un mal que sin causa nos aflige y nos hiere en el corazón. Un mal tanto más grande cuanto que no hay nada que temer y sin embargo tememos. Y entonces, o es realmente malo lo

¿Dónde está pues el mal, de dónde procede y por qué caminos nos llega? ¿Cuál es su raíz y cuáles las semillas que lo engendran? ¿O será acaso que el mal en sí no existe? Pero, ¿cómo, entonces, podemos temer y precavernos de algo que no existe?

Si Dios quiso con una voluntad repentina hacer algo, ¿por qué en su omnipotencia no hizo que esa materia no existiese para ser él el único ser verdadero, sumo e infinito bien? Y si no era conveniente que el ser sumamente bueno dejara de crear otras cosas buenas, ¿por qué no redujo a la nada aquella materia, que era mala, para sustituirla por otra buena de la cual sacara todas las cosas?

que tememos, o lo hacemos malo nosotros porque lo tememos. ¿De dónde viene, pues?

Dios hizo todas las cosas. Bueno es él y buenas son ellas. Él es el bien supremo, ellas son bienes inferiores; pero de todos modos bueno es el creador y buena es la creación. ¿De dónde, entonces, viene el mal? ¿Acaso en la materia de que hizo el mundo había una parte mala y Dios formó y ordenó el mundo, pero dejándole una parte de aquella materia, que no convirtió en bien? Pero una vez más, ¿por qué? ¿Acaso no podía, siendo omnipotente, mudar y convertir aquella materia para que nada quedara de ella? Y por último: ¿Por qué quiso formar algo con esa materia en lugar de hacer con su omnipotencia, que esa materia no existiera? Porque ella no podía existir sin su voluntad. Y si la materia es eterna, ¿por qué la dejó estar así por tan dilatados espacios de tiempo, para luego sacar algo de ella?

O bien, si quiso con una voluntad repentina hacer algo, ¿por qué en su omnipotencia no hizo que esa materia no existiese para ser él el único ser verdadero, sumo e infinito bien? Y si no era conveniente que el ser sumamente bueno dejara de crear otras cosas buenas, ¿por qué no redujo a la nada aquella materia, que era mala, para sustituirla por otra buena de la cual sacara todas las cosas? Porque no sería omnipotente si no fuera capaz de crear algo bueno sin ser ayudado por una materia no creada por él.

Todo esto revolvía mi espíritu, desdichado y entristecido sobremanera por las agudísimas preocupaciones que el temor a la muerte y el no haber encontrado la verdad le causaban. A pesar de ello, mi corazón se adhería firmemente a la fe de tu Cristo, Señor y Salvador nuestro, como la profesa la Iglesia católica; una fe imperfecta todavía y fluctuante fuera de toda norma doctrinal. Con todo, no sólo no rechazaba mi alma esta fe, sino que al paso de los días se adentraba más en ella.

94

La falsedad
de la adivinación astrológica

Ya me había yo desprendido de la falacia de la adivinación y había rechazado los impíos delirios de los matemáticos. Alábete mi alma, Señor, desde sus más hondas intimidades, por tus misericordias. Pues, ¿quién puede apartarnos de la muerte del error sino la Vida que nunca muere y que ilumina la indigencia de las mentes sin necesidad de ninguna otra luz y que gobierna el mundo hasta en las hojas que se lleva el aire?

Sí, fuiste tú y sólo tú el que me curaste de aquella obstinación con que había yo resistido a Vindiciano, el anciano sagaz y a Nebridio, el admirable joven, cuando frecuentemente me decían, aquel con vehemencia y éste con alguna vacilación, que no existe ninguna manera de predecir lo futuro y que las conjeturas humanas salen a veces acertadas por pura casualidad; que a fuerza de predecir tantas cosas algunas tienen que salir, sin que quienes las dicen realmente sepan lo que dicen y se topan con ellas simplemente por suerte y por no haber callado.

Entonces tú me procuraste la amistad de un hombre que consultaba con frecuencia a los matemáticos y algo sabía de sus artes, aunque no era perito en sus libros y los visitaba más que nada por curiosidad. Este hombre me contó algo que decía haber oído de su padre y por la cabeza no le pasaba que eso podía destruir por completo la credibilidad del arte de la adivinación. Este hombre, llamado Firmino, que era muy instruido y culto en su lenguaje, considerándome su más caro amigo, me consultó cierta vez sobre algunas cosas de este mundo en las cuales había puesto crecidas esperanzas. Quería saber qué pronóstico le daba yo basado en sus constelaciones, como ellos las llaman. Yo, que para entonces me sentía ya muy inclinado a la posición de Nebridio, no quise negarme en redondo a adelantar algunas conjeturas; pero le dije por lo claro, que estaba a punto menos que convencido de la futilidad y ridiculez de la adivinación.

Entonces él me contó que su padre había sido muy aficionado a la astrología y muy curioso y que había tenido

No existe ninguna manera de predecir lo futuro y que las conjeturas humanas salen a veces acertadas por pura casualidad; que a fuerza de predecir tantas cosas algunas tienen que salir, sin que quienes las dicen realmente sepan lo que dicen y se topan con ellas simplemente por suerte y por no haber callado.

Los emisarios de los dos amigos del relato no pudieron notar la menor diferencia en la posición de las estrellas ni en las fracciones del tiempo en el momento del nacimiento de los dos niños: Firmino y el hijo de la criada. Sin embargo, Firmino, nacido en una casa de mucho desahogo, corría por los más honorables caminos del mundo, crecía en riquezas y recibía altos honores, al paso que aquel pequeño esclavo seguía en el vínculo de la esclavitud y sirviendo a sus señores.

un amigo que andaba en las mismas. Siempre conversaban de esas vanidades y estaban en ellas hasta el punto de observar cuidadosamente a los mudos animales, si algunos nacían en su casa; notaban el momento en que nacían y lo ponían en relación con la posición de los astros, para adquirir así experiencia en la adivinación.

Por su padre supo Firmino que cuando su madre estaba embarazada de él comenzó a dar señales de preñez una criada de aquel amigo de su padre. Dicho amigo, que observaba con cuidadosa atención los partos de sus perras advirtió luego que su criada estaba encinta. Y sucedió que mientras su padre observaba a su criada contando los días y las horas, ambas dieron a luz al mismo tiempo. Con esto resultaba necesario que las mismas constelaciones produjeran efectos idénticos hasta en los pormenores sobre los dos recién nacidos, uno de los cuales era hijo y el otro, siervo.

Y cuando las dos mujeres se sintieron cercanas al alumbramiento ellos empezaron a comunicarse lo que pasaba en su propia casa y ambos dispusieron que algunas personas estuvieran listas para anunciar al amigo el nacimiento del hijo esperado. De este modo consiguieron que se supiera inmediatamente en cada casa lo que pasaba en la otra. Y según me contó Firmino, los emisarios de ambos amigos se encontraron a la misma distancia de ambas casas; de manera que ninguno de los dos pudo notar la menor diferencia en la posición de las estrellas ni en las fracciones del tiempo. Y sin embargo, Firmino, nacido en una casa de mucho desahogo, corría por los más honorables caminos del mundo, crecía en riquezas y recibía altos honores, al paso que aquel pequeño esclavo seguía en el vínculo de la esclavitud y sirviendo a sus señores.

Escuché pues el relato y lo creí, pues me contaba las cosas quien las conocía. Con esto me derrumbó mi última resistencia y allí mismo traté de apartar a Firmino de su insana curiosidad. Le hice ver que si del examen de su horóscopo iba yo a decirle algo verdadero tendría que haber visto en él que sus padres eran principales entre sus conciudadanos, una noble familia de la misma ciudad y tendría que ver también su cuna distinguida, su buena crianza y su liberal educación. Pero si me consultara aquel esclavo que nació bajo los mismos signos que él, tendría yo que ver en el mismo horóscopo cosas del todo contrarias, una familia de condición servil y en todo el resto distinta y alejada de la de Firmino. ¿Cómo podría ser que considerando las mismas constelaciones pudiera ver cosas tan diferentes y las dijera con verdad; o que dijera que veía lo mismo, pero hablando con falsedad?

De esto saqué la conclusión de que lo que se dice tomando en cuenta las constelaciones no resulta atinado, cuando resulta, por arte, sino nada más por suerte, y que las predicciones fallidas no se explican por una deficiencia en el arte, sino por una mentira de la suerte.

Con esto comencé a rumiar en mi ánimo la idea de ir a encontrar, para burlarme de ellos y confundirlos, a aquellos delirantes astrólogos que tan buenas ganancias sacaban de sus delirios; seguro de que no podrían resistirme diciendo que Firmino me había contado mentiras, o que su padre se las había contado a él. Me propuse estudiar los casos de esos hermanos gemelos que uno tras otro en tan pequeño intervalo, que por más que se hable de las leyes del mundo no resulta posible determinar con fijeza las diferencias, de modo que el astrólogo pudiera decir algo con seriedad. Mucho habría errado, por ejemplo, el que viendo el horóscopo de Jacob y de Esaú predijera de ambos lo mismo, cuando sus vidas fueron tan diferentes. Y si hubiera predicho estas diferencias, no las hubiera podido sacar del horóscopo, que era el mismo. No habría podido acertar por arte, sino solamente por suerte.

Pero tú, Señor, justísimo moderador del universo, desde el abismo de tus justos juicios y sin que lo sepan ni los consultantes ni los consultados, con oculta providencia haces que el consultante oiga lo que según los méritos de su alma le conviene oír. Y que ningún hombre pregunte: "¿Qué es esto, o para qué es esto?" (Si. 39:26). Que nadie lo pregunte, porque es hombre.

De esto saqué la conclusión de que lo que se dice tomando en cuenta las constelaciones no resulta atinado, cuando resulta, por arte, sino nada más por suerte, y que las predicciones fallidas no se explican por una deficiencia en el arte, sino por una mentira de la suerte.

95

Persistencia del problema del mal

Mis padecimientos no los conocía nadie sino tú, pues era bien poco lo que mi lengua hacía llegar al oído de mis más íntimos amigos. ¿Cómo podían ellos sospechar nada del tumulto de mi alma, si para describirlo no me hubiera bastado ni el tiempo ni las palabras? Pero a tu oído llegaba todo cuanto rugía en mi corazón dolorido.

Ya me habías soltado tú de aquellas cadenas, Señor auxilio mío, pero seguía yo preguntándome con insistencia de dónde procede el mal y no encontraba solución alguna. Pero tú no permitías que el ir y venir de mis pensamientos me apartara de la firme convicción de que tú existes y de que tu ser es inmutable. Creía también que eres el juez de los hombres y que tu providencia cuida de ellos y que pusiste el camino de la salvación para todos los hombres en tu Hijo Jesucristo y en las santas Escrituras que recomienda la autoridad de la Iglesia católica. Creía asimismo en la vida futura que sigue a la muerte corporal. Firmemente establecidos y arraigados en mi alma estos puntos de fe, seguía yo agitando en mí el problema del mal. ¡Qué tormentos pasó mi corazón, Señor, qué dolores de parto! Pero tu oído estaba atento, sin que yo lo supiera y mientras yo buscaba en silencio, clamaba a tu misericordia con fuertes voces mi desolación interior.

Mis padecimientos no los conocía nadie sino tú, pues era bien poco lo que mi lengua hacía llegar al oído de mis más íntimos amigos. ¿Cómo podían ellos sospechar nada del tumulto de mi alma, si para describirlo no me hubiera bastado ni el tiempo ni las palabras? Pero a tu oído llegaba todo cuanto rugía en mi corazón dolorido; ante ti estaba patente el anhelo de mi alma y no estaba conmigo la luz de mis ojos (Sal. 38:11).

Porque esa luz la tenía yo por dentro y yo andaba por afuera. Ella no estaba en lugar, pero yo no atendía sino a las cosas localizadas y en ellas no encontraba sitio de reposo. Ninguna de ellas me recibía en forma tal que yo dijera "aquí estoy bien y contento", pero tampoco me dejaba volver a donde realmente pudiera estar bien. Yo era superior a ellas e inferior a ti. Si yo aceptaba serte sumiso, tú eras para mí la verdadera alegría y sometías a mí las criaturas inferiores.

Y en esto consistía el justo equilibrio, la región intermedia favorable a mi salud; para que permaneciera yo a tu imagen y semejanza y en tu servicio dominara mi cuerpo. Pero yo me había erguido orgullosamente delante de ti y corrí contra mi Señor con dura cerviz (Job 15:26), dura como un escudo. Y entonces las cosas inferiores me quedaron por encima, me oprimían y no me daban respiro ni descanso. Salían a mi encuentro atropelladamente y en masa cuando yo no pensaba sino en imágenes corporales, y estas mismas imágenes me cortaban el paso cuando yo quería regresar a ti, como si me dijeran: ¿A dónde vas, tan indigno y tan sucio? De mi herida había salido toda esta confusión; porque tú heriste y humillaste mi soberbia (Sal. 89:10), cuando mi vanidad me separaba de ti hinchando mi rostro hasta cerrarme los ojos.

De mi herida había salido toda esta confusión; porque tú heriste y humillaste mi soberbia, cuando mi vanidad me separaba de ti hinchando mi rostro hasta cerrarme los ojos.

96

La medicina de Dios

Tú, Señor, permaneces eternamente, pero no es eterno tu enojo contra nosotros; quisiste tener misericordia del polvo y la ceniza y te agradó reformar mis deformidades.

Tú, Señor, permaneces eternamente, pero no es eterno tu enojo contra nosotros (Sal. 85:5); quisiste tener misericordia del polvo y la ceniza y te agradó reformar mis deformidades. Con vivos estímulos me agitabas para que no tuviera reposo hasta alcanzar certidumbre de ti por una visión interior. Y así, el toque secreto de tu mano medicinal iba haciendo ceder mi fatuidad y la agudeza de mi mente conturbada y entenebrecida se iba curando poco a poco con el acre colirio de mis saludables dolores que interiormente padecía.

97

La Encarnación del Verbo

En primer lugar: queriendo mostrarme cómo a los soberbios les resistes y a los humildes les das tu gracia (Stg. 4:6; 1ª P. 5:5) y cuánta misericordia has hecho a los hombres por la humildad de tu Verbo, que se hizo carne y habitó entre nosotros (Jn. 1:14), me procuraste, por medio de cierta persona excesivamente hinchada y fatua, algunos libros platónicos vertidos del griego al latín. En ellos leí, no precisamente con estos términos pero sí en el mismo sentido, que en el principio existía el Verbo y el Verbo estaba en Dios y el Verbo era Dios. Que todo fue hecho por él y sin él nada fue hecho. Y lo que fue hecho es vida en él. La vida era la Luz de los hombres y la Luz brilló en las tinieblas y las tinieblas no la comprendieron. Decían también esos libros que el alma del hombre, aun cuando da testimonio de la luz, no es la luz; porque sólo el Verbo de Dios, que es Dios él mismo, es también la Luz verdadera que ilumina a todo hombre que viene a este mundo. Y estuvo en este mundo y el mundo fue hecho por él y el mundo no lo conoció (Jn. 1:1-10).

También leí que el Verbo no nació "de carne ni de sangre ni por voluntad de varón, sino que nació de Dios" (v. 13); pero no leí que "el Verbo se hizo carne y habitó entre nosotros" (v. 14). Aprendí también algo que repetidamente y de varias maneras se dice en aquellos escritos: que el Verbo tiene "la forma del Padre y no tuvo por usurpación la igualdad con Dios, ya que es la misma sustancia con Él; pero esos libros nada dicen sobre que el Verbo se anonadó a sí mismo tomando la forma de siervo, se hizo semejante a los hombres y fue contado como uno de ellos; se humilló hasta la muerte y muerte de cruz, por lo cual Dios lo levantó de entre los muertos y le dio un Nombre que está sobre todo nombre, para que al Nombre de Jesús toda rodilla se doble en los cielos, en la tierra y en los infiernos y para que todo hombre confiese que el Señor Jesús está en la gloria de Dios Padre" (Fil. 2:6-11).

En esos libros se dice que tu Verbo, coeterno contigo, existe desde antes de los tiempos y sobre todos los tiempos

Me fueron procurados algunos libros platónicos vertidos del griego al latín. En ellos leí, no precisamente con estos términos pero sí en el mismo sentido, que "en el principio existía el Verbo y el Verbo estaba en Dios y el Verbo era Dios. Que todo fue hecho por él y sin él nada fue hecho".

Pero que "tu Hijo mrió en el tiempo por todos los pecadores, y que a tu propio Hijo no perdonaste sino que lo entregaste por todos nosotros", eso no lo dicen. Porque cosas como éstas "las has escondido a los ojos de los sabios y los prudentes para revelarlas a los niños".

y que de su plenitud reciben todas las almas para llegar a la bienaventuranza y que se renuevan por la participación de la permanente sabiduría. Pero que "tu Hijo haya muerto en el tiempo por todos los pecadores y que a tu propio Hijo no perdonaste sino que lo entregaste por todos nosotros" (Ro 5:6, 8), eso no lo dicen. Porque cosas como éstas "las has escondido a los ojos de los sabios y los prudentes para revelarlas a los niños, de modo que pudieran venir a él los que sufren y están agobiados y el los aliviará; pues él, que es manso y humilde de corazón" (Mt. 11:25, 28-20), "dirige a los apacibles en el juicio y enseña sus caminos a los humildes" (Sal 25:9).

Pero aquellos que se levantan sobre el nivel de una más sublime doctrina no escuchan al que dijo: "Aprended de mí, que soy manso y humilde de corazón y encontraréis la paz de vuestras almas" (Mt. 11:29); y aquello otro, que "si conocen a Dios no lo glorifican como a Dios ni le dan gracias, sino que se desvanecen en sus propios pensamientos y se les oscurece el corazón; mientras dicen ser sabios, se convierten en necios" (Ro. 1:21, 22).

Por eso, leí también que "tu gloria incorruptible había sido trocada en imágenes de hombres corruptibles y aun de aves, animales cuadrúpedos y serpientes" (Ro. 1:25). Ese era el alimento egipcio por el cual perdió Esaú su primogenitura; porque tu pueblo primogénito adoró en lugar tuyo la cabeza de un cuadrúpedo, convirtiendo su corazón en Egipto (Éx. 32:9) e inclinando su alma, hecha a tu imagen, ante la imagen de un becerro que come hierba (Hch. 7:39). Tales pastos hallé en esos libros, pero no los comí; porque te agradó, Señor, quitar de Jacob el oprobio de su disminución, de modo que el mayor sirva al menor y llamaste a los gentiles a tener parte en tu heredad.

Y yo, que vine a ti entre los gentiles, había puesto mi atención en aquel oro que quisiste que tu pueblo sacara de Egipto y que sería tuyo dondequiera que estuviese (Ex, 11, 30). Y a los atenienses les dijiste por boca de tu apóstol que "en ti vivimos, nos movemos y somos, como algunos de ellos habían dicho" (Hch. 17:28). Y ciertamente de allá procedían aquellos libros. No puse pues los ojos en los ídolos egipcios fabricados con tu oro por los que "cambian la verdad de Dios por la mentira y adoraron y sirvieron a la criatura en vez de al creador: (Ro 1:23-25).

98

El amor conoce la Verdad

Advertido quedé con todo esto de que debía entrar en mí mismo y pude conseguirlo porque tú, mi auxiliador, me ayudaste. Entré pues y de algún modo, con la mirada del alma y por encima de mi alma y de mi entendimiento, a la luz inmutable del Señor. No era como la luz ordinaria, accesible a toda carne; ni era más grande que ella dentro del mismo género, como si la luz natural creciera y creciera en claridad hasta ocuparlo todo con su magnitud. Era una luz del todo diferente, muchísimo más fuerte que toda luz natural. No estaba sobre mi entendimiento como el aceite está sobre el agua o el cielo sobre la tierra; era superior a mí, porque ella me hizo y yo le era inferior porque fui hecho por ella. Quien conoce esta luz conoce la Verdad y con la Verdad la eternidad. Y es la caridad quien la conoce.

¡Oh Verdad eterna, oh verdadera caridad y ansiada eternidad! Tú eres mi Dios y por ti suspiro día y noche. Y cuando por primera vez te conocí, tú me tomaste para hacerme ver que hay muchas cosas que entender y que yo no era todavía capaz de entenderlas. Y con luz de intensos rayos azotaste la debilidad de mi vista y me hiciste estremecer de amor y temor. Entendí que me hallaba muy lejos de ti, en una región distante y extraña y sentí como si oyera tu voz que desde el cielo me dijera: "Yo soy el alimento del las almas adultas; crece y me comerás. Pero no me transformarás en ti como haces con los alimentos de tu cuerpo, sino que tú te transformarás en mí".[41]

Claro vi entonces que tú corriges al hombre por sus iniquidades e hiciste a mi alma secarse como una araña. Y me dije: "¿Acaso no existe la verdad por no difundirse por los lugares del espacio?" Y tú desde lejos me respondiste: Muy al contrario, *Yo soy el que soy* (Éx. 3:14). Esta palabra la oí muy adentro del corazón y no había para mí duda posible. Más fácilmente podría dudar de mi propia existencia que no de la existencia de la Verdad, pues ella se nos manifiesta a partir de la inteligencia de las cosas creadas (Ro. 1:20).

¡Oh Verdad eterna, oh verdadera caridad y ansiada eternidad! Tú eres mi Dios y por ti suspiro día y noche. Y cuando por primera vez te conocí, tú me tomaste para hacerme ver que hay muchas cosas que entender y que yo no era todavía capaz de entenderlas.

---

[41] No se refiere a la Eucaristía, sino a la divina Sabiduría.

99

El bien consiste en unirse a Dios

Bueno es para mí acercarme a mi Dios; pues si no permanezco en Él, tampoco permanezco en mí. Y Él, permaneciendo en sí mismo, renueva todas las cosas.

Consideré todo cuanto existe debajo de ti y encontré que ni absolutamente son ni absolutamente no son. Son, pues existen fuera de ti, pero no son, por cuanto no son lo que tú eres. Porque verdadera y absolutamente es sólo aquello que permanece inconmutable. Entonces, bueno es para mí acercarme a mi Dios (Sal. 73:28); pues si no permanezco en Él, tampoco permanezco en mí. Y Él, permaneciendo en sí mismo, renueva todas las cosas (Sab. 7:27). Señor mío eres tú, porque no necesitas de mí (Sal. 16:2).

100

Todas las cosas que existen son buenas

Y me quedó del todo manifiesto que son buenas las cosas que se corrompen. No podrían corromperse si fueran sumamente buenas, pero tampoco se podrían corromper si no fueran buenas. Si fueran sumos bienes serían por eso incorruptibles; pero si no fueran buenas, nada tendrían que pudiera corromperse. La corrupción es un daño por cuanto priva de algún bien, pues si no fuera así a nadie dañaría. Porque o bien la corrupción no implica año, lo cual es evidentemente falso, o bien, como es igualmente evidente, nos daña porque nos priva de algo bueno. Si las cosas se vieran privadas de todo bien no podrían existir en modo alguno; pero si existen y ya no admiten corrupción, ello será sólo porque son mejores y permanecen incorruptibles.

¿Y qué monstruosidad mayor que la de decir que perdiendo algo se hacen mejores? Por consiguiente: si de todo bien se ven privadas, nada son y si algo son, es porque son buenas. El mal sobre cuya naturaleza y procedencia investigaba yo, no puede ser una sustancia, ya que si lo fuera sería buena. Entonces, no hay escape: o sería una sustancia incorruptible y por eso un sumo bien, o sería una sustancia corruptible que no podría corromperse si no fuera buena. Pues de manera manifiesta que tú todo lo hiciste bueno y que no existe sustancia alguna que tú no hayas hecho. Por otra parte, no hiciste todas las cosas igualmente buenas; por eso cada una tiene su bien y el conjunto de todas las cosas es muy bueno. Tú, Señor y Dios nuestro, lo hiciste todo muy bueno (Gn. 1:31).

Y me quedó del todo manifiesto que son buenas las cosas que se corrompen. No podrían corromperse si fueran sumamente buenas, pero tampoco se podrían corromper si no fueran buenas. Si fueran sumos bienes serían por eso incorruptibles; pero si no fueran buenas, nada tendrían que pudiera corromperse.

101

Todas las criaturas alaban al Señor

No deseaba yo ya cosas mejores, pues pensé en todo lo que existe, donde los seres más perfectos son mejores que los menos perfectos; pero su conjunto es mejor todavía que los mismos seres superiores. Todo eso lo llegué a pensar con mayor cordura.

En ti mismo no hay, en absoluto, mal alguno. Pero tampoco en el conjunto del universo, pues fuera de ti nada hay que pudiera irrumpir en él y perturbar el orden que tú le impusiste. Sin embargo, en las partes singulares del mundo hay elementos que no convienen con otros y por eso se dicen malos; pero esos mismos tienen conveniencia con otras cosas y para ellas, son buenos, además de que son buenos en sí mismos. Y todos los elementos que entre sí no concuerdan tienen clara conveniencia con esta parte inferior del mundo que llamamos "tierra", la cual tiene, porque así es congruente, su cielo lleno de vientos y nubes.

Lejos de mí el decir que sólo estas cosas existen. Pero si no viera yo ni conociera más que éstas, de ellas solas tendría motivo para alabarte. Porque todas las cosas te alaban: "Alabad al Señor, de la tierra los dragones y todos los abismos; el fuego y el granizo, la nieve y el vapor, el viento de tempestad que ejecuta su palabra; los montes y todos los collados; el árbol de fruto, y todos los cedros; la bestia y todo animal; reptiles y volátiles; los reyes de la tierra y todos los pueblos; los príncipes y todos los jueces de la tierra; los mancebos y también las doncellas; los viejos y los niños, alaben el nombre del Señor, porque sólo su nombre es elevado; su gloria es sobre tierra y cielos" (Sal. 148:7-13)

Y como en el cielo, Señor y Dios nuestro, también se te alaba, canten a tu Nombre en las alturas: "Alabadle, vosotros todos sus ángeles: alabadle, vosotros todos sus ejércitos. Alabadle, sol y luna: Alabadle, vosotras todas, lucientes estrellas. Alabadle, cielos de los cielos, y las aguas que están sobre los cielos. Alaben el nombre del Señor, porque él mandó, y fueron creadas. (Sal. 148:1-5).

No deseaba yo ya cosas mejores, pues pensé en todo lo que existe, donde los seres más perfectos son mejores que los menos perfectos; pero su conjunto es mejor todavía que los mismos seres superiores. Todo eso lo llegué a pensar con mayor cordura.

102

Locura e idolatría

No están en su sano juicio los que sienten disgusto por alguna de tus criaturas, como no lo había en mí cuando me disgustaban algunas de la cosas que tú creaste. Y como no se atrevía mi alma a desagradarte a ti, mi Dios, prefería no admitir como tuyo lo que me disgustaba. De ahí me vino la inclinación a la teoría de las dos sustancias, en la cual, por otra parte, no hallaba quietud y tenía que decir muchos desatinos.

A vueltas de estos errores me había yo imaginado un dios difuso por todos los lugares del espacio, creyendo que eso eras tú y ese ídolo abominable para ti lo había puesto yo en mi corazón como en un templo. Pero luego que alumbraste mi ignorante cabeza y cerraste mis ojos para que no vieran la vanidad (Sal. 119:37), me alejé un poco de mí mismo y se aplacó mi locura. Me desperté en tus brazos y comprendí que eres infinito, pero de muy otra manera; con visión que ciertamente no procedía de mi carne.

Me había yo imaginado un dios difuso por todos los lugares del espacio, creyendo que eso eras tú y ese ídolo abominable para ti lo había puesto yo en mi corazón como en un templo.

103

Lo finito se contiene en lo infinito

Vi que cada cosa está bien en su lugar y también en su tiempo y que tú, eterno como eres, no empezaste a obrar sólo pasados largos espacios de tiempo; pues todos los tiempos, los que ya pasaron y los que van a venir, no vendrían ni pasarían sino porque tú obras y eres permanente.

Consideré pues todas las cosas y vi que te deben el ser; que todo lo finito se contiene en ti no como en un lugar, sino abarcado, como en la mano, por tu verdad. Todas son verdaderas en la medida en que algo son y, en ellas no hay falsedad sino cuando nosotros pensamos que son lo que no son. Y vi que cada cosa está bien en su lugar y también en su tiempo y que tú, eterno como eres, no empezaste a obrar sólo pasados largos espacios de tiempo; pues todos los tiempos, los que ya pasaron y los que van a venir, no vendrían ni pasarían sino porque tú obras y eres permanente.

104

La maldad no es sustancia alguna

Por la experiencia he podido comprobar que el pan mismo, bueno como es y agradable al paladar del hombre sano, no le cae bien al paladar de un hombre enfermo; así como la luz, agradable para el ojo sano, es un martirio para el que está enfermo de los ojos. Tu justicia misma no agrada a los impíos que, a la par de las víboras y los gusanos, buenos en sí, tienen afinidad con las partes inferiores de la tierra y tanto más les son afines cuanto más desemejantes son contigo; por la misma manera como los que más se te asemejan mayor conveniencia tienen con las cosas superiores.

Al preguntarme pues qué es la maldad, me encontré con que no es sustancia alguna, sino sólo la perversidad de un albedrío que se tuerce hacia las cosas inferiores apartándose de la suma sustancia que eres tú y que arroja de sí sus propias entrañas quedándose sólo con su hinchazón.

Al preguntarme pues qué es la maldad, me encontré con que no es sustancia alguna, sino sólo la perversidad de un albedrío que se tuerce hacia las cosas inferiores apartándose de la suma sustancia que eres tú y que arroja de sí sus propias entrañas quedándose sólo con su hinchazón.

105

La perfección invisible
de Dios visible en las criaturas

Segurísimo estaba yo de que tus perfecciones invisibles se hicieron, desde la constitución del mundo, visibles a la inteligencia que considera las criaturas y también tu potencia y tu divinidad.

Y me admiraba de que ya te amara ti y no a un fantasma en tu lugar, pero no era estable este mi gozo de ti; pues si bien tu hermosura me arrebataba, me apartaba luego de ti la pesadumbre de mi miseria y me derrumbaba gimiendo en mis costumbres carnales. Pero aun en el pecado me acompañaba siempre el recuerdo de ti y ninguna duda me cabía ya de tener a quien asirme, aun cuando carecía yo por mí mismo de la fuerza necesaria. Porque el cuerpo corruptible es un peso para el alma y el hecho mismo de vivir sobre la tierra deprime la mente agitada por muchos pensamientos (Sb. 9:15). Segurísimo estaba yo de que tus perfecciones invisibles se hicieron, desde la constitución del mundo, visibles a la inteligencia que considera las criaturas y también tu potencia y tu divinidad (Ro. 1:20).

Buscando pues un fundamento para apreciar la belleza de los cuerpos tanto en el cielo como sobre la tierra, me peguntaba qué criterio tenía yo para juzgar con integridad las cosas mudables diciendo: "esto debe ser así y aquello no". Y encontré que por encima de mi mente mudable existe una verdad eterna e inmutable. De este modo y procediendo gradualmente a partir de los cuerpos pasé a la consideración de que existe un alma que siente por medio del cuerpo y esto es el límite de la inteligencia de los animales, que poseen una fuerza interior a la cual los sentidos externos anuncian sobre las cosas de afuera.

Pero luego de esto, mi mente, reconociéndose mudable, se irguió hasta el conocimiento de sí misma y comenzó a hurtar el pensamiento a la acostumbrada muchedumbre de fantasmas contradictorios para conocer cuál era aquella luz que la inundaba, ya que con toda certidumbre veía que lo inmutable es superior y mejor que lo mudable. Alguna idea debía de tener sobre lo inmutable, pues sin ella no le sería posible preferirlo a lo mudable. Por fin y siguiendo este proceso, llegó mi

mente al conocimiento del ser por esencia en un relámpago de temblorosa iluminación. Entonces tus perfecciones invisibles se me hicieron visibles a través de las criaturas, pero no pude clavar en ti fijamente la mirada.
Como si rebotara en ti mi debilidad, me volvía yo a lo
acostumbrado y de aquellas luces no me quedaba sino un
amante recuerdo, como el recuerdo del buen olor de
cosas que aún no podía comer.

Entonces tus perfecciones invisibles se me hicieron visibles a través de las criaturas, pero no pude clavar en ti fijamente la mirada. Como si rebotara en ti mi debilidad, me volvía yo a lo acostumbrado y de aquellas luces no me quedaba sino un amante recuerdo, como el recuerdo del buen olor de cosas que aún no podía comer.

106

Humildad para comprender
a Cristo humilde

Pero yo no era humilde y por eso no podía entender a un Cristo humilde, ni captar lo que él nos enseña con su debilidad. Porque tu Verbo, eterna verdad y supereminente sobre lo más excelso que hay en tu creación, levanta hacia sí a quienes se le someten.

Andaba yo en busca de alguna manera de adquirir la energía necesaria para gozar de ti, pero no pude encontrarla mientras no pude admitir que Jesucristo es mediador entre Dios y los hombres; que está sobre todas las cosas y es Dios bendito por todos los siglos (1ª Ti. 2:5; Ro. 9:5). Y Cristo me llamaba diciendo: Yo soy el camino, la verdad y la vida (Jn. 14:6).

El alimento que yo no podía alcanzar no era otro que tu propio Verbo, por quien hiciste todas las cosas, el cual al hacerse hombre y habitar en nuestra carne (Jn. 1:14) se hizo leche para nuestra infancia.

Pero yo no era humilde y por eso no podía entender a un Cristo humilde, ni captar lo que él nos enseña con su debilidad. Porque tu Verbo, eterna verdad y supereminente sobre lo más excelso que hay en tu creación, levanta hacia sí a quienes se le someten. Siendo la excelsitud misma, quiso edificarse acá en la tierra una humilde morada de nuestro barro por la cual deprimiese el orgullo de los que quería atraer a sí y los sanara nutriéndolos en su amor; para que no caminaran demasiado lejos apoyados en su propia confianza, sino que más bien se humillaran al ver a sus pies a una persona divina empequeñecida por su participación en la vestidura de nuestra piel humana; para que sintiéndose fatigados se postraran ante ella y ella levantándose, los levantara.

107

Errores sobre
la verdadera encarnación de Dios

Pero entonces creía yo de mi Señor Jesucristo algo del todo diferente. Ciertamente lo tenía por un varón de insuperable sabiduría con el cual nadie podía compararse, especialmente porque había nacido de manera admirable de una virgen, como para ejemplo de menosprecio de los bienes temporales poder conseguir la inmortalidad. Por haber tenido de nosotros tan grande providencia, su autoridad me parecía inigualable; pero no me cabía ni la menor sospecha del misterio encerrado en las palabras "el Verbo se hizo carne" (Jn. 1:14). De todo lo que sobre El se nos había entregado por escrito asumía yo que Cristo había bebido y dormido, que caminó y predicó, que conoció la tristeza y también la alegría; pero estimaba que aquella carne suya no se había unido a tu Verbo, sino con un alma y con una inteligencia humanas. Esto lo sabe quien ha llegado a conocer la inmutabilidad de tu Verbo, como la conocía yo ya para entonces y lo profesaba sin la menor sombra de dubitación. Porque la capacidad de mover a voluntad los miembros del cuerpo o no moverlos; o sentir un afecto y luego otro diferente en otro momento; o pronunciar en una ocasión admirables sentencias para guardar silencio en otra, es cosa propia de la mutabilidad del alma y de la mente. Y si todas estas cosas que de Cristo se dicen fueran falsas, todo lo demás naufragaría en la mentira y no quedaría en los sagrados Libros ninguna esperanza de salvación para el género humano.

Pero yo, teniendo por veraces esos escritos, reconocía en Cristo a un hombre completo. No solamente un cuerpo humano o un alma en ese cuerpo pero sin inteligencia, sino un hombre completo y verdadero. Cristo no era para mí la Verdad personal; pero sí veía en El una incomparable grandeza y excelencia debida a su más perfecta participación en la sabiduría. Alipio pensaba que la fe de los católicos predicaba que en Cristo no había, aparte de Dios y el cuerpo, un alma y una mente de hombre. Y como aceptaba bien en firme lo que había oído y guardaba en

Y si todas estas cosas que de Cristo se dicen fueran falsas, todo lo demás naufragaría en la mentira y no quedaría en los sagrados Libros ninguna esperanza de salvación para el género humano.

La discusión de las herejías pone en relieve cuál es el verdadero sentir de tu Iglesia y cuál es la doctrina verdadera. "Porque preciso es que haya entre vosotros aún herejías, para que los que son probados se manifiesten entre vosotros".

la memoria y como pensaba que tales cosas no son posibles sino en un ser dotado de alma y de razón, caminaba con tardos pasos hacia la fe cristiana. Pero cuando más tarde se enteró de que tales enseñanzas eran la herejía de los apolinaristas, se alegró sobremanera y se entregó sin reticencias a la fe católica.

Confieso que sólo más tarde fui capaz de distinguir la mucha diferencia que media entre el error de Fotino y la fe católica a propósito de que el Verbo se hizo carne. Porque la discusión de las herejías pone en relieve cuál es el verdadero sentir de tu Iglesia y cuál es la doctrina verdadera. "Porque preciso es que haya entre vosotros aún herejías, para que los que son probados se manifiesten entre vosotros" (1ª Co. 11:19).

108

Confesión y presunción

Los libros platónicos que leí me advirtieron que debía buscar la verdad incorpórea y llegué a sentir que en realidad perfecciones invisibles se hacen visibles a la inteligencia por la consideración de las criaturas; pero era repelido por aquellos que las tinieblas de mi alma no me dejaban conocer. Seguro estaba yo de tu existencia; seguro de que eres infinito pero que no te difundes por lugares ni finitos ni infinitos; que en verdad eres el que siempre has sido, idéntico a ti mismo y deducía que todas las cosas proceden de ti por el simplicísimo argumento de que existen.

De todas estas cosas estaba certísimo, pero era débil para gozar de ti. Hablaba con locuacidad, como si fuera muy perito; pero de no buscar el camino en Cristo redentor sería yo no un hombre experto, sino un hombre que perece. Ya para entonces había yo comenzado a hacer ostentación de sabiduría, lleno como estaba de lo que era mi castigo y, en vez de llorar, me hinchaba con la ostentación de la ciencia.

Pues, ¿dónde estaba aquella caridad que edifica sobre el fundamento de la humildad de Jesucristo? ¿O cuándo me enseñaron la humildad aquellos libros? Tú quisiste, creo, que los leyera antes de acercarme a la Sagrada Escritura para que quedara impreso en mi memoria el efecto que me habían producido; así, más tarde, amansado ya por tus libros y curado de mis llagas por tu mano bienhechora, iba yo a tener discernimiento para distinguir la verdadera confesión de la mera presunción; para ver la diferencia entre los que entienden a dónde se debe ir pero no ven por dónde y la senda que lleva a la patria feliz no sólo para verla, sino para habitar en ella.

Porque si primeramente hubiera sido formado en tus sagrados libros y en una suave familiaridad contigo y después hubiera leído los libros de los platónicos, acaso me arrancaran del sólido fundamento de la piedad; o si no me arrancaban afectos en los que estaba profundamente embebido, al menos pudiera yo creer que dichos libros eran capaces, con sólo leerlos, de engendrar tan noble afecto.

¿Dónde estaba aquella caridad que edifica sobre el fundamento de la humildad de Jesucristo? ¿O cuándo me enseñaron la humildad aquellos libros? Tú quisiste, creo, que los leyera antes de acercarme a la Sagrada Escritura para que quedara impreso en mi memoria el efecto que me habían producido.

109

El conocimiento superior del Espíritu por las Escrituras

Comencé, pues, y cuanto había leído de verdadero allá lo encontré también aquí con la recomendación de tu gracia; para que el que ve no se gloríe como si su visión no la hubiera recibido. Pues, ¿qué tiene nadie que no lo haya recibido?

Así sucedió que con ardiente avidez arrebataba yo la Escritura de tu Espíritu, en Pablo con preferencia a los demás apóstoles y se me desvanecieron ciertas dificultades que tuve cuando en cierta ocasión me parecía encontrarlo en contradicción consigo mismo y no ir de acuerdo el texto de sus palabras con el testimonio de la ley y los profetas. Y se apoderó de mí una alegría y temor (Sal. 2:11) cuando vi claro que uno solo es el rostro que nos ofrecen todas las Escrituras.

Comencé, pues, y cuanto había leído de verdadero allá lo encontré también aquí con la recomendación de tu gracia; para que el que ve no se gloríe como si su visión no la hubiera recibido (1ª Co. 4:7). Pues, ¿qué tiene nadie que no lo haya recibido? Y para que sea no sólo amonestado de verte, sino también sanado para poseerte a ti, que eres siempre el mismo y para que, siéndole imposible descubrirte desde lejos, tome el camino por donde puede legar a verte y luego a poseerte. Pues cuando se deleite el hombre en la ley de Dios según el hombre interior, ¿qué hará con esa otra ley que está en sus miembros y que resiste a la ley de su mente y lo tiene cautivo en la ley del pecado que está en sus miembros? (Ro. 7:22, 23). Porque tú, Señor, eres justo y nosotros somos pecadores y hemos obrado la iniquidad (Dn. 3:28). Por eso tu mano se ha hecho pesada sobre nosotros y con justicia hemos sido entregados al antiguo pecador y señor de la muerte y éste ha modelado nuestra voluntad según la suya, que no quiso permanecer en la verdad (Jn. 8:44).

¿Qué hará pues el hombre mísero? "¿Quién lo libertará de su cuerpo de muerte sino tu gracia por Jesucristo, Señor nuestro?" (Ro. 7:24-25). Jesucristo, a quien engendraste coeterno contigo y a quien creaste en el principio de tus caminos (Pr. 8:22); en el cual un príncipe de este mundo no halló causa de muerte (Jn. 14:30) y, sin embargo, lo hizo matar y con esa muerte fue destruido el decreto que nos era contrario (Col. 2:14).

Nada de esto dicen los libros de los platónicos, ni en sus páginas se encuentra este rostro de piedad, ni las lágrimas de la confesión, en las que tú ves el sacrificio de un corazón contrito y humillado (Sl. 51:19); nada dicen de la salvación de tu pueblo, ni de la ciudad adornada como una novia (Ap. 21:2), ni de las primicias del Espíritu Santo y el cáliz de nuestra salud (2ª Co. 1:22). Nadie canta en ellos "en Dios solamente está callada mi alma: De él viene mi salud. El solamente es mi fuerte, y mi salud; es mi refugio, no resbalaré mucho" (Sal. 62:1-2). Allí no se oye la voz del que dice: "Venid a mí todos los que estáis trabajados y cargados" (Mt. 11:28). Rechazan con desdén su doctrina porque es manso y humilde de corazón, "que haya escondido estas cosas de los sabios y de los entendidos, y la ha revelado a los niños" (Mt. 5:25).

Pero una cosa es ver desde la cima de un monte la patria de la paz y no hallar el camino hacia ella y andar descarriado por lugares sin camino, cercados por todas partes por desertores fugitivos, capitaneados por su jefe, el león y el dragón al acecho para atacar. Y otra saber el camino recto hacia el país de la paz, defendido por el emperador celestial. Aquí no hay desertores de la milicia celeste dispuestos al pillaje, antes bien, huyen de ese camino como de un suplicio.

Todas tus verdades se adentraban en lo íntimo de mi alma con ciertos y varios modos admirables cuando yo leía a Pablo, "el último de tus apóstoles", y considerando lo maravilloso de tus obras, quedaba asombrado y como fuera de mí.

Todas tus verdades se adentraban en lo íntimo de mi alma con ciertos y varios modos admirables cuando yo leía a Pablo, "el último de tus apóstoles" (1ª Co. 15:9), y considerando lo maravilloso de tus obras quedaba asombrado y como fuera de mí.

VIII
EL CAMINO DE LA CONVERSIÓN

110

Entrevista con Simpliciano

Recuerdo mi vida, Señor, dándote gracias y confieso tus misericordias conmigo. Que se empapen mis huesos de tu amor y que te digan: "Señor, ¿quién hay que sea semejante a ti?" (Sal. 35:10). "Tú has roto mis cadenas y ofreceré en tu honor un sacrificio de alabanza" (Sal. 116:16, 17).

Voy a contar ahora cómo las rompiste, de manera que cuantos te adoran digan al oírme: "Bendito sea el Señor en el cielo y en la tierra, grande y admirable es su nombre". Tus palabras se habían ya pegado en mis entrañas y tú me tenías cercado por todas partes. Cierto estaba yo de tu eterna existencia, aunque no la alcanzaba sino en enigma y "como en un espejo" (1ª Co. 13:12).

Con todo, ya se habían apartado totalmente de mí la más mínima duda sobre que eres una sustancia incorruptible y de que de ti proceden todas las criaturas y mi deseo no era tanto el de estar más cierto de ti, sino el de estar más firme y estable en ti. Pero en mi vida temporal todo era vacilante y mi corazón debía purificarse del viejo fermento; me gustaba el Salvador como camino a la vida, pero me sentía desanimado por las angosturas del camino.

Entonces me pusiste en el corazón un pensamiento que me pareció prudente: ir a ver a Simpliciano,[42] que a mis ojos era un buen siervo tuyo y en él resplandecía tu gra-cia. Había yo sabido de él que te servía desde su juventud y ahora era un anciano muy experimentado en el bien. Una larga vida en tus caminos me parecía garantizar su experiencia y su ciencia. Y no me equivocaba. Lo que yo quería, pues, era consultarle sobre mis perplejidades, con el objeto de que me revelase por qué método, dado mi estado de espíritu, yo podría avanzar por tu vía.

Yo veía a la Iglesia llena de fieles, cada uno de los cuales avanzaba a su modo. Me desagradaba profundamente la vida que llevaba; era para mí un fardo, ahora que

> Pero en mi vida temporal todo era vacilante y mi corazón debía purificarse del viejo fermento; me gustaba el Salvador como camino a la vida, pero me sentía desanimado por las angosturas del camino.

---

[42] Presbítero de la iglesia de Roma enviado a Milán para ser instruido en las Sagradas Escrituras por Ambrosio.

El lazo que aún me ataba estrechamente era la mujer. Es cierto que el apóstol no me prohibía casarme, aunque exhorta a un estado más perfecto, cuando desea vivamente que todos los hombres sean como él. Pero yo, demasiado débil todavía, escogía el partido del menor esfuerzo.

mis pasiones de antaño, mi apetito de honores y de dinero, no me excitaban ya a soportar una servidumbre tan pesada. Estas esperanzas no me ofrecían ya delicias, al precio de tu dulzura y de la belleza de tu casa a la que amé. Pero el lazo que aún me ataba estrechamente era la mujer. Es cierto que el apóstol no me prohibía casarme, aunque exhorta a un estado más perfecto, cuando desea vivamente que todos los hombres sean como él. Pero yo, demasiado débil todavía, escogía el partido del menor esfuerzo, y ésta era la única razón de que siguiese flotando en todo el resto, de mis languideces, de las preocupaciones enervadoras en las que me consumía, pues con la vida conyugal a la cual me sentía prometido y comprometido, tendría que preocuparme también de muchos de sus inconvenientes, que no me sentía con humor de soportar.

Había oído de la boca de la misma Verdad que existen eunucos "que se han hecho eunucos a sí mismos pensando en el reino de los cielos" (Mt. 19:12). Pero añadía que "quien pueda comprender comprenda". "Vanos son por naturaleza todos los hombres que ignoran a Dios y no fueron capaces de conocer por los bienes visibles a Aquel que es" (Sb. 23:1). Pero yo había salido de aquella vanidad, ya la había sobrepasado; me había elevado más alto, y con el testimonio de toda la creación, te había encontrado a ti, Creador nuestro y a tu Verbo, que es Dios en ti y un solo Dios contigo, por quien has creado todas las cosas (Col. 1:16).

También existe otra clase de impíos que "a pesar de conocer a Dios, no lo glorifican como Dios, ni le dan gracias" (Ro. 1:21). En este error también había caído yo; pero "tu diestra me sustentó" (Sal. 18:35) y me colocó en lugar donde pudiese recuperar la salud, porque has dicho al hombre: "El temor del Señor es la sabiduría" (Job 28:28), y además: "No seas sabio en tu propia opinión" (Pr. 3:7), pues aquellos que intentan hacerse pasar por sabios se hacen necios (Ro. 1:22). Ya había encontrado la perla preciosa, y tenía que comprarla al precio de todos mis bienes (Mt. 13:46), y aún vacilaba.

111

La conversión de Victorino, filósofo platónico

Fui, pues, al encuentro de Simpliciano, que había sido para Ambrosio, el obispo de entonces, un padre en la gracia, y al que Ambrosio amaba verdaderamente como a un padre. Le conté todo el proceso de mis errores. Cuando le dije que había leído diversos libros platónicos, traducidos al latín por Victorino, que había sido retórico en Roma, y que me habían asegurado que murió cristiano, me felicitó por no haber caído en otros escritos filosóficos llenos de mentiras y de hipocresía "según los rudimentos de este mundo" (Col. 2:8), mientras que en los platónicos se encuentra, bajo mil formas, una iniciación a Dios y a su Verbo. Después, para exhortarme a la humildad del Cristo, la que "se oculta a los sabios y se revela a los pequeños" (Lc. 10:21), se puso a evocar sus recuerdos de Victorino, con el cual, durante su estancia en Roma, había vivido con amistad íntima. Lo que de él me contó no quiero callarlo, pues hay que alabar ampliamente la gracia de Dios a propósito de él.

Victorino era un anciano sabio, inmerso en todas las doctrinas liberales, que había estudiado y criticado un tan gran número de obras de filósofos. Había sido maestro de muchos senadores distinguidos e incluso había sido premiado con una estatua en el Foro romano, honor máximo a los ojos del mundo, debido a la brillantez de su enseñanza. Hasta aquella edad avanzada de su vida, había sido adorador de los ídolos, y participaba en los misterios sacrílegos que entonces entusiasmaban a casi toda la nobleza romana, que comunicaba al pueblo su gusto por Osiris, por "toda clase de monstruos divinizados, por Anubis el ladrador", que antaño levantaron sus armas "contra Neptuno, Venus y Minerva" (Virgilio, Eneida 8, 698-700), y a los que Roma imploraba después de haberlos vencido. Aquellos dioses habían sido defendidos por el viejo Victorino durante muchos años, con todo el esplendor fogoso de su elocuencia; y sin embargo, ahora no siente ninguna vergüenza de ser siervo de tu Cristo, y de hacerse niño en la fuente de tu gracia ; dobló su cuello al

Victorino era un anciano sabio, inmerso en todas las doctrinas liberales, que había estudiado y criticado un tan gran número de obras de filósofos. Había sido maestro de muchos senadores distinguidos e incluso había sido premiado con una estatua en el Foro romano. Hasta aquella edad avanzada de su vida, había sido adorador de los ídolos, y participaba en los misterios sacrílegos.

Victorino fue arrebatado por el temor de que Cristo pudiera negarle delante de sus santos ángeles, si él temía confesarle ante los hombres. Perdió toda clase de respetos humanos ante la mentira, y aprendió a avergonzarse únicamente ante la verdad.

yugo de la humildad; inclinó su frente bajo el oprobio de la cruz.

"Oh Señor, inclina tus cielos y desciende: Toca los montes, y humeen" (Sal. 144:5). ¿Por qué medios te insinuaste en un corazón como aquél?

Leía, me contó Simpliciano, la Sagrada Escritura; escudriñaba con el máximo cuidado y estudiaba a fondo los libros cristianos. Y decía a Simpliciano, no en público, sino privadamente y en la intimidad: "Ahora ya sabes que soy cristiano". "No te creeré –contestaba Simpliciano–, ni te contaré entre los cristianos mientras no te haya visto en la Iglesia de Cristo." Y él repetía, riéndose: "Entonces, ¿son las paredes las que hacen al cristiano?" Repetía a menudo que era cristiano, pero Simpliciano le oponía la misma contestación, y Victorino le repetía sus observaciones irónicas sobre las paredes.

Es que temía ofender a sus amigos, a los orgullosos adoradores de los demonios, y le espantaba el pensamiento de que desde la cima de su babilónica dignidad cayeran sobre él los cedros del Líbano, todavía no derribados por el Señor. Pero cuando se robusteció mediante la lectura y una firme resolución, fue arrebatado por el temor de que Cristo pudiera negarle delante de sus santos ángeles, si él temía confesarle ante los hombres; sintió que iba a hacerse culpable de un verdadero crimen si se avergonzaba de los misterios instituidos por tu Verbo, en el tiempo de su humillación, mientras no se había avergonzado de los misterios sacrílegos de orgullosos demonios, de los que se había convertido él mismo en orgulloso imitador. Perdió toda clase de respetos humanos ante la mentira, y aprendió a avergonzarse únicamente ante la verdad.

Luego, me contó el mismo Simpliciano, Victorino le dijo de repente e inesperadamente: "Vamos a la Iglesia; quiero hacerme cristiano". Simpliciano, loco de alegría, le acompañó en seguida al templo. Una vez iniciado en las primeras verdades de la catequesis, pronto se hizo inscribir para obtener la regeneración del bautismo. Roma se llenó de sorpresa y la Iglesia de alegría. Los orgullosos, ante aquel espectáculo, tuvieron un ataque de furor, "lo verá el impío, y se despechará; crujirá los dientes, y se consumirá" (Sal. 112:10). Pero tú, Señor Dios, eras la esperanza de tu siervo, "que había puesto al Señor por su confianza, y no mira a los soberbios, ni a los que se desvían tras la mentira" (Sal. 40:4).

Llegó, por fin, la hora de la profesión de fe.[43] En Roma, los candidatos que se disponen a recibir tu gracia confiesan desde lo alto de algún lugar bien visible, ante los ojos del pueblo cristiano, una fórmula determinada, aprendida de memoria. El clero, según me contaba Simpliciano, ofreció a Victorino que hiciese esta declaración a puerta cerrada, concesión que a veces era ofrecida a aquellos que por su timidez parecía que iban a temblar de vergüenza; pero él prefirió proclamar en voz alta su salvación, en presencia de la muchedumbre santa. Extraña a toda salvación era la enseñanza que daba en su cátedra de retórica, y, sin embargo, esta su enseñanza había sido pública. Victorino no había tenido miedo, cuando exponía ante la muchedumbre de los insensatos palabras de su cosecha; con mucha más razón debía serle extraño todo temor, ahora, al articular tu propia palabra, ante tu pacífico rebaño.

Cuando subió para hacer la profesión,[44] los concurrentes, que todos le conocían, repitieron su nombre los unos a los otros, con murmullos confusos y aclamaciones. ¿Había allí alguien que no le conociese? Se oían, entre el jubileo general, clamores ahogados: "Victorino, Victorino". Su alegría estalló al verle; pero pronto se apaciguó, para dar paso, con el objeto de oírle mejor, a un silencio atento. Articuló la fórmula de verdad con una seguridad admirable, y todos habrían querido cogerlo para metérselo en el fondo de su corazón; allí se lo guardaban, en efecto, y las manos que lo cogían y lo llevaban hasta ellos eran su amor y su alegría.

Victorino no había tenido miedo, cuando exponía ante la muchedumbre de los insensatos palabras de su cosecha; con mucha más razón debía serle extraño todo temor, ahora, al articular tu propia palabra, ante tu pacífico rebaño.

---

[43] Se hacía unos días antes de recibir el bautismo, que no tenía espectadores. Véase Cirilo de Jerusalén, en esta misma colección.

[44] Que consiste básicamente en lo que nosotros conocemos por Credo Apostólico.

112

La inefable alegría de la salvación

Tú, Padre misericordioso, también te alegras más "por un pecador que se arrepiente que por noventa y nueve justos que no necesitan arrepentimiento". Y nuestra alegría es inmensa, cuando nos recuerdan con qué hombros alegres el pastor lleva a la oveja que se había extraviado.

¿Qué ocurre en el hombre, Dios bueno, para que se alegre más por la salvación de un alma cuando ya desesperaba de ella, y que ha sido liberada de un peligro más grave, que si hubiese conservado alguna esperanza a propósito de ella, o que si el peligro hubiese sido menos serio? Pero tú, Padre misericordioso, también te alegras más "por un pecador que se arrepiente que por noventa y nueve justos que no necesitan arrepentimiento" (Lc. 15:7). Y nuestra alegría es inmensa, cuando nos recuerdan con qué hombros alegres el pastor lleva a la oveja que se había extraviado, y cómo, ante la alegría de todos sus vecinos, la mujer lleva a tu tesoro la dracma que encontró.

Nuestras lágrimas brotan y corren en los regocijos solemnes de tu casa, cuando se lee, con respecto a tu hijo menor, "que estaba muerto y que ha resucitado, que estaba perdido y que ha sido hallado de nuevo" (Lc. 15). Es que tú te regocijas en nosotros y en tus ángeles, santificados por un santo amor. Pues tú permaneces siempre igual y el mismo, y lo que no existe siempre, o de igual modo, tú lo conoces siempre del mismo modo.

¿Qué ocurre, pues, en el alma, para que sienta más alegría cuando encuentra lo que ama, que en guardarlo constantemente? Otros muchos ejemplos lo atestiguan; todo está lleno de testimonios que nos gritan: ¡Así es! El emperador victorioso triunfa. No habría vencido si no hubiese combatido; y cuanto mayor ha sido el peligro en el combate, tanto mayor también es la alegría en el triunfo. Una tormenta abate a los navegantes y les amenaza con naufragar. Todos ellos palidecen ante la muerte que sienten venir. El cielo y el mar se apaciguan; el exceso de su alegría nace del exceso de su temor. Un ser querido está enfermo; su pulso revela que está en peligro ; cuantos desean su curación están enfermos en su alma igual que él. Pero se inicia la mejora; ya se pasea, aunque no ha recuperado todavía sus fuerzas de antes; y ya se produce una alegría tal como no se produjo nunca cuando andaba con plena fuerza y salud.

Hasta los mismos placeres de la vida humana no se pueden disfrutar sin dificultades imprevistas y contra su voluntad, sino con molestias y trabajos buscados y queridos. El placer de comer y beber es nulo a menos de haber sufrido antes las angustias del hambre y de la sed. Los buenos bebedores de vino, ¿no comen ciertos condimentos salados para producirse a sí mismos una irritación desagradable que al ser refrescado por el vino les produce deleite? Es costumbre establecida que las novias ya prometidas no sean entregadas en seguida; si cierta espera no obligase a sus novios a suspirar tras de ellas durante algún tiempo, quizás, al ser sus maridos, menospreciarían el don que con ellas se les hace.

Así, con una alegría vergonzosa y despreciable, igual que en una alegría permitida y lícita, en una amistad perfectamente pura y honesta, como en el caso del hijo "que había muerto y ha resucitado, que se había perdido y que ha sido encontrado", siempre una alegría más viva va precedida de un más vivo sufrimiento.

¿Qué significa esto, Señor, mi Dios? Tú eres gozo eterno de ti mismo, y los seres que se encuentran a tu alrededor hallan su alegría en ti. ¿Por qué, en esta parte inferior de tu creación hay un flujo y reflujo de progreso y retroceso, de discordancias y de armonías? ¿Es su propia condición y el ritmo que le habéis asignado, cuando desde las alturas de los cielos hasta los abismos de la tierra, desde el comienzo hasta el fin de los siglos, desde el ángel hasta el gusanillo, desde el primer movimiento hasta el último, disponías todas las variedades del bien y todas vuestras obras justas, cada una en su sitio, y regulabas cada una a su hora?

¡Oh, sí! ¡Cuán sublime eres, en las alturas, y cuán profundo en los abismos! ¡Jamás te alejas de nosotros, y, sin embargo, cuánto nos cuesta volver a ti!

Tú eres gozo eterno de ti mismo, y los seres que se encuentran a tu alrededor hallan su alegría en ti. ¡Cuán sublime eres, en las alturas, y cuán profundo en los abismos! ¡Jamás te alejas de nosotros, y, sin embargo, cuánto nos cuesta volver a ti!

113

El poder influyente de los famosos

Más completa es la derrota del enemigo en aquel que fue su mejor presa, y por el cual obtenía mucha más, gracias al prestigio de su autoridad. Cuando vuestros hijos se representaban al corazón de Victorino, como una ciudadela inexpugnable, era natural que estallase más gozosamente su entusiasmo al ver a nuestro rey "encadenar al fuerte".

Vamos, Señor, ¡obra, despiértanos, llámanos, enciéndenos y atraénos, inflámanos y encántanos!, Derrama tu fragancia y haznos sentir tu dulzura, así te amaremos y correremos en pos de ti.

¿No resulta que muchos vienen a ti desde un abismo de ceguera todavía más profundo que Victorino? Se acercan, y quedan todos ellos iluminados al recibir tu luz; y los que la reciben, reciben también el poder de convertirse en tus hijos (Jn. 1:12). Cuando son menos conocidos del mundo, hay menos alegría a causa de ellos, hasta en los que les conocen. Una alegría compartida por muchos es más abundante, hasta en los individuos, porque se animan y se inflaman unos a otros. Además, las personas notorias arrastran a muchas otras a su salvación; avanzan, y la masa les sigue. He aquí por qué se regocijan grandemente los mismos que les han precedido; pues no se regocijan tan sólo por aquellos convertidos de renombre.

Lejos de mí, que en tu casa se haga acepción de personas, que el rico pase ante el pobre, y el noble ante el hijo de padres desconocidos. ¿No has escogido "lo que es débil a los ojos del mundo, para confundir a los fuertes, la vileza y el oprobio del mundo, lo que no es nada, para reducir a la nada lo que es?" (1ª Co. 1:27-28). Es el mismo Apóstol, "el más pequeño de todos", por cuya boca has hecho resonar estas palabras, es aquel cuyas armas abatieron el orgullo del procónsul Paulo y le hicieron pasar por debajo del "yugo ligero" del Cristo, transformándolo así en un simple súbdito del gran rey. Él mismo, como recuerdo de una tan radiante victoria, quiso sustituir su antiguo nombre de Saulo por el de Pablo. Pues más completa es la derrota del enemigo en aquel que fue su mejor presa, y por el cual obtenía mucha más, gracias al prestigio de su autoridad. Cuando vuestros hijos se representaban al corazón de Victorino, que había sido ocupado por el demonio, poco antes, como una ciudadela inexpugnable, o a su lengua, dardo poderoso y acerado, con el cual había dado muerte a tantas almas, era natural que estallase más gozosamente su entusiasmo al ver a nuestro rey "encadenar al fuerte" (Mt. 12:29), y a sus vasos, conquistados, y luego purificados, convertirse en vasos de honor, "útil para los usos del Señor, y aparejado para todo buena obra" (2ª Ti. 2:21).

114

Impedimentos a la conversión

Cuando tu servidor Simpliciano me hubo narrado la historia de Victorino, yo ardí en el deseo de imitarle. Era lo que quería Simpliciano. Y cuando añadió que, en tiempos del emperador Juliano, un edicto había prohibido a los cristianos enseñar literatura y arte oratorio, Victorino se sometió plenamente a la ley y prefirió abandonar su escuela de habladuría antes que a tu Verbo "que da la elocuencia a las bocas de los niños" (Sb. 10:21).[45] Su energía no me pareció superior a su suerte, puesto que había encontrado así la ocasión de consagrarnos todo su tiempo. Después de oírlo, yo suspiraba por un descanso igual, esclavo como era de los hierros que me encadenaban, no por voluntad ajena, sino por mi propia voluntad de hierro.

El enemigo tenía en sus manos mi voluntad, y con ella había forjado una cadena que le servía para atarme. Pues es la voluntad perversa la que crea la pasión, es la sumisión a la pasión la que crea la costumbre, y es la no resistencia a la costumbre la que crea la necesidad. Por todos estos eslabones entrelazados se formó la cadena de la que acabo de hablar, sometido a dura servidumbre. La nueva voluntad, que había germinado en mí, de servirte gratuitamente, de gozarte, Dios mío, única delicia segura, no era todavía capaz de vencer la fuerza antigua de la otra. Así, pues, dos voluntades, la una antigua, la otra nueva, la una carnal, la otra espiritual, luchaban entre sí, y su rivalidad me desgarraba el alma.

Así comprendía, por experiencia propia, las palabras que había leído: "La carne desea contra el espíritu y el espíritu contra la carne" (Gá. 5:17). Yo estaba, a un mismo tiempo, en el uno y en la otra. Pero era más yo en lo que experimentaba en mí que en lo que desaprobaba. Ya, en efecto, en el elemento reprobado, mi yo no estaba muy comprometido, y soportaba contra mi voluntad, más que obrar a pleno gusto. Y, sin embargo, la costumbre ya se había anquilosado contra mí mismo, y eso por culpa mía,

> El enemigo tenía en sus manos mi voluntad, y con ella había forjado una cadena que le servía para atarme. Pues es la voluntad perversa la que crea la pasión, es la sumisión a la pasión la que crea la costumbre, y es la no resistencia a la costumbre la que crea la necesidad.

---

[45] Cf. Salmos 8:2: "De la boca de los chiquitos y de los que maman, fundaste la fortaleza, A causa de tus enemigos."

Por todos los medios me hacías ver la verdad de tus palabras; la verdad me subyugaba, y no encontraba para responder más que palabras lentas de somnolencia: "¡En seguida! ¡Ahora voy! ¡Un poco más!" Pero el "en seguida" no terminaba nunca, y "un poco más" se prolongaba indefinidamente.

puesto que era mi propia voluntad la que me había impulsado hasta donde no quería. ¿Cómo protestar legítimamente contra ello? ¿No es justa la pena que sigue al pecado? No podía ni alegar la excusa que no hacía mucho me permitía suponer que, si no despreciaba al mundo para unirme a ti, era que el conocimiento de la verdad era todavía incierto en mí. No, la verdad era ya para mí, también ella, objeto de certidumbre. Pero, siempre atado a la tierra, me negaba de nuevo a entrar a tu servicio, y temía tanto verme libre de mis trabas como es justo temer verse impedido por ellas.

Así el peso del siglo me agotaba, pero no sin dulzura, como en sueños; y las meditaciones que elevaba hacia ti se parecían a los esfuerzos de un hombre que quiere despertar, y que, vencido por la profundidad de su amodorramiento, se hunde de nuevo en el sueño. No hay nadie que quiera dormir siempre; el sentido común está de acuerdo en que es preferible el estado de vela. Y, sin embargo, cuando una torpeza vuelve los miembros pesados, dejamos para más tarde el instante de sacudirnos el sueño, y gozamos de él aunque sentimos que ya tenemos demasiado, y se haya dado ya la hora de levantarnos. Igualmente yo tenía por cierto que valía más darme a tu amor que ceder a mi pasión; el uno me gustaba, me conquistaba; pero yo amaba a ésta, y a ella permanecía encadenado. No tenía nada que contestar cuando me decías: "¡Levántate, tú que duermes! ¡Levántate de entre los muertos, y te iluminará Cristo!" (Ef. 5:14). Por todos los medios me hacías ver la verdad de tus palabras; la verdad me subyugaba, y no encontraba para responder más que palabras lentas de somnolencia: "¡En seguida! ¡Ahora voy! ¡Un poco más!" Pero el "en seguida" no terminaba nunca, y "un poco más" se prolongaba indefinidamente.

Era en vano que mi hombre interior se deleitase en tu ley, pues ya con tu ley, pues "veo otra ley en mis miembros, que se rebela contra la ley de mi espíritu, y que me lleva cautivo a la ley del pecado que está en mis miembros" (Ro. 7:22, 23). La ley de pecado es la fuerza de la costumbre, que arrastra y que encadena al alma, incluso contra su voluntad, justo por haber caído en ella voluntariamente. ¡Desgraciado de mí, entonces! ¿Quién me libraría de este cuerpo de muerte, sino tu gracia, por Jesucristo nuestro Señor? (Ro. 7:24, 25).

115

El testimonio de la vida de Antonio

Contaré ahora cómo me libraste de las ataduras del deseo sensual que me tenía tan estrechamente encadenado, y de la servidumbre de los negocios temporales, y lo confesaré para tu gloria, Señor, mi ayuda y mi salvación. Hacía las cosas de cada día, pero mi inquietud crecía; suspiraba por ti cada día, frecuentaba tu iglesia, tanto como me lo permitían las ocupaciones bajo las cuales gemía. Alipio

Contaré ahora cómo me libraste de las ataduras del deseo sensual que me tenían tan estrechamente encadenado, y de la servidumbre de los negocios temporales, y lo confesaré para tu gloria, Señor, mi ayuda y mi salvación.

Antonio el ermitaño, según un icono griego.

**Ponticiano encontró allí las epístolas del apóstol Pablo.
Era una lectura que no esperaba encontrar allí.
Se había imaginado que era cualquiera de las obras que yo me dedicaba a explicar.
Me miró, sonriendo, y me felicitó, expresándome su sorpresa de encontrar inesperadamente bajo mis ojos aquel libro y no otro.**

estaba a mi lado, liberado de sus funciones jurídicas después de haber sido asesor por tercera vez. Esperaba a quién vender de nuevo sus consultas, como yo mismo vendía el arte de bien hablar, si es que se puede alcanzar mediante la enseñanza. Nebridio había hecho a nuestra amistad este sacrificio de convertirse en auxiliar, para la enseñanza de Verecundo, ciudadano y profesor de gramática de Milán, que era de nuestra intimidad. Verecundo había expresado este vivo deseo, y nos había pedido, en nombre de nuestra amistad, que alguien de nuestro grupo le prestase la ayuda fiel que necesitaba en gran manera. Lo que decidió a Nebridio no fueron miras interesadas, pues si hubiese querido habría podido sacar de su cultura muchos más beneficios; pero en su benevolencia agradecida, este amigo tan amable y tan dulce no quiso rechazar nuestro requerimiento. Dio pruebas, además, de la mayor prudencia, evitando darse a conocer a los grandes de este mundo, y sustrayendo así su espíritu, en este sentido, que quería conservar libre, con ocios tan amplios como fuese posible para investigar, leer o conversar sobre la sabiduría.

Un día, Alipio y yo, cuando Nebridio estaba ausente por un motivo que no recuerdo, recibimos la visita de un tal Ponticiano, un africano, por consiguiente compatriota nuestro, que ocupaba en la corte un puesto elevado. No me acuerdo ya que quería de nosotros. Nos sentamos para hablar. El azar quiso que, encima de una mesa de juego, ante nosotros, viese un libro, y lo cogió, lo abrió, y encontró allí las epístolas del apóstol Pablo. Era una lectura que no esperaba encontrar allí. Se había imaginado que era cualquiera de las obras que yo me dedicaba a explicar. Me miró, sonriendo, y me felicitó, expresándome su sorpresa de encontrar inesperadamente bajo mis ojos aquel libro y no otro. Él también era cristiano y fiel siervo tuyo, y a menudo permanecía arrodillado ante ti, nuestro Dios, en frecuentes y largas oraciones. Le contesté que aquellos textos atraían mi atención más ardiente. La conversación derivó hacia un monje egipcio, Antonio,[46] cuyo nombre andaba en boca e todos tus siervos y del que nosotros no habíamos

---

[46] Antonio (251-356), egipcio de nacimiento y ermitaño por vocación, cuya vida fue escrita por Atanasio de Alejandría. Se le considera el padre del monacato de Oriente y Occidente.

oído hablar hasta aquel momento. Cuando advirtió esto, se detuvo sobre este asunto, y reveló poco a poco este gran hombre a nuestra ignorancia, que le extrañó en gran manera. Nosotros estábamos estupefactos de enterarnos que se realizaban tan cerca de nosotros y en nuestra época tus maravillas perfectamente atestiguadas, y operadas en la verdadera fe, en la Iglesia católica. Todos permanecíamos presa de admiración ante hechos tan extraordinarios; y él porque nos eran desconocidos.

Después pasamos a considerar la multitud de los grupos de monjes en los monasterios, sus formas de vida que hacen subir hasta ti suaves perfumes, las soledades fecundas del desierto, de todo lo cual no sabíamos nada. Extramuros de Milán, había un monasterio lleno de buenos hermanos, bajo la dirección de Ambrosio, y nosotros no lo sabíamos. Ponticiano hablaba, y nosotros, cautivados, le escuchábamos. Nos contó que un día, no sé en qué época, pero en Tréveris, naturalmente, había ido a pasear con tres camaradas por los jardines contiguos a los muros de la ciudad, mientras que durante la tarde el emperador asistía a los juegos del circo.

El azar quiso que, caminando dos a dos, el uno con Ponticiano en un grupo, los otros dos juntos en otro, tomasen direcciones diferentes. Éstos, caminando al azar, entraron en una cabaña en la que vivían algunos de tus servidores, que eran "pobres de espíritu", de aquellos a los cuales "pertenecía el reino de los cielos". Encontraron allí un manuscrito de la *Vida de Antonio*. Uno de ellos se puso a leerlo, lo admiró, se entusiasmó, y a medida que lo leía germinó en él el proyecto de abrazar aquel género de vida, y de abandonar su carrera en el mundo para consagrarse al tuyo. Pertenecían a la clase de funcionarios que llamaban "agentes" del emperador o inspectores de la administración imperial. Lleno de pronto de un santo amor y de una virtuosa vergüenza, se irritó contra sí mismo, lanzó una mirada a su amigo, y exclamó: "Dime, te lo ruego, ¿adónde pretendemos llegar, al precio de tantos esfuerzos? ¿Qué buscamos? ¿Por qué seguimos en la administración? ¿Nuestra esperanza puede ir más lejos, en el palacio, que pueda llegar a hacernos amigos del emperador? Y en tal empleo, ¡cuánta inestabilidad, cuántos peligros! Sí; cuántos peligros, ¡y para afrontar peligros todavía mayores! Y,

"¿Qué buscamos? ¿Por qué seguimos en la administración? ¿Nuestra esperanza puede ir más lejos, en el palacio, que pueda llegar a hacernos amigos del emperador? Y en tal empleo, ¡cuánta inestabilidad, cuántos peligros! Sí; cuántos peligros, ¡y para afrontar peligros todavía mayores! Y, además, ¿cuándo lo conseguiremos? En cambio, si quiero ser amigo de Dios, puedo serlo en seguida."

Así habló mi amigo en la crisis del nacimiento de una vida nueva; después sus ojos volvieron al libro, se puso a leer otra vez, y una transformación iba operándose en su corazón, sólo vista por ti; su pensamiento se alejaba del mundo, como pronto pudo verse. Mientras leía, y en tanto que se estremecían las olas de su corazón agitado, descubrió el mejor partido, decidió escogerlo.

además, ¿cuándo lo conseguiremos? En cambio, si quiero ser amigo de Dios, puedo serlo en seguida."

Así habló, en la crisis del nacimiento de una vida nueva; después sus ojos volvieron al libro, se puso a leer otra vez, y una transformación iba operándose en su corazón, sólo vista por ti; su pensamiento se alejaba del mundo, como pronto pudo verse. Mientras leía, y en tanto que se estremecían las olas de su corazón agitado, descubrió el mejor partido, decidió escogerlo, y, ya tuyo, declaró a su amigo: "He roto ya con nuestras comunes ambiciones; he decidido servir a Dios, y quiero hacerlo desde este mismo momento, en el lugar donde nos encontramos. Si tú no consientes en imitarme, no te opongas, por lo menos, a mi proyecto." El otro contestó que se le unía para compartir una tan bella recompensa y un tan hermoso servicio. Ambos, hechos ya tus siervos, comenzaron a edificar la torre de perfección a costa de dejar todo lo que se tiene para seguirte.

En este momento, Ponticiano y su compañero, que se paseaban por otras partes del jardín, empezaron a buscarlos, llegaron al lugar donde se encontraban, y les advirtieron de que ya era hora de entrar adentro, puesto que anochecía. Éstos les comunicaron la decisión que habían tomado, y les rogaron que no contrariasen su decisión si se negaban a asociarse a ellos. Los dos amigos siguieron siendo lo que eran; pero lloraron sobre sí mismos, afirmaba Ponticiano, y felicitaron afectuosamente a sus compañeros, recomendándose a sus oraciones; después, dejando que su corazón se arrastrase por los pensamientos terrenales, regresaron al palacio, mientras los convertidos, elevando su pensamiento a las ideas que nos vienen de arriba, permanecieron en la cabaña. Ambos tenían prometida; al enterarse de lo ocurrido, ellas también consagraron a ti su virginidad.

116

Enfrentado a sí mismo

Ésta fue la narración de Ponticiano. Y tú, Señor, mientras él hablaba, me volvías hacia mí mismo, me sacabas de detrás de mi espalda, donde me ocultaba, para no contemplarme a mí mismo cara a cara; me colocabas ante mi propia figura, para que viese cuán feo era, y deforme, y repugnante, con mis manchas y mis heridas. Me contemplaba a mí mismo, y me sentía horrorizado sin poder huir de mí. Si intentaba alejar de mí mis miradas, dirigiendo la atención a lo que Ponticiano iba contando, de nuevo me enfrentabas a mí mismo y me ponías una vez más cara a cara conmigo mismo, obligándome a mirarme a los ojos para que viese mi iniquidad y la aborreciese. Yo bien lo conocía, pero la disimulaba y trataba de olvidarla.

Pero ahora, más ardientemente amaba yo a aquellos cuyas buenas acciones oí contar que, con un don total, te habían confiado su curación; y cuanto más los amaba, tanto más me encontraba detestable y me odiaba a mí mismo por comparación. Tantos años transcurridos, cerca de una docena, desde la lectura del *Hortensio* de Cicerón, y entonces mis diecinueve años se inflamaron de amor por la sabiduría; y difería el momento de despreciar las felicidades terrestres para entregarme por completo a la busca de aquel bien cuya persecución, ya no digo su descubrimiento, merecía ser preferida a todos los tesoros, a las realezas profanas, a esos placeres sensuales que, ante un solo signo, afluían a mi alrededor. Adolescente muy miserable, sí, miserable en el mismo umbral de la adolescencia, te había pedido la castidad. Había dicho: "Dame la castidad, la continencia, pero no ahora". Temía que, si me escuchabas me curaras demasiado pronto de mi concupiscencia, que yo quería satisfacer más que apagar. Me había perdido por los tortuosos caminos de la superstición maniquea. No porque estuviera unido a ella con certeza; pero la prefería a las otras doctrinas de las que no me informaba lealmente, y que combatía con animosidad.

Me había imaginado que si difería de día en día despreciar las esperanzas del siglo, para entregarme sólo

Me había perdido por los tortuosos caminos de la superstición maniquea. No porque estuviera unido a ella con certeza; pero la prefería a las otras doctrinas de las que no me informaba lealmente, y que combatía con animosidad.

Todas las razones estaban agotadas y refutadas. Sólo me quedaba un miedo mudo; temía, como a la muerte, sentirme arrastrado por las riendas y ser separado de aquella corriente de la costumbre, en la que bebía la corrupción y la muerte.

a ti, era debido a que no percibía alguna luz cierta que orientase mi camino. Pero había llegado el día en que me encontraba completamente desnudo ante mí, bajo los reproches de mi conciencia: "¿Dónde están tus vanos propósitos? ¿Hace poco que pretendías que la incertidumbre de la verdad era lo único que te impedía abandonar de una vez tu bagaje de vanidad? Pues bien: ahora ya lo ves claro. La verdad te apremia; a espaldas más libres les han nacido alas, sin que necesitasen entregarse a tantas rebuscas, ni diez años o más de meditación."

Así me consumía yo interiormente, y me penetraba una intensa y horrible vergüenza, mientras Ponticiano hablaba. Puso fin a la conversación, solucionó el asunto por el cual había venido, y se retiró. Y yo me retiré en mí mismo. ¿Qué no me dije contra mí mismo? ¡Con qué azotes el látigo de mis pensamientos castigó a mi alma, excitándola a seguirme en mis esfuerzos para alcanzarte! Y ella se encabritaba, se negaba, sin buscar pretexto alguno para excusarme. Todas las razones estaban agotadas y refutadas. Sólo me quedaba un miedo mudo; temía, como a la muerte, sentirme arrastrado por las riendas y ser separado de aquella corriente de la costumbre, en la que bebía la corrupción y la muerte.

117

La experiencia del huerto

Entonces, en medio de la gran contienda que agitaba mi morada interior, y que yo había buscado a mi alma en aquel reducto secreto que es nuestro corazón, he aquí que, con el rostro tan turbado como lo estaba mi propio pensamiento, me precipité sobre Alipio:

"¿Y bien? –le grité–. ¿Y nosotros? ¿Qué significa lo que acabas de oír?

Los indoctos se levantan, se apoderan del cielo a la fuerza, y nosotros, con toda nuestra ciencia sin corazón, no hacemos más que revolcarnos por la carne y la sangre. ¿Será porque nos han precedido por lo que sentimos vergüenza de seguirles? ¡Y no sentimos vergüenza, en cambio, de no seguirles!"

Los indoctos se levantan, se apoderan del cielo a la fuerza, y nosotros, con toda nuestra ciencia sin corazón, no hacemos más que revolcarnos por la carne y la sangre. ¿Será porque nos han precedido por lo que sentimos vergüenza de seguirles? ¡Y no sentimos vergüenza, en cambio, de no seguirles!

Antiguo grabado representando a Agustín
en el jardín de su casa en el momento de su conversión.

Nuestra casa tenía un pequeño huerto. Allí me había lanzado la tempestad de mi corazón; nadie podía interrumpir aquel ardiente debate que había emprendido contra mí mismo y del cual sólo tú sabías la terminación; yo, no. Pero aquel delirio me encaminaba hacia la razón, esta muerte a la vida; sabiendo cuán mal me encontraba, ignoraba cuán bien me encontraría un instante después.

Debí decirle algo así; después, en mi confusa agitación, me alejé de su lado lleno de congoja. Alipio se me quedó mirando atónito y en silencio. Y era que mis palabras tenían un acento desacostumbrado. Todavía más que las palabras articuladas, mi frente, mis mejillas, mis ojos, mi tez, el tono de mi voz traicionaban lo que ocurría en mí.

Nuestra casa tenía un pequeño huerto, del que disfrutábamos, como del resto del edificio, pues el propietario, nuestro huésped, no vivía allí. Allí me había lanzado la tempestad de mi corazón; nadie podía interrumpir aquel ardiente debate que había emprendido contra mí mismo y del cual sólo tú sabías la terminación; yo, no. Pero aquel delirio me encaminaba hacia la razón, esta muerte a la vida; sabiendo cuán mal me encontraba, ignoraba cuán bien me encontraría un instante después.

Me retiré, pues, al huerto; Alipio seguía mis pasos. Pues yo me sentía solo, hasta en su presencia. ¿Y cómo podía abandonarme en tamaña enajenación? Nos sentamos lo más lejos posible de la casa. Yo estaba todo tembloroso, todo yo agitado por un oleaje de indignación, porque aún no pasaba al poder de tu voluntad, a tu alianza, oh Dios mío, hacia el cual "todos los huesos de mi carne" me gritaban que fuese, y elevaban hasta el cielo tus alabanzas. Y para ello no era preciso ni navío ni carro; ni menos debía dar aquellos pocos pasos que separaban de la casa el sitio donde habíamos ido a sentarnos; y no solamente ir, sino llegar hasta ti, no consistía más que en querer ir, pero con voluntad fuerte y plena, no de una voluntad medio herida, que se agita a derecha e izquierda, en una lucha en la que una parte de ella misma encuentra su resorte, mientras la otra parte se enoja.

En el tumulto de nuestras vacilaciones, yo hacía toda clase de gestos, como ocurre a menudo que los hombres quieren hacerlos, pero sin conseguirlo, cuando les faltan los miembros necesarios, o que se encuentran cargados de ataduras, o que están debilitados por una languidez mórbida, o paralizados por alguna causa cualquiera. Me arrancaba los pelos, me golpeaba la frente, abrazaba mis rodillas con mis dedos entrelazados; todos estos gestos los hacía porque quería hacerlos. Hubiese querido querer hacerlos, sin llegar a realizarlos, si la movilidad de mis miembros no me hubiese obedecido. Para aquellas diversas actitudes que yo iba tomando, querer no era lo mismo que poder. Pero yo no hacía lo que deseaba, con un deseo incomparablemente más ardiente, cosa que podía hacer desde el momento en que quisiese hacerlo, lo que verdaderamente sólo me bastaba querer para quererlo efectivamente. Aquí había identidad entre la facultad de obrar y la voluntad; querer ya era obrar. ¡Y, sin embargo, no obraba! Y mi cuerpo obedecía más fácilmente a la voluntad más tenue de mi alma, moviendo tal miembro a la menor orden, que mi alma no se obedecía a sí misma para realizar solamente en la voluntad su gran voluntad.

Querer ya era obrar. ¡Y, sin embargo, no obraba! Y mi cuerpo obedecía más fácilmente a la voluntad más tenue de mi alma, moviendo tal miembro a la menor orden, que mi alma no se obedecía a sí misma para realizar solamente en la voluntad su gran voluntad.

118

La resistencia de la voluntad

Esta voluntad compartida que quiere a medias, y a medias no quiere, no es, por consiguiente, un prodigio; es una enfermedad del alma. La verdad la levanta, sin conseguir levantarla por completo, porque la costumbre pesa sobre ella con todo su peso.

¿De dónde viene este extraño fenómeno? ¿Cuál es su causa? ¡Que tu luz ilumine mis ojos para que pueda interrogar a los abismos si pueden contestarme las misteriosas penalidades que pesan sobre el género humano, las tribulaciones tan oscuras de los hijos de Adán! ¿De dónde viene este fenómeno? ¿Cuál es su causa? El alma manda al cuerpo, y es obedecida inmediatamente. El alma se manda a sí misma, y encuentra resistencia.

El alma manda a la mano que se mueva, y la cosa se realiza tan fácilmente que apenas puede distinguirse entre la orden y la ejecución. Y, sin embargo, el alma es alma, la mano es cuerpo. El alma manda al alma que quiera, esto es: se lo manda a sí misma, y ella no actúa. ¿De dónde viene este prodigio? ¿Cuál es su causa? Ella le manda que quiera —digo—; no mandaría si no quisiese, y lo que ella ordena no se ejecuta.

Es debido a que no quiere totalmente; por consiguiente, no ordena totalmente. Sólo ordena en la medida como quiere, y el desfallecimiento de la ejecución está en relación directa con el desfallecimiento de su voluntad, puesto que la voluntad llama al ser una voluntad que no es más que ella misma. Por consiguiente, no ordena plenamente; he aquí por qué su orden no se ejecuta. Si toda ella se entregase a su mando, no tendría necesidad de ordenarse a sí misma que fuese, y sería ya. Esta voluntad compartida que quiere a medias, y a medias no quiere, no es, por consiguiente, un prodigio; es una enfermedad del alma. La verdad la levanta, sin conseguir levantarla por completo, porque la costumbre pesa sobre ella con todo su peso. Hay, pues, dos voluntades, ninguna de las cuales es completa, y lo que falta a la una, la otra lo posee.

119

Una sola voluntad
y una sola naturaleza

Que perezcan ante tu rostro, Dios mío, como perecen los vanos habladores y seductores de las almas, los que toman por pretexto esta dualidad de la voluntad, cuando delibera, para sostener que tenemos dos almas, cada una de las cuales tiene su naturaleza, la una buena, la otra mala. Son ellos los malos, al adherirse a esta mala doctrina, y no se volverán buenos hasta que vuelvan a la verdad, de acuerdo con los hombres de verdad. Entonces podrá serles aplicada la palabra del apóstol: "En otro tiempo fuisteis tinieblas, y ahora sois luz en el Señor" (Ef. 5:8). Pero ellos no quieren ser luz en el Señor, sino en sí mismos, pues creen que la naturaleza del alma es lo que es Dios. Así se han convertido en tinieblas más espesas, puesto que en su arrogancia abominable se han alejado más lejos de ti, que eres la verdadera luz que ilumina "a todo hombre que viene a este mundo" (Jn. 1:9). Fijaos bien en lo que decía y avergonzaos: "A él miraron y fueron alumbrados: Y sus rostros no se avergonzaron" (Sal. 34:5).

Yo mismo, cuando deliberaba antes de entrar al servicio del Señor Dios mío, como me había formado el propósito de ello mucho antes, era yo quien quería, y yo quien no quería; era yo, sí, yo. No decía plenamente sí, ni decía plenamente no. ¿De dónde procedían estas luchas conmigo mismo, esta escisión íntima, que se producía a pesar de mí, pero que sólo atestiguaba el castigo que experimentaba mi alma, y no la presencia en mí de un alma extranjera? "De manera que ya no obro aquello, sino el pecado que mora en mí" (Ro. 7:17), como castigo a un pecado cometido en un estado de mayor libertad, porque yo era un hijo de Adán.

Porque si hay tantas naturalezas contrarias entre sí, cuantas son las voluntades en lucha consigo mismas, entonces ya no son dos naturalezas sino muchas. Alguien se pregunta si va a ir a una de sus reuniones, o al teatro: "He aquí, las dos voluntades –exclaman–, la una buena, que le conduce hacia nosotros, la otra mala, que le im-

Era yo quien quería, y yo quien no quería; era yo, sí, yo. No decía plenamente sí, ni decía plenamente no. ¿De dónde procedían estas luchas conmigo mismo, esta escisión íntima, que se producía a pesar de mí, pero que sólo atestiguaba el castigo que experimentaba mi alma, y no la presencia en mí de un alma extranjera?

Así, pues, cuando comprueban que dos voluntades luchan juntas en un mismo hombre, que no vengan a pretender que hay allí un conflicto de dos almas contrarias, la una buena, la otra mala.

pulsa hacia otro lado. En caso contrario, ¿de dónde vendría esta vacilación de las voluntades en conflicto?" Yo afirmo que ambas son malas, tanto la que conduce hacia ellos como la que dirige hacia el teatro. Ellos se imaginan que sólo puede ser buena la voluntad que encamina hacia ellos. Pero entonces, supongamos que uno de los nuestros delibera en una lucha recíproca de las dos voluntades y vacila entre saber si irá al teatro o a nuestra iglesia, ¿nuestras gentes no vacilarían también sobre la contestación que hay que oponer en aquel caso? O bien convendrán, aunque en esto no consienten, que es la voluntad buena la que guía a nuestra Iglesia, frecuentada por aquellos que a ella unen los sacramentos; o bien supondrán que hay dos naturalezas malas y dos voluntades malas que luchan en un mismo hombre. Y, a este precio, desmentirán su aserto habitual, esto es: que hay un alma buena y una natura mala. O bien se convertirán a la verdad y ya no contestarán más que, cuando se delibera, es una misma alma la que flota al viento de las voluntades contradictorias.

Así, pues, cuando comprueban que dos voluntades luchan juntas en un mismo hombre, que no vengan a pretender que hay allí un conflicto de dos almas contrarias, la una buena, la otra mala, formadas de dos sustancias contrarias, de dos principios contrarios. Pues tú, oh Dios de verdad, lo rechazas, lo refutas y los confundes. Supongamos, por ejemplo, dos voluntades malas, el caso de un hombre que se pregunta si va a asesinar con veneno o con un puñal, si va a usurpar ese fondo o aquel fondo, sin poder usurpar ni el uno ni el otro, si va a comprar a precios subidos o conservar avaramente su dinero, si irá al circo o al teatro, suponiendo que ambos representan el mismo día, o bien (añado un tercer tema de perplejidad) si va a perpetrar un robo en casa ajena, pues se le presenta la ocasión, o, todavía más (cuarto objeto de deliberación), si va a cometer un adulterio, para el cual también tendría facilidad.

Que todas estas posibilidades, igualmente deseadas, se ofrezcan en un mismo momento, sin poder, sin embargo, ser simultáneamente alcanzadas, y nos encontraremos con un alma totalmente desgarrada por esta lucha intestina entre cuatro voluntades, o hasta más, tantos son los objetos susceptibles de ser deseados. Y, sin embargo, no hablan, habitualmente, de igual cantidad de sustancias diferentes.

Lo mismo puede decirse de las voluntades buenas. ¿Es bueno, les pregunto, complacerse en la lectura del apóstol? ¿Es bueno encontrar su goce en la seriedad de un salmo? ¿Es bueno explicar el Evangelio? A cada una de estas preguntas contestarán: "Sí, es bueno". Pero, entonces, si estos diversos ejercicios gustan en igual grado y en el mismo momento, ¿voluntades opuestas no tiran de nuestro corazón en sentido opuesto, mientras nos preguntamos por cuál empezar preferentemente? Todas esas voluntades son buenas, y luchan, sin embargo, entre ellas, hasta que se forme una selección que oriente y unifique la voluntad, precedentemente dividida.

Lo mismo ocurre cuando la eternidad nos ofrece sus seducciones superiores, mientras el deseo de un bien temporal nos mantiene en la parte baja; es la misma alma que quiere el uno o el otro de estos bienes, pero solamente con una media voluntad. De ello proceden las angustias dolorosas que la desgarran; la verdad la obliga a preferir uno, pero la costumbre la ata al otro.

Es la misma alma que quiere el uno o el otro de estos bienes, pero solamente con una media voluntad. De ello proceden las angustias dolorosas que la desgarran; la verdad la obliga a preferir uno, pero la costumbre la ata al otro.

120

Lucha entre el cuerpo y el alma

Nueva tentativa; ya estaba casi, sí, casi, ya tocaba al final; ya lo alcanzaba; pero no, todavía no estaba, no lo tocaba ni lo tenía, vacilando al morir a la muerte, al vivir a la vida. El mal inveterado tenía mayor imperio sobre mí que el bien, nuevo para mí.

Así, con el alma enferma, yo me torturaba, acusándome a mí mismo con más severidad que nunca, revolviéndome y debatiéndome en mi cadena, hasta haberla roto enteramente. Sólo me retenía débilmente; pero, sin embargo, me retenía. Y tú me apremiabas, Señor, en lo más secreto de mi alma, y tu severa misericordia me flagelaba a golpes redoblados de temor y de vergüenza, para prevenir un nuevo desfallecimiento que, retardando la ruptura de esa débil y frágil cadena, le confiriese una fuerza nueva y una más vigorosa resistencia.

Me decía en mi interior: "¡Acabemos ya! ¡Acabemos ya!" Mis palabras me encaminaban hacia la decisión; iba a obrar, pero no obraba. No volvía a caer en el abismo de mi vida pasada, pero permanecía de pie en el borde, tomando aliento. Nueva tentativa; ya estaba casi, sí, casi, ya tocaba al final; ya lo alcanzaba; pero no, todavía no estaba, no lo tocaba ni lo tenía, vacilando al morir a la muerte, al vivir a la vida. El mal inveterado tenía mayor imperio sobre mí que el bien, nuevo para mí. Y más el instante en que mi ser debía cambiar iba aproximándose, más aumentaba mi pavor; no era ni rechazado ni desviado de mi camino, pero permanecía en suspenso. Lo que me retenía eran aquellas miserias de miserias, aquellas vanidades de vanidades, mis antiguas amigas que me tiraban suavemente del vestido de carne, y me murmuraban en voz muy baja: "¿Vas a rechazarnos? ¡Cómo! ¿A partir de este momento ya no formaremos jamás parte de ti? ¿Y, a partir de este momento, esto y eso, y lo de más allá, ya no te será permitido, jamás, jamás?" Y cuanto ellas me sugerían en aquello que llamo "esto y eso", ¡lo que me sugerían, oh Dios mío! ¡Que tu misericordia lo borre del alma de tu siervo! ¡Qué basuras! ¡Qué indecencias! Pero yo sólo oía su voz a medias, pues ellas no me abordaban en pleno rostro, como por una leal contradicción; cuchicheaban a mis espaldas, y cuando quería alejarme, tiraban de mí furtivamente, para hacerme volver la cabeza. Conseguían retrasarme, pues yo vacilaba en rechazarlas, a librarme de ellas para irme adonde me llamaban; y la todopoderosa costumbre me decía: "¿Te imaginas que podrás vivir sin ellas?"

Pero ya no me hablaba, ella misma, con otra voz que no fuese lánguida; pues del lado hacia donde volvía mi frente, y por donde temía pasar, se desvelaba la dignidad casta de la continencia; serena, sonriente, sin nada de lascivo, me invitaba con modales llenos de nobleza a aproximarme sin vacilación. Ella tendía, para recibirme y estrecharme, sus piadosas manos, llenas de una multitud de buenos ejemplos. Tantos niños, jovencitas, una numerosa juventud, todas las edades, viudas venerables, mujeres encanecidas en la virginidad; y en estas santas almas la continencia no era estéril; era la madre fecunda de los hijos de la felicidad que tú le das, oh Señor, tú, su esposo.

Parecía decirme, con una ironía alentadora: "¡Cómo! ¿No podrás hacer lo que han hecho estas criaturas, estas mujeres? ¿Es en ellos mismos, y no en el Señor su Dios, como esto les es posible, a los unos y a los otros? Es el Señor su Dios quien me ha dado a ellos. ¿Por qué apoyarte en ti mismo, y vacilar? Lánzate valientemente hacia él, no tengas miedo, no huirá para dejarte caer. Lánzate atrevidamente, él te recibirá, él te curará." Y yo me avergonzaba mucho, porque aún percibía los murmullos de las vanidades; y permanecía vacilante, en suspenso. Y de nuevo ella me hablaba, y yo creía oír: "Sé sordo a las tentaciones impuras de tu propia carne en esta tierra, para mortificarla. ¿Las delicias que te cuenta, son comparables a las suavidades de la ley del Señor tu Dios?" Toda esta discusión tenía lugar en mi corazón; y era un duelo entre yo y yo. Y Alipio, a mi lado, esperaba en silencio el fin de esta agitación nueva en mí.

"Sé sordo a las tentaciones impuras de tu propia carne en esta tierra, para mortificarla. Las delicias que te cuenta, ¿son comparables a las suavidades de la ley del Señor tu Dios?" Toda esta discusión tenía lugar en mi corazón; y era un duelo entre yo y yo.

121

El momento de la conversión

Yo decía esto, y lloraba toda la melancolía de mi corazón despedazado. Y, de pronto, oí una voz, que salía de una casa vecina, voz de niño, o de niña, no lo sé bien, que cantaba y repetía varias veces: "¡Toma, lee! ¡Toma lee!"

Cuando por medio de estas profundas reflexiones se conmovió hasta lo más oculto y escondido que había en el fondo de mi corazón, y amontonado toda mi miseria ante los ojos de mi corazón, se levantó en él una gran tempestad, cargada de una abundante lluvia de lágrimas; y para dejar que pasase la tormenta con sus clamores, me levanté y me alejé de Alipio. La soledad me parecía deseable para la libertad de mis lágrimas, y me retiré lo suficiente lejos para que su presencia no me causase molestia.

Tal era mi estado, y él se dio cuenta de ello, pues no sé qué palabra se me había escapado, en la que vibraba un sonido de voz empapado en lágrimas. Me había levantado. Él permaneció en el lugar adonde nos habíamos sentado, presa de profundo estupor. Yo fui a tenderme, no sé cómo, debajo de una higuera; y di rienda suelta a mis lágrimas, y las fuentes de mis ojos brotaron, ¡sacrificio digno de ser acogido! Y te hablé, si no en estos términos, por lo menos en este sentido: "¿Y tú, Señor, hasta cuándo? ¿Hasta cuándo, oh Señor?, ¿has de estar airado para siempre? ¿Arderá como fuego tu celo? No recuerdes contra nosotros las iniquidades antiguas" (Sal. 6:3; 79:5, 8). Pues yo sentía que aún me retenían. Y exclamaba con sollozos: "¿Cuánto tiempo, todavía cuánto tiempo será "mañana", y todavía "mañana"? ¿Por qué no en seguida? ¿Por qué no acabar, inmediatamente, con esta mi vergüenza?"

Yo decía esto, y lloraba toda la melancolía de mi corazón despedazado. Y, de pronto, oí una voz, que salía de una casa vecina, voz de niño, o de niña, no lo sé bien, que cantaba y repetía varias veces: "¡Toma, lee! ¡Toma lee!" Y en seguida, cambiando de rostro, busqué muy atentamente, quise recordar si esto era el refrán habitual de algún juego de niños; y nada de eso me vino a la memoria. Reprimiendo la violencia de mis lágrimas, me levanté; la única interpretación que entreveía era que una orden divina me indicaba que abriese el libro, y leyese el primer capítulo sobre el cual se posasen mis ojos. Acababa de saber que Antonio, al llegar, un día, durante la lectura del Evangelio, había oído, como una advertencia dirigida a él,

estas palabras: "Ve, vende cuanto posees, dalo a los pobres, y tendrás un tesoro en el cielo: ven, sígueme" (Mt.
19:21), y que este oráculo lo había convertido inmediatamente a ti.

Me apresuré, pues, a regresar al sitio donde se encontraba Alipio, sentado; pues, al levantarme, había dejado
allí el libro del apóstol. Lo cogí, lo abrí, y leí en voz baja
el primer capítulo en el que se posaron mis ojos: "Andemos como de día, honestamente: no en glotonerías y
borracheras, no en lechos y disoluciones, no en pendencias
y envidia: Mas vestíos del Señor Jesucristo, y no hagáis
caso de la carne en sus deseos" (Ro. 13:13, 14). No quise
leer nada más; no lo necesitaba. Al acabar de leer estas
líneas, llenó mi corazón una especie de luz de seguridad
que disipó todas las tinieblas de mi incertidumbre.

Entonces, después de marcar con el dedo, o no sé con
qué otro signo, aquel lugar del libro, lo cerré, y, con el rostro
ya serenado, lo conté todo a Alipio. Y él me descubrió, a
su vez, lo que, sin yo saberlo, le había ocurrido. Pidió ver
lo que yo había leído; se lo enseñé, y leyó lo que venía
después de lo que yo había leído. Yo no conocía la continuación. Y decía esto: "Recibid al flaco en la fe" (Ro. 14:1).
Consideró que esto iba dirigido a él, y así me lo confesó.
Fortalecido por esta advertencia, en una resolución buena
y santa, completamente conforme con sus costumbres tan
castas, de las que yo me encontraba tan lejos, hacía tiempo,
se unió a mí, sin vacilación y sin turbación.

En seguida fuimos al encuentro de mi madre. Le con-
tamos todo lo sucedido, con gran alegría de su parte. Y
cuando le íbamos contando los detalles de la historia, ella,
jubilosa y saltando de alegría, te bendecía y glorificaba a
ti, "que eres poderoso para hacer todas las cosas mucho
más abundantemente de lo que pedimos o entendemos"
(Ef. 3:20), pues le habías concedido mucho más en mí que
cuanto te habían pedido sus gemidos y sus conmovedoras
lágrimas. Tan plenamente me convertiste a ti que ya no
buscaba esposa ni abrigaba esperanza alguna en este siglo,
elevado ya como me hallaba sobre aquella regla de fe
donde una revelación tuya, tantos años antes, me había
mostrado de pie a mi madre. Cambiaste su lamento en
baile, Señor (Sal. 30:11), en una alegría mucho más abundante que la que ella esperaba de los nietos nacidos de mi
carne.

Había
dejado allí
el libro del
apóstol.
Lo cogí,
o abrí,
y leí en voz
baja el primer
capítulo en
el que se
posaron
mis ojos:
"Andemos
como de día,
honestamente,
y no hagáis
caso de la
carne en sus
deseos".
No quise leer
nada más;
no lo
necesitaba.
Al acabar de
leer estas
líneas,
llenó mi
corazón una
especie de
luz de
seguridad
que disipó
todas las
tinieblas
de mi
incertidumbre.

IX
DEL BAUTISMO
A LA MUERTE DE SU MADRE

122

Dios ocupa su lugar

"¡Oh Señor, que yo soy tu siervo, yo tu siervo, hijo de tu sierva: Rompiste mis prisiones. Te ofreceré sacrificio de alabanza!" (Sal. 116:16, 17). Que mi corazón y mi lengua te alaben, "Todos mis huesos dirán: Señor, ¿quién como tú?" (Sal. 35:10). Que lo digan y tú, a cambio, "Di a mi alma: Yo soy tu salud" (Sal. 35:3).

¿Qué era y quién soy yo? ¿Qué malicia no puse en mis actos, o, si no en mis actos, en mis palabras, o, si no en mis palabras en mi voluntad? Tú eres bueno, Señor, y misericordioso, midiendo con la mirada la profundidad de mi muerte. Tu mano disipó en el fondo de mi corazón, un abismo de corrupciones. Y eso equivalía a no querer lo que yo quería, y a querer lo que tú querías.

Pero, ¿dónde estaba mi libre albedrío durante ese largo período? ¿De qué secreto y misterioso retiro fue sacado en un instante, para que yo inclinase mi cuello bajo tu yugo de dulzura, mis espaldas bajo tu peso ligero, oh Cristo Jesús, mi ayuda y mi redención? (Mt. 11:29, 30). ¡Qué dulce fue para mí verme de pronto libre del atractivo de aquellas frívolas delicias! Había temido perderlas y ya me sentía encantado al alejarlas de mí.

Era que tú las expulsabas lejos de mí, tú, la verdadera, la suprema dulzura, y al expulsarlas así ocupabas su sitio, más dulce que cualquier deleite, aunque no para la carne y la sangre; más radiante que toda luz, pero también más oculto que todo secreto; más prestigioso que todo honor, aunque no para los que se ensalzan a sí mismos.

Al fin mi corazón estaba libre de las agitaciones devoradoras de la ambición del dinero, del deseo de poder, de la apetencia de placeres y de la carcoma de las pasiones, cuya lepra nos rascamos. Comencé a hablarte con libertad, abandonado a ti, Señor, que eres mi luz, mi riqueza y mi salvación.

Al fin mi corazón estaba libre de las agitaciones devoradoras de la ambición del dinero, del deseo de poder, de la apetencia de placeres y de la carcoma de las pasiones, cuya lepra nos rascamos. Comencé a hablarte con libertad, abandonado a ti, Señor.

123

Renuncia a la carrera del mundo

Retiraría suavemente el ministerio de mi lengua de la feria de la charlatanería, no queriendo ya que criaturas que no se preocupaban ni de tu paz, y que sólo soñaban en locas falacias y en pleitos del foro, comprasen de mi boca armas para servir su insensatez.

A la luz de tu mirada decidí evitar cualquier escándalo en mi ruptura; retiraría suavemente el ministerio de mi lengua de la feria de la charlatanería, no queriendo ya que criaturas que no se preocupaban ni de tu paz, y que sólo soñaban en locas falacias y en pleitos del foro, comprasen de mi boca armas para servir su insensatez. Por una feliz casualidad, sólo me separaban algunos días de las vacaciones de la vendimia. Decidí aguantarlos con paciencia; después me iría como de costumbre. Una vez que había sido comprado por ti, ya no quería volver a venderme a mí mismo.

Este era el plan que me había formado ante ti. Entre los hombres, sólo lo conocían mis íntimos; y entre nosotros habíamos convenido no divulgarlo, aunque subiendo las vertientes del valle de lágrimas y cantando el cántico de la subida, hubiésemos recibido de ti flechas agudas, y carbones encendidos contra la lengua mentirosa que bajo la apariencia de dar consejos se oponen a nuestros buenos intentos, y con pretexto de amarnos nos destruyen, así como acostumbra la lengua hacer con la comida, que por quererla la deshace y consume.

Habías atravesado nuestro corazón con las saetas de tu amor; llevábamos tus palabras hundidas a través de nuestras entrañas, y los ejemplos de tus servidores, que, de tinieblas que eran, los habías convertido en luz, y de muerte en vida, formaban en el fondo de nuestro pensamiento una especie de pira que ardía y consumía nuestra perezosa inercia, cuyo peso ya no sentía que nos encorvase hacia las cosas bajas. Experimentábamos tan vivamente el ardor que el viento de la contradicción, soplado por una lengua engañosa, lejos de extinguir la llama, la encendía más vivamente.

Sin embargo, estábamos seguros que por causa de tu nombre, que has glorificado en todo la tierra, había de haber otros que aplaudieran nuestra decisión y propósito. Por ello nos pareció como una cierta ostentación por nuestra parte no esperar las próximas vendimias, cuyas vacaciones estaban tan cerca. Mi profesión era pública muy visible; abandonarla sin dar plazo alguno, anticiparme a la fecha de las próximas vacaciones equivalía a atraer hacia mi decisión todas las miradas, y dar que hablar a las gentes como si desease yo darme importancia a cualquier precio. ¿Para qué entregar a las discusiones y a las disputas mis sentimientos íntimos y "sea blasfemado nuestro bien" (Ro. 14:16)?

Todavía más: durante aquel mismo verano, el trabajo excesivo de mi enseñanza me había infligido una debilidad pulmonar; me costaba respirar y lo hacía penosamente, y la lesión se revelaba en ciertos dolores del pecho, que me prohibían toda emisión de voz clara y sostenida. Primero esto me desmoralizó, en la casi necesidad en que me veía de abandonar la tarea del profesorado, o en todo caso de dejarlo de lado momentáneamente, si podía esperar una curación y una recuperación en mis fuerzas. Así que, cuando nació y tomó cuerpo en mí la voluntad de tomarme un plazo de tiempo y de ver que tú eres el Señor, entonces, bien lo sabes, Señor, sentí alegría al ver que tenía a mi disposición una excusa no falsa para moderar el mal humor de las gentes, siempre dispuestas a acapararme en beneficio de sus hijos.

Lleno de esta alegría, me resignaba a soportar el plazo que todavía faltaba, me parece que sólo faltaban tres semanas, y necesitaba todas las fuerzas de mi aguante para soportarlo. Había perdido ya el amor al dinero, que habitualmente me ayudaba a soportar aquel duro peso; y me hubiese quedado agobiado si la paciencia no hubiese venido a sustituir la codicia.

Quizás alguno de tus siervos, alguno de mis hermanos se sentirá tentado a afirmar que pequé al aceptar permanecer una hora más en mi cátedra de mentiras, cuando ya mi corazón estaba saturado por el deseo de servirte. No quiero discutir sobre ello. Pero tú, Señor tan misericordioso, ¿no me has perdonado y borrado con el agua santa también este pecado, junto con tantas otras manchas horribles y mortales?

Había perdido ya el amor al dinero, que habitualmente me ayudaba a soportar aquel duro peso; y me hubiese quedado agobiado si la paciencia no hubiese venido a sustituir la codicia.

124

Retiro en Casiciaco

Gracias te sean dadas, Señor, que somos tuyos; tus exhortaciones, tus consuelos lo atestiguan. Fiel a tus promesas, darás a Verecundo, al regreso de esa campiña de Casiciaco donde descansamos en ti de los agobios del siglo, la dulzura, la eterna primavera de tu paraíso.

Nuestra propia felicidad se había convertido para Verecundo en un motivo de tormento y de ansiedad. Teniendo en cuenta los lazos que le ataban tan estrechamente, veía claro que iba a ser eliminado de nuestro grupo. Aún no era cristiano, por más que lo fuese su mujer; ella era el gran obstáculo que le cerraba el camino por el cual nosotros nos habíamos adentrado. En efecto: según decía, no admitía otra forma de hacerse cristiano que aquella que precisamente le estaba prohibida.

Pero tuvo la buena gracia de ofrecernos su propiedad para todo el tiempo que deseásemos residir en ella. ¡Ah Señor! ¡Le recompensará el día de la resurrección de los justos! Ya le concediste un fin como el que concedes a ellos: fue durante nuestra ausencia; ya estábamos en Roma cuando fue víctima de una grave enfermedad, durante la cual se hizo cristiano con plenitud de fe, y después abandonó esta vida. Así tuviste piedad de él tanto como de nosotros; habría sido para nosotros un insoportable dolor pensar en la bondad exquisita de nuestro amigo con nosotros, sin poder contarle entre tu fiel rebaño.

Gracias te sean dadas, Señor, que somos tuyos; tus exhortaciones, tus consuelos lo atestiguan. Fiel a tus promesas, darás a Verecundo, al regreso de esa campiña de Casiciaco donde descansamos en ti de los agobios del siglo, la dulzura, la eterna primavera de tu paraíso, puesto que le perdonaste sobre la tierra sus pecados, y le has colocado en la florecida montaña, tu montaña, monte fértil (Sal. 68:15).

En esta época, Verecundo se sentía presa de la angustia. Nebridio compartía nuestra alegría. Sin embargo, aún no era cristiano, y se había dejado caer en la foso de ese error tan peligroso que le hacía considerar corno una apariencia sin realidad el cuerpo de tu Hijo, la Verdad misma. Pero ya salía de ella, y su situación era la siguiente: extraño todavía a los sacramentos de tu Iglesia, buscaba, sin embargo, la verdad con pasión.

Poco tiempo después de nuestra conversión y de nuestra regeneración por el bautismo, se hizo católico

fiel, y te sirvió en África con una castidad y una continencia perfectas, en medio de los suyos, después de
convencer a toda su familia a que se hiciese cristiana. Y
entonces fue cuando le liberaste de esta carne. Ahora vive
"en el seno de Abrahán", sea cual sea la interpretación
que pueda darse a esa expresión, y allí es donde vive mi
querido Nebridio, mi dulce amigo, convertido, de liberto
que era en tu hijo adoptivo; allí vive. ¿Qué otro lugar
sería digno de aquella alma? Vive en aquella morada
sobre la cual hacía tantas preguntas al ser mezquino y sin
luces que yo soy. Ya no aproxima su oído a mis labios;
aproxima su boca espiritual a tu fuente, y bebe tanto
como puede tu sabiduría, a tenor de su avidez, con una
felicidad sin fin, pero no creo que llegue a embriagarse
con ello hasta el punto de olvidarse de mí, puesto que
tú, Señor, tú a quien él bebe, y a quien ve, te acuerdas
de nosotros.

Bebe tanto como puede tu sabiduría, a tenor de su avidez, con una felicidad sin fin, pero no creo que llegue a embriagarse con ello hasta el punto de olvidarse de mí, puesto que tú, Señor, tú a quien él bebe, y a quien ve, te acuerdas de nosotros.

Así nos encontrábamos; consolábamos a Verecundo,
para el cual nuestra conversión era un motivo de tristeza,
sin que nuestra amistad padeciese por ello; le exhortába-
mos a cumplir fielmente los deberes de su estado, es
decir: de la vida conyugal. En cuanto a Nebridio, esperábamos el momento en que nos seguiría. Estaba tan
cerca de nosotros, que la cosa le resultaba fácil; y cada
día se sentía más decidido a hacerlo. Pero he aquí que
transcurrieron aquellos días que me parecían tan largos
y numerosos, como me lo daba a entender mi deseo
ávido de aquellos libres ocios en que, desde el fondo de
mi corazón, podría cantar: "Mi corazón ha dicho de ti:
Buscad mi rostro. Tu rostro buscaré, oh Señor" (Sal. 27:8).

125

Los Salmos, alimento del alma

¡Qué voces,
Dios mío,
lancé
hacia ti,
al leer los
Salmos de
David,
esos cánticos
de fe,
esos cantos
de piedad,
tan apropiados
para allanar
el espíritu
soberbio!

Por fin llegó el día en que iba a quedar libre, efectivamente, de aquel oficio de retórico, del que ya me había desprendido de pensamiento. Y así se hizo. Te di la liberación de mi lengua, como ya te debía la de mi corazón. Te bendecía muy gozoso y me fui hacia aquella casa de campo, con todos los míos. En qué empleaba mis facultades literarias, que ya, sin duda, tenía puestas a tu servicio, pero que, en su aliento jadeante, como el luchador durante el reposo, exhalaban todavía el orgullo de la escuela, puede verse en los *Diálogos* salidos de mis discusiones con mis amigos, o conmigo mismo a solas ante ti. En cuanto a mis debates con Nebridio entonces ausente, nuestras cartas dan testimonio de ellos.

¿Cuándo tendré tiempo suficiente para recordar todos tus grandes beneficios en mi favor, sobre todo en aquel período? Siento el deseo de pasar a otros objetos todavía más importantes. Vuelvo a ver, estos días, con el recuerdo y me resulta dulce, Señor, confesar con qué aguijones secretos me has domado totalmente; cómo me has allanado, al rebajar las montañas y las colinas de mis pensamientos; cómo has enderezado mis caminos tortuoso, suavizado mis asperezas; cómo has atado a Alipio, el hermano de mi corazón, al nombre de tu Hijo único, nuestro Señor y Salvador Jesucristo, que al principio no quería él que apareciese en mis escritos. Prefería respirar en ellos el olor de los cedros de la escuelas ya truncados por el Señor, al de las hierbas saludables de tu Iglesia, que protegen contra el veneno de las serpientes.

¡Qué voces, Dios mío, lancé hacia ti, al leer los Salmos de David, esos cánticos de fe, esos cantos de piedad, tan apropiados para allanar el espíritu soberbio! Novicio todavía en tu verdadero amor, compartía mis ocios campesinos con Alipio, catecúmeno como yo; y mi madre vivía a nuestro lado, mujer sólo por el vestido, viril por la fe, con esa calma que da la edad, con su ternura de madre y su piedad de cristiana. ¡Qué voces lanzaba yo hacia ti al leer aquellos Salmos, y qué llama de amor sacaba de ellos para ti! Yo hubiese querido recitarlos, si esto hubiese sido posible, a toda la tierra y humillar la presunción del género humano. Aunque ya se cantan por todo el mundo y no hay nadie que escape a su calor.[47]

¡Cuán vehemente y amarga era mi indignación contra los maniqueos! Después volvía a compadecerles por ignorar aquellos misterios, aquellos medicamentos, que les llevaba a ensañarse contra el antídoto que hubiese podido devolverles la salud. Yo habría querido tenerlos allí, en alguna parte, cerca de mí, sin saberlo, y que observasen mis facciones, que oyesen mis acentos, mientras en aquel pleno reposo yo leía el salmo cuarto, y que comprendiesen lo que este salmo hacía de mí: "Respóndeme cuando clamo, oh Dios de mi justicia: Estando en angustia, tú me hiciste ensanchar: Ten misericordia de mí, y oye mi oración" (Sal. 4:1). Digo: que me oyesen sin que yo lo supiese; en caso contrario, habrían podido creer que iban destinadas a ellos las palabras con que yo entrecortaba las del salmista. En realidad, no las habría pronunciado, ni con tal acento, sintiéndome escuchado y visto; y por su parte, aunque hubiese hablado igual, no habrían tomado mis palabras tal como me las decía a mí mismo, para mí mismo, en tu presencia, en la íntima efusión de mi corazón.

Yo temblaba de temor y al mismo tiempo me sentía alegre esperando en tu misericordia, ¡oh, Padre mío! Todo esto se reflejaba en mis ojos y en el temblor de mi voz, cuando, dirigiéndose a nosotros, tu Espíritu de bondad nos dijo: "Hijos de los hombres, ¿hasta cuándo volveréis mi honra en infamia, amaréis la vanidad, y buscaréis la mentira?" (Sal. 4:2) ¡Oh sí! Yo había amado la vanidad y buscado la mentira. Y tú, Señor, ya habías glorificado a tu Santo, "resucitándole de los muertos, y colocándole a tu diestra en los cielos" (Ef. 1:20), de donde enviaría a Aquel que había prometido, el Paráclito, el Espíritu de verdad. Él ya lo había enviado, y yo no lo sabía. Lo había enviado, porque ya estaba glorificado, resucitado de entre los muertos, subido al cielo. Pues antes, si el Espíritu no había sido dado todavía, era debido a que el Cristo no estaba

Yo temblaba de temor y al mismo tiempo me sentía alegre esperando en tu misericordia, ¡oh, Padre mío! Todo esto se reflejaba en mis ojos y en el temblor de mi voz. Yo había amado la vanidad y buscado la mentira. Y tú, Señor, ya habías glorificado a tu Santo, "resucitándole de los muertos, y colocándole a tu diestra en los cielos".

[47] La práctica de cantar Salmos durante el culto se remonta al Nuevo Testamento y a lo dicho por Pablo: "Hablando entre vosotros con Salmos e himnos" (Ef. 5:19). Cf. E.B. Gentile, *Adora a Dios* (CLIE, Terrassa).

Ahora ya había aprendido a temblar por mi pasado, a fin de no volver a pecar en el futuro. Y mi temblor era justo, porque no era una naturaleza extraña perteneciente a la de los que no tiemblan. El bien que yo iba buscando ya no estaba fuera de mí. Nosotros no somos la "luz que alumbra a todo hombre"; somos iluminados por ti, a fin de que los que en un tiempo fuimos tinieblas, podamos ser luz en ti.

todavía glorificado (Jn. 14:17; 7:39). Y el profeta grita: "¿Hasta cuándo tendréis el corazón apesadumbrado? ¿Por qué amáis la vanidad y buscáis la mentira?" (Sal. 4:2). Sabed que el Señor ha magnificado a su Santo. El profeta sigue clamando: "¿Hasta cuándo?" Nos grita: "¡Sabedlo!" Y yo, durante tanto tiempo, sin "saber" nada, amé a la vanidad y busqué la mentira. He aquí por qué yo temblaba al escucharle, recordando que había sido igual a aquellos a quienes va dirigida esa advertencia. Los fantasmas que yo había tomado por la verdad sólo eran vanidad y mentira. ¡Cuántas quejas graves y profundas yo exhalaba, en el dolor de mi recuerdo! Ojalá que las hubiesen oído los que todavía hoy aman la vanidad y buscan la mentira. Quizá se hubiesen sentido turbados y hubiesen vomitado su error. Entonces tú les habrías escuchado cuando clamasen a ti, pues Cristo, que murió por todos, murió verdaderamente en carne e intercede por nosotros ante ti (Ro. 8:34).

Seguí leyendo: "Temblad, y no pequéis" (Sal. 4:4). ¡De qué manera me sentía conmovido por esto! Pues ahora ya había aprendido a temblar por mi pasado, a fin de no volver a pecar en el futuro. Y mi temblor era justo, porque no era una naturaleza extraña perteneciente a la de los que no tiemblan. Por eso, "por tu dureza, y por tu corazón no arrepentido, atesoras para ti mismo ira para el día de la ira y de la manifestación del justo juicio de Dios" (Ro. 2:5).

El bien que yo iba buscando ya no estaba fuera de mí. Tampoco lo buscaba en las cosas que se pueden ver con ojos de la carne, a la luz del sol. Los que buscaban deleite en las causas exteriores quedan decepcionados, porque se desparraman en las cosas visibles y fugaces, y lo único que logran es lamer sus imágenes, muertos de hambre. Dios quiera que, fatigados de hambre, digan: "¿Quién nos mostrará el bien?" (Sal. 4:6), para que yo les dijera y ellos oyeran: "Alza sobre nosotros, oh Señor, la luz de tu rostro" (v. 7). Nosotros no somos la "luz que alumbra a todo hombre" (Jn. 1:9); somos iluminados por ti, a fin de que los que en un tiempo fuimos tinieblas (Ef. 5:8), podamos ser luz en ti.[48]

---

[48] Salmos 36:9: "Porque contigo está el manantial de la vida: En tu luz veremos la luz". Mateo 5:14: "Vosotros sois la luz del mundo."

¡Cómo deseaba yo que ellos viesen aquella luz interna y eterna que había visto yo! Ahora que ya la había gustado, bramaba por no podérsela mostrar. Pues caso de acercarse a mí y de preguntarme: "¿Quién nos mostrará el bien?" (Sal. 4:6), habría advertido en ellos un corazón atento sólo a las cosas que entran por los ojos, muy lejos de ti. Pero, en mi corazón, donde yo había empezado a estar molesto conmigo mismo; donde había sentido remordimiento y compunción; donde te había ofrecido en sacrificio, a mi viejo yo; allí donde por primera vez me propuse renovar mi vida y poner mi esperanza en ti, allí mismo me habías empezado a ser dulce y alegre. Mis ojos leían estas palabras mientras mi alma penetraba su sentido. Los gritos acudían a mis labios no queriendo ya desparramarse más buscando los bienes terrenos, devorando el tiempo o siendo devorado por él. En la simplicidad de los bienes eternos tenía otro *trigo*, otro *aceite* y otro *vino* (v. 7).

Seguí leyendo el versículo siguiente sin poder reprimir el profundo clamor de mi corazón: "En paz me acostaré, y asimismo dormiré" (v. 8). Sí, qué maravilla, "me acostaré y dormiré en él". Pues, ¿quién se enfrentará a nosotros cuando se cumpla las Escrituras: "La muerte ha sido derrotada en victoria" (1ª Co. 15:54)? Tú eres siempre tú mismo, el que no cambia. Y en ti encontramos el descanso que hace olvidar todos nuestros trabajos. Nadie más que tú y no necesitamos de otras cosas que no son lo que tú eres. "Sólo tú, Señor, me harás estar confiado" (Sal. 4:8).

Iba leyendo yo esto y mi corazón era fuego. Ahora bien, ¿qué hacer para que me entendieran aquellos cadáveres sordos de los que yo había sido uno de ellos? Había sido una peste. Y como perro rabioso había ladrado ciega y furiosamente contra las Escrituras, dulces con la miel del cielo y radiantes con tu luz. "Apartaos pues de mí, hombres sanguinarios. Porque blasfemias dicen ellos contra ti: Tus enemigos toman en vano tu nombre" (Sal. 139:21).

¿Podré contar algún día todo lo sucedido en aquellos días de descanso? Una cosa al menos no quiero dejar de decir, pues no he olvidado el azote áspero con que me castigaste, ni la maravillosa misericordia de tu rápido consuelo. Durante aquellas vacaciones me atormentaste

Tan pronto como nos arrodillamos para ofrecerte esta humilde súplica, se desvaneció aquel dolor. ¡Y qué dolor! ¡Y cómo huyó! Quedé asombrado, lo confieso, Dios y Señor mío. Desde mis primeros años no había experimentado cosa semejante.

con un dolor de muelas. Su dolor era tan grande que no me dejaba hablar. Se me ocurrió entonces pedir a los amigos que estaban conmigo que orasen por mí ante ti, Dios de toda salud, puse por escrito mi deseo en las tablillas de cera y se lo di a leer. Tan pronto como nos arrodillamos para ofrecerte esta humilde súplica, se desvaneció aquel dolor. ¡Y qué dolor! ¡Y cómo huyó! Quedé asombrado, lo confieso, Dios y Señor mío. Desde mis primeros años no había experimentado cosa semejante.

Así fui reconociendo en lo más íntimo de mi ser tu voluntad. Y en el gozo de mi fe alabé tu nombre. Sin embargo, esta fe no me dejaba vivir tranquilo a causa de mis pecados pasados que todavía no me habían sido perdonado en tu bautismo.

126

Isaías, heraldo del Evangelio

Terminadas las fiestas de la vendimia, comuniqué a los milaneses que debían encontrar otro vendedor de palabras para los estudiantes. Yo me había decidido ya a consagrarme a tu servicio y, por otra parte, no podía ejercer aquella profesión por la dificultad que tenía de respirar acompañada de dolor de pecho. Éstas fueron mis razones. Escribí asimismo a tu santo obispo Ambrosio, poniéndole al corriente de mis errores pasados y de mi propósito presente, y le pregunté qué debía leer preferentemente de tus Escrituras, para volverme más apto y prepararme mejor a la inmensa gracia que iba a recibir.

Me indicó que leyera al profeta Isaías, sin duda porque es él quien ha anunciado anticipadamente con más claridad que ningún otro tu Evangelio y la gracia de la vocación de los gentiles. Pero como desde la primera lectura no comprendí claro su sentido, sospeché que me ocurriría lo mismo en lo que seguía, y abandoné el libro, con el propósito de volver a leerlo cuando estuviese más familiarizado con las divinas Escrituras.

Yo me había decidido ya a consagrarme a tu servicio y, por otra parte, no podía ejercer aquella profesión por la dificultad que tenía de respirar acompañada de dolor de pecho. Éstas fueron mis razones.

127

Recepción del bautismo

Estoy confesando tus propios dones, Señor Dios mío, Creador de todas las cosas, tú, tan poderoso para reformar nuestras deformidades. Porque, aparte de mi pecado, ¿qué había puesto de mí en aquel niño? Si le habíamos criado bajo tu disciplina, eras tú, y nada más, quien nos lo sugerías. Por consiguiente, estoy confesando tus dones.

Llegó el momento en que debía hacerme inscribir para el bautismo. Dejamos el campo para regresar a Milán. Alipio quiso renacer a ti al mismo tiempo que yo. Ya se había revestido con aquella humildad que está tan conforme con el espíritu de tus sacramentos; su cuidado en dominar a su cuerpo era tal, que se atrevía a andar con los pies desnudos sobre el suelo de Italia cubierto de hielo rasgo de energía verdaderamente inaudito.

Escogimos también al joven Adeodato, este hijo de mi pecado. Dotaste a este niño con todos tus dones. A los quince años, cumplidos apenas, ya sobrepasaba por su inteligencia a muchos hombres graves y doctos. Estoy confesando tus propios dones, Señor Dios mío, Creador de todas las cosas, tú, tan poderoso para reformar nuestras deformidades. Porque, aparte de mi pecado, ¿qué había puesto de mí en aquel niño? Si le habíamos criado bajo tu disciplina, eras tú, y nada más, quien nos lo sugerías. Por consiguiente, estoy confesando tus dones.

Hay un libro mío, titulado *El Maestro*,[49] en el que mi hijo habla conmigo. Tú sabes muy bien que todos los pensamientos que en él expresa mi interlocutor son los suyos, aunque entonces sólo tenía dieciséis años. Por mí mismo puede comprobar otras habilidades suyas más sorprendentes. Su inteligencia me inspiraba una especie de terror sagrado. Pero ¿quién, que no fueses tú, sabría ser el artesano de tales obras maestras?

No tardasteis mucho en arrebatarle de esta tierra, y mi recuerdo halla en ello más seguridad, pues nada tiene que temer por su infancia, su adolescencia, por toda su humana debilidad. Le asociarnos, pues, a nosotros; era nuestro contemporáneo en tu gracia; queríamos educarlo bajo tu disciplina. Recibimos el bautismo, y el remordimiento inquieto de nuestra vida pasada se alejó de nosotros.

---

[49] *De Magistro* es un libro extraordinario donde "se discute, se busca y se demuestra que no hay ningún maestro que enseñe al hombre la ciencia sino Dios, según aquello: Uno sólo es vuestro maestro, el Cristo" (*Retractaciones* I, 12).

Aquellos días eran demasiado cortos, absorto como estaba en la admiración y el gozo, considerando los designios profundos que tú formabas para la salvación del género humano.

¡Cuánto lloré al oír tus himnos, tus cánticos, los suaves acentos que resonaban en tu Iglesia! ¡Qué emoción me producían! Penetraban por mis oídos, destilando la verdad en mi corazón. Un gran impulso de piedad me levantaba, y las lágrimas rodaban por mis mejillas, pero causándome un gran bien.

Penetraban por mis oídos, destilando la verdad en mi corazón. Un gran impulso de piedad me levantaba, y las lágrimas rodaban por mis mejillas, pero causándome un gran bien.

128

El canto congregacional de himnos

Para evitar que el pueblo se desmoralizase a fuerza de tedio y de inquietud, decidieron introducir la costumbre de las iglesias orientales de cantar himnos y salmos, como se hace hoy, y ha sido imitada en otras muchas iglesias, o por mejor decir, en todas las demás regiones del orbe.

No hacía mucho tiempo que la Iglesia de Milán había adoptado esta práctica consoladora y edificante, en que las voces, los corazones de todos los hermanos, se unen con un magnífico ardor en un solo y mismo canto. Un año antes, aproximadamente, Justina, la madre del joven emperador Valentiniano, seducida por los arrianos, perseguía a tu Ambrosio, a causa de la herejía arriana. La muchedumbre de los piadosos fieles se pasaba las noches en el templo, dispuesta a morir con su obispo, tu siervo; y mi madre, tu sierva, a la que su celo concedía un papel de primera fila en esas velas, sólo vivía de oraciones. Nosotros mismos, aunque insensibles a la calidez de tu Espíritu, compartíamos la emoción y la consternación de la ciudad.

Fue entonces cuando, para evitar que el pueblo se desmoralizase a fuerza de tedio y de inquietud, decidieron introducir la costumbre de las iglesias orientales de cantar himnos y salmos, como se hace hoy, y ha sido imitada en otras muchas iglesias, o por mejor decir, en todas las demás regiones del orbe.[50]

Fue también entonces cuando por medio de una una visión revelaste al mencionado obispo el lugar donde se hallaban enterrados los cuerpos de los mártires Gervasio y Protasio. Durante tantos años los habías conservado al abrigo de la corrupción en tu misterio para hacerles salir en el momento oportuno y así reprimir la rabia de una mujer, que era emperatriz. Porque una vez descubiertos y desenterrados los cuerpos fueron transportados con la pompa debida a la basílica ambrosiana. Durante el camino unos posesos, atormentados por espíritus inmundos fueron liberados de ellos, según confesión de aquellos mismos demonios. Pero hubo mucho más. Un vecino

---

[50] Ambrosio escribió muchos himnos que tuvieron gran aceptación. Sus enemigos le acusaron de seducir y sugestionar con ellos al pueblo. Polémicas parecidas se produjeron en las iglesias evangélicas de las Reforma cuando Isaac Watts introdujo la costumbre de cantar himnos junto a los salmos.

muy conocido en la ciudad, que estaba ciego desde hacía muchos años, preguntó a qué obedecía aquel ruido que hacía el pueblo con sus festejos; se lo dijeron; él se levantó, y rogó a su guía que le llevase hasta el lugar que deseaba. Allí solicitó permiso para tocar con su pañuelo el féretro en el interior del cual reposaban aquellos santos cuya "muerte había sido preciosa ante tus ojos" (Sal. 116:15). No hubo terminado de hacer esto y de aplicar el pañuelo a sus ojos, cuando al momento se le abrieron los ojos. El rumor del acontecimiento cundió por doquier; ardientes y resonantes alabanzas se elevaron hasta ti; y el corazón de aquella mujer enemiga, aunque no se convirtió con el milagro, acercándola a la salud de la fe, al menos reprimió su rabia de persecución.

¡Gracias sean dadas a ti, Señor Dios mío! ¿De dónde y por dónde has traído mis recuerdos, para que también te confiese esos hechos que, a pesar de su importancia, por olvido había dejado en silencio? Sin embargo, a pesar del "olor de tus suaves ungüentos" (Cnt. 1:3) no corría en pos de ti. Por esto redoblaba mis lágrimas en medio de tus cánticos. Yo había suspirado antes por ti, y al fin respiraba tan ampliamente como puede dar de sí el aire en un almacén de heno.

Un vecino que estaba ciego desde hacía muchos años, preguntó a qué obedecía aquel ruido que hacía el pueblo con sus festejos; se lo dijeron; él se levantó, y rogó a su guía que le llevase hasta el lugar que deseaba. Allí solicitó permiso para tocar con su pañuelo el féretro. No hubo terminado de hacer esto y de aplicar el pañuelo a sus ojos, cuando al momento se le abrieron los ojos. El rumor del acontecimiento cundió por doquier; ardientes y resonantes alabanzas se elevaron hasta ti.

129

Muerte de su madre

Buscábamos adónde estaríamos mejor para servirte; y regresábamos juntos a África, cuando al llegar a Ostia, en la desembocadura del Tíber, mi madre murió. No son sus dones personales lo que quiero recordar, sino los que tú le otorgaste.

Tú, Señor, que haces vivir en una misma morada a los corazones unánimes, nos habías asociado a Evodio, un joven de nuestro municipio. Servía en la administración corno comisario del emperador; se había convertido antes que nosotros, había recibido el bautismo y abandonado la milicia del siglo para ingresar en la tuya. Siempre estábamos el uno con el otro, y habíamos tomado la santa decisión de vivir juntos.

Buscábamos adónde estaríamos mejor para servirte; y regresábamos juntos a África, cuando al llegar a Ostia, en la desembocadura del Tíber, mi madre murió.

Muchas cosas dejo en silencio, pues grande es mi apresuramiento. Recibe mis confesiones y mis acciones de gracias, Dios mío, por los beneficios innumerables que me callo. Pero no quiero dejar sin expresar todos los pensamientos que nacen en mi alma sobre tu sierva, cuya carne me dio a luz para esta vida temporal, y el corazón para la vida eterna.

No son sus dones personales lo que quiero recordar, sino los que tú le otorgaste. Pues ella no era la autora de su propia vida. Tú la creaste; ni su padre ni su madre sospechaban que, salida de ellos, acabase siendo un día lo que fue. La enseñanza de tu Cristo y la guía de tu Unigénito le educaron en tu temor dentro de una casa creyente, miembro sano de tu Iglesia.

Más todavía que el celo de su madre para bien formarla, alababa el de una vieja sirvienta que ya había criado a su padre cuando era niño, como las chiquillas ya un poco mayores llevan a los niños encima de su espalda. Este recuerdo, su ancianidad, su vida, toda ella hecha de honradez, le valían en aquella casa cristiana un respeto verdadero de la parte de sus señores. Por eso le habían confiado la conducta de sus hijas; ella ponía en ello todos sus cuidados, y cuando las reprendía, cosa que sólo hacía cuando era necesario, ponía en ello una santa severidad, al igual que una prudencia llena de tacto al instruirlas.

No toleraba que, fuera de las comidas, muy frugales, que tenían lugar en la mesa de sus padres, aquellas jovencitas bebiesen nada, ni agua, por muy ardiente que fuese su sed. Así prevenía una costumbre funesta, y les decía con su buen sentido: "Sólo bebéis agua porque no tenéis vino a vuestra disposición. Pero, cuando estéis casadas y seáis dueñas de las reservas y de las bodegas, el agua ya no os dirá nada, y la costumbre de beber será más fuerte que vosotras mismas." Mezclando así los consejos con las defensas formales, reprimía los apetitos de aquella edad todavía tierna, y acostumbraba a aquellas muchachas, hasta en su sed, a los buenos modales y a la templanza, para alejar de ellas el deseo de lo que más valía no hacer.

A pesar de ello, se había introducido en Mónica, según tu sierva me lo contó, a mí, su hijo, una apetencia del vino. En su calidad de jovencita sobria, sus padres la enviaban, como es costumbre, a buscar el vino del tonel. Ella sumergía la copa en el orificio abierto en la parte superior de dicho tonel; pero antes de transvasar el líquido en el jarro, bebía un poco con los labios entreabiertos; y no hacía más, porque no se atrevía. Lo que hacía no era por amor a la bebida, sino por aquel impulso desbordante de la juventud que se dispersa en movimientos, en picardías, y que sólo se corrige en los niños gracias a la firme autoridad de los padres. Sin embargo, añadiendo, día tras día, pequeño sorbo a pequeño sorbo –"el desprecio de las pequeñas cosas conduce insensiblemente a la caída" (Si. 19:1)–, se dejó arrastrar por la costumbre de beber ávidamente copas casi llenas de vino puro.

¿Dónde se hallaba, en aquellos momentos, aquella anciana tan prudente, con sus formales prohibiciones? Contra esta tendencia oculta, ¿qué remedio sería eficaz, si tu gracia curativa, Señor, no velase sobre nosotros? Ni su padre, ni su madre, ni sus educadores estaban allí; pero tú estabas presente, tú que nos has creado, que nos llamas a ti, y que, aunque sea de personas avisadas, sabes extraer algún bien para la salvación de las almas.

¿Qué hicisteis entonces, oh Dios? ¿Cómo la trataste? ¿Cómo le devolviste a la salud? ¿No es cierto que, del alma de otra persona, tú hicisteis brotar un insulto duro y cortante como el acero destinado a curarla, extraído de tus

Ni su padre, ni su madre, ni sus educadores estaban allí; pero tú estabas presente, tú que nos has creado, que nos llamas a ti, y que, aunque sea de personas avisadas, sabes extraer algún bien para la salvación de las almas.

Tú, Señor, amo del cielo y de la tierra, que desvías para tus fines los abismos del torrente y el curso de los siglos, cuya turbulencia obedece a una dirección cierta, por el furor de una alma curasteis a otra alma. Si reflexionamos sobre este ejemplo, nadie ha de atribuir a su influencia personal la mejora que sus palabras obtienen sobre otro a quien desea corregir.

reservas misteriosas, para extirpar de una sola vez, en ella, la parte corrompida? La sirvienta que le acompañaba siempre al tonel se peleó un día con su joven ama, como suele suceder; al encontrarse a solas con ella, se armó con esa debilidad suya, y le lanzó insolentemente al rostro el epíteto muy desagradable de *biberona* (borracha). La saeta dio en el blanco. La jovencita se dio cuenta de lo que su costumbre tenía de repugnante. Inmediatamente sintió horror por su vicio, y se curó en el acto.

Los amigos nos echan a perder con sus halagos; de la misma manera a menudo los enemigos nos corrigen con sus insultos. Pero tú, Señor, les premias no atendiendo al bien que viene por ellos, sino a la intención con que lo hacen. Lo que quería aquella sirvienta, en su cólera, era vejar a su joven ama, pero no curarla; lo hizo sin que nadie se diese cuenta, ya sea que el lugar y la ocasión de la disputa las hubiesen encontrado solas, o quizá porque temía ponerse en un mal paso, al denunciar tan tardíamente a la delincuente.

Pero tú, Señor, amo del cielo y de la tierra, que desvías para tus fines los abismos del torrente y el curso de los siglos, cuya turbulencia obedece a una dirección cierta, por el furor de una alma curasteis a otra alma. Si reflexionamos sobre este ejemplo, nadie ha de atribuir a su influencia personal la mejora que sus palabras obtienen sobre otro a quien desea corregir.

130

Virtudes de Mónica

Mi madre, pues, fue educada en la virtud y la templanza, más sometida por ti a sus padres que por sus padres a ti. Cuando llegó para ella la edad de casarse, fue entregada a un marido al que sirvió "como al Señor" (Ef. 5:22). Se esforzó en ganarlo para ti, hablándole de ti mediante sus virtudes, gracias a las cuales tú la hacías bella y le ganabas la ternura respetuosa y la admiración de su marido. Ella soportó sus infidelidades con tanta paciencia que jamás se produjo discusión alguna entre ella y él sobre este asunto. Ella esperaba que tu misericordia vendría sobre él y que la castidad llegaría con la fe.

Mi padre tenía el corazón excepcionalmente bueno, pero estaba sujeto a violentas cóleras. Ella sabía, cuando él se dejaba arrastrar por sus impulsos, no resistirle ni en actos ni en palabras. Cuando lo veía tranquilo y calmado, escogía el momento favorable para explicarle lo que ella había hecho, si por casualidad había cedido demasiado ligeramente a su vehemencia. Gran número de mujeres, cuyos maridos eran más suaves, no por eso dejaban de llevar encima las marcas de los golpes, hasta el punto de que su rostro estaba a veces completamente desfigurado. En sus conversaciones, entre amigas, incriminaban los procedimientos de sus maridos. Pero mi madre incriminaba su lengua, y como si bromease les daba este serio consejo: que desde el instante en que oyeron la lectura de su contrato de boda, debían considerar este documento como el escrito legal que las convertía en esclavas; que por consiguiente debían recordar su condición, y no hacerse las altivas con sus maridos. Ellas, que sabían qué mal carácter tenía que soportar ella con su marido, se sorprendían porque nunca habían oído decir, ni adivinado por ningún indicio, que Patricio hubiese golpeado a su mujer, o que algún desacuerdo doméstico les hubiese puesto en conflicto, ni por un solo día. Ellas le pedían familiarmente la explicación de eso, y mi madre les enseñaba su método, tal como ya lo he indicado anteriormente. Las que se inspiraban en ello, le daban las gracias, después de

Mi padre tenía el corazón excepcionalmente bueno, pero estaba sujeto a violentas cóleras. Ella sabía, cuando él se dejaba arrastrar por sus impulsos, no resistirle ni en actos ni en palabras. Cuando lo veía tranquilo y calmado, escogía el momento favorable para explicarle lo que ella había hecho.

Un hombre verdaderamente digno de este nombre, ¿no debería pensar que no basta con no excitar jamás ni aumentar la enemistad ajena, cuando no se intenta, por su parte, extinguirla con buenas palabras?

experimentarlo; las que no lo tenían en cuenta, seguían siendo humilladas y maltratadas.

En los primeros tiempos, su suegra se había dejado influir contra ella por las insinuaciones de sirvientas malintencionadas. Pero a fuerza de delicadezas, de paciente y perseverante dulzura, ella consiguió desarmarla, hasta el punto de que la suegra denunció espontáneamente a su hijo cuáles eran las lenguas intrigantes que habían intentado turbar la paz doméstica entre ella y su nuera, y le pidió que las castigase. Patricio obedeció a su madre, y partidario de la disciplina familiar, de la buena armonía de los suyos, hizo dar de latigazos a las delincuentes, a gusto de aquella que se las había denunciado, y que prometió igual recompensa a quien, creyendo serle agradable, fuese a hablarle mal de su nuera. Nadie volvió a arriesgarse a hacerlo, y ellas vivieron juntas, en una muy dulce armonía, verdaderamente digna de ser recordada aquí.

A esta fiel sierva, en cuyo seno me creaste, oh Dios mío y misericordia mía, le diste otra cualidad preciosa. Cuando dos almas entraban en disentimiento y conflicto, ella sólo procuraba restablecer la paz entre ellas. De nada servía que recibiese de ambas partes recriminaciones amargas, como las que vomita toda enemistad hinchada de agravios y que le duelen en el corazón; cuando en presencia de una amiga los resentimientos mal digeridos se expanden en ácidas confidencias contra una enemiga ausente, no comunicaba de la una a la otra más que aquello que pudiese contribuir a reconciliarlas.

Tamaña discreción me parecería una virtud cristiana, si una triste experiencia no me hubiese hecho ver la innúmera cantidad de gente que, por no sé qué repugnante contagio del pecado, expandido por doquier, van repitiendo a enemigos irritados lo que dicen los enemigos irritados; y todavía más: ¡añaden cosas que no han sido dichas! Un hombre verdaderamente digno de este nombre, ¿no debería pensar que no basta con no excitar jamás ni aumentar la enemistad ajena, cuando no se intenta, por su parte, extinguirla con buenas palabras?

Así era mi madre; y eras tú, mi dueño y Señor, quien la habías formado así en la secreta escuela de su corazón. Hasta su marido, en los últimos tiempos de su vida temporal, fue ganado por ella para ti; y cuando llegó a ser cristiano, ella no pronunció jamás, al hablar de él, palabra alguna relativa a los motivos de pesar que le había infligido antes de su conversión. Ella era la sierva de tus siervos. Todos los que la conocían te alababan grandemente, te honraban, te amaban en ella, porque sentían en su corazón tu presencia, atestiguada por los frutos de una vida tan santa. Había sido "la esposa de un solo hombre"; había pagado a sus padres "su deuda de gratitud"; había "gobernado bien su casa"; sus buenas obras "daban testimonio de ella" (1ª Ti. 5:4, 10; Gá. 4:19).

Había criado a sus hijos, dándoles el ser nuevamente tantas veces como les veía apartarse de ti. Para todos nosotros, en fin, Señor, siervos tuyos (tu bondad nos permite aplicarnos ese título) que, una vez recibida la gracia de tu bautismo, vivíamos de la misma vida, antes de que ella se durmiese en la muerte, ella fue quien cuidó de nosotros como si hubiese sido nuestra madre, la de todos, y nos sirvió como si cada uno de nosotros hubiese sido su padre.

Ella era la sierva de tus siervos. Todos los que la conocían te alababan grandemente, te honraban, te amaban en ella, porque sentían en su corazón tu presencia, atestiguada por los frutos de una vida tan santa.

131

Conversación sobre el cielo
y la resurrección

Al lado de la felicidad de una vida tal, los deleites de nuestros sentidos carnales, por grandes que sean, por viva que sea la luz corporal que irradian, no soportan ni la comparación, ni una simple mención, al lado de las delicias de aquella vida.

Al acercarse el día en que mi madre iba a salir de esta vida –ese día que tú conocías y nosotros ignorábamos– se dio el caso, por una casualidad que, según creo yo, tú habías preparado a través de tus métodos misteriosos, que nos encontráramos solos, ella y yo, asomados y apoyados en una ventana, desde donde la mirada divisaba el jardín de la casa donde entonces vivíamos. Era en Ostia, sobre el Tíber; lejos de los ruidos de la multitud, después de las fatigas de un largo viaje, recuperábamos fuerzas para emprender la travesía. Hablábamos, pues, solos, con gran dulzura; "olvidando el pasado para lanzarnos hacia el porvenir" (Fil. 3:13), buscábamos juntos, a la luz de la Verdad, que eres tú mismo, cuál debía ser esa vida eterna de los santos "que el ojo no ha visto, que el oído no ha escuchado, que el corazón del hombre no sabría comprender" (1ª Co. 2:9). Abríamos con avidez los labios de nuestra alma a las corrientes celestes de tu Fuente, "la fuente de vida" (Jn. 4:14), para recoger lo poco que seríamos capaces de recoger, y formarnos así alguna idea de cosa tan grande como ésta.

Nuestra conversación nos condujo hacia aquella conclusión, esto es: que al lado de la felicidad de una vida tal, los deleites de nuestros sentidos carnales, por grandes que sean, por viva que sea la luz corporal que irradian, no soportan ni la comparación, ni una simple mención, al lado de las delicias de aquella vida. Y entonces, elevándonos con un impulso más ardiente hacia el mismo Ser, recorrimos grado por grado todas las cosas corporales, y hasta el mismo cielo, desde el cual el sol, la luna y las estrellas dispersan sobre la tierra su claridad. Y subíamos, meditando, celebrando, admirando tus obras en el interior de nosotros mismos; y llegamos hasta nuestras almas, y las sobrepasamos para alcanzar aquella región de inagotable abundancia donde nutres eternamente a Israel con el alimento de la verdad, allí donde la vida es la Sabiduría, principio de cuanto es, ha sido y será, sin que haya sido hecha, puesto que es como ha sido siempre, como será siempre. O mejor dicho, en ella no hay pasado, ni porvenir, sólo *es*, puesto que es eterna; porque lo que ha sido o será no es eterno.

Mientras hablábamos de esa Sabiduría, a la cual aspirábamos, la alcanzamos un momento con un supremo impulso de nuestros corazones. Y después suspiramos, y abandonando allí "aquellas primicias del Espíritu" (Ro. 8:23), descendimos de nuevo a aquel vano rumor de nuestros labios donde la palabra comienza y acaba. ¡Cuán diferente de tu Verbo, Señor nuestro, que subsiste siempre en sí mismo, sin envejecer jamás, y que, sin embargo, renueva todas las cosas!

Decíamos entre nosotros: "Supongamos un ser en el cual arda el tumulto de la carne, y las imágenes de la tierra, del agua, del aire, y también de los cielos; en el que hasta el alma se calle, y se sobrepase no pensando ya en sí mismo; en el que también se callen los sueños, las revelaciones, toda lengua, todo signo, todo cuanto sólo nace para desaparecer; sí, supongamos el silencio total de todas esas cosas (pues, a quien las escucha, ellas dicen: «No nos hemos hecho nosotras mismas, sino que nos ha hecho quien permanece eternamente»; y después de haber dicho esto se callan, puesto que han elevado su oído hacia quien las ha creado). Supongamos que entonces éste habla solo, no por ellas, sino por sí mismo; que oímos su palabra no ya por la lengua de un ser de carne, ni por la voz de un ángel, ni por el ruido de la nube, ni por el enigma de una parábola, sino que es él mismo, él, a quien amamos en todas las cosas, a quien oímos sin su mediación. De igual modo como en aquel momento intentamos nuestro impulso, y que en un relámpago de pensamiento hemos alcanzado la eterna Sabiduría inmutable por encima de todo, supongamos que ese contacto se prolonga, que todas las demás visiones inferiores se desvanecen, que sólo ésta hechiza al vidente, lo absorbe, lo hunde en íntimas felicidades de modo que la vida eterna se parece a aquella intuición fugitiva por la cual hemos suspirado, ¿no resultaría entonces la realización de estas palabras: "Entra en el gozo de tu Señor" (Mt. 25:21)? ¿Y cuándo ocurrirá eso? ¿No será el día en que "todos ciertamente no dormiremos, mas todos seremos transformados" (1ª Co. 15:51)?

Supongamos que ese contacto se prolonga, que todas las demás visiones inferiores se desvanecen, que sólo ésta hechiza al vidente, lo absorbe, lo hunde en íntimas felicidades de modo que la vida eterna se parece a aquella intuición fugitiva por la cual hemos suspirado, ¿no resultaría entonces la realización de estas palabras: "Entra en el gozo de tu Señor"?

"Hijo mío, por lo que a mí se refiere, ya no hay nada que me agrade en esta vida. ¿Qué puedo hacer ya en ella? ¿Por qué permanezco todavía en ella? Lo ignoro. Mis esperanzas, aquí abajo, están agotadas ya. La única cosa que me hacía desear vivir aún era verte, antes de morir, convertido en cristiano católico.»

Ésta era nuestra conversación, aunque con otro estilo y otras palabras. Tú lo sabes, Señor, fue el día en que estábamos hablando de ese modo, que este mundo y sus placeres, en aquella conversación, se descoloraban para nosotros, cuando mi madre me dijo: "Hijo mío, por lo que a mí se refiere, ya no hay nada que me agrade en esta vida. ¿Qué puedo hacer ya en ella? ¿Por qué permanezco todavía en ella? Lo ignoro. Mis esperanzas, aquí abajo, están agotadas ya. La única cosa que me hacía desear vivir aún era verte, antes de morir, convertido en cristiano católico. Dios me ha concedido esa alegría con creces, puesto que, para servirle, te veo despreciar las felicidades terrenales. ¿Qué hago, pues, aquí?"

132

Sepultura
y contentamiento de su madre

¿Qué contesté a esas palabras? No me acuerdo ya; lo cierto es que, unos cinco días después, o algo más quizá, mi madre cayó en cama con fiebre. Durante su enfermedad, un día llegó a perder conciencia de sí misma y de cuantas presencias le rodeaban. Acudimos todos a su lado pero pronto recobró los sentidos; nos vio, a mi hermano y a mí, de pie a su lado, y nos dijo como quien busca algo: "¿Adónde estaba?" Después, al ver nuestra tristeza tan grande, añadió: "Enterraréis aquí a vuestra madre." Yo me callaba, luchando para reprimir mis lágrimas. Mi hermano pronunció algunas palabras, para expresar su deseo no de verla morir en el extranjero, sino en su patria, cosa que sería menos triste. Al oírle, asomó una angustia en su rostro, y le lanzó una mirada de reproche por haber tenido aquel pensamiento. Después, volviendo sus ojos hacia mí exclamó: "Mira lo que acaba de decirme." Y dirigiéndose a los dos dijo: "Enterrad mi cuerpo donde queráis, y no os preocupéis por ello. Sólo os pido una cosa: que os acordéis de mí, dondequiera que os encontréis, ante el altar del Señor". Después de haber articulado esta frase con cierta dificultad, se calló; el mal se agravaba y aumentaban sus padecimientos.

Y yo, Dios invisible, pensaba en tus dones, que siembras en el corazón de tus fieles para que en ellos hagan crecer maravillosas cosechas. Yo me regocijaba, y te lo agradecía, al pensar cuán vivamente ella se había preocupado siempre de la cuestión de su sepultura y cómo había comprado un sepulcro junto al de su marido. La estrecha unión en que habían vivido le hacía desear (cosa muy natural en el alma humana no hecha del todo a las cosas divinas) estar junto al cuerpo de su marido. Quería también que recordasen las gentes que, después de haber atravesado los mares, le había sido concedido mezclar sus cenizas a las de su marido, bajo un mismo suelo.

Yo ignoraba en qué momento ese voto bastante vano había sido eliminado de su corazón por la plenitud de tu

"Enterrad mi cuerpo donde queráis, y no os preocupéis por ello. Sólo os pido una cosa: que os acordéis de mí, dondequiera que os encontréis, ante el altar del Señor".

"Nada está lejos para Dios, y no hay que temer que no reconozca, en el fin del mundo, el rincón de donde debe resucitarme." Finalmente, el noveno día de su enfermedad, aquella alma santa y piadosa fue liberada de su cuerpo. Tenía cincuenta y seis años de edad, y yo treinta y tres.

bondad; pero experimentaba una alegría sorprendida al tener así su revelación. Y, sin embargo, en nuestra conversación de la ventana, cuando ella me dijo: "¿Qué hago yo aquí, ya?", estaba claro que no deseaba ya morir en su patria. Más tarde me enteré de que, en Ostia mismo, hablando un día, durante mi ausencia, confiada y maternalmente con algunos amigos del desprecio de esta vida y del beneficio de la muerte, aquéllos, extrañados al ver tanta virtud en una mujer (y a ti la debía), le habían preguntado si no temía dejar su cuerpo tan lejos de su ciudad nativa. "Nada está lejos para Dios –contestó ella–, y no hay que temer que no reconozca, en el fin del mundo, el rincón de donde debe resucitarme."

Finalmente, el noveno día de su enfermedad, aquella alma santa y piadosa fue liberada de su cuerpo. Tenía cincuenta y seis años de edad, y yo treinta y tres.

133

La lucha
entre la tristeza y el llanto

Cerré sus ojos. Una inmensa tristeza embargaba mi corazón, a punto de deshacerse en lágrimas; pero, al mismo tiempo, mis ojos, bajo el mando imperioso de mi voluntad, volvían a absorber la fuente del llanto hasta secarla. ¡Qué dolor me producía esa lucha! En el momento en que exhaló su último suspiro, mi joven hijo Adeodato prorrumpió en sollozos; pero, ante una reprimenda general, se calló. Y fue su voz juvenil, voz del corazón, la que detuvo e hizo callar también en mí aquella especie de emoción pueril dispuesta a verterse en lágrimas. Era que, en efecto, considerábamos poco adecuado celebrar un luto como aquél con lamentos, lágrimas, gemidos, con el pretexto de que es así como se deplora habitualmente la suerte lamentable de los que mueren, y su total aniquilamiento.[51] Pero la muerte de mi madre nada tenía de lamentable, y tampoco era una muerte total; la pureza de su vida estaba allí para atestiguarlo, y lo creíamos con una fe muy sincera y con firmes razones.

Entonces, ¿qué era lo que me hacía sufrir tanto dentro de mí mismo? Sin duda, la súbita ruptura de nuestra costumbre tan dulce y querida de vivir juntos, herida muy reciente. Me repetía con gozo el testimonio que ella me había dado durante el curso de su última enfermedad, cuando, contestando con una caricia a mis pequeños servicios, me llamaba su "tierno hijo", y volvía a decirme con el más vivo afecto que jamás había visto brotar de mi boca contra ella ninguna palabra dura o injuriosa.

Y, sin embargo, Dios mío, tú que nos has creado, ¿cómo comparar, cómo asimilar el respeto que yo podía testimoniarle, con la entrega con que ella me había ser-

Pero la muerte de mi madre nada tenía de lamentable, y tampoco era una muerte total; la pureza de su vida estaba allí para atestiguarlo, y lo creíamos con una fe muy sincera y con firmes razones. Entonces, ¿qué era lo que me hacía sufrir tanto dentro de mí mismo?

---

[51] Esta resistencia a dejarse llevar por las emociones naturales ante la pérdida de un ser querido, hay que saber interpretarla a la luz de lo que aquí dice Agustín, como un testimonio de fe frente "a los que no tienen esperanza" (Ef. 2:12), que hacían del duelo una ceremonia llena de angustia, con mutilaciones, en algunos casos, y contratación de plañideras.

Cuando hubimos frenado las lágrimas de mi hijo, Evodio cogió el salterio y se puso a cantar un salmo. Todos los de la casa contestábamos: "Misericordia y juicio cantaré: A ti cantaré yo, oh Señor". Durante todo el día sentí en el secreto de mí mismo el agotamiento de mi tristeza, y, desamparado, os suplicaba, tanto como podía, que curaras mi dolor.

vido? Por eso, al verme ahora desamparado del consuelo tan grande que ella era para mí, mi alma sangraba; y yo sentía el desgarramiento de mi vida, que había sido una con la suya.

Cuando hubimos frenado las lágrimas de mi hijo, Evodio cogió el salterio y se puso a cantar un salmo. Todos los de la casa contestábamos: "Misericordia y juicio cantaré: A ti cantaré yo, oh Señor" (Sal. 101:1). Al enterarse de lo que ocurría, muchos de nuestros hermanos y piadosas mujeres se habían juntado a nosotros. Mientras aquellas que tenían tal oficio se ocupaban del entierro, como es costumbre, yo me retiré adonde me lo permitieron las conveniencias sociales, con los amigos que no querían abandonarme. Yo les hablaba de lo que convenía en aquel momento, y con este bálsamo de verdad dulcificaba una tortura que ya conocías, pero que ellos no sospechaban; ellos me oían atentamente, y se imaginaban que yo no sentía pesar. Pero yo, cerca de tu oído, allí donde nadie de ellos podía oírme, reprochaba a mi corazón el ser tan débil, intentaba contener el oleaje de mi dolor, conseguía refrenarlo poco a poco, pero él recuperaba su impulso, sin que llegase a verter lágrimas ni a alterarse mi rostro. ¡Yo sabía muy bien cuánto reprimía dentro de mi corazón! Y corno experimentaba un vivo pesar al ver que hacían presa de mí aquellas emociones humanas que trae fatalmente el orden natural y la condición humana, mi propio dolor me obligaba a dolerme de otro dolor, y me consumía una doble tristeza.

Después vino el entierro, y concurrí a él. Regresé sin haber llorado una sola lágrima. No lloré ni en el momento de las oraciones que ofrecimos ante ti, mientras se celebraba el sacrificio de nuestra redención para la difunta, cuyo cuerpo estaba colocado al lado de su tumba, antes de ser enterrado en ella, como es costumbre allí. Pero durante todo el día sentí en el secreto de mí mismo el agotamiento de mi tristeza, y, desamparado, os suplicaba, tanto como podía, que curaras mi dolor. Tú no me escuchabas, sin duda con el objeto de grabar en mi recuerdo, aunque sólo fuese por esa única prueba, el sello de cuán fuertes son los lazos de la costumbre, hasta sobre un alma que ya se alimenta con la Palabra que no engaña. Entonces me vino la idea de irme a los baños; había oído decir que esta palabra latina *balneum* procedía del griego *balaneíon*, por creer que expulsaba la angustia del alma. En esto también confieso tu misericordia, "Padre de huérfanos" (Sal. 68:5). Después del baño me encontré igual que antes; no había podido extirpar de mi corazón el sudor amargo de mi amargura. Y después me dormí. Cuando desperté, me sentí notablemente aliviado de mi dolor. Solo en la cama, recordaba aquellos versos, tan verdaderos, tan ciertos, de tu Ambrosio.

Dicen así:

> Divino creador de cuanto existe,
> del mundo supremo gobernante,
> que das la luz brillante al día,
> y a la noche grato descanso,
> para que nuestros miembros rendidos
> el descanso al trabajo prepare,
> que alivias las fatigas de la mente
> y borras las angustias de la pena.

Luego, poco a poco, volvía a pensar en tu sierva; me la representaba tan piadosa para contigo, tan buena, tan santamente complaciente conmigo… ¡Y ahora, de pronto, me había quedado sin ella! Sentí la dulzura de llorar, en tu presencia, sobre mi madre y por ella, sobre mí y por mí. Di rienda suelta a las lágrimas que llevaba dentro, y dejé que corrieran tanto como quisiesen. Fueron como un lecho que extendí bajo mi corazón y en el cual encontró algún reposo. Pues sólo tus oídos las oían, y no el primero que llegase, presuntuoso intérprete de mi llanto.

Y ahora, Señor, te confieso todo eso en esta obra. Que lo lea quien quiera; que lo interprete como le parezca. Y si alguien considera que pequé al llorar a mi madre, durante algunos minutos, a aquella madre muerta por algún tiempo ante mis ojos y que tantos años había llorado para que yo viviese ante los vuestros, que se abstenga de burlarse de mi, y que, si verdaderamente tienen caridad, llore él mismo por mis pecados, ante ti que eres el Padre de todos los hermanos de tu Cristo.

¡Y ahora, de pronto, me había quedado sin ella! Sentí la dulzura de llorar, en tu presencia, sobre mi madre y por ella, sobre mí y por mí. Di rienda suelta a las lágrimas que llevaba dentro, y dejé que corrieran tanto como quisiesen.

134

Descanso en el sacrificio excelente de Jesucristo

¡Ay de la vida humana, por más digna de elogio que sea, si tú la escudriñas prescindiendo de tu misericordia! Sólo porque tú no examinas nuestras faltas con espíritu riguroso, esperamos confiados encontrar algún sitio cerca de ti.

Y ahora que mi corazón ya está curado de esta herida, en el cual podía ser criticado un afecto demasiado carnal, derramo ante ti otro género de lágrimas que te ofrezco por tu sierva. Son lágrimas que brotan de un espíritu profundamente conmovido por los peligros de toda alma "que muere en Adán". Realmente vivificada en Jesucristo, ya antes de ser liberada de la carne, había vivido de tal modo que alabase siempre tu nombre, por su fe y sus virtudes; y, sin embargo, no me atrevería a afirmar que, posteriormente a su regeneración por el bautismo, ninguna palabra contraria a tu ley hubiese salido jamás de su boca. Ha sido dicho por tu Hijo, que es la Verdad misma: "Cualquiera que se enojare locamente con su hermano, será culpado del juicio; y cualquiera que dijere a su hermano, Raca, será culpado del concejo; y cualquiera que dijere, Fatuo, será culpado del infierno del fuego" (Mt. 5:22).

¡Ay de la vida humana, por más digna de elogio que sea, si tú la escudriñas prescindiendo de tu misericordia! Sólo porque tú no examinas nuestras faltas con espíritu riguroso, esperamos confiados encontrar algún sitio cerca de ti. Pero quien enumera ante ti sus propios méritos, ¿hace algo más que enumerar tus dones? ¡Oh, si los hombres conociesen lo que son en tanto que hombres, y "el que se gloría, gloríese en el Señor" (2ª Co. 10:17).

He aquí por qué, oh Señor, mi gloria y mi vida, Dios de mi corazón, dejando a un lado, por un momento, cuanto mi madre hizo de bien, y por lo que te doy gozosamente gracias, te imploro ahora por los pecados de mi madre; óyeme por el amor de Aquel que es el médico de nuestras heridas, que fue clavado en el madero de la cruz, y que sentado a tu diestra intercede por nosotros cerca de ti (Ro. 8:34).

Sé que ella obró siempre con misericordia, que perdonó las deudas a sus deudores; perdónale también las suyas (Mt. 6:14), si contrajo alguna durante esa larga serie de años que vivió después de su bautismo.[52] Perdónaselas, Señor, perdónaselas, te lo suplico, y "no entres en juicio con tu sierva" (Sal. 143:2). Que la misericordia triunfe de tu juicio (Stg. 2:13), puesto que tus afirmaciones son verídicas y que has prometido misericordia a los misericordiosos (Mt. 5:7). Y si lo han sido, eres tú quien les has concedido el serlo, tú que eres misericordioso, que tendrás "misericordia del que tendré misericordia, y me compadeceré del que me compadeceré" (Ro. 9:15).

Creo que ya habrás hecho lo que os pido, pero acepta, Señor, esta ofrenda voluntaria de mi boca (Sal. 119:108). Pues en las proximidades del día de su disolución, no se preocupó de saber si le harían un entierro suntuoso, ni si su corazón sería embalsamado con aromas, ni deseó tener un monumento funerario selecto, ni tampoco pensó en tener su tumba en su patria. No nos hizo ninguna encomendación de esté género. Su único deseo fue que nos acordásemos de ella en tu altar, al que había servido sin interrumpirse un solo día, sabiendo que es allí donde se inmola a la víctima santa por la cual ha sido borrada la "cédula de los ritos que nos era contraria" (Col. 2:14), y que nos ha concedido el triunfo sobre nuestro enemigo que lleva la cuenta de nuestras faltas y busca de qué acusarnos,[12] pero no encuentra nada en aquél por quien somos vencedores (Ro. 8:37).

¿Quién le devolverá su sangre inocente? ¿Quién le restituirá el precio por el cual nos compró para quitarnos del poder de ese enemigo? A ese misterio de nuestro rescate tu sierva unió su alma con el lazo de la fe. Que nadie

> ¿Quién le devolverá su sangre inocente? ¿Quién le restituirá el precio por el cual nos compró para quitarnos del poder de ese enemigo? A ese misterio de nuestro rescate tu sierva, mi madre, unió su alma con el lazo de la fe. Que nadie la separe de tu protección.

---

[52] "Después de su bautismo". Aquí se ve claramente que en la Iglesia se introdujo la costumbre de orar por las almas de los difuntos fieles debido al erróneo concepto del bautismo como instrumento de salvación y perdón de pecados, en lugar de fijarse en el sacrificio único y eterno de Cristo en la cruz y su eterna intercesión, como se escribe en 1ª Juan 2:1-2. No es el agua del bautismo la que regenera el alma y limpia los pecados hasta entonces cometidos, sino la sangre, la obra perfecta de Cristo, la que lo hace en el momento de la conversión y sigue haciéndolo hasta el final. Agustín se debate entre estos ideas y, creemos, que finalmente vence la gracia y la certeza del perdón total de Cristo.

[53] Cf. Apocalipsis 12:10: "Y oí una grande voz en el cielo que decía: Ahora ha venido la salvación, y la virtud, y el reino de nuestro Dios, y el poder de su Cristo; porque el *acusador* de nuestros hermanos ha sido arrojado, el cual los acusaba delante de nuestro Dios día y noche."

Ella no contestará que no debe nada, por temor de quedar convicta y entregada a un acusador astuto. Contestará que sus deudas le fueron perdonadas por Aquel a quien nadie devolverá lo que pagó por nosotros sin deber nada.

la separe de tu protección. Que entre ella y tú no se interpongan, ni por la fuerza, ni por la astucia, el león y el dragón. Ella no contestará que no debe nada, por temor de quedar convicta y entregada a un acusador astuto. Contestará que sus deudas le fueron perdonadas por Aquel a quien nadie devolverá lo que pagó por nosotros sin deber nada.

Que descanse, pues, en paz con su marido, antes del cual y después del cual no se unió con ningún otro; al que sirvió con una paciencia cuyo fruto te ofrecía, pues también quería ganarle para ti. Inspira, mi Señor y mi Dios, a tus siervos, mis hermanos, a tus hijos, mis señores, a los que yo sirvo con el corazón y la voz y la pluma; inspírales a todos, cuando lean estas páginas, que se acuerden, en tu altar, de Mónica, tu sierva, de Patricio, que fue su esposo, por la carne de los cuales me introdujisteis en esta vida sin saber cómo. Que se acuerden, con sentimiento de piedad, de aquellos que en esta vida pasajera fueron mis padres, y mis hermanos en ti, nuestro Padre, en la Iglesia católica, nuestra madre, y mis conciudadanos en la Jerusalén eterna, por la cual suspira tu pueblo, durante su peregrinación, desde su partida hasta su regreso. Así, pues, gracias a estas *Confesiones*, su deseo supremo será más abundantemente apoyado por tantas oraciones que por las mías solas.

X
PERSONA, MEMORIA Y DIOS

135

Conocer como somos conocidos

Conózcate yo, conocedor mío, como tú me conoces a mí (1ª Co. 13:12). Tú eres la fuerza de mi alma, entra en ella, adáptala a tu gusto, con el objeto de ocuparla, de poseerla "sin mácula ni arruga" (Ef. 5:27). He aquí mi esperanza, he aquí por qué hablo; y en esta esperanza me regocijo, cuando me alegro con alegría santa y sana. En cuanto a los demás bienes de esta vida, cuantas más lágrimas se les conceden, menos merecen; cuanto menos se les otorgan, más merecen. Pero tú, Señor, "amas la verdad en lo íntimo" (Sal. 51:6) y el "que obra verdad, viene a la luz" (Jn. 3:21). Quiero, pues, realizar la verdad en mi corazón ante ti por esta confesión mía y ante muchos testigos que lean este escrito.

Conózcate yo, conocedor mío, como tú me conoces a mí. Tú eres la fuerza de mi alma, entra en ella, adáptala a tu gusto, con el objeto de ocuparla, de poseerla "sin mácula ni arruga".

136

Confesión
al Dios que todo lo sabe

Tú,
Señor,
"bendecirás
al justo",
pero no sin
haberlo
justificado
antes como
pecador.
Por eso mi
confesión,
Dios mío,
tal como la
hago ante ti,
es silenciosa
y no lo es;
mi voz
se calla,
pero mí
corazón
grita.

Además, Señor, ante cuyos ojos el abismo de la conciencia humana permanece descubierto, ¿qué podría quedar secreto en mí, aunque no quisiese confesártelo? Es a ti a quien ocultaría a mí mismo, sin conseguir ocultarme de ti. Y ahora que mis gemidos atestiguan que me considero a mí mismo con desagrado, tú eres mi luz, mi alegría, mi amor, mi deseo; me sonrojo de mí mismo, me rechazo para elegirte, y sólo quiero agradarte a ti, no a mí mismo.

Me conoces, Señor, tal como soy. Ya te he dicho con qué objeto me confieso a ti. Estas confesiones las hago no con palabras, ni con gritos carnales, sino con estas palabras del alma, con este clamor del pensamiento que conoce tu oído. Cuando soy malo, mi confesión representa el desagrado que siento de mí mismo; cuando soy bueno, confesarme a ti no es otra cosa que no otorgarme el mérito de ello, Porque tú, Señor, "bendecirás al justo" (Sal. 5:12), pero no sin haberlo justificado antes como pecador (Ro. 4:5). Por eso mi confesión, Dios mío, tal como la hago ante ti, es silenciosa y no lo es; mi voz se calla, pero mí corazón grita. No digo a los hombres nada verdadero que no hayas oído antes de mí, y nada oyes de mí que no me hayas dicho antes.

137

Los beneficios
del testimonio personal

Pero ¿qué tengo yo que ver con los hombres? ¿Qué necesidad tengo de que oigan mis confesiones, como si fuesen ellos los que tienen que sanar todas mis dolencias? ¡Raza curiosa de la vida ajena, pero perezosa para corregir la suya! ¿Por qué quieren oír de mí mismo lo que soy, ellos que no quieren oír de ti lo que son? ¿Y cómo saben, al oírme hablar de mí mismo, si digo la verdad, "porque ¿quién de los hombres sabe las cosas del hombre, sino el espíritu del hombre que está en él?" (1ª Co. 2:11). Pero si te oyen a ti hablar de ellos, ya no podrán decir: "El Señor miente." Porque ¿qué otra cosa es oír de ti lo que ellos son, sino conocerse a sí? ¿Y quién hay que se conozca y diga: "Esto es mentira", sin ser un mentiroso? Pero como "el amor todo lo cree" (1ª Co. 13:6), por lo menos entre aquellos que están unidos los unos con los otros por una estrecha unidad, yo también, Señor, me confieso a ti para que la oigan los hombres. Pues aunque no puedo probarles que es verdad lo que digo, al menos me creerán aquellos cuyos oídos están abiertos para mí por el amor.

Sin embargo, tú que eres el médico de mi alma, explícame claramente las ventajas de mi propósito. La confesión de mis faltas pasadas, perdonadas y ocultadas por ti, haciéndome feliz en ti, pues cambiaste mi alma con tu fe y el sacramento del bautismo, despierta el corazón de aquellos que lo leen y lo entienden; que no duerman en la desesperación y digan: "No puedo". Antes al contrario, despierta al amor de tu misericordia, a la dulzura de tu gracia, esta fuerza de los débiles a los que da la conciencia de su propia debilidad. En cuanto a los justos, se alegran de escuchar la narración de las debilidades pasadas de aquellos que ya se han curado de ellas; y lo que les agrada no es que sean debilidades, sino que, habiéndolo sido, ya no lo sean.

Pero, ¿de qué utilidad, Señor, tú a quien cada día mi conciencia hace confesiones, más firme en la esperanza

En cuanto a los justos, se alegran de escuchar la narración de las debilidades pasadas de aquellos que ya se han curado de ellas; y lo que les agrada no es que sean debilidades, sino que, habiéndolo sido, ya no lo sean.

Pero lo que soy, en este tiempo mismo en que escribo mis *Confesiones*, mucha gente quiere saberlo; los unos me conocen, los otros, no; me han oído, o han oído hablar de mí, pero no han aplicado su oído contra mi corazón, allí donde soy verdaderamente yo mismo.

de tu misericordia que en su inocencia, de qué sirve –yo os lo pregunto–, que vuelva a confesar a los hombres, ante ti, en este libro, no lo que he sido, sino lo que soy?

Ya he señalado y visto el beneficio de las confesiones de mi pasado. Pero lo que soy, en este tiempo mismo en que escribo mis *Confesiones*, mucha gente quiere saberlo; los unos me conocen, los otros, no; me han oído, o han oído hablar de mí, pero no han aplicado su oído contra mi corazón, allí donde soy verdaderamente yo mismo. Y quieren oírme confesar lo que soy en mi interior, donde no tiene acceso ni su mirada, ni su oído, ni su espíritu. Quieren oírme, dispuestos a creerme, pues ¿a quién podrían conocer? Es la caridad, fuente de su bondad, la que les dice que no miento al confesar lo que cuento de mí mismo; sí, es ella la que, en ellos, confía en mí.

138

Revelación
a las almas que saben amar

En todo esto, ¿qué beneficio piensan sacar de ello? ¿Desean mezclar sus gracias con las mías, cuando sepan cómo por tu gracia me he aproximado a ti?, ¿o desean orar por mí cuando sepan cuánto pesa en mí mi propio peso? Es a estos a quienes quiero revelarme, sabiendo que no es pequeño fruto, Señor Dios mío, que muchos te den gracias por mí y te pidan por mí. Que los que son verdaderamente mis hermanos amen en mí lo que enseñas se debe amar y se duelan en mí de lo que mandas se debe deplorar.

Pero estas disposiciones sólo las espero de un alma verdaderamente fraternal, no de un alma que sea extraña, tampoco "de los hijos de extraños; cuya boca habla vanidad, y su diestra es diestra de mentira" (Sal. 144:8). Un alma fraterna que, cuando pueda aprobarme, se regocije a causa de mí, y cuando deba desaprobarme se entristezca por mi causa, puesto que, tanto si me aprueba como si no, me ama.

He aquí a qué clase de gentes quiero revelarme; que respiren al ver en mí el bien, que suspiren al descubrir el mal. El bien es en mí obra tuya y tu don; el mal sólo proviene de mi falta y de tus juicios. Que respiren para el uno, que suspiren para el otro, y que de esos corazones fraternales en los que arde tu incienso se eleven hasta ti esos himnos y esas lágrimas. Y tú, Señor, hasta quien se elevan los perfumes de tu santo templo, "ten piedad de mí, oh Dios, conforme a tu misericordia: Conforme a la multitud de tus piedades borra mis rebeliones" (Sal. 51:1), por amor de tu nombre. No dejes jamás lo que has comenzado y acaba en mí lo que hay de imperfecto.[54]

Este es el fruto que espero de estas *Confesiones*, en las que voy a mostrarme no tal como fui, sino tal como soy. Quiero hacerlas no tan sólo ante ti, con esa misteriosa

El bien es en mí obra tuya y tu don; el mal sólo proviene de mi falta y de tus juicios. Que respiren para el uno, que suspiren para el otro, y que de esos corazones fraternales en los que arde tu incienso se eleven hasta ti esos himnos y esas lágrimas.

---

[54] Cf. Filipenses 1:6: "Estando confiado de esto, que el que comenzó en vosotros la buena obra, la perfeccionará hasta el día de Jesucristo".

Sólo soy un niño, pero mi Padre vive eternamente, y encuentro en Él un tutor capaz de ayudarme. Es el mismo que, después de haberme engendrado, me protege. Eres todo mi bien, tú, el Todopoderoso, que estás en mí ya desde antes que yo estuviera en ti.

alegría temblorosa, con esa tristeza misteriosa que espera, sino también para ser oído de los hijos de los hombres, asociados a mi fe, a mi alegría, y que participan de mi condición mortal, mis conciudadanos, viajeros de este mundo como yo, y que andan por mi camino ante mí, o tras de mí, o a mi lado. Ellos son tus siervos, mis hermanos, a los que has aceptado como hijos; mis señores, a los que me has ordenado servir, si quiero vivir de ti y contigo.

Si tu Verbo me lo hubiese ordenado con su sola palabra, ya hubiese sido demasiado para mí, si por su misma acción no me hubiese mostrado el camino. Los sirvo, pues, por la palabra y por el acto, los sirvo "bajo vuestras alas" (Sal. 17:8), pues el peligro sería demasiado grande si mi alma no se refugiase en ellas y si no te fuese conocida mi debilidad. Sólo soy un niño, pero mi Padre vive eternamente, y encuentro en Él un tutor capaz de ayudarme. Es el mismo que, después de haberme engendrado, me protege. Eres todo mi bien, tú, el Todopoderoso, que estás en mí ya desde antes que yo estuviera en ti. Me mostraré, pues, a los que ordenas que yo sirva, no tal como he sido, sino tal como soy ahora, tal como soy hoy mismo. Además, "ni aun yo me juzgo" (1ª Co.4:3). Así deseo ser escuchado.

139

Nadie se conoce a sí mismo, sino por Dios

Eres tú, Señor, quien me juzga. "Porque ¿quién de los hombres sabe las cosas del hombre, sino el espíritu del hombre que está en él?" (1ª Co. 2:11). Con todo, hay todavía en el hombre, cosas que el espíritu mismo del hombre, que está en él, no las entiende. Sólo tú, Señor, sabes todo de él, puesto que lo has creado. Y yo que, ante tu mirada, me desprecio y me considero polvo y ceniza, sé, sin embargo, algo de ti que ignoro de mí mismo. "Ahora vemos por espejo, en obscuridad" (1ª Co. 13:12).

He aquí por qué, mientras voy cumpliendo lejos de ti mi peregrinación, me encuentro más cerca de mí que de ti. Y, sin embargo, sé que eres incorruptible; por más que ignoro qué tentaciones soy o no soy capaz de resistir. Mi esperanza es que eres "fiel, que no os dejará ser tentados más de lo que podéis llevar; antes dará también juntamente con la tentación la salida, para que podáis aguantar" (1ª Co. 10:13).

Voy, pues, a confesar lo que sé de mí, y también cuánto ignoro, puesto que lo que sé de mí sólo lo sé en cuanto tú me iluminas, y lo que ignoro lo ignoro hasta que mis tinieblas se transformen y sean "como el mediodía" (Is. 58:10).

Voy, pues, a confesar lo que sé de mí, y también cuánto ignoro, puesto que lo que sé de mí sólo lo sé en cuanto tú me iluminas, y lo que ignoro lo ignoro hasta que mis tinieblas se transformen y sean "como el mediodía".

140

¿Qué amamos
cuando amamos a Dios?

Hay una luz, una voz, un perfume, un alimento, un abrazo que yo amo, cuando amo a mi Dios; es la luz, la voz, el perfume, el abrazo del hombre interior que existe en mí allí donde brilla para mi alma una luz que no limita ninguna extensión, donde brotan melodías que no se lleva el tiempo, donde se exhalan perfumes que no se disipan.

Lo que siento de un modo no dudoso, sino cierto, Señor, es que te amo. Has taladrado mi corazón con tu palabra, y te amo. Pero he aquí que de todas partes, el cielo, la tierra y cuanto contienen me dicen que te ame, y no cesan de decirlo a todos los hombres "para que no tengan excusa" (Ro. 1:20). Más profunda será tu "misericordia del que tendré misericordia, y me compadeceré del que me compadeceré" (Ro. 9:15), pues si no fuera por tu misericordia, el cielo y la tierra pregonarían tus alabanzas a oídos sordos.

Pero, ¿qué amo yo cuando te amo? No es la belleza de los cuerpos, ni su gracia perecedera, ni el brillo de la luz, esta luz tan querida a mis ojos, ni las dulces melodías de las cantilenas de tonos variados, ni la suave fragancia de las flores, de los perfumes y de los aromas, ni el maná, ni la miel, ni los miembros hechos para los abrazos de la carne. No; nada de eso amo cuando amo a mi Dios. Y, sin embargo, hay una luz, una voz, un perfume, un alimento, un abrazo que yo amo, cuando amo a mi Dios; es la luz, la voz, el perfume, el abrazo del hombre interior que existe en mí allí donde brilla para mi alma una luz que no limita ninguna extensión, donde brotan melodías que no se lleva el tiempo, donde se exhalan perfumes que no se disipan con el soplo de los vientos, donde se paladea un manjar que ninguna voracidad hace desaparecer, y abrazos que ninguna saciedad consigue desenlazar. He aquí lo que yo amo cuando amo a mi Dios.

¿Quién es el Dios que amamos?

¿Quién es, pues, ese Dios al que amo? Pregunté a la tierra y me contestó: "Yo no soy tu Dios". Cuanto vive en su superficie me ha contestado lo mismo; he preguntado al mar y a sus abismos, a los seres animados que en él serpean, y me han contestado: "No somos tu Dios; busca por encima de nosotros". Pregunté al aire que respiramos, y el reino del aire con sus habitantes me contestó:

"Anaximenes se equivoca; yo no soy Dios". Pregunté al cielo, al sol, a la luna, a las estrellas: "Tampoco nosotros somos Dios, el Dios que tú buscas", me afirmaron. Entonces dije a todos los seres que están al alcance de mis sentidos: "Habladme de mi Dios, puesto que no lo sois, decidme algo de él". Y me gritaron con su voz poderosa: "Es él quien nos hizo". Yo les preguntaba con mi propia contemplación, y su contestación era su belleza.

Entonces, volviéndome hacia mí mismo, me dije: "¿Y tú, quién eres?" Y yo contesté: "¡Soy hombre!" Tengo a mi servicio un cuerpo y un alma, el uno al exterior, la otra al interior. ¿Por cuál de estos debía yo buscar a mi Dios, que ya había buscado con mi cuerpo desde la tierra hasta el cielo, hasta tan lejos como podía enviar los *mensajeros rayos de mis ojos?*[55]

Pero más precioso es en mí el elemento interior. Puesto que es a él a quien rendían cuentas, como a un presidente y un juez, todos los mensajeros de mi carne, respecto a las contestaciones del cielo, de la tierra y de las criaturas que los habitan, diciendo todas: "No somos nosotras Dios" y "Él nos ha hecho". El hombre interior conoce estas cosas por el ministerio del hombre exterior ; yo, el ser interior, yo, yo el alma, las he conocido por los sentidos de mí cuerpo.

Finalmente pregunté sobre mi Dios al conjunto del universo, y me respondió: "No soy Dios, soy una obra suya." Ahora me pregunto, ¿esa belleza del universo no aparece igualmente a los que disfrutan de la integridad de sus sentidos? Entonces, ¿por qué no habla a todos con el mismo lenguaje? Los animales, pequeños y grandes, la ven, pero sin poderla interrogar, pues en ellos no hay razón alguna que pueda ser propuesta como un juez a los informes de los sentidos. Los hombres sí pueden, ellos, "porque las cosas invisibles de él, su eterna potencia y divinidad, se echan de ver desde la creación del mundo, siendo entendidas por las cosas que son hechas" (Ro. 1:20), pero, a fuerza de amar las cosas creadas, se convierten en sus esclavos, y esta sujeción les impide juzgarlas. Es que

Pregunté al cielo, al sol, a la luna, a las estrellas: "Tampoco nosotros somos Dios, el Dios que tú buscas", me afirmaron. Entonces dije a todos los seres que están al alcance de mis sentidos: "Habladme de mi Dios, puesto que no lo sois, decidme algo de él". Y me gritaron con su voz poderosa: "Es él quien nos hizo". Yo les preguntaba con mi propia contemplación, y su contestación era su belleza.

---

[55] Siguiendo la doctrina de Pitágoras, expuesta por Platón en el *Timeo*, Agustín creía que de los ojos salía un fuego interno que en forma de rayos llega a tocar al objeto percibido.

Tú ya eres mejor, alma mía, te lo digo yo, puesto que eres tú la que vivificas a la masa del cuerpo que está unida a ti, prestándole la vida, que ningún cuerpo puede asegurar a otro cuerpo. Pero tu Dios es para ti también la vida de tu vida.

las cosas no responden a los que simplemente preguntan, sino a los que tienen capacidad para juzgar. Sin duda, no modifican su lenguaje, quiero decir, su prestigiosa apariencia, cuando el uno no hace más que verlas, mientras que el otro las ve y las interroga; no aparecen bajo un aspecto diferente al uno o al otro; pero, mostrándose iguales al uno y al otro, permanecen mudas para el uno, mientras contestan al otro. O dicho de otra manera, hablan a todos, pero sólo las comprenden los que comparan esa voz venida del exterior con la verdad que llevan en sí mismos.

En efecto, la verdad me dice: "Tu Dios no es el cielo, ni la tierra, ni ningún otro cuerpo." Su naturaleza lo afirma. Para quien abre los ojos, toda masa es menor en sus partes que en su todo. Tú ya eres mejor, alma mía, te lo digo yo, puesto que eres tú la que vivificas a la masa del cuerpo que está unida a ti, prestándole la vida, que ningún cuerpo puede asegurar a otro cuerpo. Pero tu Dios es para ti también la vida de tu vida.

141

A Dios por encima de las facultades sensitivas

¿Qué amo, pues, cuando amo a mi Dios? ¿Quién es este ser que domina la cima de mi alma? Quiero, ayudándome de mi propia alma, elevarme hasta él. Sobrepasaré esa fuerza mía que me une a mi cuerpo, y que llena con su vitalidad todos mis miembros; no es esta fuerza la que puede hacerme encontrar a mi Dios, pues "el caballo, el mulo, que no tienen inteligencia" (Sal. 32:9), también lo encontrarían, puesto que de esa misma facultad vive igualmente su cuerpo.

Tengo en mí otra facultad, que no solamente hace vivir el cuerpo, sino también que sea sensitivo. El mismo Señor, el cual prescribe al ojo que no oiga, al oído que no vea, sino que aquél vea y éste oiga, e igualmente para cada uno de los otros sentidos, según su lugar y función. Por su ministerio cumplo estas diversas funciones, guardando mi unidad espiritual. También sobrepasaré esta facultad de mi alma, pues me es común con el caballo y el mulo, que también sienten por medio de los órganos y sentidos corporales.

Tengo en mí otra facultad, que no solamente hace vivir el cuerpo, sino también que sea sensitivo. Por su ministerio cumplo estas diversas funciones, guardando mi unidad espiritual.

142

La prodigiosa memoria

En la
memoria se
conservan,
clasificadas
por separado
y por
especies,
las
sensaciones
que se han
introducido
cada una por
su puerta
particular:
la luz,
los colores,
las formas
corporales,
por los ojos,
todas las
verdades de
los sonidos
por los oídos,
todos los
olores
por la nariz,
todos los
sabores
por la boca.

Quiero, pues, sobrepasar también esta fuerza de mi naturaleza, para elevarme progresivamente hasta aquel que me hizo. Y he aquí que llego a los dominios, a los vastos campos de la memoria, allí donde se encuentran los tesoros de las imágenes innumerables aportadas por las percepciones multiformes de los sentidos. Allí están encerrados todos los pensamientos que nos formamos, aumentando, reduciendo, modificando de un modo cualquiera lo que nuestros sentidos han alcanzado, y también todos los elementos puestos allí en depósito, en reservas, en tanto que el olvido no los ha tragado y enterrado.

Cuando estoy allí, convoco todas las imágenes que quiero. Algunas se presentan en seguida; otras se hacen desear por más tiempo y hay que arrebatarlas a refugios más misteriosos; otras se precipitan en masa, cuando precisamente se buscaba otra cosa, y que, situándose en primer plano, parecen decir: "¿Somos nosotras, tal vez?" Yo las alejo, con la mano del espíritu, del rostro de mi recuerdo, hasta que aquella que yo deseo salga de la nube, y desde el fondo de su refugio se ofrezca a mis ojos. Otras, en fin, llegan juntas, en serie, bien ordenadas, a medida que las llamo; las primeras ceden la plaza a las siguientes, y al hacerlo se colocan aparte, para reaparecer cuando yo quiera. Esto es exactamente lo que ocurre cuando cuento algo de memoria.

En la memoria se conservan, clasificadas por separado y por especies, las sensaciones que se han introducido cada una por su puerta particular: la luz, los colores, las formas corporales, por los ojos, todas las verdades de los sonidos por los oídos, todos los olores por la nariz, todos los sabores por la boca. En fin: por el sentido difuso por todo el cuerpo, toda impresión de dureza o de blandura, de calor o de frío, de suave o de áspero, de pesado o de ligero, de externo o de interno. La memoria las recibe a todas en su vasto habitáculo, en sus secretas y misteriosas sinuosidades, para volver a llamarlas y cogerlas de nuevo cuando las necesite. Todas entran por la puerta reservada a cada una de ellas, y se colocan allí por orden. Hay que hacer constar que no son las realidades mismas las que penetran así, sino las imágenes de las realidades percibidas, para permanecer allí a disposición del pensamiento que las evoca.

¿Quién podría decir cómo se han formado esas imágenes? Sin embargo, se ve claramente cómo y por qué sentidos han sido captadas y puestas en reserva en nuestro interior. Hasta en la oscuridad y el silencio puedo, si así lo deseo, evocar colores con la memoria, distinguir lo blanco de lo negro, o no importa qué otros matices los unos de los otros; no tengo que temer que una incursión de los sonidos venga a turbar las imágenes percibidas por mis ojos; y sin embargo, están allí, ellos también, pero permanecen en su retiro separado. Los llamo cuando me place, y acuden en seguida. Hasta cuando mi lengua calla, cuando mi garganta permanece silenciosa, canto tanto como quiero; y las imágenes de los colores permanecen allí, pero inútilmente, puesto que no intervienen ni interrumpen, mientras manejo el otro tesoro que debo a mis oídos. Así repaso a mi gusto las impresiones que los otros sentidos han aportado y acumulado en mí; percibo el perfume de los lirios y aprendo a distinguirlo del de las violetas, sin oler ninguna flor; prefiero la miel al vino cocido, lo pulimentado a lo rugoso, sin necesidad de paladear ni tocar nada, simplemente por el mero recuerdo.

Todo eso ocurre en el interior de mí mismo, en el gran aula de mi memoria. Es allí, en efecto, donde dispongo del cielo, de la tierra, del mar, y de todas las impresiones que he recibido, excepto aquellas que ya he olvidado; es allí donde vuelvo a encontrarme a mí mismo, donde vuelvo a acordarme de mí mismo, de las cosas que hice, de la época, del lugar donde las hice, de los sentimientos que experimenté al hacerlas; es allí donde está consignado todo aquello de que me acuerdo, por mis propias experiencias o por mi creencia personal. A la misma reserva pido prestadas imágenes, ora las unas, ora las otras, imágenes de las cosas cuya experiencia hice yo mismo, o que creí bajo la fe de esa misma experiencia; las relaciono yo mismo con el pasado, y también combino para el porvenir acciones, acontecimientos, esperanzas; y todo ello parece que llegue a hacérseme presente: "Haré esto, y después aquello y lo de más allá"; he aquí lo que me digo en los vastos repliegues de mi espíritu, lleno de las imágenes de tantas y tan

Es allí donde está consignado todo aquello de que me acuerdo, por mis propias experiencias o por mi creencia personal. A la misma reserva pido prestadas imágenes, ora las unas, ora las otras, imágenes de las cosas cuya experiencia hice yo mismo, o que creí bajo la fe de esa misma experiencia.

Grande, Dios mío, es esta fuerza de la memoria, ¡oh sí, muy grande! Es un santuario inmenso, infinito. ¿Quién ha penetrado jamás hasta su fondo? Y, sin embargo, no es más que una fuerza de mi alma, unida a mi naturaleza.

grandes cosas. Y ya extraigo una conclusión, u otra: "Si ocurriera tal o cual cosa", o "Dios me libre de esto o aquello". Así me hablaba a mí mismo; y ahora, a medida que voy hablando, se ofrecen a mí las imágenes de las cosas que digo, salidas de ese mismo tesoro de la memoria; sin ellas, me sería imposible hablar de ellas.

Grande, Dios mío, es esta fuerza de la memoria, ¡oh sí, muy grande! Es un santuario inmenso, infinito. ¿Quién ha penetrado jamás hasta su fondo? Y, sin embargo, no es más que una fuerza de mi alma, unida a mi naturaleza. Ni yo mismo alcanzo a comprender lo que soy. ¿Significa entonces que el alma es demasiada estrecha para contenerse a sí misma? ¿Dónde refluye lo que no puede contener de sí misma? ¿Estará fuera de ella y no en ella? ¿Y cómo no lo contiene? Este pensamiento me confunde de sorpresa, y me siento presa del estupor.

¡Y pensar que los hombres se van a admirar las cumbres de las montañas y las olas enormes del mar, el ancho curso de los ríos, las playas sinuosas del océano, las revoluciones de los astros, y se olvidan de si mismos! No se maravillan de que yo pueda hablar de todas esas cosas sin verlas con mis propios ojos; y, sin embargo, no hablaría de ellas si esas montañas, esas olas, esos ríos, esos astros que yo he visto, ese océano que conozco solamente por lo que he oído decir, si no los viese en mí, en mi memoria, tan grandes como mis miradas podrían contemplarlos al exterior. Pero viéndolos con mis ojos no los he absorbido; esas cosas no son en mí; yo sólo poseo su imagen, y, para cada una de ellas, sé por qué sentido corporal he recibido la impresión.

143

Capacidad de la memoria
y milagro del recuerdo

La capacidad inmensa de mi memoria no contiene solamente realidades de ese género. También se encuentra allí cuanto me han enseñado las artes liberales, en cuanto he sabido retenerlas; todo eso queda aparte, en un lugar inferior, que en realidad no llega a ser un lugar. Pero no están las imágenes de las cosas, sino las cosas mismas.[56] Qué es la gramática, el arte de discutir, cuántas clases de preguntas hay, cuanto sé de esas nociones no subsiste en mi memoria como una imagen que yo conservaría dejando afuera a la cosa misma. No son ellas como un sonido que resuena y pasa, como por ejemplo la voz, que imprime en los oídos una especie de huella de sí misma, gracias a la cual uno se hace la ilusión de oírla aun cuando ya se ha callado, ni como un perfume, que mientras pasa y se disipa en el aire afecta al olfato y transmite así a la memoria una imagen de sí misma, que la reminiscencia permite evocar; ni como un alimento, que naturalmente cesa de dejar sentir su sabor en el estómago, pero lo guarda en cierto sentido en la memoria; ni como un objeto que percibimos por un contacto físico y que nuestra memoria imagina, hasta cuando ya no está allí. Las realidades de este orden no penetran hasta la memoria; solamente sus imágenes son captadas con una prontitud maravillosa, y maravillosas y ordenadas como en clasificación, de cuyos cajoncitos las saca el milagro del recuerdo.

> Las realidades de este orden no penetran hasta la memoria; solamente sus imágenes son captadas con una prontitud maravillosa, y maravillosas y ordenadas como en clasificación, de cuyos cajoncitos las saca el milagro del recuerdo.

---

[56] Al estilo de Platón, Agustín divide los objetos del entendimiento en sensibles e inteligibles. Los primeros se refieren a las cosas relativas de este mundo, accesibles a los sentidos. Los segundos pertenecen al mundo de las ideas y son vistos por el alma o mente de forma directa o inmediata: "Así como nuestra alma recibe por los sentidos del cuerpo las noticias de las cosas corporales, así tiene inmediatamente y por sí misma las que pertenecen a las cosas incorpóreas" (*La Trinidad*, IX, 3).

144

La ciencia no depende de los sentidos, sino de lo que hay encerrado en la memoria

¿De dónde, por dónde han penetrado en mi memoria? Nada sé. Cuando me enteré de estas cosas, no las recibí bajo fe de los demás; las reconocí en mi propia alma y las experimenté como verdaderas; a ella las confié, como un depósito de donde podría sacarlas cuando quisiese.

Pero cuando oigo decir que hay tres géneros de preguntas, a saber, si la cosa es, qué es y cuál es, retengo muy bien la imagen de los sonidos de que están compuestas esas palabras, y sé que esos sonidos han atravesado el aire acompañándose de un ruido, y que ya han dejado de ser. Pero las mismas cosas, significadas por esos sonidos, no las he alcanzado por ningún sentido corporal, ni las he visto en ninguna parte fuera de mi alma. Lo que he encerrado en mi memoria no son sus imágenes, sino ellas mismas.

¿Por dónde entraron así en mí? Que lo digan si pueden. De nada me sirve recorrer todas las puertas de mi carne; no encuentro ninguna por la cual puedan haber entrado. Los ojos dicen: "Si son coloradas, las hemos transmitido nosotros." Los oídos dicen: "Si son sonoras, somos nosotros quienes las hemos señalado." Las ventanas de la nariz dicen: "Si huelen, han pasado por nosotras." Y el gusto dice después: "Si no tienen sabor, es inútil interrogarme." El tacto declara: "Si no son cuerpo, no las he tocado, y si no las he tocado, no he podido designarlas."

¿De dónde, por dónde han penetrado en mi memoria? Nada sé. Cuando me enteré de estas cosas, no las recibí bajo fe de los demás; las reconocí en mi propia alma y las experimenté como verdaderas; a ella las confié, como un depósito de donde podría sacarlas cuando quisiese. Allí estaban antes de que me diese cuenta; pero todavía no estaban en mi memoria. Entonces, ¿dónde estaban, y a qué es debido que cuando me las expusieron, las haya reconocido y haya exclamado: "Sí, esto es verdad"? Será, pues, que ya estaban en mi memoria, pero relegadas, enterradas en tan maravillosas profundidades, que a falta de lecciones que las han exhumado de allí, quizá jamás hubiese pensado en ellas.

145

Las verdades que llevamos dentro

Así, pues, según este análisis, aprender nociones de ese género, cuyas imágenes no recogemos por medio de los sentidos, pero que vemos en nosotros mismos sin el auxilio de las imágenes, tal cual son en su realidad misma, equivale a reunir con el pensamiento los fragmentos dispersos, incoordinados, que contenía la memoria; y por la fuerza de la atención, obligarles a man tenerse siempre a nuestra mano en esta memoria donde se ocultaban desordenadamente y con abandono, y a presentarse fácilmente a nuestro espíritu, cuando les aplica su esfuerzo ya familiar.

Mi memoria lleva ya muchas nociones encontradas, y por decirlo así colocadas bajo nuestra mano, para decirlo con la expresión que empleé; y esto es lo que llaman "aprender" y "saber". Si ceso de recordarlas, aunque sea por un tiempo bastante corto, vuelven a hundirse y se dispersan por los más ocultos refugios; entonces el pensamiento vuelve a encontrarlas como si fuesen nuevas, las extrae una vez más de allí, no tiene otro lugar donde refugiarse, y las reagrupa para que puedan dar fe de su existencia, esto es: de dispersas que estaban, es preciso que vuelva a reunirlas. De ahí viene la expresión *cogitare*, que significa pensar. Pues en latín el verbo *cogo* (recoger, coger) dice la misma relación a *cogito* (pensar, cogitar) que *ago* (mover) a *agito* (agitar) o que *facio* (hacer) a *factito* (hacer con frecuencia). Sin embargo, la inteligencia ha reservado la palabra *cogito* para su propio uso, de modo que esas reuniones (*colligitur*) que tienen lugar exclusivamente en el espíritu, esas agrupaciones (*cogitur*) son propiamente lo que se llama pensar (*cogitare*).

La inteligencia ha reservado la palabra *cogito* para su propio uso, de modo que esas reuniones (*colligitur*) que tienen lugar exclusivamente en el espíritu, esas agrupaciones (*cogitur*) son propiamente lo que se llama pensar (*cogitare*).

146

El lugar de las matemáticas en la memoria

La memoria contiene también los innumerables principios y leyes de los números y las dimensiones. Ninguno de ellos quedó impreso en la memoria por los sentidos corporales, pues no tienen color, ni sonido, ni olor, ni han sido gustados o tocados.

La memoria contiene también los innumerables principios y leyes de los números y las dimensiones. Ninguno de ellos quedó impreso en la memoria por los sentidos corporales, pues no tienen color, ni sonido, ni olor, ni han sido gustados o tocados. Cierto que oigo los sonidos de las palabras que las designan; pero una cosa son las palabras y otra las cosas. Las palabras tienen un sonido diferente, según sean griegas o latinas, y no pertenecen en propiedad a ninguna lengua.

He visto líneas trazadas por arquitectos a veces tan sumamente tenues como un hilo de araña. Pero las líneas matemáticas no son en manera alguna la imagen de aquellas que me ha dado a conocer mi ojo carnal. Las conoce quien las reconoce en sí mismo, sin pensar de ningún modo en una realidad material cualquiera.

Todos mis sentidos corporales me han dado a conocer los números que numeramos; pero otros son los números con que numeramos; no son la imagen de los primeros, y por eso tienen un ser mucho más excelente. Que se ría de mí, al leerme, quien no los vea. Por mi parte le compadeceré por su misma risa.

147

La memoria se acuerda
de haberse acordado

Todas estas nociones las tengo en mi memoria, como tengo en la memoria el modo en que las he adquirido. También tengo en ella muchas objeciones que se oponen erróneamente a esas evidencias, y las retengo igualmente por la memoria. Dichas objeciones pueden ser falsas, pero no por ello es falso el hecho de que yo las recuerde y haga distinción entre las falsas y las verdaderas. También retengo esto en la memoria y veo que una cosa es la distinción que yo hago al presente y otra el recordar haber hecho muchas veces tal distinción, tantas cuantas pensé en ellas.

Yo recuerdo, pues, de haber comprendido estas cosas a menudo, y lo que ahora pongo en claro y comprendo, lo conservo en mi memoria para acordarme más tarde de que las he comprendido hoy. Me acuerdo, pues, de haberme acordado; y si en el porvenir me acuerdo de que he podido acordarme ahora, quede bien entendido que será gracias a la fuerza de mi memoria a lo que deberé el haberme acordado de ellas.

Me acuerdo, pues, de haberme acordado; y si en el porvenir me acuerdo de que he podido acordarme ahora, quede bien entendido que será gracias a la fuerza de mi memoria a lo que deberé el haberme acordado de ellas.

148

Memoria de los estados del alma

¿A qué es debido que en el momento en que me acuerdo con placer de una tristeza pasada, mi alma sienta alegría, mi memoria tristeza?

Esta misma memoria contiene las impresiones del alma, no tal como son en el alma en el momento en que ésta las aprueba, sino de una manera muy diferente, y que corresponde a la misma naturaleza de la memoria.

Me acuerdo de haber estado alegre, sin estarlo ahora; y no estando triste, recuerdo mi tristeza pasada; me acuerdo de haber tenido miedo tal día, sin tener miedo ahora; y no codiciando nada, haber codiciado en otro tiempo. A veces, por el contrario, estando alegre me acuerdo de mi tristeza pasada, y estando triste, de la alegría que tuve. El hecho no es sorprendente, cuando se trata de impresiones puramente físicas; pues una cosa es el cuerpo y otra el alma. No resulta muy sorprendente que gozando yo en el alma me acuerde de un dolor que antaño experimenté en mi cuerpo.

Pero he aquí que la memoria es parte del alma, pues cuando mandamos retener algo de memoria, decimos: "Mira que lo tengas en el alma." Y en caso de olvido, decimos: "No estuvo en mi alma" y "Se me fue del alma." Con esta palabra "alma" designamos la memoria.

Si esto es así, ¿a qué es debido que en el momento en que me acuerdo con placer de una tristeza pasada, mi alma sienta alegría, mi memoria tristeza? Si mi alma está alegre, es debido a que la alegría está en ella; ¿por qué mi memoria no está triste, puesto que la tristeza está igualmente en ella? ¿Sería independiente del alma? ¿Quién se atrevería a afirmarlo? ¿Es acaso la memoria como el estómago del alma, y la alegría o la tristeza como un alimento dulce o amargo; y que cuando estas impresiones son transmitidas a la memoria, pasan, por decirlo así, a aquel estómago, y allí pueden permanecer, mas no gustadas? Naturalmente, es ridículo suponer que la memoria es como el estómago y, sin embargo, hay entre ellos cierta semejanza.

De mi memoria saco mi afirmación, cuando declaro que hay cuatro pasiones: el deseo, la alegría, el temor y la tristeza. Y todas las discusiones que puedo suscitar a este propósito, cuando divido cada una de esas pasiones en especies que correspondan a su género y las defino, me enseñan que allí encuentro y de allí extraigo cuanto de ellas digo. Sin embargo, no siento en mí mismo ninguna perturbación con respecto a ellas, cuando las evoco por el recuerdo. Antes mismo de que me acordase para hablar de ellas, ya estaban allí; por eso, gracias al recuerdo, he podido sacarlas de allí. ¿Quizá, pues, son sacadas de la memoria estas cosas recordándolas, como del estómago el manjar rumiando? Mas entonces, ¿por qué no se siente en la boca del pensamiento del que discute, esto es, de quien las recuerda, la dulzura de la alegría o la amargura de la tristeza? ¿Sería precisamente éste el punto de desemejanza, puesto que toda semejanza completa queda excluida? ¿Quién, en efecto, hablaría con gusto de esas cosas, si cada vez que se articulase la palabra tristeza o temor hubiese que experimentar el sentimiento correspondiente?

Y, sin embargo, no podríamos hablar de ello si no encontrásemos en nuestra memoria no solamente los sonidos de esas palabras, sino la imagen impresa en nosotros por los sentidos, y hasta la idea misma de los sentimientos que designan. Estos conceptos no han penetrado en nosotros por una de las puertas de nuestra carne; nuestra propia alma, por la experiencia que ha hecho de esas pasiones, las ha sentido y confiado a la memoria; o bien ésta misma, sin haberle sido confiadas, las retuvo para sí.

¿Quién, en efecto, hablaría con gusto de esas cosas, si cada vez que se articulase la palabra tristeza o temor hubiese que experimentar el sentimiento correspondiente?

149

Recuerdo de las cosas ausentes

Nombro la imagen del sol, y ella está aquí, en mi memoria; y no es la imagen de una imagen lo que me represento, sino la imagen por sí misma, que se ofrece desde el momento en que la llamo.

Esta representación, ¿se hace o no por medio de imágenes? La cosa no resulta fácil de decir. Yo puedo pronunciar la palabra piedra, sol, cuando ni piedra, ni sol, se encuentran presentes en mis sentidos; mi memoria guarda, evidentemente, su imagen a mi disposición.

Hablo del dolor físico; tampoco me es presente, puesto que no sufro. Sin embargo, si no tuviese su imagen presente en mi memoria, no sabría de qué hablo, y en la discusión no sabría distinguirla del placer.

Pronuncio la palabra salud, cuando yo mismo me encuentro en buena salud. Este estado me es, pues, muy presente. Sin embargo, si yo no tuviese su imagen también en mi memoria, no me acordaría en absoluto de lo que significa el sonido de este nombre. Los enfermos, cuando se hablase de salud ante ellos, no reconocerían de qué se trata, si la fuerza de su memoria no retuviese la imagen, aunque su cuerpo esté lejos de la propia realidad.

Nombro los números que usamos para contar, y he aquí que están en mi memoria no solamente sus imágenes, sino ellos mismos.

Nombro la imagen del sol, y ella está aquí, en mi memoria; y no es la imagen de una imagen lo que me represento, sino la imagen por sí misma, que se ofrece desde el momento en que la llamo.

Nombro la memoria, y reconozco lo que nombro. Pero ¿dónde puedo reconocerla, sino en la propia memoria? ¿Será por su propia imagen como está presente a sí misma, y no por su misma realidad?

150

La memoria también
se acuerda del olvido

Cuando pronuncio la palabra "olvido" y reconozco al mismo tiempo lo que nombro, ¿cómo lo reconocería, si no me acordase? No hablo del propio sonido de esa palabra, sino de lo que significa. Si la hubiese olvidado, resulta claro que me sería imposible reconocer lo que significa el sonido. Cuando me acuerdo de la memoria, por sí misma está presente a sí misma; pero cuando me acuerdo del olvido, memoria y olvido me son igualmente presentes, la memoria gracias a la cual me acuerdo, el olvido de que no me acuerdo.

Pero ¿qué es el olvido, sino una laguna o privación de la memoria? ¿Cómo puede, pues, estar presente, para que me acuerde de él, puesto que, desde el momento en que él está aquí, me resulta imposible acordarme? Sin embargo, si retenemos por la memoria aquello de lo cual nos acordamos, y si, por otra parte, a falta de recordarnos el olvido, no podemos en absoluto reconocer el significado de esta palabra, cuando la oímos pronunciar, ello es debido a que la memoria retiene el olvido. Está presente; en caso contrario, lo olvidaríamos; pero desde el momento en que se encuentra aquí, olvidamos.

¿Hay que concluir de ello que no es él mismo quien se encuentra en nuestra memoria, cuando nos acordamos de él, sino solamente su imagen, puesto que si el propio olvido estuviese presente, nos haría, no recordar, sino olvidar? ¿Quién descifrará este enigma? ¿Quién comprenderá su modo de ser?

Yo, por mi parte, Señor, me agoto meditando este problema, y resulta que me agoto sobre mí mismo. Soy para mí un campo de dificultad y de sudores. Porque no estamos escudriñando en este momento las regiones celestes; no medimos la distancia de los astros, ni buscamos las leyes del equilibrio terrestre. Soy yo quien me acuerdo, yo, es decir, mi alma. Nada tiene de extraño que se halle lejos de mí cuanto yo no soy. Pero ¿qué más cercano a mí que yo mismo? Y he aquí que no puedo comprender la esen-

Soy para mí un campo de dificultad y de sudores. Porque no estamos escudriñando en este momento las regiones celestes; no medimos la distancia de los astros, ni buscamos las leyes del equilibrio terrestre. Soy yo quien me acuerdo, yo, es decir, mi alma.

Si la memoria conserva, no el propio olvido, sino su imagen, ha sido necesario que fuese presente, para que pudiese tomarse su imagen. Mas cuando estaba presente, ¿cómo podía inscribir su imagen en la memoria, puesto que por su sola presencia el olvido borra todo cuanto ya encuentra anotado?

cia misma de mi memoria, cuando sin ella no podría ni nombrarme. ¿Qué debo decir, puesto que es cierto para mí que recuerdo al olvido? ¿Diré que aquello de que no me acuerdo no está en mi recuerdo? ¿O diré que si el olvido está en mi recuerdo, es para que no olvide? Ambas cosas son completamente absurdas.

¿Qué pensar de la tercera solución? Mas ¿con qué fundamento podré decir que mi memoria retiene las imágenes del olvido, no el mismo olvido, cuando lo recuerda? ¿Con qué fundamento, repito, podré decir esto, siendo así que cuando se imprime la imagen de alguna cosa en la memoria es necesario que primeramente esté presente la misma cosa, para que con ella pueda grabarse su imagen? Así me acuerdo de Cartago y de los demás lugares donde viví, de las figuras que encontré y de cuanto mis sentidos me dieron a conocer, igual que de la salud y del dolor físico. Cuando todas estas realidades estaban presentes, mi memoria recogió sus imágenes, para que, contemplándolas como presentes, las repasase en mi alma, cuando me acordase de dichas cosas estando ausentes.

Así, pues, si la memoria conserva, no el propio olvido, sino su imagen, ha sido necesario que fuese presente, para que pudiese tomarse su imagen. Mas cuando estaba presente, ¿cómo podía inscribir su imagen en la memoria, puesto que por su sola presencia el olvido borra todo cuanto ya encuentra anotado? Y, sin embargo, por muy incomprensible, por muy inexplicable que esto sea, estoy cierto de que, de un modo o de otro, me acuerdo del mismo olvido con que se sepulta lo que recordamos.

151

Traspasando la memoria
para alcanzar a Dios

¡Grande es la virtud de la memoria! Es algo, no sé qué, digno de inspirar un terror sagrado, Dios mío, por su profundidad y su infinita multiplicidad. Y esto es el alma; ¡y esto soy yo mismo! ¿Qué soy yo, pues, Dios mío? ¿Cuál es mi esencia? Una vida variada, multiforme, de una inmensidad prodigiosa.

Mira cómo en mi memoria hay campos, antros, cavernas innumerables, pobladas hasta el infinito con innumerables cosas de todas clases, que allí viven, ya por sus imágenes, como las de todos los cuerpos, ya por presencia, como las de las artes; o bien bajo forma de no sé qué nociones o notaciones, como los afectos del alma, que la memoria conserva, hasta cuando el alma no los padezca, las tiene el alma por estar en el alma cuanto está en la memoria. A través de todas estas cosas discurro y vuelo de aquí para allá, de un lado para otro; penetro tanto como puedo, pero en ninguna parte encuentro límites. ¡Tan grande es la fuerza de mi memoria, tan grande es la fuerza de la vida en el hombre, que sólo tiene una vida mortal!

¿Qué hacer pues, Señor Dios mío, mi verdadera vida? Traspasaré también esta fuerza mía, que llaman memoria, la traspasaré para lanzarme hacia ti, dulce luz. ¿Qué me dices? He aquí que, ayudándome con mi alma para subir hasta ti, que permaneces allí arriba, por encima de mí, también traspasaré esta potencia mía que llaman memoria, en mi deseo de alcanzarte por el lado donde eres accesible, y de unirme por el lado donde es posible esta unión.

Porque las bestias y las aves también tienen memoria, de no ser así, no volverían a sus madrigueras ni hallarían sus nidos, y tantas costumbres que les son familiares. De no ser por la memoria, ni siquiera serían capaces de aprendizaje alguno.

Traspasaré, pues, también la memoria, para alcanzar a aquel que me ha separado de los animales y me ha hecho

He aquí que, ayudándome con mi alma para subir hasta ti, que permaneces allí arriba, por encima de mí, también traspasaré esta potencia mía que llaman memoria, en mi deseo de alcanzarte por el lado donde eres accesible, y de unirme por el lado donde es posible esta unión.

¿Dónde me llevará tu búsqueda? ¿Dónde encontrarte? Si te encuentro fuera de mi memoria, es que me he olvidado de ti. ¿Cómo, entonces, podré encontrarte?

más prudente que los pájaros del cielo. También traspasaré la memoria, pero para encontrarte a ti, mi verdadero bien y mi suavidad segura. Pero ¿dónde me llevará tu búsqueda? ¿Dónde encontrarte? Si te encuentro fuera de mi memoria, es que me he olvidado de ti. ¿Cómo, entonces, podré encontrarte, si ya no me acuerdo de ti?

152

Recordar es reconocer

La mujer que perdió una dracma y la buscó con su lámpara, no la hubiese encontrado si no se hubiese acordado de ella. Si la hubiese encontrado, ¿cómo habría sabido que era la suya, sin acordarse de ella?

Me acuerdo de haber buscado y encontrado muchos objetos perdidos; y sé muy bien que, durante mi búsqueda, cuando me preguntaban: "¿Es esto, quizá? ¿O quizá será eso?", yo contestaba negativamente cuando me ofrecían lo que no buscaba. Si no me hubiese acordado del objeto perdido, fuese el que fuese, habrían podido ofrecérmelo, pero yo no lo hubiese encontrado, por no poder reconocerlo. Lo mismo ocurre cada vez que se busca una cosa perdida y que vuelve a encontrarse.

Sin embargo, si un objeto desaparece de nuestros ojos por casualidad –no de nuestra memoria–, como sucede con un objeto visible cualquiera, su imagen permanece fija dentro de nosotros, y nosotros lo buscamos hasta que es devuelto a nuestros ojos. Una vez hallado, es reconocido por aquella imagen interior que llevamos. Además, no decimos que hayamos encontrado una cosa perdida, si no la reconocemos, y no la podemos reconocer sino la recordamos. Sólo estaba perdida para nuestros ojos, pero seguía retenida en nuestra memoria.

Si no me hubiese acordado del objeto perdido, fuese el que fuese, habrían podido ofrecérmelo, pero yo no lo hubiese encontrado, por no poder reconocerlo. Lo mismo ocurre cada vez que se busca una cosa perdida y que vuelve a encontrarse.

153

Acordarse del olvido
es no olvidar totalmente

No se
puede decir,
pues,
que nos
olvidamos
totalmente,
puesto que
nos acordamos
al menos de
habernos
olvidado
y de ningún
modo
podríamos
buscar lo
perdido que
absolutamente
hemos
olvidado.

¿Qué sucede cuando la misma memoria pierde algo, como ocurre cuando olvidamos e intentamos recordar?, ¿dónde buscamos, sino en la memoria? Si nos presenta una cosa por otra, la apartamos hasta que venga a ofrecerse la que buscamos; y cuando llega por fin, exclamamos: "¡Aquí está!", cosa que no diríamos si no la reconociésemos; pero, para reconocerla, es preciso que guardemos su recuerdo. Ciertamente, por tanto, la habíamos olvidado.

¿O debe admitirse que esta cosa no había desaparecido por completo de nosotros, y que con la ayuda de la parte que conservábamos todavía buscábamos la otra parte, porque nuestra memoria sentía que no podía representársela en totalidad, como de costumbre, y como si estuviese truncada de esta costumbre, y claudicante, reivindicase el miembro que le faltase?

Es lo que ocurre cuando una persona conocida nuestra se ofrece a nuestros ojos o a nuestro pensamiento, sin que recordemos su nombre. Este nombre lo buscamos; si un nombre que no es el suyo se ofrece a nosotros, no lo unimos a su persona, puesto que esta asociación no se ha formado jamás en nuestro pensamiento; lo rechazamos hasta que se presente aquel en que nuestra noción acostumbrada de esta persona halle de un modo completo, la satisfacción deseada. ¿Pero de dónde sale este nombre, si no es de nuestra misma memoria? Porque si alguno nos lo advierte, el reconocerlo de aquí viene. Porque no lo aceptamos como cosa nueva, sino que, recordándolo, aprobamos ser lo que se nos ha dicho, ya que si se borrase plenamente del alma, ni aun advertidos lo recordaríamos.

No se puede decir, pues, que nos olvidamos totalmente, puesto que nos acordamos al menos de habernos olvidado y de ningún modo podríamos buscar lo perdido que absolutamente hemos olvidado.

154

La felicidad es querida
por todos los hombres

¿Cómo buscarte, pues, oh Dios mío? Cuando te busco, Dios mío, busco la felicidad. ¡Que pueda yo buscarte para que viva mi alma! ¡Pues mi cuerpo vive de mi alma, y mi alma vive de ti! ¿Cómo, entonces, buscar la felicidad, puesto que no la poseeré hasta que diga "basta", allí donde conviene que lo diga? ¿Cómo buscarla, pues? ¿Por el nuevo recuerdo, como si, habiéndola olvidado, tuviese aún el recuerdo de mi olvido? ¿O tal vez por el deseo de saber una cosa ignorada, sea por no haberla conocida, sea por haberla olvidado hasta el punto de olvidarme de haberme olvidado?

La felicidad, ¿no es lo que quieren todos, aquello a lo cual no hay nadie que deje de aspirar? ¿Dónde la han conocido para quererla así? ¿Dónde la han visto, para amarla de tal modo? Evidentemente, la poseemos; ¿cómo? No lo sé.

Hay cierta medida de felicidad que basta poseer para ser feliz; otros sólo son felices en esperanza. Éstos sólo tienen una dosis de felicidad inferior a aquellos que están ya en posesión de la felicidad; pero, sin embargo, son mejores que aquellos que no son felices ni de hecho ni en esperanza. Y aun éstos deben conocer algo, pues de no ser así no tendrían esa voluntad de ser felices, voluntad que en ellos no resulta dudosa. Yo no sé cómo lo han conocido y, consiguientemente, ignoro en qué noción la poseen. Y el problema que me preocupa es el de determinar si esa noción reside en la memoria; si reside allí, es que ya fuimos felices en algún tiempo. ¿Lo fuimos todos individualmente, o solamente en aquel hombre que, el primero, cometió el pecado, en el que morimos todos, y del que nacimos como seres de miseria que somos?

No quiero examinar esto ahora; quiero averiguar, simplemente, si la noción de vida feliz se encuentra en la memoria. Si no la conocemos, no podemos amarla. Si no la conociéramos, no la querríamos. Apenas oímos su nombre, y en seguida confesamos todos que aspiramos a

La felicidad, ¿no es lo que quieren todos, aquello a lo cual no hay nadie que deje de aspirar? ¿Dónde la han conocido para quererla así? ¿Dónde la han visto, para amarla de tal modo? Evidentemente, la poseemos; ¿cómo? No lo sé.

La felicidad es conocida de todos los hombres; si pudiésemos preguntarles, en una interrogación única, si quieren ser felices, todos, sin vacilar, contestarían que sí. Unanimidad inverosímil, si su memoria no conservase algún recuerdo de la realidad que esta palabra expresa.

ella. Porque no es el sonido de esa palabra lo que nos seduce, ya que si un griego la oye articular en latín, no le causa ningún deleite por no comprender de qué se trata. Pero nos lo causa a nosotros, como se lo causaría también a aquél al oírla pronunciar en griego. Porque la cosa significada no es por sí misma ni griega ni latina; y es ella la que desean alcanzar los griegos, los latinos y los extranjeros que hablan no importa qué otra lengua.

Luego la felicidad es conocida de todos los hombres; si pudiésemos preguntarles, en una interrogación única, si quieren ser felices, todos, sin vacilar, contestarían que sí. Unanimidad inverosímil, si su memoria no conservase algún recuerdo de la realidad que esta palabra expresa.

155

¿Cómo está el recuerdo de la felicidad en la memoria?

¿Este recuerdo es del mismo género que el recuerdo que conserva de Cartago aquel que lo vio? No, ciertamente. La felicidad no se ve con los ojos, porque no es un cuerpo. ¿Es del mismo género que el que conservamos de los números? No; pues quien conoce los números no busca ya el modo de adquirir su posesión, mientras que la noción que tenemos de la felicidad es lo que nos hace amarla; y, sin embargo, queremos aún alcanzarla para ser felices.

¿Es del mismo género que el que guardamos de las reglas de la elocuencia? No; aunque al oír esa palabra los que todavía no son elocuentes piensan en la cosa por sí misma, y son muchos los que quieren ser elocuentes, lo que demuestra muy bien que tienen alguna noción de la elocuencia. Sin embargo, es por los sentidos corporales como han conocido la elocuencia ajena y la han gustado, y como esperan y desean disfrutarla. Es cierto que ese mismo placer implica la posesión de una noción interior, y si no la hubiesen gustado tampoco desearían ser oradores. Pero la vida bienaventurada no la hemos experimentado en otros por ningún sentido.

¿Ocurre con este recuerdo como con el recuerdo de la alegría? Quizá sí; pues me acuerdo, en la tristeza, de mi alegría, igual como en mi miseria pienso en la felicidad. Pero esta alegría no ha sido jamás para mí sensible ni a la vista, ni al oído, ni al olfato, ni al gusto, ni al tacto; la he experimentado en mi alma, cuando me he alegrado, y la noción de ella ha quedado unida a mi memoria, para que pueda recordarla, ya con desdén, ya con deseo, según la diversidad de los objetos a propósito de los cuales me acuerdo de que ella vino a mí.

Se dio el caso de sentirme inundado por ella en ocasiones vergonzosas que hoy recuerdo todavía con desprecio, con horror; a veces, también, por razones legítimas y buenas, cuyo recuerdo se acompaña, para mí, de remordimientos. Y como éstas a veces me son negadas, evoco con tristeza mi alegría pasada.

Cierto que ese mismo placer implica la posesión de una noción interior, y si no la hubiesen gustado tampoco desearían ser oradores. Pero la vida bienaventurada no la hemos experimentado en otros por ningún sentido.

¿Dónde y cuándo conocí por experiencia mi vida bienaventurada, para poder recordarla, amarla, desearla así? Y no se trata sólo de mí, o de un pequeño grupo selecto; todos, sí, todos queremos ser felices. Una noción menos firme no nos inspiraría una tan firme voluntad. Entonces, ¿qué significa esto?

Pero ¿dónde y cuándo conocí por experiencia mi vida bienaventurada, para poder recordarla, amarla, desearla así? Y no se trata sólo de mí, o de un pequeño grupo selecto; todos, sí, todos queremos ser felices. Una noción menos firme no nos inspiraría una tan firme voluntad. Entonces, ¿qué significa esto?

Preguntad a dos hombres si quieren llevar armas ; es posible que el uno conteste que sí y el otro que no. Pero preguntadles si quieren ser felices, y ambos contestarán sin vacilar que tal es su deseo. Y si el uno acepta llevar las armas, mientras el otro se niega a ello, lo hacen para ser felices el uno y el otro. El uno prefiere tal estado, el otro tal otro, pero concuerdan en el punto de querer ser felices, de igual modo que concordarían en su contestación al darla a quien les preguntase si quieren tener alegría. Esta alegría misma es lo que llaman la felicidad, objetivo único al cual tiende cada cual por su propio camino, para llegar a la alegría. Como no hay nadie que pueda decir que no ha conocido nunca la alegría, se la vuelve a encontrar en la memoria y se la reconoce cuando se oye pronunciar la palabra "felicidad".

156

Dios es la vida
bienaventurada y dichosa

Lejos del corazón de tu siervo, que se confiesa a ti, Señor, la idea de que cualquier alegría pueda hacerme feliz. Pues hay una alegría que no ha sido dada a los impíos, sino a aquellos que te sirven por amor, sin interés, siendo tú mismo esa alegría. La misma vida bienaventurada no es otra cosa que gozar de ti, para ti y por ti: esa es y no otra.

Los que se imaginan que hay otra, persiguen otra alegría que no es la verdadera. Y, sin embargo, su voluntad no se aparta de cierta imagen de alegría.

La misma
vida
bienaventurada
no es otra
cosa que
gozar de ti,
para ti
y por ti:
esa es
y no otra.
Los que se
imaginan que
hay otra,
persiguen
otra alegría
que no es la
verdadera.
Y, sin
embargo,
su voluntad
no se aparta
de cierta
imagen de
alegría.

157

La alegría que nace de la verdad

la vida feliz es gozo de la verdad, porque este gozo nace de ti, que eres la verdad misma. Al amar la vida feliz, que no es más que la alegría nacida de la verdad, aman también, naturalmente, a la verdad; y no la amarían si, en su memoria, no subsistiese de ella alguna idea.

¿No es cierto, pues, que todos quieren ser felices, ya que los que no buscan su alegría en ti, que eres la única vida feliz, no quieren realmente la vida feliz? ¿O no sería que todos la quieren, pero que como "la carne codicia contra el espíritu y el espíritu contra la carne" (Gá. 5:17), no hacen lo que quieren, se agarran a lo que pueden y se contentan con ello, porque lo que no pueden no lo quieren con una voluntad lo suficiente fuerte para poderlo?

Si yo pregunto a todos dónde prefieren encontrar la alegría, si en la verdad o en la mentira, dudarán poco en responder que prefieren la verdad, así como quieren ser felices. Pues bien, la vida feliz es gozo de la verdad, porque este gozo nace de ti, que eres la verdad misma, oh Dios, mi luz, mi salvación (Sal. 27:1). Todos desean esta vida, la única feliz; todos quieres el gozo de la verdad.

He visto a mucha gente que deseaba engañar al prójimo; no he visto a nadie que quisiese ser engañado. ¿De dónde, pues, han sacado esa noción de la vida feliz, sino del mismo sitio de donde sacaron la de la verdad? Porque también aman la verdad, puesto que no quieren ser engañados; y al amar la vida feliz, que no es más que la alegría nacida de la verdad, aman también, naturalmente, a la verdad; y no la amarían si, en su memoria, no subsistiese de ella alguna idea.

¿Por qué, pues, no encuentran en ella su alegría? ¿Por qué no son felices? Porque se hallan fuertemente preocupados de otras cosas que les vuelven más desgraciados que felices con aquello que débilmente recuerdan. Hay todavía una débil luz en los hombres. ¡Que avancen, que avancen, para no "dejarse sorprender por las tinieblas" (Jn. 12:35)!

Pero si aman la vida feliz –que no es sino gozo en la verdad–, ¿de dónde viene que la verdad engendre odio en ellos?[57] ¿De dónde viene que vean a un enemigo en el

---

[57] Alusión a Romanos 1:18: "Los hombres, que detienen la verdad con injusticia."

hombre que la anuncia en tu nombre, amando como aman la vida feliz, que no es otra cosa que la alegría nacida de la verdad?

Esto es debido a que la verdad es tan amada que los que aman algo más que no sea ella quieren que lo que amen sea la verdad; y como no quieren ser engañados, tampoco quieren ser convictos de error. He aquí por qué odian la verdad, por causa de aquello mismo que aman en lugar de la verdad. La aman cuando brilla; la detestan cuando les reprende. Porque no quieren ser engañados, pero engañan a otros, la aman cuando se les revela, y la odian cuando ella los descubre. Y la sanción que les inflige es ésta: no quieren ser desvelados por ella, pero ella, sin embargo, los desvela, y sigue velada para ellos.

Así está hecha el alma humana. Ciega y perezosa, indigna y deshonesta, quiere permanecer oculta, pero no admite que nadie le oculte algo. Lo que le sucederá es que ella quedará descubierta ante la verdad sin que ésta se descubra a ella. Y, sin embargo, por muy lamentable que sea, prefiere encontrar su alegría en la verdad que en la mentira. Será feliz, por consiguiente, cuando sin obstáculos ni molestias disfrute de la única verdad, de la que fluye toda verdad.

Así está hecha el alma humana. Ciega y perezosa, indigna y deshonesta, quiere permanecer oculta, pero no admite que nadie le oculte algo. Lo que le sucederá es que ella quedará descubierta ante la verdad sin que ésta se descubra a ella.

158

Dios en el espacio de la memoria

Allí donde encontré la verdad, encontré a mi Dios que es la verdad misma, la cual no he olvidado desde que la aprendí. Así permaneces en mi memoria.

He aquí cómo he recorrido los espacios de mi memoria, buscándote, oh Dios mío, y no te he encontrado fuera de ella. Porque desde que te conocí no he hallado nada de ti que no me haya acordado. Pues desde el día en que aprendí a conocerte no te he olvidado ya.

Allí donde encontré la verdad, encontré a mi Dios que es la verdad misma, la cual no he olvidado desde que la aprendí. Así, pues, desde que te conozco, permaneces en mi memoria. Allí te encuentro cuando me acuerdo de ti y me gozo en ti. He aquí mis santas delicias, don de tu misericordia que ha puesto sus ojos sobre mi pobreza.

159

¿En qué parte de la memoria se halla Dios?

Pero ¿dónde habitas en mi memoria, Señor? ¿dónde permaneces en su interior? ¿Qué refugio te has buscado en ella? ¿Qué santuario te has elevado en ella? Has otorgado a mi memoria el honor de vivir en ella, pero ¿en qué parte de ella vives? Esto es lo que yo me pregunto.

Cuando quise recordarte, por no hallarte entre las imágenes de las cosas corporales, traspasé las partes de mi memoria que me son comunes con las bestias, y llegué a aquellas partes de mi memoria donde están situadas las emociones o pasiones de mi alma, pero tampoco aquí te encontré. Penetre en la misma sede del alma, que está en la memoria –pues también el alma se acuerda de sí misma–, pero tú tampoco estabas allí.

Es que tú no eres una imagen corporal, ni un afecto de ser viviente, con el que sentimos alegría, tristeza, deseo, temor, recuerdo, olvido y experimentamos cualquier otro sentimiento. Ni tampoco eres el alma misma, siendo como eres el Señor y el Dios del alma. Todo eso está sujeto a cambio, pero tú, inmutable, permaneces por encima de todo eso, y te has dignado habitar en mi memoria desde el día en que te conocí.

¿Por qué buscar en qué parte de ella vives, como si hubiese en ella, realmente, lugares distintos? Lo cierto es que tú vives en ella, pues me acuerdo de ti desde el día en que te conocí, y que es en ella donde te encuentro, cuando mi pensamiento va hacia ti.

Tú no eres una imagen corporal, ni un afecto de ser viviente. Ni tampoco eres el alma misma, siendo como eres el Señor y el Dios del alma. ¿Por qué buscar en qué parte de ella vives, como si hubiese en ella, realmente, lugares distintos?

160

¿Dónde está Dios?

¿Dónde, pues, te he encontrado, para conocerte, si no es en ti, encima de mí? Entre tú y nosotros no hay espacio. Tú, que eres la verdad, vas por delante en todas partes de todos los que te consultan y respondes a todos, aunque te pregunten cosas diversas.

Pero, ¿dónde te he encontrado, para aprender a conocerte? No estabas todavía en mi memoria, antes de que te conociese. ¿Dónde, pues, te he encontrado, para conocerte, si no es en ti, encima de mí? Entre tú y nosotros no hay espacio. Tú, que eres la verdad, vas por delante en todas partes de todos los que te consultan y respondes a todos, aunque te pregunten cosas diversas.

Tú contestas claramente, pero no todos entienden claramente. Sus consultas las hacen sobre lo que quieren; pero tus contestaciones no son siempre las que ellos quieren. El mejor servidor tuyo es el que menos se preocupa de oír de ti lo que quiere que de querer lo que oye de ti.

161

Dios está en el interior

¡Tarde te amé, belleza tan antigua y tan nueva, tarde te amé! ¡Estabas dentro de mí, y yo estaba fuera de mí mismo! Te buscaba fuera de mí; y deforme como era, me arrojaba sobre la hermosura de tus criaturas.

Tú estabas conmigo y yo no estaba contigo, retenido lejos de ti por esas cosas que no serían si no fuesen en ti. Me has llamado, y tu grito ha roto mi sordera; tú has brillado, y tu resplandor ha alejado mi ceguera; tú has exhalado tu perfume, yo lo he aspirado, y he aquí que ahora suspiro por ti; te he probado y tengo hambre de ti, sed de ti; tú me has tocado, y ardo en ardor por la paz que das.

¡Tarde te amé, belleza tan antigua y tan nueva, tarde te amé! ¡Estabas dentro de mí, y yo estaba fuera de mí mismo!

162

Soportando
las molestias de la vida

¡Malditas sean las prosperidades del siglo! Sí, malditas sean dos veces: por la adversidad que en ellas se teme y por la caducidad que en ellas echa a perder la alegría. ¡Malditas sean las adversidades del siglo! ¡Una vez, dos veces, tres veces malditas: por el deseo de guardar en ellas felicidad, por la dureza de sus pruebas, por los riesgos que corre la paciencia! La vida humana sobre la tierra, ¿es algo más que una "prueba" ininterrumpida?

Aunque estuviese unido a ti con todo mi ser, no habría ya para mí ni dolor ni fatiga; mi vida, toda llena de ti, será entonces la verdadera vida. Aquel a quien tu llenas, lo aligeras. Actualmente no me encuentro todavía lleno de ti, y por eso me peso a mí mismo. Mis alegrías, de las que debería llorar, luchan aún con mis tristezas, de las que debiera alegrarme. ¿De qué lado será la victoria? Lo ignoro.

"Ten misericordia de mí, oh Señor, que estoy en angustia: se han consumido de pesar mis ojos, mi alma, y mis entrañas" (Sal. 31:9). Mira que no oculto mis llagas. Tú eres el médico y yo el enfermo; tú el misericordioso y yo el miserable. ¿La vida humana sobre la tierra es nada más que tentación y prueba (Job 7:1)?

¿Quién hay que pueda desear molestias y dificultades? Tú ordenas que las soportemos, no que las amemos. Nadie ama lo que soporta, aunque ame soportarlo. Uno se alegra de soportar, pero preferiría no tener nada que soportar. Aspiro a la felicidad en la adversidad; en la felicidad temo la adversidad. Entre esos dos estados, ¿hay uno intermedio, en que la vida humana no sea una "prueba"? ¡Malditas sean las prosperidades del siglo! Sí, malditas sean dos veces: por la adversidad que en ellas se teme y por la caducidad que en ellas echa a perder la alegría. ¡Malditas sean las adversidades del siglo! ¡Una vez, dos veces, tres veces malditas: por el deseo de guardar en ellas felicidad, por la dureza de sus pruebas, por los riesgos que corre la paciencia! La vida humana sobre la tierra, ¿es algo más que una "prueba" ininterrumpida?

163

El amor de Dios arde sin apagarse

Toda mi esperanza está puesta en la grandeza de tu misericordia. Dame lo que mandas, y manda lo que quieras. Nos ordenas la continencia. "Pero, comprendiendo que no podría poseer la continencia si Dios no me la daba, entendí que también esto mismo era fruto de la sabiduría, saber de quién es este don" (Sb. 8:21).

Por la continencia volvemos a juntarnos y congregarnos en la unidad de la que nos habíamos derramado hacia muchas cosas.

No nos ama suficientemente quien ama, al mismo tiempo que a ti, cualquiera otra cosa, y no la ama por el amor de Dios.

¡Oh amor que ardes siempre sin apagarte jamás![58] ¡Caridad, Dios mío, enciéndeme! Me ordenas la continencia: dame lo que ordenas, y ordena lo que quieras.

¡Oh amor que ardes siempre sin apagarte jamás! ¡Caridad, Dios mío, enciéndeme! Me ordenas la continencia: dame lo que ordenas, y ordena lo que quieras.

---

[58] Seguramente, Agustín hubiera disfrutado escogiendo el símbolo de la zarza ardiente que no se consumía para extenderse sobre este aspecto imperecedero del amor divino.

164

La debilidad de la carne

Tu mano, Dios todopoderoso, ¿no es poderosa para curar todas las debilidades de mi alma, y también para extinguir con una gracia tuya más abundante los impulsos lascivos de mi sueño?

Me ordenas, ciertamente, que me defienda contra "la concupiscencia de la carne, la concupiscencia de los ojos y la soberbia de la vida" (1ª Jn. 2:16). Me mandaste que me abstuviera del trato carnal con mujer. Y después me aconsejaste algo mejor que el matrimonio que me permitías. Y así se hizo porque tú me lo diste, incluso antes de verme hecho dispensador de tu sacramento.

Pero todavía viven en mi memoria, de la que tanto he hablado, las imágenes de esos placeres; mis costumbres pasadas las han clavado en ella. Ellas se presentan a mí, débiles mientras me encuentro en estado de vela; pero cuando duermo provocan en mí no solamente el placer, sino el consentimiento en el placer y hasta la ilusión del acto. Aunque irreales, ejercen tal acción sobre mi alma, sobre mi carne, que esas falsas visiones consiguen de mi sueño lo que las realidades no obtienen de mí cuando estoy despierto. ¿Soy, entonces, otro que yo mismo, Señor, Dios mío? ¡Hay tal diferencia entre el yo y el yo-mismo, desde el instante en que me hundo en el sueño hasta que vuelvo al estado de vela!

¿Dónde está, entonces, la razón que me permite, despierto, resistir a tales sugestiones, y no dejarme conmover por el ataque de las propias realidades? ¿Se cierra con los ojos? ¿Se adormece con los sentidos? ¿De dónde viene que, a menudo, hasta durante el sueño, resistimos, no olvidamos nuestras firmes decisiones, seguimos lealmente fieles a ellas, y negamos nuestro asentimiento a los deleites de ese género? Y, sin embargo, la diferencia es tan grande que, cuando esa resistencia se debilita, volvemos a encontrar, cuando despertamos, el reposo de nuestra conciencia; y la misma distancia entre esos dos estados nos hace sentir que nosotros no somos precisamente los que hemos hecho lo que, muy en contra de nuestra voluntad, se ha verificado en nosotros.

Tu mano, Dios todopoderoso, ¿no es poderosa para curar todas las debilidades de mi alma, y también para extinguir con una gracia tuya más abundante los impulsos lascivos de mi sueño? Multiplicarás cada vez más, Señor, tus beneficios para conmigo, para que mi alma, desprendiéndose de la liga de la concupiscencia, me siga hasta ti; para que no se rebele más contra sí misma, y que, hasta en el sueño, no sólo no realice actos tan vergonzosos, como la polución del cuerpo, fruto de las imágenes sensuales, sino que tampoco consienta en ellas.

Para ti, que todo lo puedes, no es gran cosa hacer "todas las cosas mucho más abundantemente de lo que pedimos o entendemos" (Ef. 3:20). Por lo que puedes hacer que ya nada me deleite o me deleite tan poco que pueda rechazarlo fácilmente mientras duermo, y se trate de un afecto puro. Y lo puedes hacer no sólo en esta vida, sino en esta edad que tengo.

Te he confesado, mi amable Señor, cómo me encuentro aún, en este orden de debilidades. Me "alegro con temblor" (Sal. 2:11) por cuanto me has dado, y lloro por lo que todavía hay en mí de incompleto. Espero que realizarás en mí tus misericordias, hasta la paz plena que poseeré en ti mi ser exterior e interior, cuando "sorbida es la muerte con victoria" (1ª Co. 15:54).

> Te he confesado, mi amable Señor, cómo me encuentro aún, en este orden de debilidades. Me "alegro con temblor" por cuanto me has dado, y lloro por lo que todavía hay en mí de incompleto.

165

Gula y moderación en la comida

Si se come, si se bebe, es para ir conservando la vida; pero un peligroso placer impone su compañía, e intenta, muy a menudo, situarse en primera fila, para obligarme a hacer para él lo que yo declaro y quiero hacer solamente pensando en mi salvación.

"Cada día tiene su fatiga" (Mt. 6:34), y ojalá fuese suficiente. Reparamos con la comida y la bebida el desgaste cotidiano de nuestro cuerpo, hasta el día en que destruyendo el alimento y el estómago (1ª Co. 6:13) habrás matado mi indigencia con una admirable saciedad, y revestido este cuerpo corruptible con una eterna incorruptibilidad (1ª Co. 15:53).

Hoy, esta necesidad me es agradable, y lucho contra esa satisfacción para no dejarme seducir por ella, con una guerra cotidiana hecha ordinariamente de ayunos, gracias a los cuales reduzco mi cuerpo a la servidumbre (1ª Co. 15:14). Y, sin embargo, es por el placer por lo que extirpo esos dolores, pues el hambre y la sed son dolores; queman, y matarían como la fiebre, sin el socorro del remedio que aportan los alimentos. Pero como este remedio está siempre a nuestra disposición, gracias al consuelo de vuestros dones puestos al servicio de nuestra debilidad en la tierra, el agua, el cielo, la necesidad lamentable adquiere para nosotros el nombre de placer.

Me has enseñado a tomar los alimentos como remedios. Pero cuando me encamino desde esta necesidad dolorosa hasta la quietud de la saciedad, soy espiado al pasar por la trampa de la concupiscencia. Pues este mismo paso es un placer, y no existe otro para pasar allí donde la necesidad me obliga a pasar. Si se come, si se bebe, es para ir conservando la vida; pero un peligroso placer impone su compañía, e intenta, muy a menudo, situarse en primera fila, para obligarme a hacer para él lo que yo declaro y quiero hacer solamente pensando en mi salvación.

Pero la medida no es la misma en ambos casos; lo que basta para la salud no basta para el placer, y a menudo es posible pedirse uno mismo si es una necesidad física que reclama aún una satisfacción necesaria o un deseo voluptuoso que exige hipócritamente ser servido. Nuestra pobre alma se siente encantada por esa incertidumbre, y se muestra hechizada al encontrar una excusa tutelar en la misma dificultad de ver claramente lo que basta para el sostén de la salud; con el pretexto de higiene, la voluptuosidad se satisface así, en silencio. Me esfuerzo en resistir cotidianamente esas tentaciones, y llamo a tu apoyo en mi ayuda;

os someto mis perplejidades, pues no veo todavía muy claro en este orden de ideas.

Oigo la voz de mi Dios, su orden: "Mirad por vosotros, que vuestros corazones no sean cargados de glotonería y embriaguez" (Lc. 21:34). La embriaguez está lejos de mí, y tu misericordia no le permitirá que se acerque a mí. Por el contrario, la intemperancia en el comer se insinúa a veces en tu siervo, ¡que tu misericordia la aleje de mí! Pues nadie puede contenerse si tú no le otorgas la gracia para ello. Concedes mucho a nuestras oraciones, y cuanto hemos recibido ya antes de pedir, lo debemos a ti; y resulta uno de tus beneficios que, de pronto, nos demos cuenta de ella. Jamás he sido un borracho, pero conozco a borrachos que se han vuelto sobrios gracias a ti. Si algunos no son lo que no han sido jamás, obra tuya es; si otros no son ya lo que han sido, también es obra tuya; y si saben, los unos y los otros, a quién imputar esta obra, también es obra tuya.

He oído de ti otra palabra: "No vayas detrás de tus pasiones, refrena tus deseos" (Si. 18:30). Por tu gracia he oído otra, que me gustó mucho: "Ni que comamos, seremos más ricos; ni que no comamos, seremos más pobres" (1ª Co. 8:8). Lo que equivale a decir que, ni lo uno me hará más rico, ni lo otro más pobre.

Y ésta además: "He aprendido a contentarme con lo que tengo. Se estar humillado, y se tener abundancia: en todo y por todo estoy enseñado, para hartura como para hambre, así para tener abundancia como para padecer necesidad. Todo lo puedo en Cristo que me fortalece" (Fil. 4:11-13). He aquí lo que es el soldado del campo celestial; es otra cosa que el polvo que somos nosotros. Pero "acuérdate que somos polvo" (Sal. 103:14); que con el polvo creaste al hombre; que se había perdido y ha sido hallado (Lc. 15:24).

Tampoco el apóstol encontró su fuerza en sí mismo; no era más que polvo, como nosotros. Fue el soplo de tu inspiración el que le dictaba las palabras que yo amo: "Todo lo puedo en Cristo que me fortalece." Fortaléceme, para que yo también pueda. Dame lo que ordenas y ordena lo que quieras. El apóstol confiesa que todo lo ha recibido de ti, "como está escrito: El que se gloría, gloríese en el Señor" (1ª Co. 1:31). Oigo a otro que solicita: "Aparta de mí el apetito sensual" (Si. 23:6). Y así resulta claro, Dios santo, que eres tú quien da, cuando ocurre lo que quieres que ocurra.

Me has enseñado, Padre bueno, que "todas las cosas son limpias a los limpios" (Ti. 1:15), y "todas las cosas a

Fortaléceme, para que yo también pueda. Dame lo que ordenas y ordena lo que quieras. Y así resulta claro, Dios santo, que eres tú quien da, cuando ocurre lo que quieres que ocurra.

Rodeado de esas tentaciones, lucho cotidianamente contra la concupiscencia del comer y del beber. Pues no ocurre con este gozo como con el placer sexual; es imposible cortarlo radicalmente, decidirse a no volver a cometerlo.

la verdad son limpias: mas malo es al hombre que come con escándalo" (Ro. 14:20) y "si la comida es a mi hermano ocasión de caer, jamás comeré carne por no escandalizar a mi hermano" (1ª Co. 8:13). "Porque todo lo que Dios creó es bueno, y nada hay que desechar, tomándose con hacimiento de gracias" (1ª Ti. 4:4) ; que "la comida no nos hace más aceptos a Dios" (1ª Co. 8:8); "por tanto, nadie os juzgue en comida, o en bebida" (Col. 2:16); "el que come, no menosprecie al que no come: y el que no come, no juzgue al que come" (Ro. 14:3).

He aquí lo que he aprendido, y gracias te sean dadas por ello, alabanzas a ti, oh Dios mío, mi maestro, que has llamado a mis oídos e iluminado mi corazón. Líbrame de toda tentación. No es que tema la impureza del alimento; temo la impureza de la codicia. Sé que fue permitido a Noé comer toda clase de carne comestible; que Elías recuperó sus fuerzas comiendo carne; que Juan, con su admirable ascetismo, no quedó manchado por esos animales, por aquellos saltamontes que le servían de alimento. Pero también sé que Esaú se dejó engañar por tan violenta envidia de un plato de lentejas; que David se reprochó a sí mismo haber deseado agua; que nuestro Rey fue tentado en el desierto no con la carne, sino con el pan. También en el desierto el pueblo mereció ser desechado y reprendido no por haber deseado carne, sino porque ese deseo le hizo murmurar contra el Señor.

Rodeado de esas tentaciones, lucho cotidianamente contra la concupiscencia del comer y del beber. Pues no ocurre con este gozo como con el placer sexual; es imposible cortarlo radicalmente, decidirse a no volver a cometerlo, corno lo hice yo con ese último. Me veo obligado, pues, a imponer a mi paladar una especie de freno que tan pronto aflojo como tenso. Pero, Señor, ¿quién es el que, de cuando en cuando, no se deja arrastrar más allá de los límites de la necesidad? Si existe uno, es grande; ¡que magnifique tu nombre! Yo no soy este hombre, no soy más que un pecador; pero también yo magnifico tu nombre, "Cristo es el que murió; más aún, el que también resucitó, quien además está a la diestra de Dios, el que también intercede por nosotros" (Ro. 8:34), pues ha vencido al mundo y me cuenta entre los miembros enfermos de su cuerpo. "Mi embrión vieron tus ojos, y en tu libro estaban escritas todas aquellas cosas que fueron luego formadas, sin faltar una de ellas" (Sal. 139:16).

166

La seducción de los perfumes

La seducción de los perfumes me deja bastante indiferente. Ausentes, no los busco; presentes, no los desprecio; pero estoy dispuesto a prescindir de ellos de forma constante.

Así me lo parece, aunque quizá me engañe. Es que hay en mí una cosa deplorable, una noche profunda que envuelve mis facultades interiores, hasta el punto que cuando mi alma se pregunta sobre sus propias fuerzas, se da cuenta de que apenas puede dar crédito a su propio juicio, pues sólo a través de la experiencia llega a descubrir lo que muchas veces se le oculta. Por consiguiente, nadie debe tener por seguro en esta vida, toda llena de tentaciones, que no pueda hacer de bueno malo, como pudo hacerse de peor mejor. La única esperanza, la única confianza, la única promesa es tu misericordia, Señor.

Nadie debe tener por seguro en esta vida, toda llena de tentaciones, que no pueda hacer de bueno malo, como pudo hacerse de peor mejor. La única esperanza, la única confianza, la única promesa es tu misericordia, Señor.

167

La música y sus placeres

Admitidas en mí, con los pensamientos mismos gracias a los cuales ellas viven, reclaman en mi corazón un lugar que no sea indigno de ellas; pero me cuesta reservarles solamente la que me conviene. Me parece que, a veces, les otorgo más honor que el debido.

Los placeres del oído me habían cautivado, subyugado más tenazmente, pero has desatado sus lazos y me has liberado de ellos. Hoy mismo, lo confieso, oigo con cierta complacencia las melodías que vivifican tus palabras, cuando es una voz agradable y bien dirigida la que las canta; sin embargo, no me dejo arrastrar hasta el punto de no poderme levantar ya, cuando lo quiero. Admitidas en mí, con los pensamientos mismos gracias a los cuales ellas viven, reclaman en mi corazón un lugar que no sea indigno de ellas; pero me cuesta reservarles solamente la que me conviene. Me parece que, en ocasiones, les otorgo más honor que el debido; siento muy bien que esas palabras santas, cuando son cantadas así, me penetran con una más religiosa, con una más ardiente llama de piedad que si no lo fuesen. Es que todos los sentimientos infinitamente variados del alma vuelven a encontrar cada uno su nota propia en la voz, en el canto, y no sé qué misteriosa afinidad que les estimula. Pero el deleite de los sentidos, al que ni hay que permitir que paralice al alma, me engaña a menudo, cuando la sensación no quiere ya, al acompañar a la razón, pasar modestamente tras ella, y cuando debe a ésa el ser acogida, pretende precederla y conducirla. Es ahí donde peco, sin darme cuenta; hasta que después caigo en ello.

El cántico en la Iglesia

A veces, por guardarme exageradamente de este engaño, peco por demasiada severidad; hay momentos en que quería sin demora alejar de mis oídos, y de la Iglesia misma, la melodía de esas dulces cantos con que se acompañan habitualmente los salmos de David. Me parece más seguro el método que era, según me han dicho muchas veces, me acuerdo bien de ello, el de Atanasio, el obispo de Alejandría, que los hacía recitar con modulaciones de voz tan poco marcadas que parecían una declamación más que un canto.

Pero cuando me acuerdo de, las lágrimas que me hacían derramar los cantos de Iglesia en los primeros tiempos de mi conversión, y que aún hoy me siento conmovido, no con el canto, sino con las cosas que se cantan, al ser cantadas con voz clara y modulación adaptada, reconozco de nuevo la gran utilidad de esta costumbre.

De esta manera fluctúo entre el peligro del placer sensual y la evidencia comprobada de los efectos saludables que produce; y sin emitir una sentencia irrevocable, me inclino a aprobar el uso del canto en la Iglesia, para que los oídos encantados ayuden al alma, demasiado débil todavía, para elevarse hacia una tierna piedad. Además, cuando me ocurre que me conmuevo más con el canto que con las palabras cantadas, esto constituye una falta que merece penitencia, y entonces preferiría no oír cantar.

¡He aquí dónde me encuentro! Llorad conmigo y llorad por mí, vosotros, los que sentís en vuestros corazones esos impulsos virtuosos de los cuales brotan las buenas obras; pues, a vosotros que sois extraños a ellos, esto no os conmueve. Pero tú, Señor Dios mío, escúchame, dirige a mí tu mirada. Me he convertido en un enigma para mí mismo bajo tu mirada, y ésta es, precisamente, mi debilidad.

Tú, Señor Dios mío, escúchame, dirige a mí tu mirada. Me he convertido en un enigma para mí mismo bajo tu mirada, y ésta es, precisamente, mi debilidad.

168

El placer de la belleza

Mis ojos aman las formas bellas y variadas, los colores brillantes y frescos. Pero ¡ojalá no cautiven mi alma! Ojalá sólo se deje cautivar por Dios que la hizo. Pues él es mi bien y no ellas.

Queda todavía la concupiscencia de estos ojos de mi cuerpo. Lo que voy a confesar aquí, es preciso que los oídos de tu templo lo escuchen, oídos fraternos y piadosos. Entonces habré terminado con las tentaciones de la concupiscencia carnal, que aún vienen a asaltarme, a pesar de mis gemidos y de mi ardiente deseo "de ser revestido con mi vivienda, que está en el cielo" (2ª Co. 5:2).

Mis ojos aman las formas bellas y variadas, los colores brillantes y frescos. Pero ¡ojalá no cautiven mi alma! Ojalá sólo se deje cautivar por Dios que la hizo. Pues él es mi bien y no ellas. Durante todo el día, mientras velo, me asaltan y no me dejan en reposo, este reposo que me otorgan las voces armoniosas, y a veces el mundo entero, cuando todo es silencio. La misma reina de los colores, esta luz que baña cuanto vemos, dondequiera que me encuentre durante el día, se introduce en mí de mil maneras y me acaricia, hasta cuando me encuentro ocupado en otra cosa y no pienso en ella. Y se insinúa con tal fuerza que, si me es suprimida de pronto, experimento el deseo y la necesidad, y una privación prolongada vuelve mi alma muy triste.

Luz que veía Tobías cuando, privado de esos ojos del cuerpo, enseñaba a su hijo cuál era el camino de la vida y le precedía en él, andando con el paso de la caridad sin extraviarse jamás; luz que veía Isaac cuando, pese al velo pesado que la vejez había hecho caer sobre sus ojos de carne, mereció, no bendecir a sus ojos al conocerlos, sino conocerlos al bendecirlos; luz que veía Jacob cuando, herido en los ojos también él, a causa de su edad provecta, proyectó los rayos de su corazón iluminado sobre las generaciones del pueblo futuro, prefigurado en sus hijos; y cuando impuso a sus nietos, nacidos de José, sus manos misteriosamente cruzadas, no del modo que hubiese querido su padre, que sólo veía las cosas por fuera, sino según su propio discernimiento interior. He aquí la verdadera luz; ella es una, y sólo hace una con todos cuantos la ven y la aman.

En cuanto a esa luz corporal de que hablaba, sazona la vida con una embriagadora y peligrosa dulzura, para los ciegos amantes del siglo. Pero los que saben alabarte también a propósito de ella, Dios creador de todas las cosas, recogen los rayos en los himnos que te dirigen, en vez de dejarse cautivar por ella en el sueño de su alma. Así quiero ser. Resisto a las seducciones de los ojos, por temor a que mis pies que avanzan por tu camino tropiecen, y elevo hacia ti ojos invisibles para que desprendas mis pies de sus ataduras (Sl. 25:15). No ceses de separarlos de ellas, pues se dejan coger muy a menudo. No ceses de liberarme, me siento detenido por doquier, a cada instante, por los lazos que me tienden, "he aquí, no se adormecerá ni dormirá el que guarda a Israel" (Sal. 121:4).

¡Cuántas seducciones innumerables los hombres han sabido añadir a lo que encanta las miradas, por el arte bajo sus diversas formas, por el trabajo del artista, en los vestidos, los calzados, los vasos, los objetos de todo género, los cuadros y otras representaciones, que van hasta mucho más allá de los límites de un uso necesario, moderado, y de una significación verdaderamente conforme a la piedad! Se aficionan, al exterior, a la obra de sus propias manos, y abandonan, en su interior, a Aquel de quien son obra, anonadando la obra realizada en ellos por su Creador.

Dios mío, tú eres mi gloria; por eso te canto un himno y te ofrezco un sacrificio de alabanza a ti, santificador mío; pues la belleza que fluye desde el alma a las manos del artista procede de aquella Belleza que es superior a nuestras almas, y por la cual mi alma suspira noche y día. Los que crean la belleza exterior y los que la rebuscan, extraen de esa Belleza la regla de la aprobación que dan, pero no saben extraer la regla para usarla bien. Y, sin embargo, esta regla existe; pero ellos no saben verla; si la viesen, no irían más lejos, y guardarían toda su fuerza para ti en vez de dispersarla en placeres paralizadores.

Yo mismo, que estoy expresando estas verdades, que las percibo claramente, dejo que mis pasos queden cogidos en la trampa de esas bellezas, pero tú me libras de ellas, "porque tu misericordia está delante de mis ojos, y en tu verdad ando" (Sal. 26:3). Y si me dejo cazar miserablemente, tu me arrancas misericordiosamente, a veces sin que me dé cuenta, tan suave había sido mi caída, a veces al precio de algún dolor, cuando ya la unión se había vuelto más estrecha.

Dios mío, tú eres mi gloria; por eso te canto un himno y te ofrezco un sacrificio de alabanza a ti, santificador mío; pues la belleza que fluye desde el alma a las manos del artista procede de aquella Belleza que es superior a nuestras almas, y por la cual mi alma suspira noche y día.

169

La concupiscencia de los ojos

Vana curiosidad que se cubre con el nombre de conocimiento y de ciencia. Como es, esencialmente, apetito de conocimiento, y entre los sentidos los ojos son de importancia primordial para el conocimiento, el oráculo divino la ha llamado "la concupiscencia de los ojos".

A ello se añade otra forma de tentación, de una complejidad más peligrosa todavía. Además de la concupiscencia de la carne, que consiste esencialmente en la gratificación voluptuosa de todos los sentidos, de la cual se convierten en esclavos los que se retiran de ti, existe en el alma otra forma de deseo. Pasa por los mismos sentidos corporales, pero aspira no tanto a un goce carnal como a una experiencia que tiene a la carne por instrumento; vana curiosidad que se cubre con el nombre de conocimiento y de ciencia. Como es, esencialmente, apetito de conocimiento, y entre los sentidos los ojos son de importancia primordial para el conocimiento, el oráculo divino la ha llamado "la concupiscencia de los ojos" (1ª Jn. 2:16).

En efecto: ver es la tarea propia de los ojos. Pero además nos servimos de esa palabra para referirnos a los demás sentidos, cuando los aplicamos a conocer. No decimos: "Oye como eso lanza chispas", ni "huele como brilla", o "paladea como resplandece", o "toca como relumbra". Es la palabra "ver" la que conviene a todas esas impresiones. Tampoco decimos solamente: "¡Mira qué luz!", (lo único que pueden hacer los ojos), sino también: "¡Mira qué sonido, mira qué olor, mira qué sabor, mira qué dureza!" He aquí por qué toda experiencia adquirida por mediación de los sentidos toma el nombre, como he dicho, de "la concupiscencia de los ojos." Es que esta función de la visión, reservada esencialmente a los ojos, los otros sentidos la ejercen también por analogía, cuando exploran algún objeto para conocerlo.

Por ello puede discernirse, de un modo más claro, la parte del placer y la parte de la curiosidad en la actividad de los sentidos. El placer busca lo que es bello, armonioso, exquisito para el olfato, agradable para el gusto, suave para el tacto; llega a la curiosidad de buscar impresiones totalmente contrarias para hacer la prueba, no para anticiparse a una impresión desagradable, sino por deseo de experimentar y de conocer.

¿Qué placer puede experimentarse al contemplar un cadáver descuartizado y que causa horror? Y, sin embargo, cuando uno yace en tierra, todos acuden a verlo, aunque sea sólo para palidecer y llenarse de consternación. Temen volverle a ver en sus sueños, como si, despiertos, alguien los hubiese obligado a mirarlo, o como si la menor esperanza de ver algo bello los empujase hacia allí.

Lo mismo ocurre con los otros sentidos, pero no quiero insistir. Es esta enfermedad de la curiosidad la que provoca, en los espectáculos, las exhibiciones de monstruos. Es ella la que nos induce a escrutar los misteriosos secretos de la naturaleza exterior a nosotros, secretos que de nada sirve conocer y en los que los hombres no buscan nada más que este mismo conocimiento. También es ella la que, aspirando al mismo fin, una ciencia depravada, sugiere utilizar las prácticas de la magia. Es ella igualmente la que, en la religión misma, hace "tentar a Dios" cuando se le reclaman señales y prodigios, no para la salvación del prójimo, sino simplemente por el gusto de verlos.

En esta inmensa selva llena de trampas y peligros, ¡cuántas cosas he cortado y arrojado de mi corazón, gracias a ti, que me has dado fuerzas para ello, oh Dios de mi salvación! Y sin embargo, en medio de esas mil impresiones de todo género que zumban cada día en torno a mi vida, ¿cuándo me atreveré a decir, cuándo, que ningún objeto de esa clase embarga toda mi atención, mis miradas, y capta mis vanas curiosidades?

Detesto todos los ritos sacrílegos. Pero, ¿cuántas maquinaciones combina el enemigo para sugerirme, Dios mío, tú a quien debo el humilde y sencillo servicio de un esclavo, que os reclame algún milagro?

Dispersión del pensamiento y distracciones

Ya he perdido la pasión del teatro; es verdad; ya no me interesa conocer el curso de los astros; jamás mi alma ha interrogado las sombras [de los muertos]; detesto todos los ritos sacrílegos. Pero, ¿cuántas maquinaciones combina el enemigo para sugerirme, Dios mío, tú a quien debo el humilde y sencillo servicio de un esclavo, que os reclame algún milagro? Te pido por Cristo nuestro rey, por nuestra pura y casta patria Jerusalén, que el culpable consentimiento que hoy se halla lejos de mí se aleje cada vez más. Sin embargo, cuando te pido para la salvación de otro, el objeto de mis instancias es muy diferente. Me concedes y me concederás siempre, con mil amores, que siga tu voluntad, sea la que sea.

¡Cuántos detalles minúsculos y despreciables, vienen a tentar cada día nuestra curiosidad! Y nuestras caídas, ¿quién podría contarlas?

Pero, ¡cuántos detalles minúsculos y despreciables, vienen a tentar cada día nuestra curiosidad! Y nuestras caídas, ¿quién podría contarlas? ¡Cuántas veces, después de haber escuchado por pura condescendencia y para no causar pena a la debilidad ajena los chismes ineptos, acabamos por prestarles insensiblemente un oído complaciente! Ya no voy al circo para ver a un perro que corre tras de una liebre; pero si la casualidad me ofrece esa persecución cuando cruzo un campo, me acapara, quizá me distrae de una profunda meditación; no llega a hacer desviar de mi camino a la bestia que me lleva, pero mi corazón, por lo menos, la sigue. Y si esta demostración de mi fragilidad no me avisa cuanto antes para que me aleje de aquel espectáculo, para volver a algún pensamiento que me eleve hasta ti, o bien despreciar dicho incidente y pasar de largo, cometo el absurdo de permanecer allí con la boca abierta.

Pero, ¿qué digo? Cuando estoy sentado en mi casa y un lagarto atrapa las moscas, o una araña envuelve con su tela los insectos que en ella caen, ¿no se siente conquistada enseguida mi atención? Aunque esos animales sean pequeños, ¿no viene a resultar lo mismo? Después me pongo a alabarte, Creador admirable, ordenador de todas las cosas; pero no era con tal fin que, primero, me dejé distraer. Levantarse rápidamente es una cosa; no caer nunca es otra.

Mi vida está llena de tales debilidades; y mi única esperanza es tu misericordia tan grande. Nuestro corazón abriga muchas miserias como ésas; encierra en él una multitud de tonterías espesas; y ellas llegan a turbar y a interrumpir nuestra oración; y mientras bajo tus miradas intentamos elevar hasta tu oído la voz de nuestro corazón, estos pensamientos frívolos caen sobre nosotros, no sé de dónde, e interrumpen bruscamente un acto tan importante.

170

La alabanza de Dios y la alabanza humana

¿Hay que contar también esas imperfecciones entre las cosas sin importancia? ¿O bien hay algo más que deba devolverme la esperanza, sino tu misericordia tan conocida, puesto que has comenzado la obra de mi conversión? Tú sabes en qué medida esta transformación se ha obrado ya. Primero tú me has curado de la pasión de la venganza, "quien perdona todas tus iniquidades, el que sana todas tus dolencias; el que rescata del hoyo tu vida, el que te corona de favores y misericordias; el que sacia de bien tu boca" (Sal. 103:3-5). Mediante el temor has domado mi orgullo y acostumbrado mi cuello a tu yugo. Ahora lo llevo puesto, y me es suave, según tu promesa, que has cumplido (Mt. 11:20). En verdad: ya era suave, pero yo lo ignoraba, cuando temía someterme a él.

Pero dime, Señor, tú que eres el único que gobiernas sin orgullo, porque eres el único Señor verdadero y no hay otro que te domine a ti: ¿Estoy también libre, puede uno serlo jamás en esta vida, de esta tercera especie de tentación, consistente en querer ser temido y amado de los hombres para extraer de ello una alegría que no es una alegría? ¡Miserable vida y repugnante vanidad! Esta es igualmente una de las razones principales que hacen que no se te ame y que no se sienta por ti un temor piadoso. También, por tu parte, "resistes a los soberbios, y das gracia a los humildes" (1ª P. 5:5). Cuando el trueno de tu cólera retumba sobre las ambiciones del mundo, las montañas "se estremecen hasta sus fundamentos" (Sal. 18:7).

Hay en la sociedad humana ciertos deberes que nos obligan a hacernos amar o a hacernos temer de los hombres; el enemigo de nuestra verdadera felicidad nos presiona, y a veces recubre sus trampas con sus elogios y halagos, para que nuestra avidez por recoger esas engañosas alabanzas nos haga caer en el cepo sin saberlo. Lo que quiere es que cesemos de unir nuestra alegría a la verdad, para unirla también a la mentira de los hombres; y que encontremos gusto en hacernos amar y temer, no a

> ¿Estoy también libre, puede uno serlo jamás en esta vida, de esta tercera especie de tentación, consistente en querer ser temido y amado de los hombres para extraer de ello una alegría que no es una alegría? ¡Miserable vida y repugnante vanidad!

Sé nuestra gloria; que seamos amados a causa de ti, y que sea tu Palabra la que se tema de ti en nosotros. Nadie que busca la alabanza de los demás hombres, cuando tú le acusas, será defendido por los demás. Los hombres no podrán salvarle si tú le condenas.

causa de ti, sino en lugar de ti; y en hacernos así semejantes a él mismo, no para una cordial unión de caridad, sino por nuestra participación en su suplicio; pues ha decidido establecer su morada sobre el aquilón para que, en las tinieblas y en el frío, sirvamos a tu tortuoso y perverso imitador.[59]

Mira, Señor, que nosotros somos tu "pequeño rebaño" (Lc. 12:32), sé tú nuestro dueño y pastor (Sal. 23). Despliega tus alas para que encontremos refugio debajo de ellas. Sé nuestra gloria; que seamos amados a causa de ti, y que sea tu Palabra la que se tema de ti en nosotros. Nadie que busca la alabanza de los demás hombres, cuando tú le acusas, será defendido por los demás. Los hombres no podrán salvarle si tú le condenas. Aunque a veces "se alaba el malo del deseo de su alma, y bendice al codicioso a quien el Señor aborrece" (Sal. 10:3), y se aplaude al malhechor, sólo tu don es digno de alabanza. Si el que lo recibe se alegra más de ser alabado que del mismo don por el que se le alaba, es alabado reprochándole tú. En tal caso, es mejor el que ha elogiado que el que ha sido elogiado; pues lo que ha gustado al primero es el don de Dios, y el otro ha preferido al don de Dios el don del hombre.

¿Qué es, Señor, lo que yo te confieso en esta clase de tentación? ¿Qué, sino que me gustan las alabanzas? Pero más la verdad que las alabanzas. Pues si no me propusiese que quiero más ser un loco furioso y desvariado y ser por ello alabado de todos los hombres o ser cuerdo y fundamentado en la verdad, pero vituperado de todos, bien claro está lo que yo escogería. Pero no querría que la aprobación de la lengua ajena aumentase el gozo de cualquier bien mío. Confieso, no obstante, que no sólo lo aumenta, sino que el vituperio lo disminuye.

Y cuando me turba esta miseria mía, al instante se me pone delante una excusa, cuya bondad sólo tú conoces, porque a mí me deja perplejo. Pues tú nos mandas no sólo ser continentes sino también justos, esto es, refrenar nuestro amor de ciertas cosas para darlo a otras.

---

[59] "Tú que decías en tu corazón: Subiré al cielo, en lo alto junto a las estrellas de Dios ensalzaré mi solio, y en el monte del testimonio me sentaré, a los lados del aquilón; sobre las alturas de las nubes subiré, y seré semejante al Altísimo" (Is. 14:13, 14).

Tú quieres que te amemos no solamente a ti, sino a nuestro prójimo. Por ello me pregunto si –cuando me halaga la alabanza de un hombre que sabe lo que alaba– es el provecho o la esperanza del provecho del prójimo lo que me deleita. O si cuando le oigo despreciar lo bueno que ignora me entristezco de su mal. Pues a veces también me entristezco con mis propias alabanzas, sea que alaben en mí cosas que a mí mismo me desagradan, sea que valoran más de lo justo algunos bienes míos de poca monta. Pero tampoco aquí puede afirmar si este sentimiento procede que no quiere que disienta de mí respecto a mis cualidades, no porque me interese su bienestar, sino porque las buenas cualidades que me halagan, me halagan todavía más cuando veo que agradan a otros. Porque en cierta manera me alaba el que no alaba el juicio que yo tengo de mí, bien porque alaba en mí lo que a mí me desagrada o bien porque alaba lo que a mí menos me agrada. ¿No ando, pues, en lo cierto cuando digo estar perplejo respecto de mí?

En cierta manera me alaba el que no alaba el juicio que yo tengo de mí, bien porque alaba en mí lo que a mí me desagrada o bien porque alaba lo que a mí menos me agrada. ¿No ando, pues, en lo cierto cuando digo estar perplejo respecto de mí?

171

La tentación de la alabanza humana

En lo que a mí se refiere, ignoro si soporto con indiferencia o de mala gana la privación de un bien hasta que me veo privado de ese bien. A la luz de tu verdad bien veo que no deberían afectarme las alabanzas que recibo a causa de mí, sino por utilidad del prójimo.

He aquí, Señor, qué tentaciones nos asaltan diariamente y sin descanso. La lengua de los hombres es para nosotros, cada día, como un horno de pruebas. Por eso nos mandas también sobre esto el dominio de sí mismo; dame lo que ordenas, y ordena lo que quieras.

Ya conoces los gemidos de mi corazón que se elevan hacia ti, los torrentes de lágrimas que vierten mis ojos. No me doy perfecta cuenta de hasta qué punto estoy purificado de esa peste, y mucho temo mis tendencias secretas, conocidas de tus miradas, y que las mías ignoran. Para los otros géneros de tentaciones, puedo, en cierta medida, ver claro en mí; para aquélla, mi perspicacia es casi nula. ¿En qué medida he llegado a alejar a mi alma de las voluptuosidades carnales y de las vanas curiosidades? Lo veo cuando me encuentro privado de ellas, sea por el efecto de mi voluntad, sea por su ausencia misma. Entonces me interrogo, y mido el mayor o menor desagrado que experimento al no tenerlas.

En lo que al dinero se refiere, y que sólo buscamos para satisfacer una de esas tres concupiscencias, o dos entre ellas, o las tres a un mismo tiempo, cuando el alma no consigue adivinar si lo desprecia al mismo tiempo que lo posee, es posible prescindir de él para probarse uno a sí mismo. Pero no podemos hacer esto respecto al elogio para librarnos de él y medir nuestra independencia, en lo que con él tiene que ver. ¿Acaso hemos de decidirnos por una vida mala, cínica y brutal hasta el punto de que nadie nos conozca sin detestarnos? ¿Es posible decir o imaginar tal extravagancia? Si el elogio es el compañero habitual y obligado de una vida buena y de las buenas acciones no hay que renunciar a su compañía ni a la misma vida buena. En lo que a mí se refiere, ignoro si soporto con indiferencia o de mala gana la privación de un bien hasta que me veo privado de ese bien.

A la luz de tu verdad bien veo que no deberían afectarme las alabanzas que recibo a causa de mí, sino por utilidad del prójimo. Pero no estoy muy seguro de que sea así, pues en esta materia me conozco menos de lo que tú me conoces. Te pido, Señor, que me manifiestes quién soy, para que pueda confesar a mis hermanos, que habrán de rogar por mí, lo malo que en mí encuentre. Me examinaré, pues, de nuevo y con más detenimiento.

Si cuando soy alabado me mueve la utilidad del prójimo, ¿cómo es que el menosprecio injusto que se hace a otro me mueve menos que el que se me hace a mí? ¿Por qué me duele más la afrenta que se me hace a mí que la que se hace a otro en mí mismo y no decir la verdad en tu presencia con el corazón y con la lengua?

¡Oh Señor, aleja de mí esta locura para que mi boca no sea como el perfume del pecador, que lustre mi cabeza (Sal. 141:5).

Si cuando soy alabado me mueve la utilidad del prójimo, ¿cómo es que el menosprecio injusto que se hace a otro me mueve menos que el que se me hace a mí? ¿Por qué me duele más la afrenta que se me hace a mí que la que se hace a otro en mí mismo y no decir la verdad en tu presencia con el corazón y con la lengua?

172

El peligro de la vanagloria

A menudo, por un refinamiento de vanidad, uno se hace un honor del desprecio de la vanagloria; pero no, no es del desprecio de la gloria de lo que nos hacemos honor, pues desde el momento en que uno se glorifica, ya demuestra que no la desprecia.

"Estoy afligido y necesitado" (Sal. 109:22), y sólo valgo algo cuando, con gemidos secretos, me siento hastiado de mí mismo, y busco tu misericordia, hasta el día en que mis insuficiencias sean reparadas, puestas en su punto, por esta paz que ignora el ojo del presuntuoso.

Sólo las palabras que salen de nuestra boca, y aquellos actos nuestros que se vuelven de notoriedad pública, hacen surgir una tentación muy peligrosa, nacida de ese amor al elogio que, para poner en evidencia nuestro persona, mendiga la aprobación de los hombres; tentación que persiste, hasta cuando la critico a propósito mío, y por el mismo hecho de criticarla. Pues, a menudo, por un refinamiento de vanidad, uno se hace un honor del desprecio de la vanagloria; pero no, no es del desprecio de la gloria de lo que nos hacemos honor, pues desde el momento en que uno se glorifica, ya demuestra que no la desprecia.

173

Autocomplacencia

Hay todavía, en el fondo de nosotros, muy dentro, otra tentación mala del mismo género; es la autocomplacencia, la vanidad de los que se complacen en sí mismos, hasta cuando no agradan a los demás, o que le desagradan y que no se toman la molestia de agradarle.

De nada les sirve sentirse encantados de sí mismos, pues te desagradan a ti sobremanera. Pues no sólo tienen por buenas las cosas que no lo son, sino que se apoderan de tus bienes como si fuesen suyos, o como si fuesen debidos a sus propios méritos. Y aunque los atribuyan a tu gracia, no se alegran poniéndolos al servicio de los demás, sino que tienen envidia al verlos en los demás.

Tú sabes cómo tiembla y se estremece mi corazón en medio de estos peligros y tentaciones semejantes. Y que siento más que tengas que curar muchas veces mis heridas que el que no se me inflijan.

No sólo tienen por buenas las cosas que no lo son, sino que se apoderan de tus bienes como si fuesen suyos, o como si fuesen debidos a sus propios méritos. Y aunque los atribuyan a tu gracia, no se alegran poniéndolos al servicio de los demás, sino que tienen envidia al verlos en los demás.

174

Buscando a Dios
dentro y fuera de sí

No era yo quien descubría todo eso; y en esta consulta, yo mismo, o mejor dicho, mi fuerza que la realizaba, no era Dios. Pues tú eres la luz permanente que yo consultaba sobre el ser, la calidad, el valor de todas esas cosas y yo escuchaba todas tus enseñanzas y tus mandamientos.

Oh Verdad: ¿cuándo has cesado de andar conmigo, para enseñarme lo que debía buscar o evitar, mientras te sometía, en lo que me era posible, mis humildes puntos de vista, y recogía tu consejo? He recorrido con mis sentidos, en cuanto me ha sido posible, el mundo exterior. He observado la vida con que animo mi cuerpo y mis propios sentidos. Después he penetrado en las profundidades de mi memoria, en esos múltiples retiros tan sorprendentemente llenos de innúmeras reservas. Los he contemplado con estupefacción; sin ti, nada hubiese podido distinguir, pero he visto que nada de todo aquello eras tú.

He pasado revista de todas esas cosas, me he esforzado en verlas claramente y en estimar cada una de ellas en su justo y exacto valor, preguntando a aquellas que me venían del testimonio de los sentidos, sintiendo otras completamente mezcladas conmigo, examinando, nombrando los órganos mensajeros, y, en los vastos almacenes de la memoria, manejando largo tiempo ciertos objetos, para dejar a los unos en reserva, mientras sacaba otros a la luz.

Pero no era yo quien descubría todo eso; y en esta consulta, yo mismo, o mejor dicho, mi fuerza que la realizaba, no era Dios. Pues tu eres la luz permanente que yo consultaba sobre el ser, la calidad, el valor de todas esas cosas y yo escuchaba todas tus enseñanzas y tus mandamientos. Es lo que hago a menudo; encuentro en ello un encanto, y cuando los trabajos indispensables me dejan cierto ocio, esta alegría se convierte en mi asilo. En todas esas cosas que nombro pidiéndote consejo, sólo encuentro un lugar seguro para mi alma en ti; sólo allí se juntan mis afectos dispersos, sin que jamás nada de mí se aleje de ti.

A veces me inicias en una extraña plenitud íntima de sentimiento, que si alcanzase en mí el más alto grado, se convertiría en un no sé qué que nada tendría de común con esta vida. Pero pronto vuelvo a caer en las cosas de aquí abajo, con sus lamentables sujeciones; mis costumbres se me tragan otra vez; me atan, y de nada me sirve llorar, porque no me sueltan. Tan fuertemente pesa sobre nosotros el fardo de la costumbre. Donde puedo estar, no quiero estar; donde quiero estar, no puedo. Y esto constituye una doble miseria.

Pronto vuelvo a caer en las cosas de aquí abajo, con sus lamentables sujeciones; mis costumbres se me tragan otra vez; me atan, y de nada me sirve llorar, porque no me sueltan.

175

Dios es la verdad que reina sobre todo

Eres la
verdad que
reina sobre
todas las
cosas.
Y yo,
en mi
avaricia,
no quería
perderte,
pero también
quería
poseer,
al mismo
tiempo que
a ti,
la mentira;
así nadie
quiere mentir
hasta el
punto de no
saber él
mismo lo que
es verdad.

He aquí por qué he considerado mis desfallecimientos pecadores desde el punto de vista de las tres formas de deseo, y he invocado tu diestra para que me cure. Pues, aun con mi corazón herido, he visto tu esplendor, y rechazado por su fulgor he exclamado: "Cortado soy de delante de tus ojos: Tú sin embargo oíste la voz de mis ruegos, cuando a ti clamaba" (Sal. 31:22)

Eres la verdad que reina sobre todas las cosas. Y yo, en mi avaricia, no quería perderte, pero también quería poseer, al mismo tiempo que a ti, la mentira; así nadie quiere mentir hasta el punto de no saber él mismo lo que es verdad. Por eso te perdí, porque no soportas ser poseído con la mentira.

176

Mediaciones falsas y engañosas

¿A quién podía yo encontrar que me reconciliase contigo? ¿Tendría que haber recurrido a los ángeles? Pero ¿con qué plegarias? ¿Con qué ritos? Muchas personas dedicadas a volver a ti, sin conseguirlo por sus propios medios, han intentado seguir ese camino, según he oído decir; han sentido un gusto muy pronunciado por las visiones raras, y las ilusiones han sido su justa recompensa. Es que, en su orgullo, te buscaban hinchándose el corazón con una ciencia vanidosa, en vez de golpeárselo compungidamente. Atraían hacia ellos, por la afinidad misma de su pensamiento, "las potestades del aire" (Ef. 2:2), convertidas en cómplices y asociadas de su soberbia, y les engañaban con sus poderes mágicos. Muchos se esforzaban en buscar un mediador que los purificase, pero no lo encontraban, y sólo hallaban al diablo que "se transforma en un ángel de luz" (2ª Co. 11:14). Y el hecho de que no estuviese revestido de carne, ya constituía un vivo atractivo para su carne orgullosa.

Sólo eran mortales y pecadores, pero tú, Señor, con quien ellos buscaban orgullosamente el medio de reconciliarse, eres inmortal y sin mancha. Un mediador entre Dios y el hombre era preciso que fuera en algo semejante a Dios, y que en algo se pareciese también a los hombres. Porque si sólo fuese semejante a los hombres, hubiese estado demasiado lejos de Dios, y si semejante a Dios únicamente, hubiese estado demasiado lejos de los hombres, y no hubiese podido llenar su papel de mediador. Pero ese falso mediador, al que tus juicios secretos, permiten frustrar a los orgullosos, sólo tiene una cosa en común con los hombres: el pecado. Querría parecer, ante ellos, que tiene algo de común con Dios; no estando revestido de una carne mortal, se considera vanidosamente inmortal. Pero como la muerte es "el salario del pecado" (Ro. 6:23), tiene de común con los hombres lo que le vale, como a ellos, su condena a la muerte eterna.

Un mediador entre Dios y el hombre era preciso que fuera en algo semejante a Dios, y que en algo se pareciese también a los hombres. Porque si sólo fuese semejante a los hombres, hubiese estado demasiado lejos de Dios, y si semejante a Dios únicamente, hubiese estado demasiado lejos de los hombres, y no hubiese podido llenar su papel de mediador.

177

El mediador verdadero

Este mediador fue descubierto a los santos antiguos para que por la fe en su pasión futura fuesen salvos, como lo somos nosotros por la fe en la muerte que padeció. Por nosotros se hizo a la vez vencedor y víctima, vencedor porque era víctima. Por nosotros se hizo a la vez sacerdote y sacrificio, sacerdote por ser sacrificio. De esclavos que éramos nos hizo hijos para ti, y nació de ti para servirnos a nosotros.

El verdadero mediador que, en tu secreta misericordia, has enviado y mostrado a los hombres, para que a ejemplo suyo aprendiesen la humildad, este el "mediador entre Dios y los hombres, Jesucristo hombre" (1ª Ti. 2:5), que apareció en la tierra entre los hombres, que son pecadores mortales; y Dios, que es justo e inmortal. Mortal con los hombres y justo con Dios. Y como la vida y la paz son la recompensa de la justicia, vino él para que con su justicia que le unía a Dios pudiese destruir la muerte de los pecadores que él había justificado compartiéndola con ellos.

Este mediador fue descubierto a los santos antiguos para que por la fe en su pasión futura fuesen salvos, como lo somos nosotros por la fe en la muerte que padeció. En la medida en que es hombre, es también mediador; pues en tanto que Verbo no es intermediario, siendo igual a Dios, Dios cerca de Dios, y Dios único al mismo tiempo.

¡Cuánto nos has amado, Padre bueno, tú que "no perdonaste a tu único Hijo, antes le entregaste por todos nosotros" (Ro. 8:32). ¡Cuánto nos amaste, a nosotros, por quienes "Él, siendo en forma de Dios, no tuvo por usurpación ser igual a Dios: Sin embargo, se anonadó a sí mismo, tomando forma de siervo, hecho semejante a los hombres; y hallado en la condición como hombre, se humilló a sí mismo, hecho obediente hasta la muerte, y muerte de cruz" (Fil. 2:6-8). El único libre entre los muertos, con el poder de "dar su vida" y de volverla a tomar (Jn. 10:18). Por nosotros se hizo a la vez vencedor y víctima, vencedor porque era víctima. Por nosotros se hizo a la vez sacerdote y sacrificio, sacerdote por ser sacrificio. De esclavos que éramos nos hizo hijos para ti, y nació de ti para servirnos a nosotros.

Tengo razón al fundar sobre él mi firme esperanza de que curarás todas mis debilidades, porque "está a la diestra de Dios, el que también intercede por nosotros" (Ro. 8:34). En caso contrario, desesperaría. ¡Son tan numerosas y fuertes mis dolencias; muchas y grandes en verdad. Pero aún más grande es el remedio que viene de ti. Habríamos podido creer que tu Verbo estaba demasiado lejos de toda unión con el hombre y desesperar de nosotros, si no se hubiese hecho carne y no hubiese habitado entre nosotros.

Aterrorizado ante la idea de mis pecados, y agobiado por mi miseria, había pensado huir a la soledad, y hacía tiempo que acariciaba este proyecto; tú me detuviste, al tranquilizarme con estas palabras: "Cristo por todos murió, para que los que viven, ya no vivan para sí, mas para aquel que murió y resucitó por ellos" (2ª Co. 5:15).

Aquí estoy, Señor. Desde ahora deposito en ti mis cuidados. Viviré "y miraré las maravillas de tu ley" (Sal. 119:18). Ya conoces mi ignorancia y mi debilidad. Enséñame y sáname. Tú Hijo único, "en el cual están escondidos todos los tesoros de sabiduría y conocimiento" (Col. 2:3), me ha rescatado con su sangre. "No me hagan violencia los soberbios" (Sal. 119:122), porque está siempre en mi pensamiento el precio de mi redención. Yo la como, la bebo y la distribuyo. Mi pobreza desea saciarse de ella con aquellos que "comerán y serán saciados: Alabarán al Señor los que le buscan" (Sal. 22:26).

> **Tú Hijo único, "en el cual están escondidos todos los tesoros de sabiduría y conocimiento", me ha rescatado con su sangre. "No me hagan violencia los soberbios", porque está siempre en mi pensamiento el precio de mi redención.**

XI
La creación
y el nacimiento del tiempo

178

Dios no necesita información del hombre

¿Acaso ignoras, Señor, lo que te digo, siendo que la eternidad es tuya?; ¿o, quizá, lo que ocurre en el tiempo, lo ves solamente en el tiempo? Entonces, ¿para qué contarte todos los detalles de esos hechos? No será, evidentemente, para que te enteres de ellos por mí. No. Es para despertar en mi corazón, y en el corazón de los lectores, un más vivo amor, que nos hará exclamar con una misma voz: "Grande es el Señor y digno de suprema alabanza: Y su grandeza es inescrutable" (Sal. 145:5). Ya he dicho, y quiero repetirlo: "Hago esto por amor a tu amor."

Oramos, ciertamente; y, sin embargo, la Verdad declara: "El Padre sabe lo que necesitáis, antes de que se lo pidáis" (Mt. 6:8). Al confesarte nuestras miserias, y tus misericordias sobre nosotros, abrimos el corazón para que termines la liberación que has comenzado, para que cesemos de ser desgraciados en nosotros y encontremos la felicidad en ti. Pues nos has llamado para ser pobres de espíritu, para gozar la dulzura, para sufrir y llorar, para tener hambre y sed de justicia, para la pureza del corazón y para ser pacificadores (Mt. 5:1-9).

Así te he contado muchas cosas, en la medida que me lo permitían mis fuerzas y mi voluntad; y tú fuiste el primero que quisiste que me confesara, mi Señor y mi Dios, que eres bueno y "para siempre es tu misericordia" (Sal. 118:2).

Al confesarte nuestras miserias, y tus misericordias sobre nosotros, abrimos el corazón para que termines la liberación que has comenzado, para que cesemos de ser desgraciados en nosotros y encontremos la felicidad en ti.

179

Ayuda divina
para estudiar la Palabra de Dios

Purifica mis labios de toda temeridad y de toda mentira tanto en el interior como en el exterior. Que tus Escrituras sean mis castas delicias, que no encuentre en ellas motivo para extraviarme ni para extraviar a otros por ellas.

Pero ¿bastará mi pluma para enumerar con su lenguaje todas las exhortaciones que he recibido de ti, todos los terrores, los consuelos, los consejos con los cuales me has llevado a predicar tu palabra, y a dispensar al pueblo cristiano tu santa doctrina? Y aunque fuese capaz de enumerar en detalle esos impulsos, cada gota de tiempo me cuesta demasiado cara.

Ya hace mucho tiempo que ardo en deseos de "meditar en tu ley" (Sal. 119:18), y de confesarte la ciencia y la ignorancia que tengo de ella, así como las primeras luces de la iluminación que te debo, y lo que aún queda en mí de tinieblas, hasta que mi debilidad sea absorbida por tu fuerza. No quiero dejar que se disipen en otros cuidados las horas que me dejan libres las indispensables necesidades corporales, el estudio y el servicio que debemos a los hombres, además del que no les debemos, pero que, sin embargo, les prestamos.

Señor, Dios mío; escucha mi oración; que tu misericordia oiga mi deseo, cuyo ardor no quema tan sólo en mi propio interés, sino que también quiere servir al amor de mis hermanos. Tú ves en mi corazón que es realmente así. Déjame ofrecerte en sacrificio el servicio de mi pensamiento y de mi palabra, y dame antes los elementos de mi ofrenda, pues soy pobre y sin recursos y tú "rico para con todos los que le invocan" (Ro. 10:12), que cuidas y te preocupas de nosotros.

La búsqueda de Cristo en la Escritura

Purifica mis labios de toda temeridad y de toda mentira tanto en el interior como en el exterior. Que tus Escrituras sean mis castas delicias, que no encuentre en ellas motivo para extraviarme ni para extraviar a otros por ellas. Señor: presta atención y ten misericordia; Dios mío, luz de los ciegos y virtud de los débiles, y al mismo tiempo luz de los que ven y virtud de los fuertes:

vuélvete hacia mi alma; escúchala que te llama desde el fondo del abismo (Sal. 42:5-7). Pues si tus oídos no estuvieran también presentes en el abismo, ¿adónde iríamos? ¿A quién gritaríamos?

"Tuyo es el día, tuya también es la noche" (Sal. 74:16). Y las horas pasan según tu voluntad. Concédeme el tiempo necesario para mis meditaciones sobre los secretos de tu ley, y no cierres la puerta a los que te llaman. No quisiste que tantas páginas profundamente misteriosas fuesen escritas por nada. Esos bosques, ¿no tienen también sus ciervos, que en ellos se refugian, se apaciguan, van y vienen, y allí pacen, se acuestan y rumian?

Oh Señor, perfecciona tu obra en mí. Ábreme esas páginas. He aquí que tu palabra es mi alegría, un gozo superior a todos los placeres. Dame lo que amo, puesto que lo amo. Eres tú quien me has concedido también amar. No abandones esos dones que son tuyos, no desprecies tu hierba cuando está sedienta. Quiero confesar cuanto he encontrado en tus libros por tu gracia, "para exclamar con voz de acción de gracias, y para contar todas tus maravillas" (Sal. 26:7), comenzando desde el primer día en que hicisteis el cielo y la tierra, hasta el reino eterno que comparte contigo tu ciudad santa.

Señor, tened piedad de mí, y oye mi deseo, porque, según entiendo, tu reino no es nada terrenal, ni el oro, ni la plata, ni las piedras preciosas, ni los vestidos de lujo, ni los honores, ni los altos empleos, ni los placeres de la carne, ni nada de cuanto reclama nuestro cuerpo durante nuestra peregrinación por esta vida," todas estas cosas nos serán añadidas cuando buscamos tu reino y tu justicia" (Mt. 6:33).

Este es, mi Dios, mi deseo: Los impíos me han contado sus placeres, pero no tienen nada en común con tu ley, Señor, ella es la fuente de mi deseo. Mira, Padre, considera, ve y aprueba. Que sea grato a los ojos de tu misericordia, y que ese santuario de tus palabras, a cuya puerta llamo, se abra para mí.

Te lo ruego por nuestro Señor Jesucristo, tu Hijo, el hombre de tu diestra, el Hijo del Hombre, al que has confirmado como mediador entre nosotros y tú; por quien nos has buscado cuando nosotros no te buscábamos, y buscado para que te buscáramos. En nombre de ese Verbo, por

Oh Señor, perfecciona tu obra en mí. Ábreme esas páginas. He aquí que tu palabra es mi alegría, un gozo superior a todos los placeres. Dame lo que amo, puesto que lo amo. Eres tú quien me has concedido también amar.

Es a Él, tu Hijo, a quien busco en tus libros. Pues Moisés escribió de él, como él mismo lo afirma; es la Verdad quien lo afirma. el cual has hecho todos los seres, uno de los cuales soy yo; de ese Hijo único por el cual has llamado a la adopción al pueblo de los creyentes, de los que también formo parte; en nombre de Aquel "que está sentado a tu diestra e intercede por nosotros" (Ro. 8:34), y en el "que están encerrados todos los tesoros de la sabiduría y de la ciencia" (Col. 2:3). Es a Él a quien busco en tus libros. Pues Moisés escribió de él, como él mismo lo afirma; es la Verdad quien lo afirma (Jn. 5:46).

180

Doble inspiración
en el autor y el lector

Hazme oír y dame a entender cómo hiciste "en el principio" el cielo y la tierra (Gn. 1:1). Moisés lo ha escrito así. Lo escribió y se fue; dejó este mundo alejado de ti para ir a ti. Hoy ya no se encuentra ante mí. Si estuviese aquí, me dirigiría a él, le interrogaría, le rogaría en tu nombre, que me revelase ese misterio, y prestaría mi oído a las palabras que saliesen de su boca. Si hablase hebreo, esas palabras llamarían en vano a mi oído, y no penetrarían mi espíritu; por el contrario, si hablase latín, sabría lo que querría decir. Pero ¿cómo sabría si dice la verdad? Y aunque lo supiese, ¿lo sabría de él? No; sería dentro de mí, en la íntima morada de mi pensamiento, donde la Verdad, que no es hebrea, ni griega, ni latina, ni bárbara, me diría, sin necesidad de boca ni de lengua, sin hacer resonar las sílabas: "Dice la verdad." Y yo, en seguida, lleno de confianza, repetiría a tu siervo: "Dices la verdad."

Pero no puedo preguntarle a él, cuyas palabras estaban llenas de ti que eres la Verdad. Es, pues, a ti, Dios mío, a quien pregunto. Perdóname mis pecados. Lo que has concedido a tu siervo para que lo sepa decir, concédeme también a mí para que sepa comprenderlo.

Moisés lo ha escrito así. Lo escribió y se fue; dejó este mundo alejado de ti para ir a ti. Hoy ya no se encuentra ante mí. Si estuviese aquí, me dirigiría a él, le interrogaría, le rogaría en tu nombre, que me revelase ese misterio, y prestaría mi oído a las palabras que saliesen de su boca.

181

Existimos, luego hemos sido creados

Señor, eres tú quien ha creado el cielo y la tierra. Tú eres hermoso, puesto que ellos son hermosos; eres bueno, puesto que son buenos; existes, puesto que son. Sin embargo, no tienen la belleza, ni la bondad, ni el ser en el mismo grado que tú, su Creador.

El cielo y la tierra existen, y claman que han sido creados; cambian y varían.[60] Ahora bien: cuando una cosa no ha sido creada y, sin embargo, existe, nada puede tener en ella que no haya sido antes. En caso contrario, dejaría en ella la huella del cambio y de la vicisitud.

El cielo y la tierra claman también que no se han creado a sí mismos: "Si existimos, es que hemos sido creados. No éramos antes de ser, como si hubiésemos podido crearnos a nosotros mismos." Y esta voz con la cual ellos hablan, es el espectáculo que ofrecen a nuestros ojos.

Señor, eres tú quien los has creado. Tú eres hermoso, puesto que ellos son hermosos; eres bueno, puesto que son buenos; existes, puesto que son. Sin embargo, no tienen la belleza, ni la bondad, ni el ser en el mismo grado que tú, su Creador, y comparados contigo no son bellos ni buenos, ni llegan a existir.

Sabemos esto, y te doy gracias por ello. Sé también que nuestra ciencia sólo es ignorancia, comparada con la tuya.

---

[60] Cf. Salmos 19:1: "Los cielos cuentan la gloria de Dios, y la expansión denuncia la obra de sus manos".

182

Creación por la palabra

Pero ¿cómo has hecho el cielo y la tierra? ¿De qué máquina te has servido para una obra de esa inmensidad? No te encontrabas en el caso del artista, que modeló un cuerpo por medio de otro cuerpo, según la fantasía de su pensamiento, que sabe realizar en el exterior las formas que visualiza en sí misma gracias al ojo interior. Y ese poder, ¿lo tendría si no lo hubieras creado?

Pero, esas formas, las impone a una materia preexistente, que está en posesión de su ser, arcilla, piedra, madera, oro, o cualquier otra cosa semejante. ¿De dónde vendría, pues, todo eso, si no lo hubieses creado tú? Eres tu quien ha dado al artista un cuerpo, un alma que gobierna a sus órganos, la materia sobre la cual trabaja, el talento al cual debe sus concepciones artísticas, y ve en el interior de sí mismo lo que realizará en el exterior, los sentidos físicos por mediación de los cuales hace pasar lo que quiere hacer, de su alma en la propia materia, y somete al espíritu lo que ha hecho, para que éste consulte en sí mismo la verdad, juez interior, sobre la calidad de la obra realizada.

Todas esas cosas te glorifican como Creador de todas las cosas. Pero tú, ¿cómo las haces? ¿Cómo, Dios mío, has hecho el cielo y la tierra? No es, evidentemente, ni en el cielo ni en la tierra donde has hecho el cielo y la tierra; tampoco en el aire ni bajo las aguas, que también pertenecen al cielo y a la tierra. No es en el universo donde has creado el universo, pues no había lugar donde pudiese ser antes de que hubiese sido creado para ser. Nada tenías en las manos que pudiese servirte para formar el cielo y la tierra. ¿De dónde te habría venido esta materia, que no habías creado, y de la que habrías extraído con que crearla? ¿Qué es lo que es, que no deba su ser a tu ser? Has hablado, pues, y las cosas fueron, y por tu palabra las creaste.[61]

Nada tenías en las manos que pudiese servirte para formar el cielo y la tierra. ¿De dónde te habría venido esta materia, que no habías creado, y de la que habrías extraído con que crearla? ¿Qué es lo que es, que no deba su ser a tu ser? Has hablado, pues, y las cosas fueron, y por tu palabra las creaste.

---

[61] Cf. Salmos 33:9: "Porque él dijo, y fue hecho; él mandó, y existió". Hebreos 11:3: "Por la fe entendemos haber sido compuestos los siglos por la palabra de Dios, siendo hecho lo que se ve, de lo que no se veía".

183

El misterio de la palabra creadora

No existía sustancia corporal antes del cielo y la tierra, o si existía una era debido a que tú la habías creado, sin emplear una voz de articulaciones sucesivas, para que transmitiese la voz a las articulaciones sucesivas.

Pero ¿cómo has hablado? ¿Fue como aquella voz que salió de la nube, y que dijo: "Este es mi Hijo muy amado" (Mt. 3:17)? Esta voz sonó, y después se calló; comenzó y después terminó; sus sílabas resonaron, después se callaron, la segunda después de la primera, la tercera después de la segunda, y así sucesivamente, hasta la última, venida después de todas las otras, y después de la cual no quedó más que el silencio. Resulta, pues, claro y evidente que es el movimiento de una cosa creada, órgano temporal de tu eterna voluntad, que lo expresó. Y estas palabras, formadas por un corto momento, el oído exterior las transmitió a la razón inteligente, cuyo oído interior está tendido hacia tu Verbo eterno. Pero esta razón comparó estas palabras, que sólo habían resonado un instante, a la eternidad silenciosa de tu Verbo, y se dijo: "Es otra cosa, sí, otra cosa muy diferente. Estas palabras están muy lejos por debajo de mí, y no llegan a ser, puesto que huyen y pasan, mientras que el Verbo de Dios permanece por encima de mí por toda la Eternidad".

Por consiguiente, si con palabras sonoras y pasajeras ordenaste que existieran el cielo y la tierra, si es así corno los creaste, esto demuestra que existía, antes del cielo y la tierra, algún elemento corporal cuyos movimientos, difusos en el tiempo, transmitieron en el tiempo las vibraciones de esa voz. Pero no existía sustancia corporal antes del cielo y la tierra, o si existía una era debido a que tú la habías creado, sin emplear una voz de articulaciones sucesivas, para que transmitiese la voz a las articulaciones sucesivas con que ordenaste "que el cielo y la tierra sean". Pues este intermedio, sea cual sea, no hubiese existido si no lo hubieses creado tú. Pero ¿de qué palabra te has servido, para dar el ser a la sustancia que te sirvió para formar esas palabras?

184

La creación por medio del Verbo

Así nos invitas a comprender el Verbo, que es Dios cerca de ti, e igualmente Dios (Jn. 1:1), que se ha pronunciado por toda la eternidad, y en el cual todo está pronunciado por toda la eternidad. No existe ahí un orden de sucesión tal que, una vez articulado, su articulación sea sucedida por otra, de modo que todo pueda ser dicho; no, todo está dicho, al mismo tiempo y eternamente. En caso contrario, habría ahí orden temporal, al cambio; ya no sería la verdadera eternidad ni la verdadera inmortalidad.

Esto yo lo sé, Dios mío, y te doy gracias por ello. Lo sé, te lo confieso, Señor; y lo sabe conmigo y te bendice quien no tiene un corazón ingrato para una verdad tan cierta. Bien sabemos, Señor, que en cuanto una cosa deja de ser lo que era y es lo que no era, en tanto muere y nace. Tu Verbo es verdaderamente inmortal y eterno, nada pasa en él, nada sucede en él. Por consiguiente, con este Verbo que te es eterno, dices eternamente lo que dices, y cuanto ordenas que sea, comienza a ser. Sólo creas por la palabra; y, sin embargo, las cosas que creas con tu palabra no reciben el ser todas a la vez, ni desde toda la eternidad.[62]

Tu Verbo es verdaderamente inmortal y eterno, nada pasa en él, nada sucede en él. Por consiguiente, con este Verbo que te es eterno, dices eternamente lo que dices, y cuanto ordenas que sea, comienza a ser.

---

[62] Cf. Colosenses 1:16: "Porque por él fueron creadas todas las cosas que están en los cielos, y que están en la tierra, visibles e invisibles; sean tronos, sean dominios, sean principados, sean potestades; todo fue criado por él y para él."

185

Cristo-Verbo, el Principio

Esta razón es tu Verbo. En el Evangelio, nos habló con la voz de la carne, y esta palabra ha resonado exteriormente en los oídos del hombre, para que se crea en él, para que cada cual busque en su interior, y para que la encuentre en la eterna Verdad.

¿Por qué es así, Señor, Dios mío?, dímelo, te lo ruego. Lo comprendo en cierta medida, pero no sé cómo explicarlo. ¿Será que todo ser que comienza y que acaba sólo comienza y acaba cuando tu razón eterna conoce que debe comenzar y acabar, ella, en la cual nada comienza ni acaba?

Esta razón es tu Verbo, que es el Principio, que también nos habla. Así, pues, en el Evangelio, nos habló con la voz de la carne, y esta palabra ha resonado exteriormente en los oídos del hombre, para que se crea en él, para que cada cual busque en su interior, y para que la encuentre en la eterna Verdad, en la que el bueno y único Maestro instruye a todos sus discípulos (Mt. 19:16).[63]

Es allí, Señor, donde oigo tu voz, la cual nos dice que quien nos habla verdaderamente es aquel que nos instruye, y que el que no nos instruye, aunque hable, no habla para nosotros. Entonces, ¿quién nos instruye, sino la inmutable Verdad? Pues solamente obtenemos enseñanza de la criatura mudable en tanto que nos encamina hacia la Verdad estable. Sólo allí recibimos una enseñanza verdadera, cuando, de pie ante ella, la escuchamos. Entonces nos penetra una voz del Esposo (Jn. 3:29), que nos devuelve a aquel de quien venimos.

---

[63] Como Agustín desarrolla en su libro *De Magistro*, Cristo es el "maestro interior" que reside en los creyentes de un modo especial –en virtud de la regeneración–, y en el todos los hombres en general, en virtud de ser creados a imagen y semejanza de Dios. Cuanto éstos saben de verdadero lo saben gracias al "maestro interior" que habita en ellos. "El que enseña verdaderamente es Cristo y habita en el hombre interior. Él es la inmutable virtud de Dios y la eterna sabiduría, a quien cada alma racional consulta y que se revela a cada uno en la medida que permite la rectitud de su intención. Si alguna vez se cae en el error, esto no sucede a causa de la Verdad consultada, como tampoco es error de la luz externa si los ojos a menudo se equivocan acerca del color de los objetos por los cuales nos volvemos a la luz para consultarla, para que nos los muestre de modo que nos sea posible discernirlos… Para las cosas que se conocen con la inteligencia consultamos con la razón la Verdad interior" (*De Magistro*).

He aquí por qué es el Principio, pues sin su permanencia no sabríamos, en nuestros errores, adónde ir. Pero cuando regresamos del error, es, naturalmente, porque conocemos que regresamos; este conocimiento lo debemos a su enseñanza, porque es el "Principio", y porque es a nosotros a quienes habla.

Cuando regresamos del error, es, naturalmente, porque conocemos que regresamos.

186

El Principio es la Sabiduría

En este Principio, Dios mío, has hecho el cielo y la tierra, es decir, en tu Verbo, en tu Hijo, en tu poder y sabiduría, en tu verdad tan admirable, tanto cuando hablas como cuando obras. ¿Quién puede comprender esta maravilla? ¿Quién sabría contarla? ¿Qué es eso que me ilumina a intervalos y que llama a mi corazón sin herirle?

Me siento lleno de asombro y todo yo encendido en amor; en asombro, en la medida en que soy diferente de este desconocido; en amor, en la medida en que me siento semejante a él. Es la luz de la sabiduría, la sabiduría, la que viene a iluminarme de cuando en cuando; es ella la que desgarra mi nube, pero me envuelve de nuevo, desde el momento en que empiezo a debilitarme, con las tinieblas agotadoras de mi miseria. "Porque se ha enflaquecido mi fuerza a causa de mi iniquidad" (Sal. 31:10), que ya no puedo soportar ni mi bien, hasta que tu piedad, Señor, "perdone todas mis iniquidades, y sane todas mis dolencias" (Sal. 103:3)."El que rescata del hoyo tu vida, el que te corona de favores y misericordias; el que sacia de bien tu boca de modo que te rejuvenezcas como el águila" (Sal. 103:4-5). "Porque en esperanza somos salvos" (Ro. 8:24) y esperamos con paciencia el cumplimiento de tus promesas.

Quien pueda entender entienda tu palabra interior; yo exclamo, confiado, bajo la fe de tu palabra: "¡Cuán muchas son tus obras, oh Señor! Hiciste todas ellas con sabiduría" (Sal. 104:24). Ella es el principio, y en este Principio habéis hecho el cielo y la tierra.

187

¿Qué hacía Dios antes de crear el cielo y la tierra?

¿No es cierto que están saturados de su viejo error los que nos dicen: "¿Qué hacía Dios antes de crear el cielo y la tierra? Si estaba ocioso, ¿por qué –preguntan ellos– no ha seguido siéndolo a través de los tiempos, de igual modo que antes se abstenía de toda obra? Si se ha producido en Dios un movimiento nuevo, una voluntad nueva, para crear lo que él no había creado todavía, ¿puede hablarse de una «eternidad» verdadera, donde nace una voluntad que no existía antes?"

En efecto: la voluntad de Dios no es una criatura; preexiste a toda criatura; nada se crearía sin esa anterioridad de la voluntad del Creador. La voluntad de Dios brota, pues, de su propia substancia. Si en la substancia divina nace algo que no existía antes, no la podemos declarar eterna en verdad. Y si la voluntad de Dios de producir las criaturas era eterna, ¿por qué las criaturas no habían de ser creadas desde la eternidad también?

La voluntad de Dios brota de su propia substancia. Si en la substancia divina nace algo que no existía antes, no la podemos declarar eterna, en verdad. Y si la voluntad de Dios de producir las criaturas era eterna ¿por qué las criaturas no habían de ser creadas desde la eternidad también?

188

La eternidad es un presente continuo

¿Quién detendrá el pensamiento del hombre, para que, estabilizado, observe cómo la eternidad siempre estable, y que no tiene en sí ni futuro ni pasado, determina el porvenir y el pasado? ¿Acaso mi mano será capaz de ello? ¿Mi palabra, que es como la mano de mi boca, sabrá realizar tal prodigio?

Los que hablan así no os comprenden todavía, oh Sabiduría de Dios, luz de los espíritus; siguen sin entender cómo se verifica lo que se verifica en ti y por ti. Se esfuerzan por conocer el sabor de la eternidad, pero su pensamiento flota todavía inconsistentemente a voluntad de las ondulaciones del pasado y del porvenir.

¿Quién detendrá ese pensamiento, quién le inmovilizará para darle un poco de estabilidad, para abrirlo a la intuición del esplendor de la eternidad siempre inmóvil? Entonces, comparando ésta a la perpetua movilidad de los tiempos, se verá que es incomparable; que la duración, por larga que sea, sólo es larga por la sucesión de un cierto número de movimientos que no pueden desarrollarse simultáneamente, mientras que en la eternidad no existe sucesión, todo en ella es presente a la vez, cosa que no ocurre con el tiempo; se vería que todo el pasado es empujado por el futuro; que todo el futuro sigue al pasado, que todo el pasado y el futuro tienen su propio ser y fluyen del eterno presente.

¿Quién detendrá el pensamiento del hombre, para que, estabilizado, observe cómo la eternidad siempre estable, y que no tiene en sí ni futuro ni pasado, determina el porvenir y el pasado? ¿Acaso mi mano será capaz de ello? ¿Mi palabra, que es como la mano de mi boca, sabrá realizar tal prodigio?

189

Lo que ignoramos

He aquí lo que contesto a quien pregunta: "¿Qué hacía Dios antes de crear el cielo y la tierra?" No quiero apropiarme la frívola contestación que un día sirvió, según dicen, para eludir esa temible pregunta: "Preparaba el infierno para los que escudriñan misterios como éste." Ver claro es una cosa, y bromear es otra.

No; yo no contesto así. Prefiero decir "No lo sé" cuando ignoro, que apelar a las bromas que ponen en ridículo a quien se informa sobre un problema difícil, y mereció el elogio de quien contesta con una falsedad.

Pero yo respondo diciendo que tú, Dios nuestro, eres el Creador de toda criatura; y si con las palabras "cielo" y "tierra" se entiende a toda criatura, no hacías nada. Pues si hubieses hecho algo, ¿podía algo diferente que una criatura? ¡Quiera el cielo que yo pueda tener cuanto deseo, que pudiese saber cuanto quiero saber en mi propio interés, con tanta certeza como sé que no existía criatura antes de que hubiese creación!

Prefiero decir "No lo sé", cuando ignoro, que apelar a las bromas que ponen en ridículo a quien se informa sobre un problema difícil.

190

La creación del tiempo

¿Cómo habrían podido transcurrir siglos innumerables, puesto que tú, que eres el autor y el fundador de los siglos, no los habías creado aún? ¿Cómo hubiese podido existir un tiempo, si tú mismo no lo hubieses establecido? ¿Y cómo hubiese podido transcurrir, si todavía no existía?

Si algún espíritu superficial, errante a través de las imágenes que él se forma de los tiempos pasados, se admira de que tú, el Dios Todopoderoso, que creaste y mantienes el universo, tú, el artesano del cielo y de la tierra, hayas permanecido ocioso durante innumerables siglos, antes de emprender esta tarea inmensa, que salga de su sueño, y que se dé cuenta de que su admiración se asienta sobre una base falsa.

¿Cómo habrían podido transcurrir siglos innumerables, puesto que tú, que eres el autor y el fundador de los siglos, no los habías creado aún? ¿Cómo hubiese podido existir un tiempo, si tú mismo no lo hubieses establecido? ¿Y cómo hubiese podido transcurrir, si todavía no existía?

Por consiguiente, desde el momento que eres Aquel por quien todos los tiempos existen, si hubo un tiempo antes de que creases el cielo y la tierra, ¿por qué dicen que permaneces en la inacción? Ese mismo tiempo, tú lo hiciste, y ningún tiempo ha transcurrido antes de que tú hubieses hecho el tiempo. Si, por el contrario, antes del cielo y la tierra no hubiese existido el tiempo, ¿por qué preguntar qué era lo que hacías *entonces*? Donde no había tiempo, tampoco podía haber *entonces*.

No precedes al tiempo en el tiempo; en caso contrario, no habrías precedido a todos los tiempos. Pero precedes a los tiempos pasados con toda la altura de tu eternidad presente, y dominas todos los tiempos porvenir, porque son *por venir*, y porque tan pronto como hayan venido habrán pasado, mientras que tú "eres el mismo, y tus años no se acabarán" (Sal. 102:27). Tus años no van ni vienen, mientras que los nuestros van y vienen, para que todos vengan. Tus años subsisten todos simultáneamente, porque precisamente ellos subsisten; no se van, empujados por los otros que llegan, porque no pasan, mientras que los nuestros sólo serán todos cuando todos hayan dejado de ser. Tus años son como un solo día y tu *día* no se renueva cada día; es un *hoy*, y este hoy no deja paso a un mañana, de igual modo que no sucede a un ayer. Tu hoy es la eternidad. Además, has engendrado un Ser coeterno, al cual has dicho: "Hoy te he engendrado" (Sal. 2:7). Tú hiciste todos los tiempos, eres antes que todos los tiempos. Por consiguiente, no hubo un tiempo en que no había tiempo.

Tú hiciste todos los tiempos, eres antes que todos los tiempos. Por consiguiente, no hubo un tiempo en que no había tiempo.

191

Naturaleza del tiempo

Esos dos tiempos, el pasado y el futuro, ¿cómo son, puesto que el pasado ya no es y el futuro no existe todavía? El mismo presente, si siempre fuese presente, sin perderse en el pasado, ya no sería tiempo; sería eternidad. Si tenernos el derecho de decir que el tiempo es, es porque se encamina al no-ser.

No ha habido tiempo en que no hayas hecho nada, puesto que tu hiciste al mismo tiempo. No hay tiempo que sea coeterno contigo, porque tú no cambias nunca y, si el tiempo no cambiase, ya no sería tiempo.

¿Qué es, en efecto, el tiempo? ¿Quién sabría explicarlo con facilidad y brevedad? ¿Quién puede formarse de él, aunque sea con el pensamiento, una noción suficientemente clara? ¿Quién podría traducirla después en palabras? ¿Hay en nuestras conversaciones una idea que sea más familiar y mejor conocida que la idea del tiempo? Cuando hablamos de él, comprendemos, ni que decir tiene, lo que decimos, e igualmente cuando el que habla es otro.

¿Qué es, pues, el tiempo? Cuando nadie me lo pregunta, lo sé; cuando se trata de explicarlo, ya no lo sé. Sin embargo, y esto me atrevo a afirmarlo con certeza, sé que, si nada pasase, no habría tiempo pasado; que si nada ocurriese no habría tiempo futuro; que si nada fuese, no habría tiempo presente.

Pero esos dos tiempos, el pasado y el futuro, ¿cómo son, puesto que el pasado ya no es y el futuro no existe todavía? El mismo presente, si siempre fuese presente, sin perderse en el pasado, ya no sería tiempo; sería eternidad. Entonces, si el presente, para ser tiempo, debe perderse en el pasado, ¿cómo podemos afirmar que él también es, puesto que la única razón de su ser es el no ser ya? De modo que, en realidad, si tenernos el derecho de decir que el tiempo es, es porque se encamina al no-ser.

192

Sólo existe el tiempo presente

Y, sin embargo, hablamos de un tiempo largo, de un tiempo corto, y sólo lo decimos del pasado o del futuro. Un largo pasado, un largo porvenir, quiere decir para nosotros cien años, por ejemplo, sea en el pasado, sea en el futuro; un corto pasado, un corto porvenir, supongo que representa diez días transcurridos, diez días que hay que esperar. Pero ¿cómo puede ser largo o corto lo que no es? Pues el pasado no es ya, y el porvenir no es todavía. No digamos, pues, "el tiempo es largo", sino que debemos decir, del pasado, que "ha sido largo" y del futuro que "será largo".

Señor, mi luz, ¿no va también en este caso a ridiculizar tu verdad al hombre? Este largo tiempo pasado, por largo que fuese cuando ya hubo pasado, ¿lo fue cuando ya hubo pasado o cuando todavía era presente? ¿No podía ser largo sino cuando era algo susceptible de ser largo? Una vez transcurrido, ya no era; no podía, pues, ser largo, puesto que ya no era, en absoluto.

No digamos, pues, "el tiempo pasado ha sido largo", pues nada encontraremos en él que haya podido ser largo; desde el momento en que ya ha pasado, ya no es. Digamos, mejor, "el tiempo presente ha sido largo", pues es en tanto que presente que ha sido largo. Aún no se había perdido en el no ser; era, pues, algo que podía ser largo. Pero tan pronto como hubo pasado, dejó, al mismo tiempo, de ser largo, cesando de ser.

Veamos, pues, oh alma humana, si un tiempo presente puede ser largo, puesto que te ha sido concedido percibir y medir su duración. ¿Qué vas a contestarme?

Cien años presentes, ¿es un tiempo largo? Mira, primero, si cien años pueden ser presentes. Supongamos que el primer año esté a punto de terminar; es presente, él; pero los noventa y nueve siguientes aún tienen que venir, y por consiguiente no son todavía. Ahora toca el turno al año segundo; ya ha transcurrido uno, el segundo está presente, y todos los demás tienen que venir. De esta serie de cien años, sea cual sea el año que supongamos presente, cuantos le habían precedido ya han pasado, y los siguientes son todavía futuros. Cien años, por consiguiente, no pueden ser presentes al mismo tiempo.

No digamos, pues, "el tiempo pasado ha sido largo", pues nada encontraremos en él que haya podido ser largo; desde el momento en que ya ha pasado, ya no es. Digamos, mejor, "el tiempo presente ha sido largo", pues es en tanto que presente que ha sido largo.

He aquí, pues, este tiempo presente, el único que consideramos digno de ser llamado "largo", que se encierra dentro de los límites de apenas un solo día. Y aun, si examinamos de cerca esta única jornada, no resulta totalmente presente.

Mira ahora si, por lo menos, el año en curso está presente. ¿Lo que transcurre, es su primer mes? Los otros tienen que venir aún. ¿Es el segundo? El primero ha transcurrido ya, y los demás no son todavía. Así, pues, el año actual no es presente por entero; y no siendo presente en su totalidad, no es tampoco presente en tanto que año. Pues un año quiere decir doce meses; cada mes, sea cual sea, está presente mientras está en curso, y los demás son pasados o por venir. Ni tampoco puede decirse que este mes en curso sea presente, sino que lo es uno solo de estos días. Si es el primer día, todos los demás son por venir; si es el último, todos los demás han pasado ya; si es un día intermedio, está entre los días pasados y los días por venir.

He aquí, pues, este tiempo presente, el único que consideramos digno de ser llamado "largo", que se encierra dentro de los límites de apenas un solo día. Y aun, si examinamos de cerca esta única jornada, no resulta totalmente presente. Las horas del día y de la noche forman un total de veinticuatro; con respecto a la primera hora, todas las demás son por venir; con respecto a la última, todas las demás son pasadas; cada hora intermedia está precedida y seguida de un cierto número de otras horas. Y esta hora única, ella misma, se compone de parcelas fugitivas; cuanto ha sido evaporado de ella, ya es pasado, y cuanto le queda aún, es futuro. Si se concibe un punto en el tiempo que no pueda ser dividido en parcelas de tiempo, por ínfimas que sean, éste es el único punto que podemos llamar *presente*, y este punto es arrastrado tan rápidamente desde el porvenir al pasado, que no tiene ninguna extensión de duración. Pues si tuviese alguna extensión, se dividiría en pasado y en porvenir; pero el presente es sin extensión.

¿Dónde se encuentra, pues, el tiempo que podemos calificar de largo? ¿Es el futuro? Pero, del futuro, no decimos que sea largo, puesto que nada existe todavía de él que pueda ser largo. Decimos: "Será largo." Entonces, ¿cuándo lo será? Si, durante el momento, es todavía el porvenir, no puede ser largo, puesto que nada en él es todavía susceptible de ser largo. Si no debe ser largo sino en el momento en que, desde el porvenir que todavía no es, habrá pasado a serlo y a convertirse en presente, para llegar a ser susceptible de ser largo, he aquí que el propio presente nos grita, y le hemos oído hace un rato, que no puede ser largo.

193

¿Se puede medir el tiempo?

Y, sin embargo, Señor, percibimos los intervalos del tiempo; los comparamos entre ellos; declaramos que los unos son más largos, los otros más cortos; así medimos en cuanto tal espacio de tiempo es más largo o más corto que tal otro; contestamos que el uno es doble o triple que el otro; que la relación es simple, o que el uno es igual al otro. Pero no medimos el tiempo sino en el momento que pasa, cuando lo medimos con la conciencia que del mismo poseemos.

El pasado que ya no es, el futuro que todavía no es, ¿pueden medirse, a no ser que nos atrevamos a sostener que la nada es susceptible de ser medida? Una vez transcurrido el tiempo, puede ser perdido y medido. Una vez pasado, no es ya medible, puesto que ya no es.

No medimos el tiempo sino en el momento que pasa, cuando lo medimos con la conciencia que del mismo poseemos.

194

Tres modos del tiempo

¿Quién se
atrevería a
decirme que
no existen
tres tiempos,
como nos
lo enseñaron
cuando
éramos niños,
y tal como
lo hemos
enseñado a
los niños:
el pasado,
el presente
y el futuro,
y que sólo
existe el
presente?

Pregunto, oh Padre, pero no afirmo; asísteme, Dios mío, y dirígeme. ¿Quién se atrevería a decirme que no existen tres tiempos, como nos lo enseñaron cuando éramos niños, y tal como lo hemos enseñado a los niños: el pasado, el presente y el futuro, y que sólo existe el presente, puesto que los otros dos no son?

¿O hay que decir que también existen, pero que el presente sale de no sé qué misterioso retiro, cuando de futuro se convierte en presente, y que el pasado se retira a un refugio igualmente misterioso, cuando de presente se convierte en pasado? Pues los que han predicho el porvenir, ¿dónde lo han visto, si todavía no existe?

No es posible ver lo que no existe. Y los que narran cosas pasadas no serían verídicas si no viesen los hechos con la imaginación del alma, las cuales si fuesen nada, no podrían ser ciertas de ningún modo. Luego existen las cosas futuras y las pasadas.

195

El conocimiento del futuro

Permíteme, Señor, ampliar mi estudio, oh Señor, mi esperanza; que nada distraiga mi atención. Porque si las cosas son futuras y pasadas, quiero saber dónde están. Si esto también me resulta imposible, sé por lo menos que, dondequiera que estén, no son allí ni futuro, ni pasado, sino presente. Pues si allí son futuras, todavía no son; y si son pasadas, ya no están allí. Dondequiera, pues, que estén, cualesquiera que ellas sean, sólo son en tanto que presente. Cierto que cuando se refieren a cosas pasadas verdaderas, no son las cosas mismas que han pasado las que se sacan de la memoria, sino las palabras engendradas por sus imágenes, que pasando por los sentidos imprimieron en el alma algo así como una huella. Así mi infancia, que ya no existe, existe en el tiempo pasado, que tampoco existe; pero cuando la recuerdo, cuando hablo de ella, vuelvo a ver su imagen en el presente, porque esta imagen está todavía en mi memoria.

¿Ocurren igual las cosas, cuando se predice el porvenir? ¿El alma percibe anticipadamente las imágenes ya existentes de las cosas que todavía no son? Aquí, Dios mío, confieso que nada sé de ello. Pero lo que sé es que, de ordinario, premeditamos nuestros actos futuros, y que esta premeditación es presente, mientras que el acto premeditado no es todavía, puesto que es futuro. Cuando hayamos intentado realizarlo, cuando nos hayamos puesto a hacer lo que premeditamos, entonces el acto existirá, no siendo ya futuro, sino presente.

Sea cual sea el carácter de ese misterioso presentimiento del porvenir, lo cierto es que sólo podemos ver lo que es. Lo que es ya, no es porvenir, sino presente. Cuando se dice que se ve el porvenir, no se trata de las cosas por sí mismas que aún no son, quiero decir que son futuras; lo que se ve, son quizá sus causas, sus signos precursores, que ya existen, y que a partir de entonces no son ya porvenir, sino presentes al vidente, y que ayudan al espíritu a concebir y a predecir el futuro. Estas concepciones existen ya, y es como presentes que las ven en sí mismos los anunciadores del porvenir.

Cuando se dice que se ve el porvenir, no se trata de las cosas por sí mismas que aún no son, quiero decir que son futuras; lo que se ve, son quizá sus causas, sus signos precursores, que ya existen, y que a partir de entonces no son ya porvenir, sino presentes al vidente, y que ayudan al espíritu a concebir y a predecir el futuro.

Si no existen aún, no existen realmente; y si no existen realmente, no pueden ser vistas de ningún modo, sino sólo pueden ser predichas por medio de las presentes que existen y se ven.

Quisiera que hablase por mí aquí un ejemplo escogido entre tantos otros. Contemplo la aurora, y anuncio de forma anticipada que el sol va a salir. Lo que contemplo es presente; lo que anuncio anticipadamente es por venir; no el sol, que ya es, sino su salida, que todavía no es. Pero este mismo levantarse, si mi espíritu no me representase su imagen, como en este mismo momento en que hablo de ella, no podría predecirlo. Pero esta aurora que veo en el cielo no es la salida del sol, aunque le preceda, ni tampoco la imagen que de él se forma mi espíritu; pero las veo a ambas como presentes, y puedo anunciar que va a producirse el fenómeno. Así, pues, no existen aún como futuras; y si no existen aún, no existen realmente; y si no existen realmente, no pueden ser vistas de ningún modo, sino sólo pueden ser predichas por medio de las presentes que existen y se ven.

196

¿Cómo se puede revelar el futuro?

Pero tú, que eres el Señor de la creación, ¿por qué medio enseñas a las almas las cosas futuras? Fuiste tú quien se las revelaste a los profetas. Pero ¿por qué medio las revelas si para ti nada es futuro? O, mejor dicho: ¿cómo, del futuro, enseñas lo que ya es presente?

Pues lo que no es, ya se comprende que no puede ser enseñado. Tu procedimiento escapa, lo confieso, a mi débil vista; es demasiado fuerte para mí; por mí mismo no podría elevarme hasta él, pero lo podré gracias a ti, cuando me lo habrás permitido, oh dulce luz de los ojos de mi alma (Sal. 139:6).

Tu procedimiento escapa, lo confieso, a mi débil vista; es demasiado fuerte para mí; por mí mismo no podría elevarme hasta él, pero lo podré gracias a ti.

197

¿Hay tres tiempos
o tres modos de un tiempo?

**Más
exactamente
podría
decirse:
"Hay tres
tiempos:
el presente
del pasado,
el presente
del presente,
el presente
del futuro".**

Lo que ahora me parece claro y evidente es que no existen ni el futuro, ni el pasado. Resulta, pues, que el uno dice impropiamente: "Hay tres tiempos: el pasado, el presente y el futuro". Más exactamente podría decirse, quizás: "Hay tres tiempos: el presente del pasado, el presente del presente, el presente del futuro". Estas tres maneras están en nuestro espíritu, y no las veo en ninguna otra parte. El presente de las cosas pasadas es la memoria; el presente de las cosas presentes es la visión directa; el presente de las cosas futuras es la espera o expectación.

Si se me permiten esas expresiones, entonces veo tres tiempos, y confieso que los tres existen. Puede decirse también que son tres los tiempos: el pasado, el presente y el futuro, como abusivamente dice la costumbre. Que lo digan si quieren, poco me importa; no me opongo a ello, ni lo critico; pero a condición de que se comprenda lo que se dice, y que nadie se imagine que el futuro sea ya, que el pasado sea todavía. Son pocas las cosas que hablamos con propiedad, muchas las que decimos de modo impropio, pero que se sabe lo que queremos decir con ellas.

198

¿De dónde viene
y a dónde va el tiempo?

Decía, pues, que medimos el tiempo en el momento en que pasa. Así podemos afirmar que este tiempo es doble respecto a otro, o igual a tal otro, y formar, midiendo igualmente, no importa qué otra relación entre las partes del tiempo.

Así, pues, como decía, medimos el tiempo por su paso. Si me preguntasen: "¿Cómo lo sabes?" yo contestaría: "Lo sé porque lo medimos. Pero no puede medirse lo que no es, y el pasado, como el futuro, no son." Pero el presente, ¿cómo lo medimos, puesto que no tiene extensión? "Solamente se mide cuando pasa; una vez pasado, ya no se mide, puesto que ya no es susceptible de ser medido."

Pero ¿de dónde viene, por dónde pasa, a dónde va el tiempo, cuando lo medimos? ¿De dónde, sino del futuro? ¿Por dónde, sino por el presente? ¿A dónde, sino hacia el pasado? Salido de lo que todavía no es, atraviesa lo que es inesperado, para perderse en lo que no es ya.

Lo que medimos, ¿qué es, sino el tiempo en cierto espacio? Cuando hablamos de las duraciones simples, dobles, triples, iguales, y de otras relaciones análogas, se trata de espacios temporales. ¿En qué espacio medimos, pues, el tiempo a punto de transcurrir? ¿Es en el porvenir, del cual viene para pasar? Pero lo que no es todavía no sabría ser medido. ¿Es en el presente por donde pasa? Pero allí donde no hay espacio, toda medida es imposible. ¿Es en el pasado donde va a perderse? Pero ¿cómo medir lo que ya no es?

El presente, ¿cómo lo medimos, puesto que no tiene extensión? Solamente se mide cuando pasa; una vez pasado, ya no se mide, puesto que ya no es susceptible de ser medido.

199

El tiempo y las Escrituras

¿A quién
hacer
preguntas
sobre ello?
¿A quién
confesar mi
ignorancia
más
útilmente
que a ti,
que no
sabrías
desaprobar
el celo
inflamado,
vehemente,
que aplico
a tus
Escrituras?

Mi espíritu arde en deseos de aclarar este enigma tan oscuro e intrincado. Señor, Dios mío, oh Padre bueno: no cierres a mi deseo el acceso a esas preguntas a la vez familiares y misteriosas; deja que penetren en él y que se iluminen con los rayos de tu misericordia, oh Señor. ¿A quién hacer preguntas sobre ello? ¿A quién confesar mi ignorancia más útilmente que a ti, que no sabrías desaprobar el celo inflamado, vehemente, que aplico a tus Escrituras? Dame lo que amo, puesto que amo, y eres tú quien me ha permitido amar. Sí, Padre mío: dame eso, tú que sabes verdaderamente "no dar a tus hijos más que verdaderos bienes" (Mt. 7:11). Dámelo, puesto que me he propuesto conocer, y que la tarea que asumo es "duro trabajo" (Sal. 73:16), hasta que tú me abras. Te lo ruego, por Cristo, en nombre del Santo de los Santos, que nadie contraríe mi esfuerzo. "Creí, por tanto hablé" (Sal. 116:10). Esta es mi esperanza. Para ella vivo a fin de "contemplar la hermosura de tu rostro" (Sal. 27:4).

"Hazme saber, Señor, mi fin, y cuánta sea la medida de mis días" (Sal. 39:4), pues pasan, pero no sé cómo. Hablamos del tiempo y de tiempos. Decimos, por ejemplo, "¿cuánto tiempo ha estado hablando ese?" O: "¿Cuánto tiempo ha empleado para hacer esto?" "¿Cuánto tiempo hace que no he visto tal cosa?" "Tal sílaba tiene una duración doble de tal sílaba breve." Todo eso lo decimos, lo oímos, nos comprenden y comprendemos. Nada más claro, más corriente, y, sin embargo, nada más oscuro, ni cuya interpretación sea menos del dominio corriente.

200

El tiempo
y el movimiento de las cosas

Oí decir a un sabio que el tiempo no es más que el movimiento del sol, de la luna y de las estrellas. No pude aprobar eso. A este precio, en efecto, ¿por qué el tiempo no sería más bien el movimiento de todos los cuerpos? ¿Cómo? ¿Si los astros del cielo suspendiesen su curso, y si la rueda de un alfarero continuase girando, no habría ya tiempo de medir las vueltas, nada que nos permitiese afirmar que se hacen por intervalos iguales, o que se suceden ya más lentamente, ya más rápidamente; que los unos son más largos, los otros más cortos? Y al indicar esas relaciones, ¿no sería en el tiempo que hablaríamos nosotros mismos? ¿No habría en nuestras palabras sílabas largas y sílabas breves, precisamente porque las unas resuenan más tiempo, y las otras menos?

Dios mío: permitid a los hombres comprender, con un mezquino ejemplo, las concepciones comunes a las cosas pequeñas y a las grandes. Hay astros, antorchas celestes, "para ser signos, para marcar las estaciones, los días, los años" (Gn. 1:14). Sí, sin duda. Y no pretende sostener, de ningún modo, que la vuelta que da al girar esta pequeña rueda de madera sea el día; pero nuestro sabio tampoco tendría motivo para sostener que esta vuelta no representa un tiempo.

Lo que yo deseo conocer, por mi parte, es la esencia, la naturaleza propia del tiempo, con la ayuda del cual medimos los movimientos de los cuerpos, y que nos permite decir, por ejemplo, que tal movimiento es doble en longitud a tal otro. Un día, no solamente es el espacio de tiempo que pasa el sol encima de la tierra, suposición que diferencia el día de la noche; es también todo el círculo que el sol describe de Oriente a Oriente; nosotros decimos "han transcurrido tantos días", y estas palabras "tantos días" comprenden también las noches, que no son descontadas aparte. Por consiguiente, puesto que el día se realiza por el movimiento del sol, por su revolución de Oriente a Oriente, yo quisiera saber si es el movimiento mismo el

Lo que yo deseo conocer, por mi parte, es la esencia, la naturaleza propia del tiempo, con la ayuda del cual medimos los movimientos de los cuerpos, y que nos permite decir, por ejemplo, que tal movimiento es doble en longitud a tal otro.

Que no vengan, a decirme: "El tiempo es el movimiento de los cuerpos celestes". Cuando el sol se detuvo ante el ruego de un hombre, para permitir que una victoria pudiera terminarse, se quedó inmóvil, pero el tiempo seguía marchando; pues el combate fue librado y terminado exactamente en el plazo suficiente.

que constituye el día, o si es la duración del movimiento, o ambos juntos.

¿El día es solamente el movimiento del sol? Entonces habría día, aunque bastase con una hora al sol para terminar su recorrido. ¿Es la duración del movimiento? Entonces, no habría día, si de un salir el sol hasta otro salir del sol el espacio tuviese la brevedad de una hora única; y sería necesario, para formar un día, que el sol recomenzase veinticuatro veces su revolución.

¿Es a un mismo tiempo el movimiento y la duración? Pero, entonces, no podría decirse que haya día, si el sol cumpliese su revolución en una hora, igual que si el sol, al pararse, dejase que transcurriese un tiempo igual al que emplea habitualmente para terminar todo su circuito, de una mañana a la otra mañana siguiente.

No quiero, pues, preguntar qué es un día, sino lo que es el tiempo, este tiempo que es para nosotros la medida del circuito solar. ¿No diríamos que el sol ha recorrido este circuito en un espacio de tiempo la mitad menor que de ordinario, si lo hubiese recorrido en un lapso equivalente a doce horas? Y si comparamos entonces esas dos duraciones, afirmaríamos que están en relación de lo sencillo a lo doble, aun cuando el recorrido del sol de Oriente a Oriente durase a veces el tiempo simple, y otras el tiempo doble.

Que no vengan, pues, a decirme: "El tiempo es el movimiento de los cuerpos celestes". Cuando el sol se detuvo ante el ruego de un hombre, para permitir que una victoria pudiera terminarse, se quedó inmóvil, pero el tiempo seguía marchando; puesto que el combate fue librado y terminado exactamente en el plazo suficiente (Jos. 10:13).

Veo, pues, que el tiempo es una especie de extensión. Pero ¿lo veo claramente, o sólo creo verlo? Eres tú, oh Luz, oh Verdad, quien me iluminas sobre eso.

201

El tiempo no es
el movimiento de los cuerpos

¿Me ordenas que dé mi asentimiento cuando dicen que el tiempo es el movimiento de un cuerpo? ¡No, ciertamente! Que ningún cuerpo se puede mover si no es en el tiempo, es algo que comprendo perfectamente, y eres tú quien lo dice. Pero que este movimiento de un cuerpo sea el tiempo, esto ya no lo comprendo, puesto que no eres tú quien lo dice. Cuando un cuerpo se mueve, es por el tiempo como mido la duración de su movimiento, desde el instante en que empieza hasta que se detiene. Si no lo veo comenzar, y si sigue moviéndose sin que vea cuándo se detiene, me es imposible medir esta duración, a no ser que sea, quizá, desde el momento en que comienzo a ver su movimiento, hasta el momento en que ceso de verlo. Si lo veo durante mucho tiempo, sólo puedo afirmar que la duración de su movimiento es larga, sin precisar más; pues una determinación precisa implica una comparación, según la cual declaramos que esto dura "tanto" o "dos veces más" que eso, y así sucesivamente. Si pudiésemos fijar en el espacio el punto del cual ha partido un cuerpo que se mueve, y el punto hasta donde llega, o bien sus partes, si se mueve como sobre una torre, podríamos decir entonces en cuánto tiempo este cuerpo, o las partes de este cuerpo, han efectuado su movimiento de un punto a otro.

Así, pues, el movimiento de un cuerpo es una cosa, y la medida de la duración de este movimiento es otra. ¿Quién no comprende desde entonces a cuál de esas dos nociones hay que atribuir el nombre de tiempo? A veces, un cuerpo se mueve con movimiento desigual, y a veces permanece inmóvil; es por el tiempo como medimos no sólo su movimiento, sino también su reposo. Ha permanecido en reposo tanto tiempo como en movimiento, o dos veces, hasta tres, y toda otra estimación precisa, o, como dicen, aproximada, es obtenida por nuestra mensuración.

Por consiguiente, el tiempo no es el movimiento de los cuerpos.

El movimiento de un cuerpo es una cosa, y la medida de la duración de este movimiento es otra. Es por el tiempo como medimos no sólo su movimiento, sino también su reposo.

202

Ignorancia de qué sea el tiempo

Ignoro todavía lo que es el tiempo; pero, por otra parte, lo confieso también: hablo en el tiempo, y hace mucho que estoy hablando del tiempo, y que este "largo tiempo" mismo sólo es tal en virtud de un cierto plazo transcurrido.

Y yo lo confieso, Señor: ignoro todavía lo que es el tiempo; pero, por otra parte, lo confieso también: hablo en el tiempo, y hace mucho que estoy hablando del tiempo, y que este "largo tiempo" mismo sólo es tal en virtud de un cierto plazo transcurrido. Pero ¿cómo puedo saberlo, puesto que ignoro lo que es el tiempo? ¿Será que no sé expresar lo que sé? ¡Ay de mí, que ni llego a saber lo que no sé!

Heme aquí en tu presencia, Dios mío, que no miento; mi palabra refleja mi corazón. "Tú, pues, alumbrarás mi lámpara: el Señor mi Dios alumbrará mis tinieblas" (Sal. 18:28).

203

El tiempo y la extensión

¿No os hace mi alma una confesión verídica, cuando os confiesa que mido el tiempo? Así, Señor, Dios mío, lo mido, ¡y no sé lo que mido! Mido el movimiento de los cuerpos por medio del tiempo; pero el mismo tiempo, ¿no lo mido? ¿Podría yo medir el movimiento de un cuerpo, su duración, el tiempo que emplea para ir de un punto a otro, si no midiese el tiempo en que se efectúa este movimiento?

Pero ¿con qué mido el tiempo? Un tiempo más corto, ¿sirve para medir un tiempo más largo, como con la cinta métrica medimos un tablero de madera? Así, pues, nos ven medir la duración de una larga con la duración de una breve, y declarar que la primera es el doble de la segunda. Asimismo, medimos la longitud de los poemas por el número de los versos, la longitud de los versos por el número de los pies, la longitud de los pies por el número de las sílabas, la duración de las largas por la de las breves; esto no sobre el papel, pues equivaldría a medir una extensión espacial, no una extensión temporal, sino cuando, en la articulación, las palabras pasan y nosotros decimos: "Este poema es largo, pues está formado por tantos versos; estos versos son largos, puesto que se extienden sobre tantas sílabas; esta sílaba es larga, pues su duración es doble de una breve".

Pero ni así llegamos a una medición fija del tiempo; un verso más corto pronunciado lentamente, puede dejarse oír por más tiempo que un verso más largo pronunciado más rápidamente. Lo mismo ocurre con un poema, con un pie, con una sílaba.

Concluyo de esto que el tiempo sólo es una extensión; pero una extensión de qué, ya no lo sé. Sería algo sorprendente que no fuese una extensión del propio espíritu. Pues yo os pregunto, Dios mío: ¿qué mido, cuando digo, aunque sea aproximadamente: "Tal tiempo es más largo que tal otro"; o bien, de un modo preciso: "Este tiempo es doble de aquél"? Mido el tiempo, y esto lo sé Pero no mido el porvenir, puesto que todavía no es; no mido el pasado, que ya no es. ¿Qué mido, pues? ¿Es el tiempo mientras pasa, no el tiempo pasado ya? Es lo que dije antes.

Concluyo de esto que el tiempo sólo es una extensión; pero una extensión de qué, ya no lo sé. Sería algo sorprendente que no fuese una extensión del propio espíritu.

204

No se puede medir el tiempo, sino su impresión en la memoria

Medimos el tiempo; pero no es ni el que es todavía, ni el que no es ya, ni el que no se extiende sobre ninguna duración, ni el que no tiene límites. No es, pues, ni el tiempo presente, ni el tiempo que pasa, lo que medimos. ¡Y, sin embargo, medimos el tiempo!

Insiste, alma mía, y concentra enérgicamente tu atención: Dios nos ayuda. "Él nos ha hecho, y no nosotros mismos" (Sal. 100:3). Mira bien hacia el lado por donde sale la aurora de la verdad.

He aquí, por ejemplo, una voz corporal que se deja oír: el son vibra, sigue vibrando, después se detiene. Es el silencio, la voz ha pasado, ya no hay voz. Antes de resonar, él sólo estaba en el porvenir, y no podía medirse, puesto que no era todavía. No puede ser ahora, puesto que ya no es. Podía ser en el momento en que resonaba, puesto que entonces era susceptible de ser. Sin embargo, entonces también, no era inmóvil; llegaba y pasaba. ¿Era eso mismo lo que la hacía susceptible de ser medida? Pues mientras pasaba, se extendía sobre un cierto espacio de tiempo que permitía medirla, ya que el presente no comportaba ninguna medida.

Por consiguiente, si podía ser durante esa fase, he aquí, como otra hipótesis, una segunda voz que empieza a resonar; y sigue resonando, de un modo continuo y sin ninguna interrupción. Midámosla, mientras resuena; pues cuando haya cesado de resonar, ya habrá pasado, y cesará de poder ser medida. Midámosla, pues, determinemos su duración. Pero sigue resonando; su medida sólo puede ser tomada desde su comienzo, cuando empieza a resonar, hasta su fin, cuando cesa de resonar. Todo intervalo se mide, ya no hay que decirlo, desde cierto comienzo hasta cierto fin. He aquí, precisamente, por qué una voz que todavía dura no puede ser medida. No puede ser dosificada ni su longitud ni su brevedad; no puede decirse si es igual a otra, sencilla y doble, etc., en relación con otra. Pero cuando haya cesado de vibrar, también habrá cesado de ser. ¿Cómo medirla, entonces? Y, sin embargo, medimos el tiempo; pero no es ni el que es todavía, ni el que no es ya, ni el que no se extiende sobre ninguna duración, ni el que no tiene límites. No es, pues, ni el tiempo presente, ni el tiempo que pasa, lo que medimos. ¡Y, sin embargo, medimos el tiempo!

¡Dios, creador de todas las cosas!, aquel verso que dice así: *Deus creator omnium* (Dios creador de todas las cosas), se compone de ocho sílabas alternas, breves y largas. Las cuatro breves, la primera, la tercera, la quinta, la séptima, son sencillas en relación con las cuatro largas, la segunda, la cuarta, la sexta y la octava. Cada una de esas largas dura el doble de tiempo que cada una de las breves. Las articulo y afirmo el hecho: este hecho existe según el testimonio evidente de mis sentidos. Sí; en cuanto puedo confiarme a ellos, mido una larga por una breve y siento que la contiene dos veces. Pero una sílaba sólo resuena después de otra; si la breve es la primera y luego viene la larga, ¿cómo podré retener la breve, y cómo la aplicaré como medida a la larga, para encontrar que ésa vale dos veces tanto como ella, puesto que la larga no comienza a resonar hasta que la breve ha terminado de resonar? Y la misma larga, ¿la mido, por casualidad, cuando está presente, puesto que no puedo medirla sino cuando ya está terminada? Pero, una vez terminada, ya no es.

¿Qué es, pues, lo que mido? ¿Dónde está la breve que me sirve de medida? ¿Dónde está la larga que mido? Ambas han resonado, después han volado, han pasado, ya no existen. Y, si embargo, las mido; contesto con toda la confianza que podemos tener en un sentido ejercitado, que la una es sencilla, la otra doble, en duración, se entiende. Pero esto sólo puedo decirlo porque ya han pasado y están terminadas. No son ellas, por consiguiente, las que mido, puesto que ya no son sino algo que permanece en mi memoria impreso profundamente.

En ti, alma mía, mido el tiempo. No me contradigas, porque realmente es así. No te contradigas tampoco tú misma, dejándote arrastrar por la fluencia tumultuosa de tus impresiones.

El tiempo se mide con el alma

En ti, alma mía, mido el tiempo. No me contradigas, porque realmente es así. No te contradigas tampoco tú misma, dejándote arrastrar por la fluencia tumultuosa de tus impresiones. Lo repito: en ti mido el tiempo. La impresión que dejan en ti las cosas que pasan, subsiste cuando ellas han pasado ya; es ella la que mido cuando está presente, y no las realidades que, habiéndole suscitado, han pasado ya. Es ella a quien mido cuando mido el tiempo. Por consiguiente: o eso es el tiempo, o lo que mido no es el tiempo.

Si alguien quiere emitir un sonido bastante largo y determina antes en su pensamiento la longitud, medita la duración en silencio, confía este cálculo a su memoria, y sólo entonces emite el sonido, que no vibra sino hasta el término fijado con anticipación.

Pero, cuando medimos un silencio, y decimos que tal silencio ha durado tanto como aquella otra voz, ¿no extendemos acaso el pensamiento para medir la voz como si sonase, a fin de poder determinar algo de los intervalos de ese silencio en el espacio del tiempo? Quien piensa en silencio y recita con el pensamiento poemas, versos, discursos, aprecia las proporciones de su movimiento, la relación recíproca de su duración, absolutamente como si los recitara en voz alta.

Si alguien quiere emitir un sonido bastante largo y determina antes en su pensamiento la longitud, medita la duración en silencio, confía este cálculo a su memoria, y sólo entonces emite el sonido, que no vibra sino hasta el término fijado con anticipación. Pero ¿qué digo? Este sonido ha vibrado y vibrará; puesto que lo que ha fluido de él ha vibrado; lo que permanece vibrará, y así se termina, mientras que la acción presente transmite el porvenir al pasado, el cual se acrecienta con todo lo que pierde el porvenir, hasta el momento en que, cuando el porvenir ya está agotado, todo es pasado.

205

Tiempo y duración

Pero ¿cómo disminuye el porvenir, y cómo se agota, puesto que todavía no es? ¿Cómo se enriquece el pasado, que ya no es, sino porque, en el alma donde todas esas fases se desarrollan, coexisten tres operaciones: la espera, la atención, el recuerdo? El objeto de la espera pasa por encima y se coloca ante la atención, y se transforma en recuerdo. ¿Quién negaría que el futuro no es aún? Sin embargo, la espera del porvenir está ya en el espíritu. ¿Quién duda de que el pasado no sea ya? Pero el recuerdo del pasado está aún en el espíritu. Que el presente sea sin extensión, siendo como es sólo un punto fugitivo, ¿quién lo pondría en duda? Pero lo que dura, es la atención por la cual se encamina hacia el ya no ser de aquello que va a pasar por él. No es, pues, el porvenir lo que es largo, ya que no existe; un largo porvenir es una espera del porvenir, que lo concibe como largo; no es el pasado lo que es largo, puesto que no existe; un largo pasado es un recuerdo del pasado que se lo representa en prolongación.

Supongamos que voy a recitar fragmento que me sé de memoria; antes de empezar, mi atención y mi expectación se tienden hacia el conjunto del fragmento; cuando he empezado, cuanto dejo caer en el pasado viene a poner también en tensión mi memoria. Toda mi actividad está, pues, tendida en dos direcciones: es memoria, en relación con lo que he dicho; es espera, en relación con lo que voy a decir. Y, sin embargo, mi atención permanece presente, por la cual lo que todavía no era pasa a lo que ya no es. Y a medida que este movimiento se desarrolla, la memoria se enriquece con cuanto pierde la espera, hasta el momento en que la espera se encuentra completamente agotada, puesto que mi acto ha terminado y ha pasado ya por completo a mi memoria.

Y lo que se produce con el conjunto del fragmento cantado, se produce por cada una de sus partes, por cada una de sus sílabas. Lo mismo ocurre con una acción más larga, de la cual ese canto quizá no era más que una débil parte; y con la vida entera del hombre, de la cual los actos del hombre constituyen otras tantas partes; lo mismo, en fin, con la historia de todas las generaciones humanas, cada vida individual de las cuales también es sólo una parte.

No es, pues, el porvenir lo que es largo, ya que no existe; un largo porvenir es una espera del porvenir, que lo concibe como largo; no es el pasado lo que es largo, puesto que no existe; un largo pasado es un recuerdo del pasado que se lo representa en prolongación.

206

Descanso final en Dios

Mis pensamientos, que son la vida más íntima de mi alma, se sienten despedazados por tantas vicisitudes tumultuosas, hasta el día en que, purificado y fundido por el fuego de tu amor, sea fundido en ti.

"Porque mejor es tu misericordia que la vida" (Sal. 63:3), y he aquí que mi vida sólo es disipación; y "tu diestra me sustentó" (Sal. 18:35) en mi Señor, el Hijo del Hombre, el Mediador entre tu unidad y nuestra pluralidad, divididos en muchas partes por la multitud de cosas, con el fin de que "por él alcance lo que, por él, me ha alcanzado" (Fil. 3:12-14), y que siguiendo al Uno sea recogido de mis días viejos, "olvidando lo que queda detrás", sin distracción en las cosas futuras y transitorias, sino "extendiéndome a lo que está delante prosigo", porque no es por la distracción, sino por la atención, como yo camino hacia "el premio de la soberana vocación de Dios en Cristo Jesús", allí donde oiré tus palabras de aprobación, donde contemplaré tu alegría que no viene ni pasa.

Actualmente "mi vida se va gastando de dolor" (Sal. 31:10), y tú, consuelo mío, Señor, Padre mío, eres eterno. Pero yo me he consumido en el tiempo, cuyo orden ignoro. Mis pensamientos, que son la vida más íntima de mi alma, se sienten despedazados por tantas vicisitudes tumultuosas, hasta el día en que, purificado y fundido por el fuego de tu amor, sea fundido en ti.

207

Dios existe antes del tiempo

Entonces tomaré consistencia y solidez en ti, en tu verdad, como en una forma hecha para mí; no tendré que soportar más las preguntas de personas que por la enfermedad contraída en pena de su pecado, desean más de lo que son capaces y me preguntan: "¿Qué hacía Dios antes de crear el cielo y la tierra?", o bien: "¿Por qué le vino la idea de hacer algo, no habiendo hecho antes absolutamente nada?"

Concédeles, Señor, que puedan pensar bien lo que dicen, y darse cuenta de que no se dice *nunca* donde no hay tiempo. Si, pues, se dice que *nunca* hizo nada, ¿qué otra cosa se dice sino que en ningún tiempo hizo nada? Sepan, pues, que no podía haber tiempo antes de la creación. Y dejen de hablar tanta insensatez.[64]

Que también ellos tiendan su atención hacia lo que está "ante ellos" (Fil. 3:13), que comprendan bien que existías antes que todos los tiempos, Creador eterno de todos los tiempos, y que ningún tiempo, ninguna criatura, aunque se encontrase antes del tiempo, participa en tu eternidad.

Que comprendan bien que existías antes que todos los tiempos, Creador eterno de todos los tiempos, y que ningún tiempo, ninguna criatura, aunque se encontrase antes del tiempo, participa en tu eternidad.

---

[64] Estas ideas sobre el tiempo están tomadas, evidentemente, de Platón, que dice: "Son el pasado y el futuro formas que en nuestra ignorancia transportamos muy inoportunamente al Ser eterno, del que decimos fue, es y será, cuando sólo puede decirse de él con propiedad que es... En un palabra: son formas del tiempo que imitan a la eternidad al efectuar sus revoluciones medidas por el número... El tiempo, pues, se produjo con el cielo, a fin de que nacidos juntos perezcan juntos, si es que han de perecer, y fue creado teniendo por modelo a la naturaleza eterna para que fuera lo más semejante posible a ellas" (*Timeo*).

208

En la eternidad
no hay sucesión de tiempo

De igual modo que en el principio conociste el cielo y la tierra sin variedad de tu conocimiento, así hiciste en el principio el cielo y la tierra sin distinción de tu acción.

Señor, Dios mío, ¡cuántos rodeos y profundidades en tus secretos, y qué lejos me han lanzado las consecuencias de mis pecados! ¡Cura mis ojos, que se abran a la alegría de tu luz!

Seguramente si existiese un alma que poseyese tanta ciencia y presciencia, para quien sean conocidas todas las cosas pasadas y futuras, como lo es para mí un un fragmento musical conocido, esta alma suscitaría una admiración que iría hasta el espanto y el estupor, puesto que nada se le oculta de cuanto se ha realizado en el pasado y ha de realizarse en el porvenir, a lo largo de los siglos, de igual modo que, cuando entono dicho canto veo cuánto ha pasado de él desde el comienzo, y cuánto me falta hasta el fin.

Pero lejos de mí, sí, muy lejos de mí la idea de asimilar tal conocimiento al que tienes tú del porvenir y del pasado, oh creador del universo, creador de las almas y los cuerpos. ¡Tu ciencia es admirable y misteriosa de otro modo más profundo! Porque no sucede en ti, inconmutablemente eterno, esto es, creador verdaderamente eterno de las inteligencias, algo de lo que sucede en el que entona u oye cantar una melodía conocida, que con la expectación de las palabras futuras y la memoria de las pasadas varía el afecto y se distiende el sentido. Pues de igual modo que *en el principio* conociste el cielo y la tierra sin variedad de tu conocimiento, así hiciste *en el principio* el cielo y la tierra sin distinción de tu acción.[65]

---

[65] "Dios ve sin cambiar el pensamiento de una a otra cosa, lo ve inmutablemente; de suerte que todo lo que sucede temporalmente, lo futuro que no es aún, lo presente que existe, lo pasado que ya no es, él lo abarca todo con presencia estable y sempiterna; y no de una manera con los ojos y de otra con la inteligencia, pues no consta de alma y cuerpo; ni de una manera ahora, de otra antes y de otra después, porque tampoco su ciencia admite variación, como la nuestra, de los tiempos, el presente, el pasado y el futuro, ya que en él no hay cambio ni oscurecimiento momentáneo .

Que quien comprenda esto te alabe, y que también te alabe quien no lo comprenda. ¡Qué grande eres, y en cambio encuentras morada en los humildes de corazón! Pues tú "levantas a los caídos" (Sal. 146:8). No caen los que se refugian en tu altura.

"Tampoco su atención pasa de un pensamiento a otro pensamiento, pues a su mirada incorpórea está presente a la vez cuanto conoce; conoce los tiempos sin noción alguna temporal, como mueve las cosas temporales sin movimiento alguno suyo. Allí vio, en efecto, que era bueno lo que hizo, donde vio que era bueno para hacerlo. Y no por haberlo visto hecho se le duplicó la ciencia o se le aumentó en un ápice, como si hubiera tenido menos ciencia antes de hacer lo que veía; no obraría él con tal perfección a no ser con una ciencia hasta tal punto perfecta, que no podía recibir nada de sus obras" (Agustín, *La ciudad de Dios*, XI, 21).

XII
La creación de la nada y el sentido de la Escritura

209

La seguridad
de las promesas divinas

Las palabras de tu Sagrada Escritura, Señor, provocan en mi corazón el ansia de muchas cosas que la indigencia de mi vida no me permite entender. He aquí por qué, casi siempre, la pobreza de la inteligencia humana es abundante en palabras, porque habla más la investigación que la invención, y más trabaja la mano llamando que recibiendo.

Pero nosotros poseemos tu promesa; ¿quién podrá anularla? "Si Dios con nosotros, ¿quién contra nosotros?" (Ro. 8:31). "Pedid y recibiréis; buscad y hallaréis; llamad y se abrirá. Pues quien pide, recibe; quien busca, encuentra; y al que llama se le abre" (Mt. 7:7, 8). Tales son tus promesas, y ¿quién temería ser engañado, cuando es la Verdad quien promete?

Casi siempre, la pobreza de la inteligencia humana es abundante en palabras, porque habla más la investigación que la invención, y más trabaja la mano llamando que recibiendo.

210

¿Dónde está el cielo del cielo?

¿Dónde
está el
cielo del
cielo,
del cual se ha
dicho con
palabras del
salmista,
que
"Los cielos
son los cielos
del Señor:
Y ha dado la
tierra a los
hijos de los
hombres"?

La humildad de mi lengua confiesa tu alteza, que ha hecho el cielo y la tierra, este cielo que veo, esta tierra que piso, y de la cual ha sido extraída esta tierra que llevo. Sí; tú eres su autor. Pero ¿dónde está el *cielo del cielo*, del cual se ha dicho con palabras del salmista, que "Los cielos son los cielos del Señor: Y ha dado la tierra a los hijos de los hombres"? (Sal. 115:16). ¿Dónde está este cielo que no vemos, y con relación al cual cuanto vemos no es más que tierra?

Pues todo ese mundo corporal, cuya base es nuestra tierra, sin ser en todas partes de una belleza acabada y perfecta, ha recibido, sin embargo, hasta sus últimos rincones una apariencia bella. Pero comparado con aquel "cielo del cielo", el mismo cielo de nuestra tierra no es más que tierra. Y esos dos grandes cuerpos pueden muy razonablemente ser llamados "tierra" en relación con aquel cielo misterioso que pertenece al Señor y no a los hijos de los hombres.

211

El abismo y las tinieblas

Esta tierra, pues, "era caótica y vacía" (Gn. 1:2) ; era no sé cuál abismo inmenso, sobre el cual no había luz, porque no tenía forma alguna. Por eso has dictado esas palabras: "Las tinieblas cubrían la superficie del abismo" (id.). Y ¿qué son las tinieblas, sino ausencia de luz? Pues si la luz hubiese existido ya, ¿dónde habría estado, si no hubiese dominado al universo iluminándole? Desde el momento que todavía no existía, la presencia de las tinieblas no significaba otra cosa que la ausencia de luz. Las tinieblas reinaban precisamente porque no reinaba la luz, del mismo modo que donde no hay sonido reina el silencio. Y decir que reina el silencio, ¿no equivale a decir que hay ausencia de sonido?

¿No eres tú, Señor, quien has comunicado esto al alma, cuya confesión estás oyendo? ¿No eres tú, Señor, el que me enseñó que antes de que esta informe materia recibiese de ti su forma y sus variedades, no había nada, ni color, ni figura, ni cuerpo, ni espíritu? Sin embargo, no era la nada absoluta, era algo informe, desprovisto de toda figura.

Antes de que esta informe materia recibiese de ti su forma y sus variedades, no había nada, ni color, ni figura, ni cuerpo, ni espíritu. Sin embargo, no era la nada absoluta, era algo informe, desprovisto de toda figura.

212

De lo informe a la forma

¿Por qué no he de admitir que esa informe materia, que habías creado sin apariencia y de la que habías de hacer un mundo hermoso, haya sido cómodamente designada por los hombres con las palabras: "tierra caótica y vacía"?

Esta materia, ¿cómo designarla, cómo dar alguna idea de ella a los muy tardos de inteligencia, sino con el empleo de una palabra utilizada corrientemente? ¿Y qué puede encontrarse en todas partes del mundo que se parezca más a una informidad total que la *tierra* y el *abismo*? Porque situados en la parte baja de la escala de la creación, su hermosura no es comparable a los seres superiores, todos transparentes y luminosos.

¿Por qué, entonces, no he de admitir que esa informe materia, que habías creado sin apariencia y de la que habías de hacer un mundo hermoso, haya sido cómodamente designada por los hombres con las palabras: "tierra caótica y vacía"?[66]

---

[66] "Tierra invisible e incompuesta", en la versión de Agustín.

213

Conocer ignorando, ignorar conociendo

Así, pues, cuando nuestra reflexión busca lo que el pensamiento puede alcanzar de esa materia, y se dice a sí misma: "No es ni una forma inteligible, como la vida, como la justicia, puesto que es materia de los cuerpos; ni una forma sensible, puesto que no hay nada en lo *invisible* y lo *informe* que sea susceptible de ser visto y percibido." Mientras el pensamiento humano se habla así, todo su esfuerzo sólo puede ser encaminado a conocerla, pero ignorándola, o a ignorarla conociéndola.

Así, pues, cuando nuestra reflexión busca lo que el pensamiento puede alcanzar de esa materia, todo su esfuerzo sólo puede ser encaminado a conocerla, pero ignorándola, o a ignorarla conociéndola.

214

¿Qué es la nada?

Pero la sospecha no me bastaba, lo que yo quería era saber. Y si ahora mi voz, mi pluma, te confesasen las aclaraciones que me has dado sobre esta cuestión, ¿cuál de mis lectores, para comprenderme, tendrá paciencia para recibirlo hasta el final?

En cuanto a mí, Señor, si es preciso que con mi boca y con mi pluma te confiese cuanto me has enseñado sobre esta materia, he de reconocer que cuando oí por primera vez hablar de esto, no comprendí nada, ni tampoco los que me lo explicaban. Me la representaba, pues, bajo una infinidad de formas diversas, y, en verdad, no lograba representármela. En mi imaginación daba vueltas una mezcla de formas feas y horribles; eran formas, no obstante; pero yo llamaba informe a aquella masa, no porque estaba desprovista de forma, sino porque afectaba una que, surgiendo ante mí tan extraña, tan rara, hubiese puesto mis sentidos en vías de fracaso, y desordenado mi humana debilidad.

Así, pues, lo que yo imaginaba era informe, no por ausencia de toda forma, sino por comparación con formas más bellas. La verdadera razón me sugería, si quería concebir un ser absolutamente informe, despojarle totalmente de sus últimos restos de forma; no lo lograba, y me era mucho más fácil considerar como nada al objeto así privado de toda forma que imaginar algo intermedio entre la forma y la nada, y que no fuese ni forma, ni nada, un ser informe, una casi-nada.

Entonces mi mente renunció para siempre a interrogar sobre esto a mi espíritu, lleno de imágenes de cosas formadas, que mudaba y combinaba a su antojo. Yo dirigí mi atención sobre los mismos cuerpos; medité más profundamente sobre esa mutabilidad que les hace dejar de ser lo que habían sido y comienzan a ser lo que no eran. Sospeché que ese paso de una forma a otra se hacía con no sé qué de informe en vez de serlo por la nada absoluta.

Pero la sospecha no me bastaba, lo que yo quería era saber. Y si ahora mi voz, mi pluma, te confesasen las aclaraciones que me has dado sobre esta cuestión, ¿cuál de mis lectores, para comprenderme, tendrá paciencia para recibirlo hasta el final? Pero no por eso mi corazón cesará de glorificarte, de cantarte un cántico de alabanza, por esas revelaciones que no sabría cómo expresar.

La mutabilidad misma de las cosas mudables es, pues, susceptible de recibir todas las formas que adquieren sucesivamente las cosas mudables. Pero ¿qué es ella misma? ¿Cuerpo? ¿Espíritu? ¿Una cierta modalidad del cuerpo o del espíritu? Si pudiésemos decir "una nada que es algo", o "un es que no es", la definiría así. Y, sin embargo, ya era algo de algún modo, para poder recibir estas especies visibles y compuestas.

La mutabilidad misma de las cosas mudables es susceptible de recibir todas las formas que adquieren sucesivamente las cosas mudables. Pero ¿qué es ella misma? ¿Cuerpo? ¿Espíritu? ¿Una cierta modalidad del cuerpo o del espíritu?

215

La creación de la nada

En el principio, que procede de ti, en tu Sabiduría, nacida de tu sustancia, has creado algo de nada. Existías tú y la nada, y de esa nada hiciste el cielo y a tierra, esas dos criaturas, la una cercana a ti, la otra cercana a la nada.

En todo caso, ¿de dónde venía, sino de ti, ¿por quién son todas las cosas, en cualquier grado que sean? Pero, cuando una cosa menos se te parece, más lejana de ti se encuentra; y aquí no se trata de distancia de lugar.

Así, pues, Señor, eres tú, que no eres unas veces uno y otras otro, sino siempre uno mismo y el mismo, "santo, santo, santo, Señor Dios todopoderoso" (Is. 6:3), que en el principio, que procede de ti, en tu Sabiduría, nacida de tu sustancia, has creado algo de nada.

Hiciste el cielo y la tierra sin extraerlos de tu sustancia; en caso contrario, habría habido algo igual a tu Hijo unigénito, y por consiguiente a ti. Y no hubiese sido justo que lo que no procede de tu sustancia fuese igual a ti. Fuera de ti, nada había de donde pudieras formar el universo, oh Trinidad una y Unidad trina. Por eso hiciste de la nada el cielo y la tierra, aquél grande y ésta pequeña. Es que tú eres todopoderoso y tu bondad se complace haciendo las cosas buenas: el cielo inmenso, la tierra pequeña.

Existías tú y la nada, y de esa nada hiciste el cielo y la tierra, esas dos criaturas, la una cercana a ti, la otra cercana a la nada; la una que no tiene más superior que tú, la otra que no tiene nada inferior a ella.

216

De la tierra informe
a la tierra formada

Pero este cielo del cielo es tuyo, Señor; en cuanto a esa tierra que has dado a los hijos de los hombres para verla y tocarla, no era tal como la vemos y la tocamos ahora. Era invisible y sin forma, un abismo sobre el cual no había ninguna luz: "Las tinieblas estaban sobre la haz del abismo" (Gn. 1:2), lo cual significa que eran todavía más profundas que en el abismo. Pues este abismo de las aguas, ya visibles, recibe hasta sus profundidades una especie de luz que perciben los peces y los animales que se arrastran por su fondo. Pero aquel conjunto era un casi-nada, puesto que era todavía completamente informe; sin embargo, ya tenía ser al poder recibir formas.

Tú eres Señor, quien hizo el mundo de una materia informe; lo has extraído de la casi-nada para hacer brotar luego esas maravillas que admiramos los hijos de los hombres. ¡Qué admirable el cielo corporal, ese firmamento establecido entre agua y agua, que en el segundo día, después de la creación de la luz, formaste con una palabra: "¡Sea!", y fue. Este firmamento lo llamaste "cielo"; el cielo de esta tierra, de este mar, que hiciste el tercer día, dando una forma visible a la materia informe creada antes que todos los días.[67]

Ya habías creado un cielo antes del comienzo de los días, pero era el cielo de este cielo; pues "en el principio creaste el cielo y la tierra". En cuanto a esa tierra misma, creada por ti, no era más que una informe materia, puesto que era invisible, sin orden, y las tinieblas reinaban sobre el abismo. Es de esta tierra invisible, sin orden, de esta informidad, de esta casi-nada, que quisiste formar todo

Tú eres Señor, quien hizo el mundo de una materia informe; lo has extraído de la casi-nada para hacer brotar luego esas maravillas que admiramos los hijos de los hombres.

---

[67] "Ni hay que creer que Dios hizo primeramente la materia y que, pasado un lapso de tiempo, dio forma a lo que había creado informe; porque del mismo modo que él que habla pronuncia las palabras, pero no primeramente informes y luego formadas, sino que las profiere formadas, así ha de entenderse que hizo Dios el mundo de la materia informe, concreándola juntamente con el mundo" (*Contra los adversarios de la ley y los profetas*, I, 9).

La inestabilidad del mundo inestable es lo que nos hace sentir el tiempo y nos permite medirlo, pues lo que constituye el tiempo es el cambio mismo de las cosas, en cuanto cambian y se convierten sus formas, cuya materia es esta tierra invisible de la cual he hablado ya.

cuanto por lo cual subsiste, sin verdaderamente subsistir, este mundo inestable, en el que se manifiesta la inestabilidad que nos hace sentir el tiempo y nos permite medirlo. Pues lo que constituye el tiempo es el cambio mismo de las cosas, en cuanto cambian y se convierten sus formas, cuya materia es esta tierra invisible de la cual he hablado ya.

217

Cielo y tierra creados antes de la sucesión del tiempo

He aquí por qué, al enseñar que "en el principio" hiciste el cielo y la tierra, el Espíritu, Señor de tu siervo, no dice ni una sola palabra de los tiempos, ni habla de los días. Es que, en efecto, *el cielo del cielo*, que creaste en el origen, es en cierto sentido una criatura intelectual que, sin ser coeterna contigo, oh Trinidad, participa, sin embargo, de tu eternidad. La dulzura, la felicidad de contemplarte, limita estrechamente cuanto hay de móvil en ella, y al unirse a ti sin desfallecer, desde que fue creada, se elevó por encima de las vicisitudes fugaces del tiempo.

En cuanto a esta "informidad", a esta tierra invisible y caótica, tampoco la has contado siguiendo el orden de los días. Porque allí donde no hay ni forma, ni orden, nada llega, nada se va, y allí donde esta sucesión no existe, no hay ni días ni sucesión de espacios temporales.

Es que, en efecto, el cielo del cielo, que creaste en el origen, es en cierto sentido una criatura intelectual que, sin ser coeterna contigo, oh Trinidad, participa, sin embargo, de tu eternidad.

218

Los misterios profundos de la Escritura

**Regreso
al encuentro
de tus
aguas vivas.
Que nadie
me aparte ya
de ellas;
beberé
en ellas,
y de ellas
viviré.
Que no sea
yo mi vida.
Mal viví
de mí;
muerte fui
para mí.
Revivo en ti.
Háblame,
instrúyeme.**

¡Oh Verdad, luz de mi corazón, que no sean mis tinieblas las que me hablan! He dejado que ellas me arrastrasen, y mis ojos se han oscurecido; pero desde el fondo mismo de este abismo te amé con pasión. Hasta en mi extravío, me acordé de ti. Oí tu voz, que detrás de mí me gritaba que regresase, pero la oí mal, a causa del tumulto de mis pasiones no apaciguadas. Y ahora, he aquí que, sudoroso y jadeante, sin aliento, regreso al encuentro de tus aguas vivas. Que nadie me aparte ya de ellas; beberé en ellas, y de ellas viviré. Que no sea yo mi vida. Mal viví de mí; muerte fui para mí. Revivo en ti. Háblame, instrúyeme. Tengo fe en tus Libros, y sus palabras son profundos misterios.

219

Claridad
bajo la sombra de la revelación

Señor: ya dijiste con tu voz poderosa al oído de mi alma, que eres eterno, que sólo tú posees la inmortalidad (1ª Ti. 6:16), puesto que nada cambia en ti, ni forma ni movimiento, que tu voluntad no varía según el tiempo, pues una voluntad que se modifica sin cesar no es ser inmortal. Esto me parece claro delante de ti. Te suplico que hagas que cada día me sea más luminoso, y que a la sombra de tus alas permanezca sobrio bajo esta revelación.

También dijiste al oído de mi alma, con tu poderosa voz, Señor, que eres tú quien creaste todas las naturalezas, todas las sustancias, que no son lo que eres, pero que existen; que no hay nada que no proceda de ti, salvo lo que no existe. El movimiento de una voluntad que se aleja de ti, el Ser por excelencia, hacia seres inferiores; ese movimiento, en efecto, no procede de ti; es pecado y es delito, y que ningún pecado de nadie te daña ni viene a turbar el orden de tu imperio, ni en lo más alto ni en lo más bajo. Esta verdad me resulta evidente en tu presencia; te ruego que cada día me sea más luminosa, y que a la sombra de tus alas permanezca prudentemente bajo esa revelación.

También has dicho, con tu poderosa voz, en mi oído interior, que ni aquella criatura es eterna como tú, que sólo en ti tiene su delicia; que goza de ti en una permanente pureza; que no muestra en ninguna parte ni jamás su mutabilidad; y siendo siempre presente a ti, se te adhiere con todo el afecto; no teniendo futuro que esperar ni pasado al que transmitir lo que recuerda. No varía con ninguna alternativa, ni se distiende en los tiempos.

Si esta criatura existe, ¡qué feliz debe ser al encontrarse así unida a tu beatitud, feliz de ser tú su eterna morada y de recibir tu iluminación! Nada veo a lo que pueda llamarse mejor "el cielo del cielo para el Señor", excepto esa habitación tuya que contempla tus delicias sin que ningún desfallecimiento la arrastre a otra parte; sólo esta pura inteligencia, muy estrechamente unida por un lazo de paz a aquellos santos espíritus, ciudadanos de tu ciudad que está en el cielo y encima de nuestro cielo.

El movimiento de una voluntad que se aleja de ti, el Ser por excelencia, hacia seres inferiores; ese movimiento, en efecto, no procede de ti; es pecado y es delito, y que ningún pecado de nadie te daña ni viene a turbar el orden de tu imperio.

Si "una cosa he demandado, Señor, ésta buscaré: Que esté yo en la casa del Señor todos los días de mi vida". Y cuál es su vida, sino tú. ¿Qué son tus días, sino nuestra eternidad, igual que tus años, que no pasan, sino que eres siempre el mismo". Que con ello toda alma comprenda, si es capaz, qué superior te hace a todos los tiempos tu eternidad.

Que por ello toda alma comprenda; cuya peregrinación terrestre se haya hecho larga, si ya siente "sed de Dios, del Dios vivo: ¡Cuándo vendré, y pareceré delante de Dios! Fueron mis lágrimas mi pan de día y de noche, mientras me dicen todos los días: ¿Dónde está tu Dios?" (Sal. 42:2, 3). Si "una cosa he demandado, Señor, ésta buscaré: Que esté yo en la casa del Señor todos los días de mi vida" (Sal. 27:4). Y cuál es su vida, sino tú. ¿Qué son tus días, sino nuestra eternidad, igual que tus años, que no pasan, sino que eres siempre el mismo" (Sal. 102:21). Que con ello toda alma comprenda, si es capaz, qué superior te hace a todos los tiempos tu eternidad, que vea que tu casa –*el cielo del cielo*– no peregrina, pero tampoco es coeterna a ti, pues se adhiere a ti de manera incesante e indefectible, libre ya de todas las alteraciones del tiempo. Esta verdad me resulta evidente en tu presencia; haz, te lo ruego, que cada día sea más luminosa, y que a la sombra de tus alas yo permanezca sabiamente bajo esta revelación.

He aquí no sé qué de informe que hallo en estas mutaciones de las cosas más bajas e imperfectas; y ¿quién podrá decirme sino el que vaga y gira con sus fantasmas por los vacíos de su corazón; quién sino tal podrá decirme si, disminuida y consumida toda cosa sensible y quedando sola la informidad, por medio de la cual la cosa se muda y vuelve de especie en especie, puede ella producir las vicisitudes de los tiempos? Esto es absolutamente imposible, pues sin variedad de movimientos no hay tiempo; y allí donde no hay forma, no hay tampoco variación o cambio.

220

La creación del cielo estelar
y de la tierra visible

Todo eso, bien considerado, en la medida como me lo permites, Dios mío, y en tanto como me provocas para que "llame", y que me abras cuando llamo, encuentro en tu creación dos cosas que no has sometido al tiempo, aunque no sea ninguna de ellas coeterna: la una, tan perfecta que, sin dejar jamás de contemplarte, sin que ningún cambio venga a interrumpirla, inmodificada aunque susceptible de cambio, goza de tu eternidad y de tu inconmutabilidad; la otra, informe hasta el punto de que nada hay en ella que le permita pasar de una forma a otra, ya de movimiento, ya de reposo, por donde estuviese sujeta al tiempo. Pero no dejaste que ésta fuese informe, porque antes que todos los días, has creado "en el principio" el cielo y la tierra, las dos cosas de que he antes hablaba.[9]

Pero la tierra era caótica, invisible, no organizada, y las tinieblas gravitaban sobre el abismo. Por estas palabras la Escritura indica la idea de informidad. De este modo, los que no pueden imaginar una carencia absoluta de forma –que nunca llega a ser la nada– son preparados gradualmente. De esa "informidad" debía nacer otro cielo y una tierra visible, organizada, la belleza del agua, en fin; cuanto, según la tradición escrituraria, ha sido hecho en días determinados, cuando la creación de este mundo. Porque son tales que en ellos pueden realizarse los cambios de los tiempos por las ordenadas conmutaciones de los movimientos y de las formas.

La tierra era caótica. Por estas palabras la Escritura indica la idea de informidad. De este modo, los que no pueden imaginar una carencia absoluta de forma –que nunca llega a ser la nada– son preparados gradualmente.

221

Génesis 1:1: Cielo y firmamento

"La tierra estaba desordenada y vacía y las tinieblas flotaban sobre el abismo", sin que se haga mención del día en que hiciste esas cosas. Comprendo que se trata del cielo del cielo, del cielo intelectual, en el que la inteligencia goza del privilegio de conocer.

Esto es lo que interpreto yo, Dios mío, cuando leo las palabras de tu Escritura: "En el principio, creó Dios el cielo y la tierra. La tierra estaba desordenada y vacía y las tinieblas flotaban sobre el abismo" (Gn. 1:1-2), sin que se haga mención del día en que hiciste esas cosas. Comprendo que se trata del *cielo del cielo*, del cielo intelectual, en el que la inteligencia goza del privilegio de conocer simultáneamente y no parcialmente; no "en enigma", no "como en un espejo", sino totalmente, en plena evidencia, "cara a cara" (1ª Co. 13:12); de conocer no ya eso, ya aquello, sino, como ya lo he dicho; simultáneamente, sin ninguna variación de tiempo; comprendo que se trata también de la *tierra invisible,* no organizada, no sujeta a los cambios del tiempo, que son los únicos que pueden aportar eso o aquello, pues allí donde no hay ninguna forma, no puede ser cuestión de "esto" o de "aquello".

Por causa de estas dos cosas, la una formada desde el principio, la otra totalmente informe; aquélla, *cielo*, eso que yo llamo "el cielo del cielo"; esta *tierra*, "la tierra invisible e incompuesta"; por razón de estas dos cosas entiendo ahora que dice tu Escritura sin precisar en qué día: "En el principio creó Dios el cielo y la tierra." Indica de qué tierra se trata, de un modo inmediato. Y así, cuando en el día segundo se conmemora que fue hecho el *firmamento,* que fue llamado cielo, deja entender también de qué cielo ha hablado anteriormente, ya que no se habla de días.

222

La intención del Espíritu
en la Escritura

¡Admirable profundidad de tus Escrituras! Su apariencia externa parece acariciar a los que son como niños; pero ¡qué admirable profundidad, Dios mío, es maravilloso! Un temor sagrado me causa fijar la vista en ella, pero es un temor y un temblor de respeto y amor. Odio de todo corazón a sus enemigos. ¡Por qué no los pasas a filo de tu espada "de doble filo", para que no tengan más enemigos! Me gustaría verles morir a sí mismos, para que viviesen para ti.

Pero he aquí otros, no detractores, sino admiradores del libro del Génesis, que me dicen: "No es eso lo que ha querido dar a entender el Espíritu de Dios por esas palabras, que es quien las escribió por medio de Moisés, su siervo. No es lo que pretendes lo que quiso dar a entender, sino otra cosa, que nosotros no acertamos a decir."

He aquí, Dios nuestro Señor de todos, lo que yo les contesto, poniéndote a ti de árbitro.

¡Admirable profundidad de tus Escrituras! Su apariencia externa parece acariciar a los que son como niños; pero ¡qué admirable profundidad!

223

La creación de la sabiduría, morada celeste de Dios

¿Negáis que existe una sublime criatura que se adhiere al Dios verdadero y verdaderamente eterno con casto amor que, aunque no le sea coeterna, no se separa ni huye de él para caer en las múltiples vicisitudes de los tiempos, y reposa en la contemplación de su única Verdad?

¿Tacharéis de falsedad lo que, con su fuerte voz, la Verdad dijo a mi oído interior, sobre la verdadera eternidad del Creador, sobre la absoluta inmutabilidad de su sustancia que no varía de ningún modo con los tiempos, y que su voluntad no es ajena a su sustancia? ¿No es eso lo que hace que no quiera ahora esto y luego aquello, sino que quiera lo que quiero de una vez por todas, simultáneamente y para siempre? Voluntad sin sucesión, que no se refiere ya a esto, ya a aquello, que no quiere lo que no quería, ni deja de querer lo que quería, pues una tal voluntad sería mudable, y lo que es mudable no es eterno; y nuestro Dios, eterno es.

¿Declararéis falso, también, lo que ella me dice a mi oído interior, esto es: que la espera de las cosas por venir se vuelve visión directa, cuando son presentes, y que esta misma visión directa se convierte en memoria, cuando han pasado? ¿Que toda actividad intelectual que varía así es mudable, que nada de cuanto es mudable es eterno? Pero nuestro Dios eterno es.

Estas verdades yo las agrupo, las junto, y encuentro que mi Dios, el Dios eterno, ha creado el mundo no con un nuevo acto de su voluntad, y que su ciencia nada sufre en sí de aquello que es transitorio.

¿Qué diréis, vosotros, mis contradictores? ¿Que todo es falso? "No", me contestáis. ¿Entonces, qué? ¿Es un error sostener que toda naturaleza formada, que toda materia susceptible de forma, sólo tienen su ser recibido de Aquel que es soberana Bondad, porque es el Ser soberano?

"Tampoco negamos eso." ¿Entonces, qué? ¿Negáis que existe una sublime criatura que se adhiere al Dios verdadero y verdaderamente eterno con casto amor que, aunque no le sea coeterna, no se separa ni huye de él para caer en las múltiples vicisitudes de los tiempos, y reposa en la contemplación de su única Verdad? Porque tú, oh Dios, muestras a quien te ama cuanto mandas, y le bastas, y por eso no se desvía de ti ni para mirarse a sí mismo.

Esta es la casa de Dios no terrena ni corpórea, sino espiritual y participante de su eternidad, pues permanece inmaculada por toda la eternidad. "Las hizo ser para siempre por los siglos; puso les ley que no será quebrantada" (Sal. 148:6). Sin embargo, no te es coeterna, puesto que ha tenido un principio, ya que ha sido creada.

Sin duda, no encontramos tiempo antes de ella, pues "la sabiduría fue creada la primera de todas las cosas" (Si. 1:4). Y, naturalmente, no se trata de esa Sabiduría de la cual eres el Padre, oh Dios nuestro, y que te es absolutamente igual y coeterna, por quien todas las cosas han sido creadas (Col. 1:16), y que es ese "principio" en el cual has hecho el cielo y la tierra.

Se trata de aquella sabiduría que ha sido creada, de aquella naturaleza intelectual que, por la contemplación de tu luz, es luz ella misma, pues aunque sea una criatura, es llamada sabiduría. Pero la misma diferencia que separa a la luz que ilumina y a la que sólo es un reflejo, se vuelve a encontrar también entre la sabiduría que crea y la que es creada, como entre la justicia que justifica y la justicia que nace de la justificación. Pues también nosotros somos llamados justicia tuya. Así lo dice, en efecto, uno de tus siervos: "Para que nosotros fuésemos hechos justicia de Dios en él" (2ª Co. 5:21).

Hay, pues, una sabiduría "que ha sido creada antes de todas las cosas", la cual, aunque creada, es la mente racional e intelectual de tu casta ciudad, nuestra madre, la ciudad de arriba, libre y eterna en los cielos (Gá. 4:26); ¿y qué cielos sino esos "cielos de los cielos" que te alaban, ese "cielo del cielo" para el Señor (Sal. 148:4)? Sin duda lo repito, no encontramos tiempo antes de esa sabiduría, pues creada la primera se anticipa a la creación del tiempo. Pero, antes que ella, preexiste la eternidad de su Creador mismo, a la que debe su origen, no según el tiempo, que no existía aún, sino en tanto que ser creado.

He aquí cómo procede de ti, oh Dios nuestro, aunque siendo absolutamente diferente de ti, y de esencia muy diferente. Sin embargo, no encontramos ningún tiempo antes que ella, ni en ella, puesto que tiene el privilegio de contemplar siempre tu rostro sin dejar nunca de mirarlo. Esto es debido a que no está sujeta a ninguna variación, a ningún cambio. Sin embargo, hay en ella una mutabi-

No encontramos tiempo antes de esa sabiduría, pues creada la primera se anticipa a la creación del tiempo. Pero, antes que ella, preexiste la eternidad de su Creador mismo, a la que debe su origen, no según el tiempo, que no existía aún, sino en tanto que ser creado.

¿No es esa la casa de Dios, que sin serle coeterna tiene, sin embargo, en los cielos, su propio género de eternidad, donde buscáis en vano las vicisitudes del tiempo, sin poder encontrarlas?

lidad que podría arrastrarla hacia las tinieblas y el frío, sin ese gran amor que la une a ti y que le procura, gracias a ti, un eterno mediodía de luz y de calor.

¡Oh casa radiante, prestigiosa! Señor, "la habitación de tu casa he amado, y el lugar del tabernáculo de tu gloria" (Sal. 26:8), de aquel que te ha creado y que te posee. Quiero suspirar hacía ti durante esta peregrinación terrestre, y pido a aquel que te hizo que me posea también en ti, porque también me ha hecho a mí. "Erré como una oveja descarriada" (Sal. 119:176), pero espero ser devuelto a ti sobre los hombros de mi pastor, que te ha construido.

¿Qué decís de ello, vosotros, mis contradictores, a los cuales me dirigía, vosotros que, sin embargo, consideráis a Moisés como un fiel servidor de Dios, y a sus libros corno los oráculos del Espíritu Santo? ¿No es esa la casa de Dios, que sin serle coeterna tiene, sin embargo, en los cielos, su propio género de eternidad, donde buscáis en vano las vicisitudes del tiempo, sin poder encontrarlas? Pues se la exalta por encima de toda extensión y todo espacio sucesivo del tiempo, "y en cuanto a mí, el acercarme a Dios es el bien" (Sal. 73:28).

"Así es", contestan. Entonces, en mi corazón ha clamado hacia mi Dios, mientras escuchaba en su interior la voz de la gloria divina, ¿qué veis, pues, que deba ser recobrado por ti? ¿Será lo que he dicho ya sobre la ausencia de forma de la materia, en la que no puede reinar ningún orden puesto que ninguna forma estaba en ella? Pero allí donde no había ninguna clase de orden, tampoco podía haber sucesión de tiempo; y, sin embargo, esa casi-nada, en cuanto no era totalmente nada, procedía naturalmente de aquel de quien procede todo cuanto existe y que de algún modo es algo. "Tampoco negamos esto", dicen.

224

La revelación de Dios al alma

No quiero, Dios mío, hablar de tu presencia con nadie más que con aquellos que admiten todas esas afirmaciones, que tu verdad ha sugerido a mi espíritu, en mi interior. En cuanto a aquellos que las niegan, que ladren tanto como quieran, aun a riesgo de ensordecerse. Procuraré persuadirles de recobrar su calma, y de abrir a tu Palabra el acceso de su corazón. Si se niegan a ello y me rechazan, te pido, mi Dios, que "no te desentiendas de mí" (Sal. 28:1). Habla verídicamente dentro de mi corazón; sólo tú puedes hablar así. Y deje yo a los demás en el exterior, soplando sobre el polvo hasta cegarse los ojos; que me recoja en lo más secreto de mi alma, que te cante mis cantos de amor, que exhale en mi peregrinación terrestre indecibles gemidos, lleno del recuerdo de Jerusalén, con el corazón levantado hacia ella, Jerusalén, mi patria, Jerusalén, mi madre, y hacia ti, su rey, su iluminador, su padre, su tutor, su esposo, sus castas y apremiantes delicias, su sólida alegría, su bien inefable, que las contiene a todas, puesto que tú eres el único bien supremo y verdadero. Y no me alejaré ya más de ti, hasta que unificándome después de tantas disipaciones, reformándome después de tantas deformidades, me hayáis recibido en la paz de esa madre querida, en la que están las primicias de mi espíritu, y de donde me han venido mis certidumbres, para establecerme en ella para siempre, Dios mío, misericordia mía.

En cuanto a aquellos que, sin negar lo bien fundamentadas que están todas esas verdades, sin negar a tu Escritura Sagrada, obra del piadoso Moisés, ni su respeto, ni la más alta autoridad que nos sea dado seguir, formulan sin embargo contra nosotros cierta contradicción, he aquí lo que les contesto. Tú, oh Dios, serás nuestro árbitro entre mis confesiones y sus contradicciones.

Que te cante mis cantos de amor, que exhale en mi peregrinación terrestre indecibles gemidos, lleno del recuerdo de Jerusalén, con el corazón levantado hacia ella, Jerusalén, mi patria, Jerusalén, mi madre.

225

Interpretaciones alternativas

¿Y qué si otro dijere que precisamente esta masa sin forma y toda confusa de la materia es insinuada primeramente con el nombre de *cielo* y de *tierra,* porque de ella ha sido formado y perfeccionado este mundo visible?

"Aunque todo eso sea verdadero, declaran ellos, no es eso lo que Moisés consideraba cuando decía, bajo la revelación del Espíritu Santo: "En el principio Dios creó el cielo y la tierra." Tampoco con la palabra "cielo" hacía referencia a aquella criatura espiritual e intelectual que contempla siempre a Dios cara a cara. Ni con la palabra tierra significaba una materia informe".

"Entonces, ¿qué quiso decir?"

"Lo que nosotros decimos —responden— eso es lo que aquel varón sintió y lo que en aquellas palabras expresó."

"¿Y qué es ello?"

"Con las palabras *cielo* y *tierra* ha querido designar primero, en general y en particular, todo este mundo visible universal, para detallar después este conjunto, artículo por artículo, en una enumeración de los días, según el método escogido por el Espíritu Santo. El pueblo rudo y carnal, al cual se dirigía, estaba formado con tales elementos, que no podía presentarle entre las obras de Dios otras que las visibles."

Me conceden, pues, que por esa "tierra invisible, no organizada" (caótica y vacía), por este "abismo de tinieblas", se ha de entender la materia informe, de donde a continuación se dice haber sido hechas en aquellos días y dispuestas todas estas cosas visibles, conocidas de todos.

¿Y qué si otro dijere que precisamente esta masa sin forma y toda confusa de la materia es insinuada primeramente con el nombre de *cielo* y de *tierra*, porque de ella ha sido formado y perfeccionado este mundo visible, con todos los fenómenos que en él se manifiestan y que frecuentemente suele ser denominado cielo y tierra?

¿Y no dirá otro que la naturaleza invisible y visible ha sido llamada no sin razón cielo y tierra, y que así la creación entera, que ha sido formada en la *sabiduría*, es decir, *en el Principio*, está comprendida en esas dos palabras, pero que por no ser de la misma sustancia de Dios, sino hechas todas de la nada, porque no son lo que Dios, les es propia a todas ellas cierta mutabilidad, ya sean permanentes como la eterna casa de Dios, ya cambiantes como el alma y el cuerpo del hombre; y que esta materia común de todas esas cosas visibles e invisibles, materia todavía informe, pero susceptible de recibir una forma, y con la cual debían estar hechos el cielo y la tierra, de otro modo llamada la creación visible o invisible, pero ya formada en ambos casos, ha sido designada con las palabras "tierra invisible e incompuesta", y también "tinieblas sobre el abismo" con esta distinción: que por las palabras '"tierra invisible e inorganizada" se entienda la material corporal antes de toda cualidad de forma, y por "tinieblas sobre el abismo" la materia espiritual antes de que se pusiera un límite a lo que podríamos llamar su desmesurada fluidez y antes de que la luz de la sabiduría despejara sus tinieblas?

Otro podría decir igualmente, si lo desea: Cuando leemos que *en el principio Dios hizo el cielo y la tierra*, estas expresiones cielo y tierra no deberían ser aplicadas a las entidades invisibles y visibles ya formadas y acabadas, visibles e invisibles; sino que designan la todavía informe incoación de las cosas, la materia apta para toda forma y toda creación, llamada con tales nombres por estar ya en ella confusas, sin diferenciación de formas y de cualidades, estas cosas que ahora, distribuidas por sus órdenes, se llaman cielo y tierra, la una espiritual, la otra corporal.

Otro podría decir: "Cuando leemos que en el principio Dios hizo el cielo y la tierra, estas expresiones cielo y tierra no deberían ser aplicadas a las entidades invisibles y visibles ya formadas y acabadas, visibles e invisibles; sino que designan la todavía informe incoación de las cosas, la materia apta para toda forma y toda creación".

226

Amor y respeto
en las interpretaciones de la Palabra

Cuando alguien se esfuerza por entender en la Sagrada Escritura el verdadero pensamiento de su autor, ¿qué mal puede haber en que uno entienda lo que tú, oh luz de todas las inteligencias sinceras, muestras ser verdadero? Y esto aunque no sea el pensamiento real de aquel a quien leemos, y que, sin pensar como él, encontramos un sentido verdadero.

Escucho, estudio todas esas interpretaciones, pero no quiero disputar sobre palabras, "lo cual para nada aprovecha, antes trastorna a los oyentes" (2ª Ti. 2:14). La ley, por el contrario, "es buena, si alguno usa de ella legítimamente" (1ª Ti 1:8), pues "su fin es el amor que nace de un corazón puro, de una buena conciencia y de una fe sincera" (1ª Ti. 1:5). Y sé muy bien sobre qué dos preceptos hizo depender nuestro Maestro toda la ley y los profetas (Mt. 22:40).

Estas palabras *cielo y tierra* pueden entenderse de distintas maneras, siempre y cuando se acepte que dicen la verdad. Entonces, ¿qué me impide tener yo –lo confieso ardientemente–, Dios mío y luz de mis ojos interiores, qué me impide entender de manera distinta lo que otro cree que pensó el autor sagrado?

Todos los que leemos, sin duda nos esforzamos por averiguar y comprender lo que quiso decir el autor que leemos. Y, dando fe a lo que creemos que nos dice como verdad, no nos atrevemos a afirmar que haya dicho nada de lo que entendemos o creemos que es falso.

De igual modo, cuando alguien se esfuerza por entender en la Sagrada Escritura el verdadero pensamiento de su autor, ¿qué mal puede haber en que uno entienda lo que tú, oh luz de todas las inteligencias sinceras, muestras ser verdadero? Y esto aunque no sea el pensamiento real de aquel a quien leemos, y que, sin pensar como él, encontramos un sentido verdadero.

227

Lo cierto y verdadero

La verdad es, Señor, que tú creaste el cielo y la tierra; lo que es verdadero, es que el *principio* en que hiciste todas las cosas es tu sabiduría. Verdad es asimismo, que este mundo visible comprende dos grandes partes: el cielo y la tierra, para resumir brevemente en estas palabras cuanto has creado y formado; verdad es, en fin, que todo ser mudable sugiere a nuestro espíritu la idea de cierta "informidad" susceptible de recibir una forma, y que permite cambios y transformaciones. Verdad que no padece acción de los tiempos lo que de tal modo está unido a la forma inconmutable, que, aun siendo mudable, no se muda.

Lo verdadero es que la "informidad", esa casi-nada, no está sujeta a las variaciones del tiempo; lo verdadero es que la materia de que está formada una cosa puede, en cierto modo de hablar, llevar el nombre de la cosa que de ella debe salir; que así han podido llamarse *cielo y tierra* esa no sé qué informidad que ha servido para crear el cielo y la tierra; lo verdadero es que, de todas las realidades formadas, no hay ninguna que se aproxime más a la informidad que la tierra y el abismo; lo verdadero es que todo ser creado y formado, todo ser susceptible de ser creable y formable es obra tuya, puesto que todo procede de ti; lo verdadero es que todo cuanto está formado de lo informe es primeramente informe y luego formado.

Lo verdadero es que todo ser creado y formado, todo ser susceptible de ser creable y formable es obra tuya, puesto que todo procede de ti; lo verdadero es que todo cuanto está formado de lo informe es primeramente informe y luego formado.

228

Maneras diferentes de entender Génesis 1:1

Todas esas verdades no ponen en duda aquellos a quienes has dado el poder contemplarlas con la mirada interior y que creen firmemente que Moisés, tu servidor, habló según el Espíritu de verdad.

De todas esas verdades, que no ponen en duda aquellos a quienes has dado el poder contemplarlas con la mirada interior y que creen firmemente que Moisés, tu servidor, habló según el Espíritu de verdad, uno escoge una y dice:

"En el principio creó Dios el cielo y la tierra, lo que significa que Dios hizo, en su Verbo coeterno consigo, el mundo inteligible y sensible, o espiritual y corporal".

Un segundo declara: *"En el principio creó Dios el cielo y la tierra,* lo cual significa que, en su Verbo coeterno consigo, Dios hizo toda la masa del mundo corporal con todos los seres, evidentes y familiares a nuestros ojos, que él contiene".

Un tercero: *"En el principio creó Dios el cielo y la tierra,* es decir: que, en su Verbo coeterno consigo, Dios hizo la materia informe de la creación espiritual y corporal".

Un cuarto: *"En el principio creó Dios el cielo y la tierra,* es decir: que en su Verbo coeterno consigo, Dios hizo la materia informe de la creación corporal, en la que estaban todavía confundidos el cielo y la tierra, que ahora vemos, cada cual con su forma distinta y determinada, en la masa de este mundo".

Un quinto: *"En el principio creó Dios el cielo y la tierra,* es decir: que en el origen mismo de su hacer y de su obrar, Dios hizo la materia informe, en la que estaban confusamente envueltos el cielo y la tierra, que con ella han sido formados, y que ahora aparecen de pleno relieve con todos los seres que contienen".

229

Maneras diferentes de entender
Génesis 1:2

Lo mismo ocurre con la interpretación de las palabras que siguen: "La tierra estaba desordenada y vacía, y las tinieblas estaban sobre la faz del abismo: (Gn. 1:2). Entre las maneras de entenderlas, todas verdaderas, cada cual escoge la suya.

El uno dice: "*La tierra era invisible, no organizada, y las tinieblas reinaban sobre el abismo*, lo cual significa: Esta masa corporal que Dios creó era la materia todavía informe, sin orden, sin luz, de las cosas corporales".

Otro dice: "*La tierra era invisible, no organizada, y las tinieblas reinaban sobre el abismo*, lo cual significa que este conjunto que llamamos cielo y tierra era la materia todavía informe y tenebrosa, de la que debían salir el cielo corporal, la tierra corporal, con todo cuanto ofrecen a nuestros sentidos corporales".

Un tercero dice: "*La tierra era invisible, no organizada, y las tinieblas reinaban sobre el abismo*, lo que significa que este conjunto que llamamos cielo y tierra era la materia aún informe y tenebrosa de la que debían salir el cielo inteligible que se llama el cielo del cielo, igual que la tierra, es decir, toda la naturaleza corporal, comprendido este cielo corporal; dicho de otro modo, de donde debía salir toda criatura visible e invisible".

Otro dice: "*La tierra era invisible, no organizada, y las tinieblas reinaban sobre el abismo*, y no es esa informidad que la Escritura llamó con el nombre de cielo y de tierra; ya existía antes; es ella la que la Escritura llama tierra invisible, no organizada, abismo tenebroso; y de la cual había dicho antes que de ella creó Dios el cielo y la tierra, es decir, a la criatura espiritual y corporal".

Otro dice: "*La tierra era invisible, no organizada, y las tinieblas reinaban sobre el abismo*, es decir: que ya existía su informidad, materia de la cual la Escritura declara por anticipación que Dios hizo el cielo y la tierra, es decir: toda la mole corporal del universo, dividida en dos grandes partes, la una inferior, la otra superior, con todas las criaturas que ellas contienen y que vemos que existen".

Lo mismo ocurre con la interpretación de las palabras que siguen. Entre las maneras de entenderlas, todas verdaderas, cada cual escoge la suya.

230

La primera materia
fue sacada de la nada

En cuanto al silencio de la Escritura sobre la creación de esta informidad por Dios, hay muchas otras cosas de las cuales la Escritura no menciona la creación, por ejemplo la de los ángeles, que el apóstol distingue claramente las unas de las otras, y todas las cuales son manifiestamente la obra de Dios.

A esos dos últimos puntos de vista podríamos oponer la siguiente objeción: "Si no queréis que, por las palabras cielo y tierra, sea designada la materia informe, ¿había algo, por consiguiente, que Dios había creado, y de lo cual se sirvió para hacer el cielo y la tierra?" Pues la Escritura no cuenta que Dios haya creado esta materia, a no ser que se entienda que es ella la designada por la expresión *cielo y tierra*, o *tierra* solamente, cuando fue dicho: "En el principio creó Dios el cielo y la tierra". Y cuando leemos después que "la tierra era algo caótico y vacío", cuando quizás hubiese querido llamar así la Escritura la materia informe, no podemos entender por ello otra materia que la que creó Dios, indicada en lo antes escrito: "Creó el cielo y la tierra".

A esas objeciones, los partidarios de las dos opiniones que hemos mencionado en último lugar, o de una de ambas, podrían contestar: "No negamos que esta materia informe haya sido creada por Dios, del que viene todo bien verdadero. Para nosotros, lo que está creado y formado es un bien de calidad superior; pero reconocemos que lo que es susceptible de creación y de formación es todavía un bien, aunque de menor calidad".

En cuanto al silencio de la Escritura sobre la creación de esta informidad por Dios, hay muchas otras cosas de las cuales la Escritura no menciona la creación, por ejemplo: la de los querubines, de los serafines, de los tronos, de las dominaciones, de los principados, de las potencias, que el apóstol distingue claramente las unas de las otras (Col. 1:16), y todas las cuales son manifiestamente la obra de Dios. Si se quiere que en esas palabras: *Creó el cielo y la tierra* esté comprendido todo, ¿qué diremos entonces de las aguas sobre las cuales el Espíritu de Dios ejerció su acción?

Si se las entiende juntamente con la llamada *tierra*, ¿cómo entender por esa palabra una materia informe, cuando las aguas ofrecen a nuestros ojos tanta belleza? Y si se entiende así, ¿por qué la Escritura dice que de esta materia informe fue creado el firmamento, llamado cielo, y no habla de la creación de las aguas? Pues no son invisibles ni informes esas aguas que vemos fluir y correr de un modo tan armonioso y bello. ¿Habrían recibido su belleza en el momento en que Dios dijo: "Que las aguas que están bajo el firmamento se reúnan", de modo que esta reunión misma habría marcado el momento en que fueron formadas? Pero, entonces: ¿qué decir de las aguas que están por encima del firmamento? Si hubiesen permanecido informes, no habrían merecido un lugar tan honroso, y en ninguna parte de la Escritura se lee la palabra que las formó.

Así, pues, hay cosas cuya creación por Dios no se menciona en el Génesis, aunque no sea dudoso para una fe sana ni para una una razón clara; y sería preciso haber perdido todo sentido doctrinal para atreverse a decir que esas aguas son coeternas con Dios, con el pretexto de que el Génesis habla de ellas sin decir en qué momento fueron creadas. Entonces, ¿por qué no comprender, a la luz de la verdad, que esta materia, informe también, que la Escritura llama tierra vacía y no-organizada, abismo tenebroso, ha sido extraída por Dios de la nada, y por consiguiente no le es coeterna, aunque la narración sagrada haya omitido precisar el momento de su creación?

Entre las maneras de entenderlas, todas verdaderas, cada cual escoge la suya. Entonces, ¿por qué no comprender a la luz de la verdad, que esta materia, informe también, que la Escritura llama tierra vacía y no-organizada, abismo tenebroso, ha sido extraída por Dios de la nada?

231

La verdad del lector y la verdad del autor

Lejos de mí cuantos admiten que Moisés haya dicho cosas falsas. Quiero unirme a ti, Señor, regocijarme en ti, con los que se nutren de tu verdad en la plenitud de tu amor.

Escucho esas opiniones diversas; las sopeso en cuanto me lo permite mi debilidad, que confieso a mi Dios, aunque él no la ignora. Compruebo que pueden nacer dos clases de desacuerdos sobre un testimonio expresado por medio de signos y por intérpretes dignos de fe; el uno se refiere a la verdad de las cosas por sí mismas, el otro sobre la intención de aquel que las relata.

Buscar la verdad misma del hecho, a propósito de la creación, es una cosa; buscar lo que Moisés, ese admirable servidor de tu fe, quiso dar a entender con sus palabras a quien le lee o le escucha, es otra.

Con respecto a la primera dificultad, lejos de mí cuantos toman falsas doctrinas por verdades ciertas. En cuanto a la segunda, lejos de mí cuantos admiten que Moisés haya dicho cosas falsas. Pero quiero unirme a ti, Señor, regocijarme en ti, con los que se nutren de tu verdad en la plenitud de tu amor. Acerquémonos juntos a las palabras de tu Libro, y busquemos en ellas tu pensamiento en el pensamiento de tu servidor, por cuya pluma nos dispensaste estas cosas.

232

La intención de Moisés al escribir

Y, sin embargo, ese pensamiento, ¿quién de nosotros, entre tantas posibilidades como se ofrecen a los buscadores para comprender tus palabras, en uno o en otro sentido, se alabaría de haberlo adivinado tan bien que pudiese afirmar: "He aquí lo que quiere decir Moisés, he aquí el sentido que da a su narración", con tanta confianza como afirma que aquella narración es verdadera, y que haya sido la intención misma del propio Moisés?

En cuanto a mí, mira Señor, que yo te he dedicado en este libro el sacrificio de mis confesiones, y que pido a tu misericordia poder cumplir fielmente ese voto, afirmo con toda confianza que lo has hecho todo con tu palabra inmutable, tanto las cosas visibles como las invisibles. Pero ¿puedo decir con igual certidumbre que Moisés ha tenido seguramente esa intención, cuando escribió: "En el principio creó Dios el cielo y la tierra"? Es que, si la primera afirmación es cierta para mí, a la luz de tu verdad, ¿estoy también seguro de leer en su espíritu su verdadero pensamiento, cuando se expresa así?

Al decir "en el principio", pudo muy bien entender "al principio mismo de la creación". Con las palabras *cielo* y *tierra*, pudo querer darnos a entender la naturaleza, espiritual y corporal, no ya formada y perfecta, sino comenzadas y todavía informes. Veo bien que pudo decir con verdad cualquiera de estas dos cosas, mas cuál de ellas tenía en mente al decir estas palabras, no lo veo ya tan claro, aunque no dudo que aquel gran hombre veía en su mente, al escribir estas palabras, que percibía la verdad y que la expresaba adecuadamente, sea ésta alguno de los sentidos expuestos o sea otra cosa distinta.

Afirmo con toda confianza que lo has hecho todo con tu palabra inmutable, tanto las cosas visibles como las invisibles. Pero ¿puedo decir con igual certidumbre que Moisés ha tenido seguramente esa intención, cuando escribió: "En el principio creó Dios el cielo y la tierra"?

233

La verdad una y múltiple

¡He aquí
por qué,
Señor,
son temibles
tus juicios,
porque tu
verdad no
me pertenece
ni a mí,
ni a éste,
ni a aquél,
sino que es
de todos
nosotros!
Y tú nos
invitas
abiertamente
a participar
en ella.

Que no vengan, pues, a importunarme diciéndome: "El verdadero pensamiento de Moisés no es el que tú dices; es el que digo yo." Y si me dijesen también: "¿Cómo sabes que Moisés comprendió verdaderamente aquellas palabras, dándoles el sentido con que tú las interpretas?", yo no tendría derecho a impacientarme sino a llevarlo con buen ánimo y responder tal vez lo que respondí más arriba, o un poco más extensamente, si fuese duro de convencer.

Pero cuando me declaran que: "El verdadero pensamiento de Moisés no es el que tú dices, sino el que digo yo", y, por otra parte, no niega que sea verdad lo que el uno y el otro decimos, entonces, oh Vida de los pobres, Dios mío, tú en cuyo seno no habita ninguna contradicción, derrama sobre mi corazón un rocío apaciguador, para ayudarme a soportar a esa clase de gentes. Pues si me hablan así, no es porque sean hombres adivinos, ni que hayan visto claro en el corazón de tu siervo, sino que son soberbios. Nada entienden del pensamiento de Moisés, pues sólo aman su propio pensamiento, no por ser verdadero, sino simplemente porque es suyo. De otro modo amarían el pensamiento ajeno, desde el momento que fuese verdadero, como yo amo lo que dicen, cuando dicen la verdad. No porque sea de ellos, sino porque es verdadero y, por tanto, no ya de ellos, puesto que es verdad. Pero si aman lo que dicen porque es verdadero, entonces me pertenece igual que a ellos, puesto que se convierte en el bien común de cuantos aman la verdad.

Por consiguiente, cuando sostienen que el verdadero pensamiento de Moisés no es el que yo digo, sino lo que ellos dicen, me desagrada y lo rechazo, porque aunque así fuera, su temeridad se fundamentaría, no sobre la ciencia, sino sobre la audacia, no según una intuición profética, sino sobre la soberbia.

¡He aquí por qué, Señor, son temibles tus juicios, porque tu verdad no me pertenece ni a mí, ni a éste, ni a aquél, sino que es de todos nosotros! Y tú nos invitas

abiertamente a participar en ella, añadiendo esa advertencia terrible de que no debemos guardarla como bien privado, si no queremos ser privados de ella nosotros mismos. Quienquiera que reivindique para su uso personal
ese bien cuyo goce has puesto en común, y que quiera
apropiarse lo que pertenece a todos, queda relegado de ese
fondo común a su propio fondo, pasando así de la verdad
a la mentira, "pues cuando habla mentira, de lo suyo
habla" (Jn. 8:44).

¡Oh Dios mío, juez excelente, que eres la Verdad
misma, escúchame, presta atención a lo que contesto a ese
contradictor! Hablo ante ti y ante mis hermanos que hacen
"un uso legítimo de la ley" al coordinarla con su fin, que
es la caridad. Atiende y mira lo que le contesto, si así te
place. He aquí qué palabras fraternas y pacíficas quiero
dirigirle:

"Si los dos vemos que lo que dices es verdad, y asimismo vemos los dos que es verdad lo que yo digo, dime:
¿en dónde lo vemos? Evidentemente, no lo veo en ti, ni
tú lo ves en mí. Ambos lo vemos en la inmutable Verdad,
que está por encima de nuestras inteligencias.

Si estamos de acuerdo sobre esa luz del Señor nuestro
Dios, ¿por qué discutir sobre el pensamiento de nuestro
prójimo, que no podemos ver, como vemos la inmutable
verdad? Si el mismo Moisés se nos apareciese para decirnos. "He aquí cuál era mi pensamiento", no lo veríamos
así; lo creeríamos. Así pues, guardémonos de ir más allá
de lo que está escrito y de pelearnos entre nosotros (1ª Co.
4:6). Amemos al Señor nuestro Dios, con todo nuestro
corazón, con toda nuestra alma, con todo nuestro espíritu,
y al prójimo como a nosotros mismos (Mt. 22:37). Si no
creemos que Moisés sólo pensó teniendo en cuenta esos
dos preceptos de la caridad cuando pensó en sus libros,
hacemos mentiroso a Dios, pues atribuimos a su siervo
pensamientos distintos a lo que él enseñó.

Pero mira qué necio sea afirmar temerariamente entre
tanta multitud de sentencias verdaderas como pueden
sacarse de aquellas palabras, cuál de ellas intentó concretamente Moisés, y ofender con perniciosas disputas a esa
caridad, único fin por el cual dijo todas las palabras que
nos esforzamos en explicar.

**Mira qué
necio sea
afirmar
temerariamente
entre tanta
multitud de
sentencias
verdaderas
como pueden
sacarse de
aquellas
palabras,
cuál de ellas
intentó
concretamente
Moisés, y
ofender con
perniciosas
disputas a
esa caridad,
único fin
por el cual
dijo todas
las palabras
que nos
esforzamos
en explicar.**

234

La verdad omniabarcante
de la inspiración

Dios mío, si tú me magnificas cuando me humillo, escuchas mis confesiones y me perdonas los pecados, no puedo creer que un Moisés, tu servidor fiel, haya recibido de ti menos dones que los que hubiese podido y deseado yo mismo.

Y, sin embargo, Dios mío, tú que me magnificas cuando me humillo, que eres el descanso de mi labor, que escuchas mis confesiones y me perdonas los pecados, puesto que me prescribes que ame a mi prójimo como a mí mismo, no puedo creer que un Moisés, tu servidor fiel, haya recibido de ti menos dones que los que hubiese podido y deseado yo mismo, si hubiese nacido en su tiempo,

San Mateo y el ángel (Rembrandt)

y si tú me hubieses llamado a la misión de servirte con mi corazón, con mi lengua, y de dispensar a los hombres esas Escrituras que, tantos siglos después, debían ser tan saludables para todas las naciones, y establecer universalmente el prestigio de su autoridad sobre todas las doctrinas de mentira y de soberbia.

Yo hubiera querido, si hubiese sido Moisés, ya que todos salimos de la misma masa, y "¿qué es el hombre, si no te acuerdas de él?" (Sal. 8:4; 144:3), sí, yo habría querido, de haber sido Moisés, y si tú me hubieses ordenado escribir el libro del Génesis, recibir de ti una aptitud para expresarme, un modo de estilo tal que hasta los lectores todavía incapaces de comprender de qué modo Dios crea no pudiesen rechazar mi modo de expresarme por encontrarse por encima de su comprensión; y que aquellos que ya fuesen capaces encontrasen, sin ninguna omisión, en las breves palabras de tu servidor, todas las verdades que su meditación les hubiese descubierto , y, en fin, que si la luz de tu verdad permitiese a cualquier otro encontrar cualquier otra interpretación, pudiese encontrarla también en esas mismas palabras.

Que si la luz de tu verdad permitiese a cualquier otro encontrar cualquier otra interpretación, pudiese encontrarla también en esas mismas palabras.

235

Simplicidad y soberbia
del entendimiento

La narración del dispensador de tu palabra, en la que debían ser descubiertas tantas interpretaciones futuras, hace brotar en pocas palabras muy sencillas un oleaje de transparente verdad, del cual cada uno extrae para sí la parte de verdad que puede hallar de verdad y desarrollarla después en largas formulaciones verbales.

Así como la fuente en un lugar más reducido es más abundante, y surte agua a muchos riachuelos que la esparcen por un más amplio terreno que ninguna de las corrientes que, salidas de ella, bañan toda una serie de regiones; de igual modo, la narración del dispensador de tu palabra, en la que debían ser descubiertas tantas interpretaciones futuras, hace brotar en pocas palabras muy sencillas un oleaje de transparente verdad, del cual cada uno extrae para sí la parte de verdad que puede hallar de verdad y desarrollarla después en largas formulaciones verbales.

Al leer o al oír esas palabras, los hay que se imaginan a Dios como a un hombre, o como a una especie de masa dotada de un poder ilimitado, que por una decisión en cierto sentido nueva y repentina, hubiese producido fuera de ella misma y, por decirlo así, a distancia, el cielo y la tierra, dos cuerpos inmensos, el uno arriba, el otro abajo, en los que todos los seres se hallan encerrados. Cuando oyen eso: "Dios dijo: ¡Que esto sea!, y fue", se figuran palabras que empiezan y que acaban, que resuenan un momento, después se paran, y cuyo sonido expira tan pronto como surge el ser que ellas han llamado a nacer. Sus otras interpretaciones llevan la marca de la misma inclinación a las concepciones carnales.

Estos son aún como animalillos pequeños, cerrados aún a los pensamientos espirituales. Mientras su debilidad se deja influir por esa humilde simplicidad de lenguaje, como en un seno materno, el edificio de su salvación no deja de seguir elevándose, gracias a la fe que les hace considerar cierto y seguro que es Dios quien creó todos los seres cuya sorprendente variedad surge por doquier e influye sus sentidos.

Pero si despreciando la pretendida vulgaridad de tus palabras, uno de ellos, por soberbia imbecilidad se lanza fuera del nido donde ha sido criado, ¡ay!, caerá miserable. ¡Ten piedad de él, Señor Dios, impide que los transeúntes pisen a ese pajarillo todavía sin plumas; envía a uno de tus ángeles para que vuelva a ponerlo en su nido, y que viva en él hasta que sepa volar!

236

La riqueza inagotable
de la Escritura

Existen otros para quienes esas palabras no son ya nido, sino un jardín frondoso, donde revolotean gozosamente, cuando divisan los frutos ocultos bajo el follaje que buscan, y a los que picotean mientras gorjean.

Cuando leen o escuchan las palabras del Génesis, ven que todos los tiempos, pasados y futuros, están dominados por tu eterna y permanente estabilidad, y que, sin embargo, no hay criatura temporal que tú no hayas creado; que tu voluntad, idéntica a ti mismo, ha creado todas las cosas sin experimentar ella misma ninguna modificación, y sin que haya surgido en ella una decisión inexistente antes; que los has creado, no extrayendo de ti una imagen de ti, forma de todo ser, sino extrayendo de la nada una sustancia informe, que sin parecerse a ti en nada era susceptible de recibir una forma según tu imagen y tu semejanza, volviendo a ti, el Uno, en la medida ya ordenada antes, y concedida a cada ser, según su especie; que a partir de entonces todas las criaturas son perfectamente buenas, sea que permanezcan a tu alrededor, sea que, más o menos alejadas de ti en el tiempo y el espacio, producen o soportan las admirables variaciones del universo. Ven estas cosas y se alegran en la luz de tu verdad, en tanto que su debilidad se lo permite aquí abajo.

Otro, considerando esas palabras: "En el principio Dios creó", entiende por principio la sabiduría, porque también ella nos habla (Jn. 8:25). Otro, al estudiar esas mismas palabras, entiende por principio el comienzo de la creación, y para él "Dios creó al principio" equivale a decir que "Dios hizo en primer lugar".

Entre aquellos que, bajo la palabra *principio*, comprenden que tú hiciste, en la sabiduría, el cielo y la tierra, el uno pretende que los nombres cielo y tierra se refieren a la materia, todavía susceptible de organización, del cielo y la tierra cuya materia es creada; otro cree que se trata de las sustancias ya formadas y diversificadas ; otro quiere que la palabra cielo designe la naturaleza formada y espiritual, y que el nombre de tierra designa la naturaleza informe y material.

> Existen otros para quienes esas palabras no son ya nido, sino un jardín frondoso, donde revolotean gozosamente, cuando divisan los frutos ocultos bajo el follaje que buscan, y a los que picotean mientras gorjean.

Entre aquellos que, bajo la palabra *principio*, comprenden que tú hiciste, en la sabiduría, el cielo y la tierra, se dan múltiples interpretaciones.

La misma diversidad de interpretación en aquellos que entienden por las palabras cielo y tierra la materia todavía informe que debía servir para formar el cielo y la tierra; el uno ve en ella la fuente común de las criaturas supersensibles y sensibles; el otro cree que de ella sólo debía salir la masa sensible, corporal, que contenía en su vasto seno a todos los seres visibles, perceptibles a nuestros sentidos.

La misma diversidad de interpretación se da entre aquellos que creen que en este pasaje cielo y tierra designan las criaturas ya organizadas y puestas en su lugar; el uno piensa en el mundo invisible y visible; el otro, únicamente en el mundo visible, en el que contemplamos el cielo luminoso y la tierra oscura y las cosas que hay en ellos.

237

Primero fue la materia informe, luego la forma

Pero el que interpreta las palabras "En el principio creó Dios" en el sentido de "creó en primer lugar", no tiene más recurso, para permanecer en el terreno de la verdad, que comprender *cielo* y *tierra* en el sentido de materia del cielo y de la tierra, es decir, del conjunto de la creación supersensible y corporal. Pues si quiere entender por ello un conjunto ya formado, tendríamos el derecho de formularle esta pregunta: Pero si Dios ha hecho esto "antes", ¿qué hizo, entonces, "después"? Desde el momento en que el conjunto del universo se supone ya creado, no encontrará nada más, y tendrá el disgusto de oír como le dicen: "¿Qué significa este «antes»? ¿Qué puede significar, si nada vino «después»?"

Si supone que primero Dios hizo la materia informe, y después le dio su forma, eso no tiene nada de absurdo, pero a condición que sea capaz de discernir lo que tiene prioridad por eternidad, por el tiempo, por la elección, por el origen. Digo eternidad, como Dios precede todas las cosas; tiempo, como la flor precede al fruto; elección, como el fruto a la flor; origen, como el sonido al canto.

De esas cuatro cosas que he mencionado, la segunda y la tercera se comprenden muy fácilmente; es precisamente lo contrario para la primera y la cuarta. Muy raro, muy difícil es, oh Señor, la visión, la contemplación de tu eternidad, que, inmutable como es, crea las cosas mudables, y tiene, por consiguiente, prioridad sobre ellas, ¡y qué penetración de espíritu se necesita para poder comprender, sin gran esfuerzo, la prioridad del sonido sobre el canto! El canto, en efecto, es el sonido organizado; pero una cosa puede muy bien existir sin ser organizada, pero lo que no existe no podría ser. Así, pues, la materia es anterior a lo que de ella se extrae; anterioridad que no se relaciona con un papel activo de creación (el suyo es más bien pasivo), ni a una prioridad temporal, pues no empezamos por emitir sonidos inarticulados y que no llegan a constituir un canto, para adaptarlos y modularlos después

Muy difícil es, oh Señor, la visión, la contemplación de tu eternidad, que, inmutable como es, crea las cosas mudables, y tiene, por consiguiente, prioridad sobre ellas, ¡y qué penetración de espíritu se necesita para poder comprender!

Comprenda quien pueda que la materia del universo ha sido creada primero, y llamada cielo y tierra porque con ella han sido hechos el cielo y la tierra. No fue hecha primero en tiempo, puesto que las formas de las cosas son las que producen los tiempos, y aquello era informe, bien que se la conciba ligada con los tiempos.

en forma de canto, como se trabaja la madera o la plata para formar con ellas un cofre o un vaso. Estas materias preceden, en efecto, en el tiempo, a los objetos que de ellas se extraen. No ocurre lo mismo con el canto. Cuando se canta se oye el sonido del canto; no hay primero resonancia inorganizada, después canto en forma. Una vez articulado, el sonido se desvanece, y ya no queda más, nada más que el arte pueda recoger para armonizarlo. Así la contextura del canto está formada de sonidos; el sonido es su materia y para convertirse en canto recibe una forma. He aquí por qué, como decía antes, el sonido, que es materia, es anterior al canto, que es forma. Anterioridad que no depende de una fuerza creadora, puesto que no es el sonido el artesano del canto, sino que sólo es facilitado por el órgano físico al alma del cantor, para que lo convierta en canto. Anterioridad que no es temporal; el sonido es emitido al mismo tiempo que el canto. Anterioridad que tampoco depende de una preferencia; no hay que preferir el sonido al canto, puesto que el canto sólo es el sonido, esto es: el sonido revestido de belleza. No; esta anterioridad sólo lo es en su origen; pues el canto no recibe su forma para convertirse en sonido, sino el sonido para convertirse en canto.

Con este ejemplo comprenda quien pueda que la materia del universo ha sido creada primero, y llamada cielo y tierra porque con ella han sido hechos el cielo y la tierra. No fue hecha primero en tiempo, puesto que las formas de las cosas son las que producen los tiempos, y aquello era informe, bien que se la conciba ligada con los tiempos; sin embargo, nada puede decirse de ella, sino que es en cierto modo primera en tiempo, aunque sea la última en valor, porque mejores son, sin duda, las cosas formadas que las informes, y esté precedida de la eternidad del Creador, a fin de que hubiese algo de la nada, de donde poder hacer algo.[68]

---

[68] Entendiendo esa nada a la luz de la potencia creadora de Dios. A la tesis naturalista *ex nihilo nihil fit* –de la nada nada se hace– corresponde la tesis cristiana: *ex nihilo omne ens qua ens fit* –de la nada se hace todo ente en cuanto ente (cf. Julián Marías, *Antropología metafísica*, cp. IV "La creación y la nada") Agustín, *La verdadera religión*, XVIII, en *La utilidad de creer*, de esta misma colección).

238

La verdad
es quien establece la armonía

En tal diversidad de opiniones, todas ellas verdaderas, es la misma verdad la que tiene que establecer la concordia. Pueda nuestro Dios tener piedad de nosotros "si alguno usa de ella legítimamente" (1ª Ti. 1:8), relacionándola de un modo directo con la caridad pura, objetivo de todo precepto.

Por consiguiente, si me preguntan cuál es, de todas esas interpretaciones, aquella en la cual pensaba Moisés, olvidaría el verdadero lenguaje de mis *Confesiones* si no confesase que nada sé. Sin embargo, lo que sé es que esas opiniones son verdaderas, salvo las concepciones groseras sobre las cuales ya he dicho cuanto pienso. Los que las comparten son "párvulos" de buena esperanza, a los cuales no intimidan las palabras de tu Libro, tan sublimes en su humildad, tan ricas de sentido en su misma brevedad.

Pero todos nosotros, que, lo admito, vemos y decimos la verdad sobre esos textos, amémonos los unos a los otros, y amemos también a nuestro Dios, fuente de Verdad, si tenemos sed, no de quimeras, sino de la Verdad misma. Honremos a tu siervo, dispensador de esta Escritura, lleno de tu Espíritu, y creamos que al consignar por escrito tus revelaciones, no ha tenido presente nada más que lo que se desprende de ellas de más excelente, en cuanto a verdades luminosas y frutos provechosos.

Todos nosotros, que, lo admito, vemos y decimos la verdad sobre esos textos, amémonos los unos a los otros, y amemos también a nuestro Dios, fuente de Verdad, si tenemos sed, no de quimeras, sino de la Verdad misma.

239

Cosas diferentes, igualmente verdaderas

Creo que Moisés, al escribir, tenía en el pensamiento todas las verdades que hemos podido descubrir en sus palabras, y también cuantas pueden ser descubiertas en ellas, y que todavía no hemos descubierto.

Así, pues, cuando uno viene a decirme: "Moisés pensó igual que yo", y otro dice: "No es verdad; su verdadero pensamiento es el mío", yo contesto con un espíritu que me parece más realmente religioso: "¿Por qué no habría pensado en ambas interpretaciones, si ambas son verdaderas?" Si se descubre en sus palabras un tercero y un cuarto sentido, y así sucesivamente, desde el momento que este sentido es verdadero, ¿por qué no creer que Moisés los ha visto todos, aquel por quien el Dios uno adaptó los escritos sagrados a la inteligencia de tantos lectores, que debían ver en ellos cosas diferentes, igualmente verdaderas?

Por mi parte, lo declaro atrevidamente y desde el fondo del corazón; si, elevado a la cumbre más alta de la autoridad, tuviese algo que escribir, quisiera escribirlo de tal modo que cada cual pudiese comprender mis palabras y oír resonar en ellas el eco de las ideas justas que él se habría formado sobre las mismas cosas, antes que poner una sentencia sola verdadera muy claramente, a fin de excluir todas las demás cuya falsedad no pudiese ofenderme. Por ello, Dios mío, me guardo de ser lo suficientemente temerario para creer que un tan grande hombre no haya recibido de ti semejante gracia.

Creo, por tanto, que Moisés, al escribir, tenía en el pensamiento todas las verdades que hemos podido descubrir en sus palabras, y también cuantas pueden ser descubiertas en ellas, y que todavía no hemos descubierto en ellas.

240

Centrarse en lo bueno y útil
de la Palabra

Finalmente, Señor, tú que no eres carne ni sangre, sino Dios; si el hombre no lo ha visto todo, tu Espíritu Santo "me guíe a tierra de rectitud" (Sal. 143:10), ¿ha podido ignorar algo de lo que esperabas revelar con estas palabras a los lectores del porvenir, aunque tu intérprete sólo las hubiese oído en uno de sus múltiples sentidos variados? A este precio, el sentido que tuvo presente era, ciertamente, más elevado que todos los demás. Pero a nosotros, Señor, desvélanos ese mismo sentido, o cualquier otro sentido verdadero que quieras; y tanto si nos descubres el mismo sentido que a tu siervo, como si nos muestras otro a causa de esas mismas palabras, aliméntanos tú mismo, para que no nos engañe el error.

¡He aquí, Señor, cuántas cosas hemos escrito sobre tan pocas palabras! Con este método, ¿qué fuerzas, qué tiempo no nos serían necesarios par exponer todos tus libros? Permíteme, pues, que te confiese en ellos más sucintamente y que elija algo que tú me inspirares, verdadero, cierto y bueno, aunque me salgan al paso muchas cosas allí donde pueden ofrecerse muchas, y esto con tal fidelidad de mi confesión que si hallo el pensamiento de tu ministro, sepa interpretarlo bien y perfectamente, pues tal es el objeto que debe proponerse mi esfuerzo; y si no lo consigo, diga yo, por lo menos, lo que tu Verdad quiso decirme con esas palabras, que también ella dijo a Moisés lo que quiso.

A nosotros, Señor, desvélanos ese mismo sentido, o cualquier otro sentido verdadero que quieras; y tanto si nos descubres el mismo sentido que a tu siervo, como si nos muestras otro a causa de esas mismas palabras, aliméntanos tú mismo, para que no nos engañe el error.

XIII
GÉNESIS,
ENTRE LA LETRA Y EL ESPÍRITU

241

Dios no necesita de la criatura

Te invoco, Dios mío, mi misericordia, que me creaste y no te olvidaste de quien se olvidó de ti. Te llamo en mi alma, que tú preparas para recibirte con el deseo que le inspiras. No rechaces esta llamada. Antes de oírla, ya te has anticipado a ella, cuando me impulsabas con tantas insistencias reiteradas para que oyese tu voz de lejos, y que me volviese hacia ti, y que llamase a ti, que me llamabas a mí.

Sí, Señor; eres tú quien has borrado todos mis actos culpables, para no tener que castigarme por las obras de mis manos, con las que me alejé de ti, y has anticipado sobre todas mis buenas acciones, para recompensar la obra de tus manos, con las que me formaste; pues tú eras antes de que yo fuese, y yo no merecía que me dieses el ser.

Sin embargo, he aquí que yo soy por tu bondad, que ha precedido cuanto me has dado de ser, y cuanto has hecho de mí. Tú no tenías necesidad de mí, ni yo no era un bien tal con el que pudieras ser ayudado, oh mi Señor y mi Dios. Tampoco puedo servirte como si te hubieras fatigado en obrar o como si tu poder fuera menos si le faltara mi obsequio. Ni tampoco de manera que si te faltara mi culto, fueras como la tierra falta de cultivo. Quiero servirte y darte culto de modo que de ti me venga a mí la felicidad, pues de ti me viene el ser capaz de recibirla.

Quiero servirte y darte culto de modo que de ti me venga a mí la felicidad, pues de ti me viene el ser capaz de recibirla.

242

¿Qué mérito pudo tener la creación para ser creada?

¿Qué pudo merecer de ti el cielo y la tierra, que creaste en el principio? Lo pregunto a la naturaleza espiritual o corporal que has "creado en tu sabiduría".

Pues de la plenitud de tu bondad subsiste tu criatura, a la que tu no privaste de un bien que ni te favorece a ti ni es de tu propia sustancia y, por tanto, igual a ti, sino que existe porque puede derivar su ser de ti.

¿Qué pudo merecer de ti el cielo y la tierra, que creaste *en el principio*? Lo pregunto a la naturaleza espiritual o corporal que has "creado en tu sabiduría"; ¿qué méritos tenían, para que, en esta sabiduría, dependiese hasta lo que hay de imperfecto, de informe, ya en el elemento espiritual, ya en el elemento corporal, hasta lo que tiende al desorden, a una completa desemejanza con relación a ti? Un ser espiritual, hasta informe, es aún superior a un cuerpo organizado; un elemento corporal no organizado vale todavía más que la pura nada; pero todo eso habría permanecido informe bajo tu palabra, si esta misma palabra no lo hubiese llamado a tu Unidad, dándole la forma y la excelencia que procede sólo de ti, el bien supremo. Sí; todas esas cosas, ¿en qué habían merecido bien de ti, para obtener aunque sólo fuese su ser todavía informe, ellas que no lo habrían ni obtenido sin ti?

¿Qué pudo merecer de ti la materia corporal, aunque sólo fuese para existir "invisible e inorganizada"? Ella no habría sido ni eso, si tú no la hubieses hecho. No siendo, no podía merecer de ti su ser. O ¿qué pudo merecer de ti la creación espiritual en su estado incipiente para tener al menos su ser fluctuante y tenebroso, parecido al abismo, diferente de ti, si ese mismo Verbo no la hubiese impulsado de nuevo hacia el mismo Verbo que la había creado, y que, iluminándola con sus rayos, la hizo luz, si bien no igual, sí al menos conforme a la forma igual a ti? Porque así como en un cuerpo no es lo mismo ser que ser hermoso, de otro modo no podría ser deforme, así tampoco, en orden al espíritu creado, no es lo mismo vivir que vivir sabiamente, puesto que de otro modo inmutablemente comprendería.

Su bien consiste "en acercarse a Dios" (Sal. 73:28), a fin de que no pierda la luz que alcanzó con la conversión y que vuelva a caer en una vida parecida a un abismo de tinieblas. También nosotros que, teniendo un alma, somos criaturas espirituales, nos hemos alejado de tu luz, fuimos "tinieblas en otro tiempo" (Ef. 5:8) en esta vida, y aún seguimos luchando contra lo que subsiste de nuestra noche, hasta el día en que "hechos justicia de Dios en él" (2ª Co. 5:21), tú Hijo único, tal como los "montes de Dios" (Sal. 36:6); pues hemos estado sometidos a tus juicios parecidos a un *profundo abismo*.

También nosotros que, teniendo un alma, somos criaturas espirituales, nos hemos alejado de tu luz, fuimos "tinieblas en otro tiempo" en esta vida, y aún seguimos luchando contra lo que subsiste de nuestra noche.

243

La luz y la criatura espiritual

Vuelto, por un cambio beneficioso, hacia lo que no es susceptible de cambio, ni en lo mejor ni en lo peor, hacia ti, único ser simple, para quien vivir es lo mismo que vivir feliz, pues eres, para ti mismo, tu propia felicidad.

En cuanto a esa palabra que pronunciaste al principio de la creación: "Que la luz sea, y la luz se hizo" (Gn. 1:3), la aplico, no sin verosimilitud, a la criatura espiritual, que era ya vida en cierto modo, puesto que recibía tu luz. Pero si no hubiese merecido de ti el don de volverse vida, capaz de recibir tu luz, igualmente, una vez convertida en vida, no ha merecido de ti el don de tu luz. Pues su informidad no te habría gustado, si no se hubiese convertido en luz, no por el solo hecho de su existencia, sino contemplando la luz iluminante y uniéndose íntimamente con ella. De modo que sólo a tu gracia debía el vivir, y el vivir feliz, vuelto, por un cambio beneficioso, hacia lo que no es susceptible de cambio, ni en lo mejor ni en lo peor, hacia ti, único ser simple, para quien vivir es lo mismo que vivir feliz, pues eres, para ti mismo, tu propia felicidad.

244

Volver a la fuente de la vida

¿Qué faltaría, pues, a tu bien, que tú eres para ti mismo, aunque todas esas criaturas no existiesen, o aunque hubiesen permanecido en la informidad? Si las hiciste, no es porque tuvieses necesidad de ellas, no; es por la plenitud de bondad que les has dado, que les impusiste una forma, sin que tu gozo hubiera de ser completado con ellas. Al ser perfecto que eres, desagrada su imperfección, para que tú las perfecciones y te agraden; aunque como a imperfecto, como si tú hubieras de perfeccionarte con su perfección.

Tu Espíritu Santo volaba por encima de las aguas; no era llevado por ellas, como si descansase sobre ellas, porque en quienes se dice que en ellos "descansa" tu Espíritu, a los tales los hace descansar en sí. Pero es tu voluntad incorruptible, inmutable, que se basta a sí misma, la que era llevada por encima de la vida que habías creado, y para la cual no es lo mismo vivir que vivir feliz, porque vive aun flotando en su oscuridad, y debe volverse hacia su autor, vivir cada vez más cerca de la fuente de vida, ver la luz en su luz, y encontrar así perfección, iluminación, felicidad.

¿Qué faltaría, pues, a tu bien, que tú eres para ti mismo, aunque todas esas criaturas no existiesen, o aunque hubiesen permanecido en la informidad? Si las hiciste, no es porque tuvieses necesidad de ellas, no; es por la plenitud de bondad que les has dado, que les impusiste una forma, sin que tu gozo hubiera de ser completado con ellas.

245

La Trinidad en la creación

Y ya, por ese nombre de *Dios*, yo alcanzaba al Padre, que ha creado esas cosas; por la palabra *principio* yo alcanzaba al Hijo en quien él las ha creado, y vista mi fe en la Trinidad de mi Dios, yo buscaba esa Trinidad en tus santos oráculos.

Y he aquí que se me aparece como en enigma la Trinidad, que eres tú, Dios mío, porque tú, el Padre, has creado el cielo y la tierra en el principio de nuestra Sabiduría, que es tu Sabiduría, nacida de ti, igual y coeterna contigo, es decir, en tu Hijo.

Ya he hablado largamente del "cielo de los cielos", de la tierra "invisible y no-organizada", del abismo de las tinieblas; he dicho la informidad fluida y oscilante de la creación espiritual, a la cual ha sido preciso volverse hacia el Autor de toda vida, para que su luz la hiciese viviente y bella, y que hubiese un cielo de ese otro cielo, creado después entre la tierra y el agua.

Y ya, por ese nombre de *Dios*, yo alcanzaba al Padre, que ha creado esas cosas; por la palabra *principio* yo alcanzaba al Hijo en quien él las ha creado, y vista mi fe en la Trinidad de mi Dios, yo buscaba esa Trinidad en tus santos oráculos. Y he aquí que "tu Espíritu se cernía sobre las aguas". Ahora la tengo, a la Trinidad, Dios mío, Padre, Hijo, Espíritu Santo, Creador de todas las cosas.

246

¿Por qué se dice
que el Espíritu "se cernía"?

A ti, oh luz verídica, acerco mi corazón para que no me enseñe cosas cosas y disipes sus tinieblas. Dime, te lo ruego, por la caridad, mi madre, sí, yo te lo ruego: dime por qué sólo es después de haber nombrado al cielo, a la tierra invisible e inorganizada, y a las tinieblas sobre el abismo, que tu Escritura ha nombrado a tu Espíritu. ¿Fue acaso porque convenía insinuarle y poder decir de él que "se cernía"? Porque no podría decirse esto si antes no se hubiera mencionado aquello sobre lo que se cernía tu Espíritu. Ciertamente no se cernía sobre el Padre, ni sobre el Hijo, y sin embargo, no podría decirse con propiedad que se cernía si no se cernía sobre algo.

Convenía, pues, indicar en primer lugar aquello sobre lo qué se cernía, y después a aquél a quien no convenía mencionar más que diciendo que se cernía. Pero sigo preguntando, ¿por qué no convenía que el divino Espíritu se insinuara de otro modo más que diciendo que se cernía?

No podría decirse esto si antes no se hubiera mencionado aquello sobre lo que se cernía tu Espíritu. Ciertamente no se cernía sobre el Padre, ni sobre el Hijo y, sin embargo, no podría decirse con propiedad que se cernía si no se cernía sobre algo.

247

Las aguas de las pasiones

¿En qué términos hablar de ese peso de la concupiscencia que nos arrastra hacia las escarpaduras del abismo, y de la elevación de la caridad, que nos impele hacia lo alto, gracias al Espíritu Santo, que "se cernía sobre las aguas"?

A partir de ahora, que siga quien pueda, con su inteligencia, a tu Apóstol, cuando declara que "el amor de Dios está derramado en nuestros corazones por el Espíritu Santo que nos es dado" (Ro. 5:5); cuando nos instruye sobre las cosas espirituales y nos muestra el camino del amor que es más excelente (1ª Co. 12:31). Y dobla su rodilla por nosotros ante ti para que podamos "conocer el amor de Cristo, que excede a todo conocimiento" (Ef. 4:19). Tal era la razón por la que el Espíritu se cernía desde el principio sobre las aguas de un modo sobreeminente.

Pero ¿a quién hablar, en qué términos hablar de ese peso de la concupiscencia que nos arrastra hacia las escarpaduras del abismo, y de la elevación de la caridad, que nos impele hacia lo alto, gracias al Espíritu Santo, que "se cernía sobre las aguas"? ¿A quién hablar de ello? ¿En qué términos decirlo? Porque aquí no hay lugares en los cuales somos sumergidos o emergidos. ¿Qué cosa más semejante y desemejante a la vez? Son nuestras pasiones y nuestros amores; la impureza de nuestro espíritu que nos arrastra a lo más bajo por los cuidados mundanos. Y es tu santidad la que nos eleva por el amor de una divina seguridad, para que elevemos nuestros corazones hacia ti, allá donde tu Espíritu se cernía sobre las aguas, y que lleguemos al descanso supremo, cuando nuestra alma haya pasado más allá de "esas aguas soberbias" (Sal. 123:5).

248

En la caída resplandece la luz sobre las tinieblas

El ángel ha caído, el alma del hombre ha caído también, y con su caída señalaron cuál hubiera sido el abismo de la creación espiritual en las profundas tinieblas del abismo si no hubieras dicho desde el principio: "¡Hágase la luz!", si la luz no se hubiese hecho, si todos los espíritus de tu ciudad celeste no se hubiesen refugiado en ti, con plena obediencia, para asegurar su paz en tu Espíritu, que se cierne inmutablemente sobre todo lo mudable. En caso contrario, el mismo *cielo del cielo*, que ahora es "luz en el Señor" (Ef. 5:8), hubiera sido en sí mismo tenebroso abismo.

En la lamentable inquietud de las inteligencias caídas, que despojadas del vestido de tu luz sólo enseñan sus tinieblas, das testimonio suficiente de la excelencia a la que elevaste a la criatura racional que creaste, para cuyo descanso feliz nada es suficiente que sea menos que tú, ni aun ella misma se basta a sí misma. Eres tú, Señor, el que alumbra mis tinieblas (Sal. 18:28). Nos revistes con tu luz y "en nuestras tinieblas nacerá tu luz, y tu oscuridad será como el mediodía" (Is. 58:10).

Poséeme, Dios mío, entrégate a mí; ya ves que te amo. Si mi amor es aún demasiado débil, fortifícalo. Yo no sabría medir lo que falta a mi amor para que sea suficiente, para que mi vida se precipite a tus abrazos, y que no se desprenda de ellos hasta que sea absorbida en el secreto de tu rostro. Una cosa sé, me va mal lejos de ti. No sólo cuando estoy fuera de mí, sino incluso en mí mismo. Y sé también que toda mi abundancia que no es mi Dios es pobreza.

Una cosa sé, me va mal lejos de ti. No sólo cuando estoy fuera de mí, sino incluso en mí mismo. Y sé también que toda mi abundancia que no es mi Dios es pobreza.

249

El peso de los cuerpos y del alma

Lo que no
se halla en
su lugar,
se agita hasta
que,
después de
haberlo
encontrado,
se queda en
reposo.
Mi peso es
mi amor;
dondequiera
que yo sea
llevado,
es él quien
se lleva.
Tu don nos
inflama y nos
lleva hacia
lo alto;
ardemos y
subimos.

Pero el Padre y el Hijo, ¿no se cernían también sobre las aguas? Si se concibe ese texto en el sentido de movimiento en un lugar, como el de un cuerpo en el espacio, esas palabras no podrían ser aplicadas ni al Espíritu Santo. Si se ve en ellas la majestad inmutable de la divinidad por encima de cuanto es mutable, el Padre, el Hijo y el Espíritu Santo se cernían sobre las aguas.

Entonces, ¿por qué la Escritura sólo habla de tu Espíritu? ¿Por qué sólo se habla, a propósito de él, de un lugar donde estaba, lugar que no es un lugar? Él sólo, también, es presentado como "el don de Dios". En tu don descansamos, allí te gozamos; nuestro descanso es nuestro lugar. Hasta él nos eleva el amor y tu Espíritu bueno es el que exalta nuestra pequeñez sacándola "de las puertas de la muerte" (Sal. 9:13). La paz está para nosotros en tu "buena voluntad".

Todo cuerpo tiende, en virtud de su peso, hacia el lugar que le es propio; pero un peso no tiende necesariamente hacia lo bajo, sino que tiende hacia el lugar que le es propio. El fuego sube, la piedra cae; uno y otra son arrastrados por su peso, y buscan el lugar que les es propio. El aceite vertido sobre el agua flota sobre ella; el agua vertida en el aceite desciende por debajo de él; ambos obedecen a su peso específico hasta alcanzar el lugar que les es propio.

Lo que no se halla en su lugar, se agita hasta que, después de haberlo encontrado, se queda en reposo. Mi peso es mi amor; dondequiera que yo sea llevado, es él quien se lleva. Tu don nos inflama y nos lleva hacia lo alto; ardemos y subimos. Subimos la escalera del alma y cantamos el cántico gradual. Es tu fuego, tu fuego divino que nos enciende, y caminamos para arriba hacia la paz de Jerusalén. "¡Yo me alegré con los que me decían: A la casa del Señor iremos" (Sal. 122:1). Es la buena voluntad, que nos hará sitio allí, y sólo tendremos que esperar que podamos permanecer allí eternamente.

250

El don divino
rescata de las tinieblas

Feliz la criatura que no ha conocido otra cosa, porque ella misma hubiera sido esa cosa si, en el mismo momento en que fue creada, tu don, llevado por encima de todas las cosas mudables, no la hubiese exaltado en seguida, en virtud de esa llamada: "Que se haga la luz", que creó la luz.

En nosotros se hace la distinción entre el tiempo en que fuimos tinieblas y aquel en que nos convertimos en luz. Pero, de esa criatura, la Escritura no hace más que indicar lo que habría sido sin la iluminación divina; nos muestra sus oscilaciones tenebrosas, para poner de relieve la causa que la ha hecho diferente, es decir, que la ha vuelto hacia la indefectible luz, y que la ha hecho luz a ella misma. Quien pueda entender, entienda; que te pida para comprender. ¿Para qué importunarme, a mí? ¿Soy yo la luz "que ilumina a todo hombre que viene a este mundo" (Jn. 1:9)?

De esa criatura, la Escritura no hace más que indicar lo que habría sido sin la iluminación divina; nos muestra sus oscilaciones tenebrosas, para poner de relieve la causa que la ha hecho diferente.

251

La dificultad
de comprender la Trinidad

Yo quisiera que los hombres observasen en sí mismos tres fenómenos, los tres muy diferentes de la Trinidad. Sólo los indico como tema de ejercicio mental, para que intenten su meditación sobre eso, y para que se den cuenta de lo lejos que se hallan todavía de tal misterio.

¿Quién puede comprender a la todopoderosa Trinidad? Y, sin embargo, ¿quién no habla de ella, si es que de ella habla? Rara es el alma que, cuando habla de ella, sabe de qué habla. Se discute, se disputa, pero nadie contempla esa visión sin paz interior.

Yo quisiera que los hombres observasen en sí mismos tres fenómenos, los tres muy diferentes de la Trinidad. Sólo los indico como tema de ejercicio mental, para que intenten su meditación sobre eso, y para que se den cuenta de lo lejos que se hallan todavía de tal misterio.

Esos tres fenómenos son los siguientes: *ser, conocer, querer*. Soy, conozco y quiero. Soy el que conoce y el que quiere, y sé que soy y que quiero; y quiero ser y conocer.

Hasta qué punto nuestra vida es inseparable en esos tres fenómenos, vida una, inteligencia una, esencia una, sin que sea posible operar una distinción que, sin embargo, es real, ¿quién podrá comprenderlo? Cada cual está ante sí mismo; que mire dentro de sí, que vea y me conteste.

Además, hasta si se encuentra alguna semejanza en estas cosas, y hubiese hablado, no hay que imaginarse que tengamos ya acceso a la realidad inmutable, que domina esos fenómenos, que es inmutablemente, que conoce inmutablemente, que quiere inmutablemente.

¿Es esa coexistencia de tres fenómenos lo que constituye en Dios la Trinidad, o esa triplicidad reside en cada persona divina, de modo que se vuelva a encontrar en cada una de ellas; o bien esa doble combinación se realiza milagrosamente en una simplicidad que también es multiplicidad, puesto que la Trinidad es en sí misma su propio fin infinito, gracias a lo cual es y se conoce y se basta inmutablemente en la inagotable grandeza de su unidad? ¿Quién sabría formarse fácilmente una concepción de ese misterio? ¿Quién encontraría palabras para expresarle? ¿Quién tendría la temeridad de formularla, de cualquier modo que fuese?

252

La nueva creación
en el pueblo de Dios

Avanza más, fe mía, en tu confesión. Dile a tu Señor: "¡Santo, Santo, Santo, Señor mío, Dios mío!" Hemos sido bautizados en tu nombre, Padre, Hijo, Espíritu Santo, en tu nombre, Padre, Hijo, Espíritu Santo, bautizamos. Pues Dios ha creado entre nosotros, por su Cristo, un "cielo" y una "tierra", esto es: los espirituales y los carnales de su Iglesia. Y nuestra "tierra", antes de recibir la forma de la doctrina, era "desordenada y vacía"; y nos envolvían las tinieblas de la ignorancia, porque tú "con castigos sobre el pecado corriges al hombre" (Sal. 39:11) y "tus juicios, abismo grande" (Sal. 36:6).

Pero como tu Espíritu se cernía sobre las aguas, tu misericordia no ha abandonado nuestra miseria. Dijiste: *Que sea la luz.* "Arrepentíos, que el reino de los cielos se ha acercado" (Mt. 3:2). Hágase la luz, convertíos. En la íntima turbación de nuestra alma, nos hemos acordado de ti, Señor, en las orillas del Jordán, sobre la montaña levantada hasta tu altura –Cristo–, y que ha bajado hasta nosotros. Hemos rechazado con desagrado nuestras tinieblas, nos hemos vuelto hacia ti, y la luz se ha hecho. "Porque en otro tiempo erais tinieblas; mas ahora sois luz en el Señor" (Ef. 5:8).

En la íntima turbación de nuestra alma, nos hemos acordado de ti, Señor, en las orillas del Jordán, sobre la montaña levantada hasta tu altura –Cristo–, y que ha bajado hasta nosotros.

253

Hacia la meta luminosa de la santidad

Esto lo somos únicamente por la fe, no por la vista (2ª Co. 5:7). Pues "en esperanza fuimos salvos. Pero la esperanza que ve ya no es esperanza". "Un abismo llama a otro a la voz de tus canales: Todas tus ondas y tus olas han pasado sobre mí".

Pero esto lo somos únicamente por la fe, no por la vista (2ª Co. 5:7). Pues "en esperanza fuimos salvos. Pero la esperanza que ve ya no es esperanza" (Ro. 8:24). "Un abismo llama a otro a la voz de tus canales: Todas tus ondas y tus olas han pasado sobre mí" (Sal. 42:7). El que dice: "no pude hablaros como a espirituales, sino como a carnales" (1ª Co. 3:1), no cree tampoco haber alcanzado la meta, "pero una cosa hago: olvidando ciertamente lo que queda atrás, y extendiéndome á lo que está delante" (Fil. 3:13) y gime bajo su peso, y "como el ciervo brama por las corrientes de las aguas, así su alma está sedienta del Dios vivo" (Sal. 42:1) y exclama: "¿Cuándo podré ver el rostro de mi Dios?" (v. 3). Es que aspira a encontrarse "al abrigo de su refugio, que está en el cielo".

Y entonces lanza al abismo inferior las palabras siguientes: "No os conforméis a este siglo; mas reformaos por la renovación de vuestro entendimiento" (Ro. 12:2). "No seáis niños en la inteligencia; sed niños en la malicia, para ser maduros en entendimiento" (1ª Co. 14:20). "¡Oh, gálatas insensatos, ¿quién os ha fascinado?" (Gá. 3:1).

Pero ya no es su voz, sino la tuya la que nos llama. Tú enviaste desde lo alto del cielo a tu Espíritu por medio de aquel que "subiendo hasta los cielos, dio dones a los hombres" (Ef. 3:8), abrió las cataratas de tus dones, para que un río de alegría inundase tu ciudad santa.

Por ella suspiro yo, "el amigo del esposo" (Jn. 3:29), teniendo ya en él las primicias del Espíritu, pero que gime aún en la espera de la adopción y del rescate de su cuerpo (Ro. 8:23). Por ella suspira, por ser miembro de la Iglesia, la esposa; por ella despliega su celo, por ser "el amigo del esposo"; está celoso por ella, no por sí mismo, pues por la voz de tus cataratas, no por la suya, llama al otro abismo, objeto de su celo y de sus temores. Teme que "como la serpiente sedujo a Eva con su astucia, también el espíritu de los débiles se corrompa y degenere desde la pureza que está en nuestro Espíritu, tu Hijo único (2ª Co. 11:3).

Pero qué espléndida será esta luz, cuando "le veamos tal como es" (1ª Jn. 3:2), y cuando ellas hayan pasado, estas lágrimas que "fueron mi pan de día y de noche, mientras me dicen todos los días: ¿Dónde está tu Dios?" (Sal. 42:3).

Qué espléndida será esta luz, cuando "le veamos tal como es".

254

Luz y abismo a la vez

Ya en esta peregrinación terrenal hemos recibido de él la promesa de ser siempre luz; y ya estamos salvados en esperanza, y de hijos de la noche y de las tinieblas nos hemos convertido en hijos de la luz y en hijos del día.

También yo exclamo: ¿Dónde estás, Dios mío? ¿Dónde estás? Respiro un poco al "acordarme de estas cosas, y derramo mi alma dentro de mí; de cómo fui con la multitud, y la conduje hasta la casa de Dios, con voz de alegría y de alabanza, haciendo fiesta la multitud" (Sal. 42:4). Pero mi alma está triste todavía, porque vuelve a caer y se convierte en abismo; o, mejor, porque siente que todavía es abismo. Mi fe le dice –esta fe que tú has alumbrado en la noche para guiar mis pasos–: "¿Por qué te abates, oh alma mía, y te turbas en mí? Espera a Dios" (Sal. 42:5). Su palabra es la lámpara que ilumina tus pasos (Sal. 119:105).

Espera, persevera, hasta que haya pasado la noche, madre de los impíos, hasta que haya pasado la ira del Señor, esta ira de la que fuimos hijos, cuando éramos tinieblas (Ef. 2:3). De esas tinieblas arrastramos los vestigios en este cuerpo que el pecado ha hecho morir, hasta que las brisas del día vengan a disipar las sombras. Espera en el Señor. "De mañana me presentaré a ti, y esperaré" (Sal. 5:3). Siempre le confesaré, "y si el Espíritu de aquel que levantó de los muertos a Jesús mora en vosotros, el que levantó á Cristo Jesús de los muertos, vivificará también vuestros cuerpos mortales por su Espíritu que mora en vosotros" (Ro. 8:11, 24), por su misericordia se cernía sobre las aguas oscuras de nuestras almas. Ya en esta peregrinación terrenal hemos recibido de él la promesa de ser siempre luz; y ya estamos salvados en esperanza, y de hijos de la noche y de las tinieblas nos hemos convertido en hijos de la luz y en hijos del día (1ª Ts. 5:5).

Entre los unos y los otros, sólo estás tú, que en la incertidumbre de la ciencia humana, sabes distinguir, porque pones a prueba nuestros corazones y llamas a la luz día y a las tinieblas noche. ¿Quién puede hacer esta distinción, fuera de ti? Pero ¿qué tenemos, que no hayamos recibido de ti? (1ª Co. 4:7). Pues, vasos de honor, hemos sido extraídos de la misma masa con que otros también, vasos de ignominia, han sido creados (Ro. 9:21).

255

El testimonio de las Escrituras, firmamento de verdad

¿Y quién, sino tú, Señor, ha extendido sobre nosotros un firmamento de autoridad, en tu divina Escritura? "El cielo se apartó como un libro que es envuelto" (Ap. 6:14) y ahora se extiende por encima de nosotros como una piel. Más sublime aún es la autoridad de tu divina Escritura, desde que reposan en la muerte los mortales por los que nos la comunicaste. Y tú sabes, Señor, sabes muy bien cómo vestiste de pieles a los hombres, después de haberse convertido en mortales por el pecado. Por eso has extendido como una piel el firmamento de tus santos Libros, tus revelaciones siempre concordantes, que has establecido por encima de nosotros por el ministerio de hombres mortales. Y por su muerte misma, el armazón de la autoridad de que gozan las palabras que ellos anunciaron se despliega sobre cuanto se halla situado debajo con una sublimidad que no poseía cuando vivían en la tierra. Es que aún no habías desplegado el cielo como una piel; aún no habíais propagado en todo lugar el rumor glorioso de su muerte.

¡Ojalá podamos, Señor, ver los cielos, obra de tus dedos! (Sal. 8:4). Disipa de nuestros ojos la nube con que los has envuelto. Allí reside tu testimonio "que da la sabiduría a los pequeños" (Sal. 19:7). Completa tu gloria, Dios mío, "de la boca de los chiquitos y de los que maman, fundaste la fortaleza" (Sal. 8:3). No conocemos otros libros que anulen hasta tal punto el orgullo, que dejen de igual modo derrotado al enemigo, al abogado que, para resistir a la reconciliación que le ofreces, defiende sus propios pecados. No conozco, Señor, no conozco en otro lugar palabras tan puras, que me induzcan a confesarte y me obliguen a doblar mi cerviz a tu yugo y me inviten a servirte sin interés alguno de mi parte. ¡Que yo pueda comprenderlas, oh Padre de bondad! Concede esa gracia a mi sumisión, puesto que para las almas sumisas las estableciste tan sólidamente.

Creo que existen otras aguas, por encima de este firmamento; aguas inmortales, preservadas a la corrupción

No conozco, Señor, no conozco en otro lugar palabras tan puras, que me induzcan a confesarte y me obliguen a doblar mi cerviz a tu yugo. ¡Que yo pueda comprenderlas, oh Padre de bondad!

Las nubes pasan, pero el cielo permanece. Los predicadores de tu palabra pasan de esta vida a otra, pero tu Escritura se extiende sobre los pueblos hasta el fin de los siglos.

terrenal. ¡Que ellas alaben tu nombre! ¡Que ellas os alaben, estas legiones superterrenales de los ángeles, que no necesitan contemplar este firmamento, ni aprender por la lectura de tu Palabra! Pues ven continuamente tu rostro, y leen en él, sin que se sucedan las sílabas en el tiempo, lo que quiere tu eterna voluntad; es, a la vez, lectura, elección, dilección. Lectura permanente, y lo que leen no pasa. Leen la inmutabilidad de tus planes, objeto de su elección y de su dilección. Y este libro no se cierra jamás ni se enrolla, porque tú mismo eres este libro para ellos, y lo eres eternamente; porque los has colocado encima de este firmamento, constituido encima de la infirmidad de los pueblos de abajo, para que ésos se eleven hacia él, y le dirijan sus miradas, y para que conozcan tu misericordia que anuncia en el tiempo a Aquel que es el Creador del tiempo. Pues "hasta los cielos es tu misericordia; tu verdad hasta las nubes" (Sal. 36:5).

Las nubes pasan, pero el cielo permanece. Los predicadores de tu palabra pasan de esta vida a otra, pero tu Escritura se extiende sobre los pueblos hasta el fin de los siglos. "El cielo y la tierra pasarán, pero mis palabras no pasarán" (Mt. 24:35). Se consumirá la piel, y la hierba sobre la que se extendía pasará con su belleza, mas "la palabra del Dios nuestro permanece para siempre" (Is. 40:8).

Esto se nos presenta ahora en el enigma de las nubes, a través del espejo del cielo, no como es realmente, pues nosotros mismos, aunque hijos amados de tu Hijo, no se ve claro todavía lo que seremos (1ª Co. 13:12), él nos miró a través del velo de su carne, nos acarició, nos encendió en amor, y corremos tras el olor de sus perfumes. Pero "cuando él se aparezca, seremos semejantes a él, pues que le veremos tal como es" (1ª Jn. 3:2). Verle tal como es, Señor, he aquí nuestro privilegio, del que no disfrutamos aún.

256

Sólo Dios conoce plenamente

Pues del mismo modo que tú eres absolutamente, así tu sólo conoces, tú que eres inmutablemente y conoces inmutablemente y quieres inmutablemente. Tu esencia conoce y quiere inmutablemente, tu ciencia existe y quiere inmutablemente, tu voluntad existe y conoce inmutablemente. No parece justo ante tus ojos que la inmutable luz sea conocida por la criatura mutable que ella ilumina, tan plenamente como ella se conoce a sí misma.

Tu esencia conoce y quiere inmutablemente, tu ciencia existe y quiere inmutablemente, tu voluntad existe y conoce inmutablemente.

He aquí por qué mi alma está ante ti como tierra sin agua (Sal. 143:6); igual como no puede iluminarse por sus propios medios no puede saciarse por sí misma en su sed. La fuente de vida está en ti, y es, también, "en tu luz como nosotros veremos la luz" (Sal. 36:10).

257

La separación de las aguas en sentido espiritual

En cuanto a las almas que sienten sed de ti, las riegas con un agua misteriosa y dulce; y dócil al mando del Señor, su Dios, nuestra alma hace germinar las obras de misericordia, según su especie: el amor al prójimo con el socorro de sus necesidades materiales.

¿Quién ha reunido en una masa única las aguas de amargura? Todas tienen el mismo fin: una felicidad temporal, terrenal, por la cual lo hacen todo, sea cual sea la variedad innumerable de los movimientos que las agitan. ¿Quién otro que tú, Señor, ha dicho a las aguas que se reúnan en un mismo lugar; y apareciese tierra seca, sedienta de ti? Tuyo es el mar y tu lo creaste, son tus manos las que formaron esta tierra seca (Sal. 95:5). Pues no es la amargura de las voluntades, sino la reunión de las aguas lo que se llama mar. Porque tú reprimes las pasiones malas de las almas, y fijas los límites que les está prohibido franquear, y obligas a sus olas a romperse sobre sí mismas, y así organizas el mar según el orden de tu imperio, que se extiende sobre todas las cosas.

En cuanto a las almas que sienten sed de ti, presentes a tu mirada, y que has separado, con otro fin, de toda unión con el mar, las riegas con un agua misteriosa y dulce; y dócil al mando del Señor, su Dios, nuestra alma hace germinar las obras de misericordia, según su especie: el amor al prójimo con el socorro de sus necesidades materiales. Ella encierra en sí misma la semilla de esta compasión, en virtud de su parecido con él, puesto que es el sentimiento de nuestra miseria el que nos impulsa a sentir piedad de los que se encuentran en la necesidad, en socorrerles, en ayudarles como quisiéramos ser ayudados nosotros mismos si nos encontrásemos en la misma necesidad. Y esa ayuda no recae solamente sobre las cosas fáciles, que son como una hierba leve; también se encuentra dispuesta a una protección, a una ayuda enérgica y vigorosa, como un árbol cargado de frutos y de beneficios,para arrancar al que padece la injusticia de manos del poderoso, y para proporcionarle la sombra protectora, el apoyo robusto de una justicia equitativa.

258

Los frutos de misericordia y los dones espirituales

¡Ah Señor! ¡Tú que distribuyes habitualmente la alegría y la fuerza: permite también que nazca de la tierra la verdad, que la justicia mire desde lo alto del cielo (Sal. 85:11), y que "haya lumbreras en el firmamento" (Gn. 1:4). ¡Compartamos el pan con el hambriento, deja que entre bajo nuestro techo el pobre sin asilo, vistamos al que está desnudo, y no despreciemos a nuestros semejantes (Is. 58:7)!

Si de nuestra tierra nacen frutos parecidos, míralos y dí: "Esta bien." Que nuestra luz brote en el momento adecuado, y que esta cosecha de buenas obras, por muy mezquina que sea, nos permita subir más arriba, hasta las delicias de la contemplación del Verbo de Vida; entonces apareceremos en el mundo como "luminares" (Fil. 2:15), estrechamente unidos al firmamento de tu Escritura.

Es ahí donde las enseñanzas que recibimos de ti nos ayudan a distinguir entre las cosas inteligibles y las cosas sensibles, entre el día y la noche, como entre las almas que se entregan a las cosas inteligibles y las que se inclinan ante las cosas sensibles. Por consiguiente, no estás solo, como antes de la creación del firmamento, al hacer, en el secreto de tu discernimiento, la distinción entre la luz y las tinieblas; también tus espirituales, colocados en su puesto en ese mismo firmamento, ahora que tu gracia se ha manifestado a través del universo, brillan por encima de la tierra, "separando al día de la noche" (Gn. 1:14), y marcando la sucesión de los tiempos. Es que "las cosas viejas pasaron; he aquí todas son hechas nuevas" (2ª Co. 5:17); "nuestra salvación está más cerca de nosotros que cuando creímos"; "la noche avanza y se acerca el día" (Ro. 13:11, 12); "tú coronas el año de tus bienes" (Sal. 65:11); envías a tus obreros para que hagan tu cosecha, sembrada por otras manos; también envías para nuevas siembras, cuya cosecha no será hecha hasta el fin del mundo.

Así escuchas los votos del justo, y bendices sus años. Pero tú siempre eres el mismo, y tus años, que no pasan,

Las enseñanzas que recibimos de ti nos ayudan a distinguir entre las cosas inteligibles y las cosas sensibles, entre el día y la noche. No estás solo, como antes de la creación del firmamento, al hacer, en el secreto de tu discernimiento, la distinción entre la luz y las tinieblas; también tus espirituales, ahora que tu gracia se ha manifestado, brillan por encima de la tierra, "separando al día de la noche".

He aquí las enseñanzas que nos proporcionas, suprema Sabiduría, en tu Libro, firmamento tuyo, para permitirnos distinguirlo todo en una admirable contemplación, limitada todavía, en verdad, por los signos, los tiempos, los días y los años.

son como el granero que preparas para los años que pasan.

Tu designio eterno dispensa a la tierra los bienes celestes en los momentos oportunos; a los unos es dada por el Espíritu la palabra de sabiduría, como si fuese "el luminar mayor", destinado a los que se complacen en la luz de una verdad radiante; otros reciben con el mismo espíritu la palabra de ciencia, "luminar más pequeño[a]"; otros la fe; o el poder de curar; o el don de hacer milagros; o el de profecía; o el discernimiento de los espíritus; o el don de lenguas. Y todos esos dones se parecen a las estrellas, pues todos son la obra de un solo y mismo espíritu "que distribuye sus beneficios a cada uno del modo que quiere" y que hace aparecer y brillar esas estrellas "para el bien de todos" (1ª Co. 12:8-12).

Pero, esa palabra de ciencia, que contiene todos misterios que cambian los tiempos, es semejante a la misma luna; mas la restante lista de dones que he mencionado asimilándolos a las estrellas, difieren tanto de aquella claridad de la sabiduría, alegría del día que nace, que sólo son el crepúsculo de la noche. Pero tales dones resultaban necesarios para aquellos a los cuales tu muy prudente servidor "no pude hablaros como a espirituales, sino como a carnales" (1ª Co. 3:1), él que sólo habla la "sabiduría de Dios entre perfectos" (1ª Co. 2:6).

En cuanto al hombre carnal, que es todavía como "un párvulo en Cristo", y que sólo debe alimentarse de leche hasta que, después de haber fortalecido, pueda convertirse en un alimento sólido, y que sus ojos soporten los rayos del sol, para que no se sienta abandonado en su noche; y para que se contente en la claridad de la luna y de las estrellas.

He aquí las enseñanzas que nos proporcionas, suprema Sabiduría, en tu Libro, firmamento tuyo, para permitirnos distinguirlo todo en una admirable contemplación, limitada todavía, en verdad, por los signos, los tiempos, los días y los años.

259

Exhortación al evangelismo

Pero antes "lavad, limpiaos; quitad la iniquidad de vuestras obras de ante mis ojos" para que aparezca la tierra seca. "Aprended a hacer bien: buscad juicio, restituid al agraviado, oid en derecho al huérfano, amparad a la viuda", a fin de que la tierra produzca saludables pastor y árboles frutales. Y "venid luego, dirá el Señor, y estemos a cuenta: si vuestros pecados fueren como la grana, como la nieve serán emblanquecidos" (Is. 1:16-18), para que se enciendan en el firmamento del cielo luminares que brillen sobre la tierra.

Ese rico pedía al buen maestro lo que debía hacer para obtener la vida eterna. Y el buen maestro, al que el rico tomaba por un hombre, pero que sólo es bueno porque es Dios, le contestaba: "Si quieres llegar a la Vida, observa lo que se te manda; rechaza lejos de ti las aguas amargas de la malicia, de la perversidad, absténte de matar, de adulterar, de robar, de levantar falsos testimonios, para que aparezca la «tierra seca», y que de ella nazca el desprecio del padre y de la madre y el amor al prójimo."

"Yo he hecho todo eso", contesta el rico. "Entonces, ¿de dónde nos vienen tantas espinas, si la tierra es fértil? Vamos; desarraiga los arbustos espesos de la avaricia, vende lo que posees, enriquécete con los frutos dando a los pobres, y tendrás un tesoro en el cielo; y después sigue al Señor, si quieres ser perfecto, conviértete en compañero de aquellos a quienes Aquel que sabe lo que hay que conceder al día y a la noche dice las palabras de su sabiduría. Entonces les conocerás también, y también para ti se convertirán en *luminares* en el firmamento del cielo. Cosa imposible si tu corazón no está allí, y tu corazón no podría ser si tu «tesoro» no estuviese ya" (Mt. 19:17-21) Éstas fueron las propias palabras del Maestro. Pero sobre la tierra estéril se dispersó una tristeza, y las espinas ahogaron al Verbo.

"Mas vosotros sois linaje escogido" (1ª P. 2:9), "los débiles del mundo" (1ª Co. 1:27), que habéis renunciado

Si quieres ser perfecto, conviértete en compañero de aquellos a quienes Aquel que sabe lo que hay que conceder al día y a la noche dice las palabras de su sabiduría. Entonces les conocerás también, y también para ti se convertirán en *luminares* en el firmamento del cielo.

¡Corred por doquier, llamas santas, prestigiosas llamas! ¡Vosotras sois la luz del mundo, y no estáis debajo "del celemín"! Aquel a quien os unisteis ha sido exaltado, y él os ha exaltado. ¡Corred por doquier, dadlo a conocer a todas las naciones!

a todo para seguir al Señor (Lc. 18:28), caminad tras él; confundid a los fuertes; con vuestros pies radiantes y hermosos (Is. 52:7) caminad tras él, y brillad en el firmamento para que los "cielos cuenten su gloria" (Sal. 19:1), distinguiendo entre la luz de los perfectos, que aún no son iguales a los ángeles, y las tinieblas de los pequeños, a los cuales no está cerrada la esperanza. Brillad encima de toda la tierra. Que el día radiante de sol anuncie al día la palabra de la Sabiduría, y que la noche, bajo los rayos de la luna, anuncie a la noche la palabra de ciencia. La luna y las estrellas brillan sobre la noche sin que ésta oscurezca su brillo, la claridad que ésas le vierten sólo en la medida en que puede recibirla. Como si el Señor hubiese dicho: "Sean lumbreras en la expansión de los cielos" (Gn. 1:14) y de pronto vino del cielo un ruido, como el de "un viento recio, y aparecieron como lenguas de fuego, que se dividieron y fueron a colocarse encima de cada uno de ellos" (Hch. 2:2-3), y luceros brillaron en el cielo, que traían la palabra de la vida. ¡Corred por doquier, llamas santas, prestigiosas llamas! ¡Vosotras sois la luz del mundo, y no estáis debajo "del celemín" (Mt. 5:14, 15)! Aquel a quien os unisteis ha sido exaltado, y él os ha exaltado. ¡Corred por doquier, dadlo a conocer a todas las naciones!

260

Aguas, reptiles y aves según el espíritu

Que también el mar conciba; que dé a luz tus obras; "produzcan las aguas reptil de ánima viviente" (Gn. 1:20). Pues al separar lo que es precioso de lo que es vil (Jr. 15:19),[69] te has convertido en la boca de Dios, por la cual Dios dice: "Que las aguas produzcan." Que produzcan, no el alma viviente, que debe producir la tierra, sino "los reptiles dotados de almas vivientes, y los pájaros que vuelan por encima de la tierra" (Gn. 1:21). Esos reptiles, Dios mío, son tus sacramentos, que, gracias a las obras de tus santos, se han colado entre las olas de las tentaciones del siglo para impregnar a las naciones con las aguas del bautismo dado en tu nombre.

Y así se han producido grandes maravillas, comparables a cetáceos marinos, y las palabras de tus mensajeros han volado por encima de la tierra, junto al firmamento de tu Libro, cuya autoridad debía proteger su vuelo, en cualquier lugar adonde fuesen. Pues "no hay dicho, ni palabras, ni es oída su voz. Por toda la tierra salió su voz, y al cabo del mundo sus palabras" (Sal. 19:3, 4). De esta manera, señor, tu bendición ha multiplicado su trabajo.

¿Será que estoy mintiendo, quizás? ¿O que mezclo y confundo, sin saber distinguirlas, el claro conocimiento de las cosas que están en el firmamento del cielo, y las obras corporales que se producen en el mar tempestuoso, y bajo el firmamento del cielo? Porque de tales cosas existen nociones sólidas y cabales, que no aumentan de generación en generación, por ejemplo: las luces de sabiduría y de ciencia. Pero las operaciones de estas mismas verdades en el orden material son numerosas y variadas y se multiplican bajo tu bendición, Dios mío. Has compensado el cansancio de nuestros sentidos mortales al permitir que una simple verdad pueda ser expresada y representada en el

Se han producido grandes maravillas, comparables a cetáceos marinos, y las palabras de tus mensajeros han volado por encima de la tierra, junto al firmamento de tu Libro, cuya autoridad debía proteger su vuelo, en cualquier lugar adonde fuesen.

---

[69] "Si sacares lo precioso de lo vil, serás como mi boca. Conviértanse ellos a ti, y tú no te conviertas a ellos."

Si Adán no hubiese caído, no habrían brotado de su seno las olas amargas del océano, esto es: el género humano, con sus curiosidades profundas, con su orgullo tormentoso, con su móvil fugacidad.

conocimiento del alma de muchas maneras por medio de los movimientos del cuerpo. Las aguas produjeron estas cosas, mas en tu Palabra. Las necesidades de los pueblos extraños a la eternidad de tu verdad produjeron estos efectos, pero fue mediante tu Evangelio; porque las mismas aguas echaron fuera estas cosas cuya amarga dolencia fue causa de que salieran a la luz por tu Palabra.

Todas las cosas son hermosas, cuando salen de tus manos; pero tú eres incomparablemente más bello, puesto que eres el Creador de todas las cosas. Si Adán no hubiese caído, no habrían brotado de su seno las olas amargas del océano, esto es: el género humano, con sus curiosidades profundas, con su orgullo tormentoso, con su móvil fugacidad. Entonces los dispensadores de tu Palabra no habrían tenido necesidad de llevar al seno de las olas tus actos y tus palabras místicas, con operaciones materiales y sensibles. Pues así interpreto yo a esos "reptiles" y a esos "pájaros"; pero los hombres, aun iniciados, sometidos a sacramentos corporales, no irían más allá de ellos, a no ser que el alma viviese espiritualmente en otro grado y mirase a la consumación después de la Palabra del principio.

261

Las bestias y animales del alma

Y he aquí por qué, gracias a tu Palabra, no son ya los abismos del mar sino la tierra separada de las olas amargas lo que ha producido, no ya los reptiles dotados de almas vivientes y los pájaros, sino el alma verdaderamente viviente.

Esta alma no necesita el bautismo, indispensable para los gentiles, que necesitaba cuando todavía estaba recubierta por las aguas. Pues no se sube de otro modo al reino de los cielos, desde que estableciste esta condición de entrada. Ella no reclama ya, para creer, prodigios sorprendentes. Cree, hasta sin haber visto signos y prodigios (Jn. 4:48), puesto que es la tierra fiel ya separada de la amarga infidelidad de las aguas del mar; pero las lenguas son un signo, no para los fieles, sino para los infieles (1ª Co. 14:22). Establecida por ti encima de las aguas, la tierra no tiene ya necesidad de esos pájaros que tu Verbo extrajo de las aguas. Envíale, pues, tu Verbo por tus mensajeros. No podemos, nosotros, hacer otra cosa que contar sus obras; pero eres tú quien obras en ellos la obra que ellos operan, esto es: un alma viviente.

La tierra la produce, pues ella es la causa de la operación que crea sobre ella esta alma, de igual modo que el mar era causa de la producción de los reptiles dotados de almas vivientes y de los pájaros bajo el firmamento del cielo. Pero, de esos seres, la tierra ya no tiene necesidad, aunque en el banquete que preparaste a tus fieles se coma el pez sacado del mar.[70] Pues por eso fue sacado del mar, para alimentar a la tierra seca.

También las aves son generación marina, pero es en la tierra donde se multiplican. Pues si la incredulidad humana ha sido la causa de la primera predicación evangélica, los fieles extraen diariamente, por su parte, exhortaciones y bendiciones abundantes. En cuanto al alma viviente, tuvo su origen en la tierra, pues sólo para los fieles

El alma no reclama ya, para creer, prodigios sorprendentes. Cree, hasta sin haber visto signos y prodigios, puesto que es la tierra fiel ya separada de la amarga infidelidad de las aguas del mar.

---

[70] Referencia a Cristo, simbolizado por el pez, cuya vida es la vida del mundo.

Que tus ministros trabajen como sobre una tierra seca, separada de los peligros del abismo; y que viviendo bajo los ojos de los fieles, provocándoles a imitarles, se conviertan en modelos para ellos.

es ventajoso renunciar al amor de este mundo, para que su alma viva para ti, esta alma que estaba muerta cuando vivía en las delicias, delicias mortales (2ª Co. 5:15), oh Señor, que eres todas las delicias vivificantes de un corazón puro.

Permite, pues, a tus siervos que trabajen sobre esta tierra por otro método que en las aguas de infidelidad, cuando empleaban una predicación, una palabra apoyada sobre milagros, sobre signos misteriosos, sobre expresiones místicas apropiadas para atraer la atención de la ignorancia, madre de la admiración, por el temor que inspiraban esos signos enigmáticos; pues así se introducen a la fe los hijos de Adán, que te olvidan durante todo el tiempo en que permanecen alejados de tu rostro y que se convierten en abismo. Que tus ministros trabajen como sobre una tierra seca, separada de los peligros del abismo; y que viviendo bajo los ojos de los fieles, provocándoles a imitarles, se conviertan en modelos para ellos.

De este modo, no ya para escuchar, sino también para obrar, los fieles prestan oído atento: "Buscad a Dios, y vuestra alma vivirá" (Sl. 69:32), y la tierra producirá un alma viviente. "No os conforméis al siglo presente" (Ro. 12:2), manteneos alejado de él; el alma sólo vive huyendo de las cosas, cuyo deseo la hace perecer. Guardaos de las salvajes violencias del orgullo, de la indolente voluptuosidades de la lujuria, "evitando las profanas pláticas de vanas cosas, y los argumentos de la falsamente llamada ciencia" (1ª Ti. 6:20); y así estarán las bestias salvajes cautivas, mansas, los brutos domados, y las serpientes convertidas en inofensivas. Pues tales criaturas representan, a modo de alegoría, los movimientos del alma. El orgullo del desdén, los goces malos de la pasión, el veneno de la curiosidad: he aquí los impulsos del alma muerta, a la cual su misma muerte no impide todo movimiento. Muere alejándose de la fuente de vida, y es recibida por el mundo pasajero y se conforma con él.

Pero tu palabra, Dios mío, es la fuente de la vida eterna, y no pasa jamás. He aquí por qué nos defiende y nos impide separarnos. "No os conforméis a este siglo" (Ro. 12:2), nos dice, para que la tierra, regada con la fuente de la vida, produzca un alma viviente. Y produzca también por medios de tus evangelistas un alma continente, imitadora de los seguidores de tu Cristo. Tal es el significado de las palabras "según su género", pues un amigo imita fácilmente y con gusto a aquel a quien ama. "Hermanos, os ruego, sed como yo, porque yo soy como vosotros" (Gá. 4:12), dijo el apóstol Pablo.

Así en el alma viviente habrá bestias buenas por la mansedumbre de sus acciones. ¿No dice uno de vuestros preceptos: "Haz, hijo, tus obras con mansedumbre y así serás amado de todo hombre" (Si. 3:19)? También habrá brutos buenos; que no estarán hartos por comer ni padecerán hambre por no comer. Las buenas serpientes no tendrán ya veneno para matar, sino astutas para cautelar, que exploran la naturaleza temporal en tanto es suficiente para ir subiendo a la eternidad por la contemplación de las cosas creadas. Todos esos animales sirven a la razón, cuando refrenados para que no hagan progresos mortíferos, viven y se vuelven buenos.

Así en el alma viviente habrá bestias buenas por la mansedumbre de sus acciones. ¿No dice uno de vuestros preceptos: "Haz, hijo, tus obras con mansedumbre, y así serás amado de todo hombre"?

262

Imitadores de Dios,
cuya imagen llevamos

Al hombre renovado le das a entender, porque ya es capaz de ello, y para que aprenda, cómo hay que ver a la Trinidad, para distinguirla de la Unidad, y a la Unidad de la Trinidad.

Y así, Señor, tú, nuestro Dios, nuestro Creador, cuando nuestros afectos, que nos llevaban a la muerte con nuestra mala vida, se hayan desprendido de todo amor hacia el siglo; que nuestra alma, al vivir bien, sea por fin verdaderamente viviente, y que entonces se realice la palabra que dejaste oír por la boca del apóstol: "No os conforméis a este mundo" (Ro. 12:2); y también entonces se cumplirá el precepto que tú añadiste después: "Transformaos mediante la renovación de vuestra mente". No dijiste: "Transformaos según vuestra especie", como si se tratase de imitar a nuestros predecesores o de vivir según los ejemplos de un hombre más perfecto. No dijiste: "Que el hombre sea hecho según su especie", sino "creado a nuestra imagen y a nuestra semejanza" (Gn. 1:26), para que podamos ver claramente cuál es tu voluntad.

Con esta intención, aquel administrador de tu Palabra, que engendró hijos con tu Evangelio y no quiso que fuesen párvulos alimentados con leche como niños a los que da de comer su madre, dijo: "Transformaos mediante la renovación de vuestra mente, para conocer la voluntad de Dios, que es buena, agradable y perfecta" (Ro. 12:2; 1ª Co. 3:2; 1ª Ts. 2:7). Por eso no dices: "Hágase el hombre", sino: "Hagamos al hombre". Tampoco dices: "Según su género", sino "a imagen nuestra, según nuestra semejanza".

El que es renovado espiritualmente y es capaz de contemplar tu verdad, que se deja ver a la inteligencia, no tiene necesidad de que otro hombre se muestre para que imite a su género, sino que teniéndote por guía, él mismo conoce cuál es tu voluntad, de lo que es "bueno, agradable y perfecto" (Ro. 12:2). Le das a entender, porque ya es capaz de ello, y para que aprenda, cómo hay que ver a la Trinidad, para distinguirla de la Unidad, y a la Unidad de la Trinidad. Por eso decía en plural: "Hagamos al hombre", y después en singular: "Y creó Dios al hombre." Dices en plural: "a nuestra imagen", y después en singular: "a la imagen de Dios". Así el hombre se renueva por el conocimiento de Dios, a imagen de Aquel que lo ha creado (Col. 3:10), y "el espiritual juzga de todo" (1ª Co. 2:15), naturalmente, de cuanto debe ser juzgado, y "él no es juzgado nadie" (1ª Co. 2:15).

263

Límites y extensión de juicio
de los fieles

"El lo juzga todo", eso significa que tiene poder sobre los peces del mar, sobre los pájaros del cielo, sobre los animales domésticos y salvajes, sobre la tierra y sobre todos los reptiles que se arrastran por su superficie (Gn. 1:26). Este poder, lo ejerce con su inteligencia que le hace capaz de penetrar "las cosas que son del Espíritu de Dios" (1ª Co. 2:14). "Mas el hombre no permanecerá en honra: Es semejante a las bestias que perecen" (Sal. 49:12).

Pero en tu Iglesia, Dios mío, en virtud de la gracia que le has concedido, "porque somos hechura suya, criados en Cristo Jesús para buenas obras" (Ef. 2:10), tanto los que espiritualmente presiden como los que espiritualmente obedecen a los que presiden –porque tú hiciste al ser humano "varón y hembra", según tu gracia espiritual en la que no hay según el sexo material, "ni hombre ni mujer, ni judío ni griego, ni esclavo ni libre" (Gá. 3:28)–, tanto, digo, los que presiden como los que obedecen, juzgan ya espirituales espiritualmente, no de los conocimientos espirituales que brillan en el *firmamento*, porque les incumbe juzgar de tan sublime autoridad, ni siquiera de tu mismo Libro, aunque haya algo en que no luzca, porque sometemos a él nuestra inteligencia y creemos firmemente que hasta lo que permanece cerrado a nuestras miradas sólo ha podido ser dicho con toda rectitud y con toda veracidad.

El hombre, hasta cuando es espiritual y "renovado por el conocimiento de Dios, según la imagen de Aquel que le ha creado" (Col. 3:10), debe "observar la ley y no juzgarla". Tampoco se permite dividir a las gentes en "espirituales" y en "carnales"; distinción que no es posible, Dios mío, a nadie, excepto a tu mirada clarividente, mientras sus obras al manifestarse no nos autorizan a conocerlos "por sus frutos" (Mt. 7:20).

Tú, al contrario, Señor, los conoces ya, y ya los has clasificado, y llamado, en tus misteriosos designios, ya antes de crear el firmamento. Todo "espiritual", como él es, no juzga a las muchedumbres tumultuosas de este

Tampoco se permite dividir a las gentes en "espirituales" y en "carnales"; distinción que no es posible, Dios mío, a nadie, excepto a tu mirada clarividente, mientras sus obras al manifestarse no nos autorizan a conocerlos "por sus frutos".

El espiritual juzga todavía, aprobando lo que encuentra bueno, desaprobando lo que encuentra malo en las obras. En una palabra: puede juzgar allí donde también tiene la facultad de enmendar.

siglo; "porque ¿qué me va a mí en juzgar á los que están fuera?" (1ª Co. 5:12), puesto que ignora los que saldrán para gustar la dulzura de tu gracia, y los que permanecerán en la eterna amargura de la impiedad?

Así, pues, el hombre que tú creaste a tu imagen no ha recibido poder sobre los luminares del cielo, ni sobre el mismo cielo secreto, ni sobre este día, ni sobre esta noche que has llamado al ser antes de la creación del cielo, ni sobre esta "reunión de las aguas" que es el mar. Sólo ha recibido este poder sobre los peces del mar, sobre los pájaros del cielo, sobre todos los animales, sobre la tierra, y sobre todo cuanto se arrastra por su superficie.

Juzga y aprueba cuanto encuentra bueno, y desaprueba lo que considera malo, sea en la celebración de los sacramentos por los cuales son iniciados aquellos que en tu misericordia buscan el fondo de las aguas, sea en las ceremonias en las que se sirve ese pez, sacado del profundo, para que con él se alimente la tierra creyente, sea en las palabras, en los discursos sujetos a la autoridad de tu Libro, y que, como pájaros, vuelan bajo el firmamento: interpretaciones, exposiciones, discusiones, controversias, bendiciones e invocaciones, que brotan de los labios en signos sonoros, para que el pueblo conteste: ¡Amén!

Si todas esas palabras deben ser materialmente enunciadas, eso tiene por causa el abismo del siglo, la ceguera de la carne, que no sabiendo cómo ver al pensamiento puro, necesita el empleo de sonidos articulados que repercutan en los oídos. Así, pues, aunque sea sobre la tierra donde los pájaros se multiplican, no por eso dejan de tener su origen en las aguas.

El espiritual juzga todavía, aprobando lo que encuentra bueno, desaprobando lo que encuentra malo en las obras, en las costumbres de los fieles, en sus limosnas, que son como los frutos de la tierra; juzga al alma viviente, cuyas pasiones son capturadas por la castidad, los ayunos, las meditaciones piadosas, de igual modo que perciben todo eso con los sentidos corporales. En una palabra: puede juzgar allí donde también tiene la facultad de enmendar.

264

"Creced y multiplicaos" en sentido figurado

Pero ¿qué es eso? ¿Cuál es este misterio? He aquí, Señor, que tú bendices a los hombres "para que crezcan y se multipliquen y llenen la tierra" (Gn. 1:22). ¿No habría en ello, por parte vuestra, una intención secreta para darnos que pensar? ¿Por qué no has bendecido también la luz, a la que llamaste "día", ni el firmamento del cielo, ni los luminares, ni los astros, ni la tierra, ni el mar? Yo diría, muy convencido, Dios mío, que nos creaste a tu imagen; sí, yo diría que has querido reservar al hombre el privilegio de esta bendición, pero lo diría si no hubieses bendecido de igual modo a los peces y a las grandes ballenas, para que crezcan, se multipliquen, llenen las aguas del mar, y los pájaros para que se multipliquen sobre la tierra. Diría también que esta bendición estaba reservada a las especies que se propagan por sí mismas, por generación, si la viese extendida sobre los árboles, las plantas, los animales de la tierra. Pero, de hecho, no ha sido dicho ni a los vegetales, ni a los árboles, ni a las serpientes: "Creced y multiplicaos", aunque aumenten todos por generación, como los peces, los pájaros y los hombres, y así obtengan la perpetuación de su especie.

Entonces, ¿qué decir, oh mi Luz, oh mi Verdad? ¿Que esta frase está vacía de sentido y que no tiene ningún alcance? ¡Oh, no, Padre de toda piedad! ¡Lejos del siervo de tu Verbo la idea de sostener tamaña afirmación! Si yo no comprendo la significación de esta palabra, que otros mejores, esto es, más inteligentes que yo, sepan extraer mejor partido, según la penetración que has otorgado a cada uno de ellos.

Pero escucha, por lo menos, la confesión por la cual declaro en tu presencia que no puedo creer, Señor, que hayas hablado así en vano. Y no callaré los pensamientos que la lectura de este pasaje me sugiere. Son verdaderos; y no veo qué podría impedirme interpretar, como voy a hacer, los pasajes figurados de tus Libros. Sé que una idea, concebida por el espíritu de una sola manera, puede ser expresada de mil modos por imágenes materiales, y

Declaro en tu presencia que no puedo creer, Señor, que hayas hablado así en vano. Y no callaré los pensamientos que la lectura de este pasaje me sugiere. Son verdaderos; y no veo qué podría impedirme interpretar, como voy a hacer, los pasajes figurados de tus Libros.

Estas palabras que la Escritura presenta de un solo modo, y que la voz sólo hace resonar de una sola manera, ¿no se prestan a mil interpretaciones, con exclusión a todo engaño y error, según la variedad de puntos de vista igualmente legítimos? En este sentido crecen y se multiplican las producciones humanas.

que por otra parte el espíritu concibe de mil maneras una idea significada de un solo modo por una imagen de esa especie. He aquí la simple noción de amor de Dios y de amor al prójimo. ¡Cuántos símbolos múltiples, cuántas lenguas innumerables, y en cada lengua cuántos medios diversos de expresión, para enunciarla bajo una forma sensible!

En tal sentido crecen y se multiplican los productos vivientes de las aguas. Y observad eso, vosotros los que me leéis: estas palabras que la Escritura presenta de un solo modo, y que la voz sólo hace resonar de una sola manera: "En el principio creó Dios el cielo y la tierra", ¿no se prestan a mil interpretaciones, con exclusión a todo engaño y error, según la variedad de puntos de vista igualmente legítimos? En este sentido crecen y se multiplican las producciones humanas.

Si consideramos la esencia misma de las cosas, ya no en sentido alegórico, sino en sentido propio, literal, el mandato "creced y multiplicaos" conviene a todo ser que nace de una semilla. Si las tomamos en sentido figurado, y yo creo que es ésta la verdadera intención de la Escritura, que no limita por nada esta bendición a los animales acuáticos y a los hombres, encontramos ese proceso de multiplicación realizado en muchas otras criaturas. Así sucede en las creaciones espirituales y corporales, descritas como cielo y tierra. En las almas justas e injustas, igual que en la luz y en las tinieblas; en los piadosos escritores por los cuales la Ley nos fue dada, igual que en el firmamento establecido entre el agua y el agua; en la sociedad de amargura de los pueblos, igual que en el mar; en las obras de misericordia practicadas en esta vida, igual que en las plantas seminales y los árboles frutales; en los dones espirituales, otorgados en vistas a la utilidad del hombre, como en los luminares del cielo; en las pasiones sometidas a la voluntad, como en el alma viviente.

En todas esas variedades encontramos un proceso activo de multiplicación, fecundidad, crecimiento. En lo que a ese crecimiento se refiere, a esta multiplicación que consiste en que una misma cosa sea enunciada de mil modos, y una sola enunciación comprendida de mil maneras, sólo las encontramos en las imágenes materiales y en las concepciones intelectuales.

Estos símbolos materiales equivalen, según entiendo, a las generaciones de las aguas, porque están necesariamente vinculadas al abismo de la carne. Y las cosas que interiormente pensamos, las entiendo figuradas en las generaciones humanas, por la fecundidad del propio entendimiento.

Por eso creo, Señor, que a estas dos especies de seres les dijiste expresamente: "Creced y multiplicaos." En esta bendición, creo ver que nos has concedido la facultad y la fuerza de enunciar de muchos modos lo que hemos entendido de una sola manera, y de comprender de muchos modos lo que hemos formulado oscuramente de una sola manera. Así se llenan las aguas del mar, que no se llenan sino con signos de distintos significados; y así es como se llena también la tierra de una muchedumbre de generaciones; cuya aridez aparece en su esfuerzo y es dominada por la razón.

"Creced y multiplicaos." En esta bendición, creo ver que nos has concedido la facultad y la fuerza de enunciar de muchos modos lo que hemos entendido de una sola manera, y de comprender de muchos modos lo que hemos formulado oscuramente de una sola manera.

265

Los alimentos y la ayuda mutua

Esos frutos de la tierra son la figuración, la alegoría de las obras de misericordia, que en las necesidades de esta vida nos son proporcionadas por la tierra fecunda.

Quiero decir también, Señor y Dios mío, lo que me advierte tu Escritura en las palabras que siguen. Lo diré sin temor, pues sólo diré la verdad, ya que es tu inspiración la que me dicta y que tú quieres que hable. No creo que diga verdad inspirándome otro fuera de ti, pues tú eres la verdad misma y "todo hombre es mentiroso" (Sal. 116:11; Ro. 3:4). Por eso el que dice una mentira habla de lo suyo propio" (Jn. 8:44). Luego, para que yo hable de la verdad sólo hablaré de lo que tú me inspires.

He aquí que nos has dado como alimento "toda hierba que da simiente, que está sobre la haz de toda la tierra; y todo árbol en que hay fruto de árbol que da simiente" (Gn. 1:29); y no para nosotros solos, sino también para todos los pájaros del cielo, para las bestias de la tierra y para las serpientes (Gn. 1:30), con exclusión de los peces y de las grandes ballenas.

Decíamos que esos frutos de la tierra son la figuración, la alegoría de las obras de misericordia, que en las necesidades de esta vida nos son proporcionadas por la tierra fecunda. Tal tierra era el piadoso Onesíforo, a cuya casa llevaste tu misericordia porque a menudo había reconfortado a Pablo, y no se había avergonzado de sus cadenas (2ª Ti. 1:16).

Parecidas fueron las iniciativas de los hermanos que, desde Macedonia, fructificaron con tal fruto proporcionaron a Pablo lo que le hacía falta (2ª Co. 11:9); y ¡como se duele Pablo de ciertos árboles que no habían dado el fruto debido!, y así dice: "Cuando mi primera defensa, nadie me ayudó; todos me abandonaron; ¡ojalá que eso no les sea tenido en cuenta!" (2ª Ti. 4:16). Y es que esos frutos son debidos a los que nos inician en una doctrina racional, ayudándonos a comprender los divinos misterios. Se los debemos porque ellos son hombres; también se los debemos en tanto que son "almas vivientes" que nos ofrecen modelos de todas las formas del dominio de sí mismo; se los debemos como a los pájaros del cielo, a causa de las bendiciones que hacen crecer sobre la tierra, "por toda la tierra salió su mensaje, y al cabo del mundo sus palabras" (Sal. 19:4).

266

El fruto que alegra el alma

Los que se nutren de esos alimentos son los que paladean de ellos con alegría, alegría negada a los que "convierten a su vientre en dios" (Fil. 3:19). Y en los mismos que los dan, los frutos no son lo que dan, sino la intención con que los dan.

También veo claramente de dónde viene la alegría del apóstol que "servía a Dios y no a su vientre"; lo veo, y me asocio vivamente a esa alegría. Acaba de recibir de Epafrodito los regalos de los filipenses. Pero ya veo claro de qué se alegra. Es de la causa misma de su alegría, y de eso se alimenta, pues dice con toda verdad: "Mas en gran manera me gocé en el Señor de que ya al fin ha reflorecido vuestro cuidado de mí; de lo cual aun estabais solícitos, pero os faltaba la oportunidad" (Fil. 4:10, 11). Tales sentimientos se habían marchitado y casi secado en orden a producir ese fruto de buenas obras a fuerza de esperar tanto tiempo la ocasión. Y ahora se alegra por ellos porque volvían a brotar aquellos frutos. Por eso continúa diciendo: "No lo digo en razón de indigencia, pues he aprendido a contentarme con lo que tengo. Sé estar humillado, y sé tener abundancia: en todo y por todo estoy enseñado, así para hartura como para hambre, así para tener abundancia como para padecer necesidad. Todo lo puedo en Cristo que me fortalece" (vv. 12, 13).

¿Cuál es, pues, la causa de tu alegría, oh gran Pablo? ¿De qué te regocijas, de qué te alimentas, tú, el hombre que "por el conocimiento de Cristo es renovado conforme á la imagen del que lo creó" (Col. 3:10) y alma viva, tan dueña de ti misma, lengua alada que anuncias los divinos misterios? Este alimento es debido a las almas de esa calidad. ¿Qué te alimenta? ¿La alegría? ¡Sí, la alegría! Oigamos lo que sigue: "Sin embargo, bien hicisteis que comunicasteis juntamente a mi tribulación" (Fil. 4:14). He aquí su alegría, he aquí su alimento; los buenos procedimientos que han tenido, que han empleado con él, y no el hecho de que su miseria haya sido socorrida. ¿No dice que "en la tribulación habéis dilatado mi corazón?" Es que sabe vivir en la abundancia y soportar la escasez, en que tú le fortaleces.

He aquí su alegría, he aquí su alimento; los buenos procedimientos que han tenido, que han empleado, y no el hecho de que su miseria haya sido socorrida.

He aprendido de ti, Dios mío, a distinguir entre el don y el fruto. El don es la cosa misma que da quien nos asiste en nuestra miseria; es el dinero, la comida, la bebida, el vestido, el abrigo, y, en fin, toda clase de socorro. El fruto es la voluntad buena y recta del que da.

"Sabéis también vosotros, oh Filipenses, que al principio del evangelio, cuando partí de Macedonia, ninguna iglesia me comunicó en razón de dar y recibir, sino vosotros solos. Porque aun a Tesalónica me enviasteis lo necesario una y dos veces" (vv. 15, 16). Se alegra de que hayan vuelto a esos buenos procedimientos, y se felicita de verlos reflorecer, como un campo que experimenta un período de nueva fertilidad.

¿Piensa en su interés, cuando dice que "me enviasteis lo necesario una y dos veces"? ¿Se alegra quizá por eso? No, seguramente no. Y ¿cómo podemos saberlo? Porque dice después: "No porque busque dádivas; mas busco fruto que abunde en vuestra cuenta" (5. 17). He aprendido de ti, Dios mío, a distinguir entre el don y el fruto. El *don* es la cosa misma que da quien nos asiste en nuestra miseria; es el dinero, la comida, la bebida, el vestido, el abrigo, y, en fin, toda clase de socorro. El *fruto* es la voluntad buena y recta del que da.

El buen Maestro no dice solamente: "Aquel que acoja a un profeta", sino que añade: "por cuanto es profeta" (Mt. 10:41, 42); no dice solamente: "El que acoja a un justo", sino que añade: "por cuanto es justo". Con esta condición el uno recibirá la recompensa de los profetas y el otro la recompensa de los justos. No dice únicamente: "El que da un vaso de agua fresca a uno de mis más humildes discípulos", sino que añade: "por cuanto es mi discípulo". Y luego: "En verdad os digo: no perderá su recompensa." Acoger a un profeta, a un justo, ofrecer un vaso de agua fresca a un discípulo: he aquí el *don*; obrar así teniendo en cuenta su calidad de profeta, de justo, de discipulo, he aquí el *fruto*.

Es de ese fruto del que Elías era alimentado por aquella viuda que sabía que estaba alimentando al hombre de Dios, y que le alimentaba a causa de eso mismo. El alimento que recibía del cuervo sólo era un *don*; no era el Elías interior quien era alimentado así, sino el Elías exterior, el cuerpo de Elías, que hubiera podido perecer si le hubiese faltado el alimento.

267

La práctica de la caridad
con los siervos de la Palabra

Por eso quiero decir lo que es verdadero en tu presencia, Señor. Cuando los ignorantes o los infieles (1ª Co. 14:23), que no pueden ser iniciados en la fe ni ganados por otra cosa que por esos sacramentos de iniciación, por esos milagros sorprendentes que simbolizan, según creemos, los "peces" y las "grandes ballenas", procuran dar a vuestros siervos un descanso físico, o ayudarles en alguna necesidad de la vida presente, sin saber por qué deben obrar así, ni con qué objeto no les dan, ni ésos reciben de ellos ningún alimento verdadero. Es que los unos no practican esa caridad con una intención santa y recta, y los otros no se alegran de sus dones, en los que no ven todavía ningún *fruto*. Pero el alma sólo se alimenta de lo que es alegría para ella. Esta es la razón por que los peces y las grandes ballenas no se nutren con alimentos la tierra sólo después de haber sido separada y purificada de la amargura de las olas del mar.

Los unos no practican esa caridad con una intención santa y recta, y los otros no se alegran de sus dones, en los que no ven todavía ningún *fruto*. Pero el alma sólo se alimenta de lo que es alegría para ella.

268

Toda la creación es buena y hermosa

Está escrito siete veces que viste que la obra realizada era buena; y la vez octava fue cuando, después de contemplar todas tus obras, juzgaste que no solamente eran buenas, sino muy buenas, todas ellas en su conjunto.

"Y vio Dios todo lo que había hecho, y he aquí que era bueno en gran manera" (Gn. 1:31). También las contemplamos nosotros, y las consideramos muy buenas. Por cada categoría de tus obras, cuando dijiste: "¡Sean!", y fueron hechas, viste que cada una de ellas era buena.

He contado que está escrito siete veces que viste que la obra realizada era buena; y la vez octava fue cuando, después de contemplar todas tus obras, juzgaste que no solamente eran buenas, sino muy buenas, todas ellas en su conjunto. Al contemplarlas aisladamente, sólo eran buenas, pero todas reunidas eran buenas, y hasta muy buenas. Un cuerpo compuesto de miembros todos ellos hermosos resulta mucho más hermoso por la armoniosa combinación de ese conjunto, más que lo que son cada uno de los miembros separados, aunque cada uno en particular sea hermoso.

269

El tiempo en las Escrituras y en Dios

Y he buscado con atención si viste siete u ocho veces que tus obras eran buenas y que te gustaron. Pero no he encontrado en ti una visión de las cosas sujeta al tiempo, que me hubiese permitido comprender que otras tantas veces viste lo que hiciste; y dije: "Oh, Señor: ¿acaso tu Escritura no es verdadera, manifestada por ti, que eres veraz y la verdad misma? (Jn. 3:33; 14:6) ¿Por qué me dices que en tu visión no hay tiempos, si esta tu Escritura me dice que por cada uno de los días viste que las cosas que hiciste eran buenas, y contando las veces hallé ser otras tantas?

A esto me dices tú, porque tú eres mi Dios, y lo dices con voz fuerte en el oído interior a mí, tu siervo, rompiendo mi sordera y gritando: "¡Oh, hombre!, lo que dice mi Escritura eso mismo digo yo; pero ella lo dice en orden al tiempo, mientras el tiempo no tiene que ver con mi palabra, que permanece conmigo igual en la eternidad; y así aquellas cosas que vosotros veis por mi Espíritu, yo también lo veo; lo que decís por mi Espíritu, yo lo digo igualmente. Pero vosotros las veis en el tiempo, y yo no. De la misma manera, vosotros las decís en el tiempo, pero yo no las digo en el tiempo.

¡Oh, hombre!, lo que dice mi Escritura eso mismo digo yo; pero ella lo dice en orden al tiempo, mientras el tiempo no tiene que ver con mi palabra, que permanece conmigo igual en la eternidad; y así aquellas cosas que vosotros veis por mi Espíritu, yo también lo veo. Pero vosotros las veis en el tiempo, y yo no.

270

Dios, único principio creador

Todo eso ha sido creado, formado por un espíritu enemigo, por otra naturaleza, que no es tu obra y que te es hostil en las partes interiores del universo. He aquí lo que dicen esos insensatos, por no poder ver tus obras por tu Espíritu, ni te reconocen en ellas.

He comprendido, Señor, mi Dios; y he recogido sobre mis labios una gota de la dulzura de tu verdad. He comprendido también que hay hombres a los que no gustan tus obras; que pretenden que no has realizado muchas de esas obras más que obligado por la necesidad, por ejemplo: la disposición del cielo, el orden de las estrellas; que no las has extraído de ti mismo, sino que ya se encontraban creadas en otra parte y por otra mano; que tú no hiciste más que reunirlas, disponerlas, coordinadas, para construir con ellas, después de la derrota de tus enemigos, las murallas de este mundo, poderosa construcción destinada a mantenerlos en su servidumbre y a impedirles que renueven su rebelión contra ti; que no creaste ni organizado el resto, por ejemplo: el cuerpo de carne, los pequeños animales, cuanto está unido a la tierra por raíces; que todo eso ha sido creado, formado por un espíritu enemigo, por otra naturaleza, que no es tu obra y que te es hostil en las partes interiores del universo. He aquí lo que dicen esos insensatos, por no poder ver tus obras por tu Espíritu, ni te reconocen en ellas.

271

Ver en Dios y por Dios

Pero los que ven las cosas a través de tu Espíritu, eres tú quien las ves en ellos. Así, cuando ven que son buenas, eres tú quien ve que son buenas; cuando una cosa les agrada por amor a ti, eres tú quien, en esa cosa misma, le gustas, y cuanto nos agrada por tu Espíritu nos alegra en nosotros. "Porque ¿quién de los hombres sabe las cosas del hombre, sino el espíritu del hombre que está en él? Así tampoco nadie conoció las cosas de Dios, sino el Espíritu de Dios. Y nosotros hemos recibido, no el espíritu del mundo, sino el Espíritu que es de Dios, para que conozcamos lo que Dios nos ha dado" (1ª Co. 2:11, 12).

Pero me siento obligado a preguntar: Cierto que nadie conoce lo que está en Dios, si no es el Espíritu de Dios, ¿cómo, entonces, sabemos nosotros mismos "lo que Dios nos ha dado"? Y oigo que se me responde: "Las cosas que sabemos por su Espíritu, puede decirse que nadie lo sabe excepto el Espíritu de Dios. Porque así como se ha dicho rectamente de aquellos que habían de hablar con el Espíritu de Dios: "No sois vosotros los que habláis" (Mt. 10:20); así también de los que conocen las cosas por el Espíritu de Dios, se dice: "No sois vosotros los que conocéis"; e igualmente a los que ven con el Espíritu de Dios se les dice no menos rectamente: "No sois vosotros los que veis". Así, pues, cuando vemos por el Espíritu de Dios que una cosa es buena, no somos nosotros, sino Dios quien ve que es buena.

Una cosa es, pues, que uno juzgue que es malo lo que es bueno, como hacen las gentes de las que antes hablé; otra que lo que es bueno vea el hombre que es bueno, como sucede a muchas personas que se complacen en tu creación, porque es buena, y sin embargo no les agradas tú en ella, por lo que quieren gozar más de ella que de ti. Otra, finalmente, que cuando el hombre ve algo que es bueno, es Dios el que ve en él que es bueno, para que Dios sea amado en su obra. Pero ese amor sólo pude nacer bajo el influjo del Espíritu, que Dios nos ha dado, pues "el amor de Dios está derramado en nuestros corazones por el Espíritu Santo que nos es dado" (Ro. 5:5), y por el cual vemos que es bueno cuanto de algún modo es, porque procede de aquel que es, no de cualquier modo, sino ser por esencia.

Así como se ha dicho rectamente de aquellos que habían de hablar con el Espíritu de Dios: "No sois vosotros los que habláis"; así también de los que conocen las cosas por el Espíritu de Dios, se dice: "No sois vosotros los que conocéis".

272

La creación aislada y en su conjunto

Y de igual modo como en el alma del hombre hay, de un lado, una reflexión que manda, y de otro, una obediencia que se somete, de igual modo la mujer, creada físicamente para el hombre, tiene como él una inteligencia razonable, pero en virtud de su sexo permanece sometida al sexo masculino.

¡Gracias te sean dadas, Señor! Vemos el cielo y la tierra, es decir: la creación material en su parte superior e inferior o bien la creación espiritual y la creación material; y para el ornamento de esas partes que concurren a la formación, sea del conjunto de la masa del mundo, sea del conjunto de toda la creación, vemos la luz creada y separada de las tinieblas.

Vemos el firmamento del cielo, sea el que está situado entre las aguas espirituales superiores y las aguas materiales inferiores, cuerpo primario del mundo, o bien esos espacios aéreos, que también se llaman cielo, y por el que vuelan las aves del cielo, entre las aguas que flotan sobre ellas en forma de vapor para volver a caer en forma de rocío durante las noches serenas y estas aguas que corren graves sobre la tierra. Vemos la belleza de las aguas reunidas en las llanuras del mar; la tierra árida, ya desnuda, ya formada y tornada visible y ordenada, ella, la madre de las vegetaciones y de los árboles.

Vemos los luceros como brillan sobre nuestras cabezas, el sol que se basta para el día, la luna y las estrellas que consuelan a la noche, hitos y medidas de los tiempos.

Vemos al elemento húmedo que se puebla de peces, de monstruos, de seres alados; pues la densidad del aire que sostiene el vuelo de los pájaros extrae su consistencia de la evaporación del agua.

Vemos la faz de la tierra cómo va adornándose de animales terrestres; el hombre creado a tu imagen y semejanza cómo ejerce su hegemonía sobre los animales irracionales, gracias a esa misma semejanza, es decir: por el privilegio de la razón y de la inteligencia. Y así como en el alma del hombre hay, de un lado, una reflexión que manda, y de otro, una obediencia que se somete, de igual modo la mujer, creada físicamente para el hombre, tiene como él una inteligencia razonable, pero en virtud de su sexo permanece sometida al sexo masculino; así el impulso hacia el acto se subordina a la inteligencia, para recibir de ella una orientación mejor regulada. He aquí lo que vemos; cada una de esas obras es buena y todas juntas muy buenas.

273

Creación de la materia y la forma al mismo tiempo

Que tus obras te alaben, para que te amemos, y que podamos amarte para que tus obras te alaben. Tienen en el tiempo su principio y su fin, su aurora y su crepúsculo, su progreso y su declinación, su belleza y su imperfección. Tienen, pues, ya su mañana, ya su tarde, parte oculta y parte manifiesta.

Han sido creadas por ti de la nada; por ti, no de ti, ni de alguna cosa no tuya o que ya existiera antes, sino de la materia, concretada, es decir: creada a un tiempo, porque tú diste forma sin ningún intervalo de tiempo a su informidad.

A pesar de que una cosa es la materia del cielo y de la tierra y otra la forma del cielo y de la tierra; tú hiciste, sin embargo, a un tiempo las dos cosas. La materia de la nada absoluta, la forma del mundo de la materia informe, a fin de que la forma siguiese a la materia sin ninguna demora.

Tus obras han sido creadas por ti de la nada; por ti, no de ti, ni de alguna cosa no tuya o que ya existiera antes, sino de la materia, porque tú diste forma sin ningún intervalo de tiempo a su informidad.

274

Analogía espiritual
de la creación material

Has reunido en un mismo cuerpo, animado con el mismo espíritu, la sociedad de los infieles, para que apareciese la buena voluntad de los fieles, fecunda en obras de misericordia, y distribuyendo a los pobres sus bienes terrenales para adquirir las celestiales.

También hemos meditado sobre las verdades espirituales que has querido figurar por el orden de sucesión de tus obras, o por el orden de su descripción. Hemos visto que, tomadas una a una, son buenas; y en tu Verbo, en tu Hijo único hemos visto el cielo y la tierra, la cabeza y el cuerpo de la Iglesia, predestinados antes que todos los tiempos, sin mañana y sin tarde (Ef. 1:4).

Y cuando empezaste a ejecutar en el tiempo lo que estaba predestinado por toda la eternidad, para manifestar tus designios ocultos y ordenar nuestro desorden, pues nuestros pecados estaban sobre nosotros y nos hundíamos lejos de ti en el abismo de las tinieblas, sobre el cual se cernía tu Espíritu, para traernos alivio en el momento oportuno, has justificado a los impíos; los has separado de los pecadores; has afirmado la autoridad de tu Libro entre aquellos cuya superioridad sólo se inclinaría ante ti, y los de abajo que se encontrarían sometidos a los primeros; has reunido en un mismo cuerpo, animado con el mismo espíritu, la sociedad de los infieles, para que apareciese la buena voluntad de los fieles, fecunda en obras de misericordia, y distribuyendo a los pobres sus bienes terrenales para adquirir las celestiales.

Entonces encendiste en el firmamento ciertos luminares, esto es: tus santos, que poseían el Verbo y la Vida, y que, llenos de los dones del Espíritu, brillan con soberana autoridad.

Después, para instruir con tu fe a las naciones infieles, has extraído de la materia corporal los sacramentos, los milagros visibles, las voces anunciadoras según el firmamento de tu Libro, fuentes de bendiciones también para los fieles. Después formaste el alma viviente de los fieles por medio de los afectos ordenados con el vigor de la continencia y, finalmente, renovaste a tu imagen y semejanza el alma, a ti solo sujeta y que no tiene necesidad de ninguna autoridad humana; y sometiste a la excelencia del entendimiento la acción racional, como al varón la mujer, y quisiste que todos tus ministros, necesarios para el perfeccionamiento de los fieles en esta vida (Ef. 4:12), fuesen socorridos por los mismos fieles, en orden a las necesidades temporales, con obras fructuosas para lo futuro.

Todas esas obras las vemos, y son buenas, porque tú las ves en nosotros, tú que nos diste el Espíritu para que, por él, podamos verlas y amarte en ellas.

Todas esas obras las vemos, y son buenas, porque tú las ves en nosotros, tú que nos diste el Espíritu para que, por él, podamos verlas y amarte en ellas.

275

Lo bello creado pasará

Señor Dios: danos la paz, puesto que nos has dado todo, la paz del reposo, la paz del sábado, la paz que no tiene tarde.

Señor Dios: danos la paz, puesto que nos has dado todo, la paz del reposo, la paz del sábado, la paz que no tiene tarde. Pues todas esas bellas cosas que son "muy buenas" y que están tan bien ordenadas, pasarán, una vez alcanzado el límite que les has fijado. Por eso tienen todas *mañana y tarde.*

276

El día de reposo eterno

Pero el séptimo día no tiene *tarde,* ni tiene ocaso, pues lo has santificado para que dure eternamente, a fin de que así como tú descansaste el día séptimo después de tantas obras sumamente buenas como hiciste, aunque las hiciste estando quieto, así la voz de tu Libro nos advierte que también nosotros, después de nuestras obras, *muy buenas,* porque tú nos las has donado, descansaremos en ti, en el sábado de la vida eterna.[71]

La voz de tu Libro nos advierte que también nosotros, después de nuestras obras, *muy buenas,* porque tú nos las has donado, descansaremos en ti, en el sábado de la vida eterna.

---

[71] Cf. Hebreos 4:9, 10: "Queda un reposo para el pueblo de Dios. Porque el que ha entrado en su reposo, también él ha reposado de sus obras, como Dios de las suyas".

277

Dios siempre obra y siempre reposa

Tú, Señor, siempre obras y siempre estás quieto. No ves en el tiempo, no te mueves en el tiempo... y, sin embargo, eres tú quien haces la visión temporal y el tiempo mismo y el descanso del tiempo.

Entonces tú descansarás en nosotros, de igual modo como hoy estas obrando en nosotros. Nuestro reposo será tuyo en nosotros, como nuestras obras son tuyas por nosotros. Tú, Señor, siempre obras y siempre estás quieto. No ves en el tiempo, no te mueves en el tiempo, ni descansas en el tiempo y, sin embargo, eres tú quien haces la visión temporal y el tiempo mismo y el descanso del tiempo.

278

Dios es la única puerta donde llamar

Vemos, pues, todas las cosas que has creado, porque son; y si son, es porque tú las ves. Vemos por los sentidos que son; por el espíritu vemos que son buenas. Pero tú las has visto ya hechas, allí donde has visto que debían ser hechas.

Nosotros en un tiempo nos sentimos movidos a obrar bien después que nuestro corazón concibió de tu Espíritu. Pero anteriormente fuimos movidos a obrar mal, abandonándote a ti; tú, en cambio, Dios, uno y bueno, nunca has cesado de hacer el bien.

Algunas de nuestras obras son buenas, por tu gracia, pero no eternas. Esperamos, sin embargo, descansar en tu grande santidad, una vez realizadas. Tú, bien que no necesita de ningún otro bien, estás eternamente en descanso, porque tú mismo eres tu descanso.

¿Qué hombre dará esto a entender a otro hombre? ¿Qué ángel lo dará a otro ángel? ¿Qué ángel al hombre? A ti es a quien se debe pedir, en ti es en quien se debe buscar, a ti es a quien se debe llamar: sólo así se recibirá, así se hallará y así se abrirá. Amén.

Algunas de nuestras obras son buenas, por tu gracia, pero no eternas. Esperamos, sin embargo, descansar en tu grande santidad, una vez realizadas. Tú, bien que no necesita de ningún otro bien, estás eternamente en descanso, porque tú mismo eres tu descanso.

Índice de Conceptos Teológicos

Títulos de la colección Patrística

Obras escogidas de Agustín de Hipona Tomo I
La verdadera religión
La utilidad de creer
El Enquiridion

Obras escogidas de Agustín de Hipona Tomo II
Confesiones

Obras escogidas de Agustín de Hipona Tomo III
La ciudad de Dios

Obras escogidas de Clemente de Alejandría
El Pedagogo

Obras escogidas de Ireneo de Lyon
Contra las herejías
Demostración de la enseñanza apostólica

Obras escogidas de Juan Crisóstomo
La dignidad del ministerio
Sermón del Monte. Salmos de David

Obras escogidas de Justino Mártir
Apologías y su diálogo con el judío Trifón

Obras escogidas de los Padres Apostólicos
Didaché
Cartas de Clemente. Cartas de Ignacio Mártir. Carta y Martirio de Policarpo.
Carta de Bernabé. Carta a Diogneto. Fragmentos de Papías. Pastor de Hermas

Obras escogidas de Orígenes
Tratado de los principios

Obras escogidas de Tertuliano
Apología contra gentiles. Exhortación a los Mártires. Virtud de la Paciencia.
La oración cristiana. La respuesta a los judíos.